第21卷 | 第1辑

主编
———
侯 猛
&
刘 庄

法律和社会科学
法律数据科学

北京大学出版社
PEKING UNIVERSITY PRESS

·21·
01

图书在版编目(CIP)数据

法律和社会科学. 第 21 卷. 第 1 辑, 法律数据科学 / 侯猛, 刘庄主编. -- 北京: 北京大学出版社, 2024. 12. -- ISBN 978-7-301-35824-5
Ⅰ. D9-53
中国国家版本馆 CIP 数据核字第 20251TG514 号

书　　名	法律和社会科学（第 21 卷第 1 辑）：法律数据科学 FALÜ HE SHEHUI KEXUE（DI-ERSHIYI JUAN DI-YI JI）： FALÜ SHUJU KEXUE
著作责任者	侯　猛　刘　庄　主编
责任编辑	闫　淦　方尔埼
标准书号	ISBN 978-7-301-35824-5
出版发行	北京大学出版社
地　　址	北京市海淀区成府路 205 号　100871
网　　址	http://www.pup.cn　http://www.yandayuanzhao.com
电子邮箱	编辑部 yandayuanzhao@pup.cn　总编室 zpup@pup.cn
新浪微博	@北京大学出版社 @北大出版社燕大元照法律图书
电　　话	邮购部 010-62752015　发行部 010-62750672 编辑部 010-62117788
印　刷　者	大厂回族自治县彩虹印刷有限公司
经　销　者	新华书店
	880 毫米×1230 毫米　A5　15.75 印张　544 千字 2024 年 12 月第 1 版　2024 年 12 月第 1 次印刷
定　　价	69.00 元

未经许可，不得以任何方式复制或抄袭本书之部分或全部内容。
版权所有，侵权必究
举报电话：010-62752024　电子邮箱：fd@pup.cn
图书如有印装质量问题，请与出版部联系，电话：010-62756370

法律和社会科学　第21卷第1辑

本辑主编　侯　猛(中国人民大学)　刘　庄(香港大学)
创始主编　苏　力(北京大学)

编辑委员会
(标*为常务编委)

常　安(西北政法大学)
陈杭平(清华大学)
陈　颀(中山大学)
程金华(上海交通大学)
高　山(商务印书馆)
侯　猛*(中国人民大学)
胡　凌(北京大学)
李婉琳(昆明理工大学)
强世功(中央民族大学)
刘　庄(香港大学)
彭小龙(中国人民大学)
唐应茂(复旦大学)
王启梁*(云南民族大学)
周尚君(西南政法大学)
赵旭东(中国人民大学)
朱晓阳(云南大学)

陈柏峰*(中南财经政法大学)
陈若英(澳大利亚国立大学)
戴　昕(北京大学)
方　乐(南京师范大学)
贺　欣*(香港大学)
侯学宾(吉林大学)
黄家亮(中国人民大学)
李学尧(上海交通大学)
刘思达(香港大学)
缪因知(南京大学)
桑本谦(中国海洋大学)
尤陈俊*(中国人民大学)
于　明(华东政法大学)
张芝梅(中国社会科学院)
张剑源(云南大学)

学生编辑

邓森月　李浩源　潘子骏　朱冠宇　朱丹

主办单位

中国人民大学法学院法律与社会跨学科研究中心
中南财经政法大学基层法治研究所
北京大学比较法与法社会学研究所

投稿系统：https://flsk.cbpt.cnki.net/
微信公号：LSS_2014

本卷各篇文章中的观点均属于作者个人，并不必然反映主办单位或其他机构、个人的观点。

"法律数据科学"专号

目 录

自然语言处理、机器学习、大语言模型的应用

计算传播学与法律研究：以《人民法院报》为例 / 吴小平 / 003

反思法律生成式人工智能：技术与法律的双重进路 / 黄致韬 / 043

如何精确测算中国裁判文书的公开率 / 张雨侠 / 073

从相关性分析到因果推断

陪审团制能促进司法信任吗？/ 刘 庄 / 105

老有所诉：老年人如何参与诉讼 / 包康赟　卢圣华 / 133

司法组织的扩散何以发生？
——面向中级人民法院环保法庭的事件史研究 / 张媛媛　张 珺 / 163

法官说理中的经济分析运用
——以民商事裁判文书为研究样本 / 高凯铭 / 193

行贿惩处为何"严而不厉"：以1995—2022年裁判文书为研究样本 / 李智伟 / 219

网络开设赌场：罪量标准的实证检验与体系重构 / 张 印 / 249

规范性文件附带审查的实施效果
——基于裁判文书数据的量化评估 / 陈若凡　孙瑞佳 / 279

《法经济分析：方法论20讲》书评

法经济教义学的召唤 / 贺 剑 / 305

法经济分析对民法规范功能与价值的重铸 / 汪 洋 / 325

走近法律的经济分析方法 / 熊丙万 / 341
动物辩证法:教义学、法经济学与实用主义 / 张凇纶 / 349
长江后浪推前浪
　　——回应四位年轻民商法学者的书评 / 张永健 / 361

学科反思

破除数字迷信
　　——论社科法学的"伪科学性" / 刘思达 / 375
法律实证研究的工具价值与理论意义:一个评述 / 柯玉璇 / 395
法律组织社会学在中国
　　——基于 CiteSpace 的可视化分析 / 吴剑峰 / 427
法律的社会科学研究进展(2020—2023) / 任　婷　童孟君 / 463

编辑手记 / 489

Contents

THE APPLICATION OF NATURAL LANGUAGE PROCESSING, MACHINE LEARINING & LARGE LANGUAGE MODEL

Computational Communication Studies in Law: A Case Study of
People's Court Daily ··· Xiaoping Wu 003

Rethinking Legal Generative AI: A Dual Approach from both
Technology and Law ··· Zhitao Huang 043

How to Precisely Estimate Judicial Documents Disclosure Rate
across China ··· Yuxia Zhang 073

FROM CORRELATION TO CAUSAL INFERENCE

Can Jury System Promote Trust in the Judiciary? ············· Zhuang Liu 105

How the Elderly Participate Litigation ······ Kangyun Bao Shenghua Lu 133

Organizational Diffusion in the Judicial System: An Event History
Analysis on the Diffusion of Environmental Courts in China
································· Yuanyuan Zhang Jun Zhang 163

Economic Analysis in Civil Judgments ······················· Kaiming Gao 193

Why is the Punishment of Bribery "Strict But Not Stringent": An
Empirical Study Based on Judgments from 1995 to 2022 ··················
··· Zhiwei Li 219

Empirical Testing and System Reconstruction of the Criteria for
Conviction and Sentencing of Online Casino ··············· Yin Zhang 249

The Implementation Effect of the System of Collateral Review of
Normative Documents: Quantitative Assessment Based on
Adjudicative Documents ·················· Ruofan Chen Ruijia Sun 279

BOOK REVIEW

The Call of Law and Economics Doctrine ···················· Jian He 305
Economic Analysis of Law Recasts the Function and Value of Civil
Law Norms ································· Yang Wang 325
Approaching the Economic Analysis Method of Law ··· Bingwan Xiong 341
The Dialectics of Animals: Dogmatics, Law and Economics,
Pragmatism ································ Songlun Zhang 349
The Waves behind Drive on those before: In Response to Book
Reviews by Four Young Civil and Commercial Law School
································· Yongjian Zhang 361

REFLECTIONS

Digital Superstition: On the "Pseudo- scientificity" of Law and Social
Sciences ································· Sida Liu 375
The Instrumental Value and Theoretical Significance of Quantitative
Research in Legal Studies: A Review ···················· Yuxuan Ke 395
Legal Organization Sociology in China:Visual Analysis Based on
CiteSpace ································· Jianfeng Wu 427
Progress in the Social Science Research of Law (2020- 2023)
································· Ting Ren Mengjun Tong 463

Editor's Note ··· 489

自然语言处理、机器学习、大语言模型的应用

计算传播学与法律研究：
以《人民法院报》为例

吴小平[*]

摘　要：基于媒体大数据的前沿研究方法与实践，计算传播学研究可以将计算内容分析（computational content analysis）方法引入法律研究，从而将当前法律大数据研究的对象从法律及法律文书拓展至与法律议题有关的媒体内容。以《人民法院报》2010年至2022年共27505篇法院工作的宣传报道为例，通过运用词典方法及主题模型方法，可以探究法院在司法职业化与司法大众化、企业利益与劳动者利益、刚性执行与柔性执行、修复感情与协助离婚、控制犯罪与人权保障这几组司法价值取向间的偏向及其历史变化。计算科学方兴未艾，官方及民众通过各类媒体渠道对法律问题的大量讨论尚待发掘，因此，计算传播学与法律研究的碰撞将会开拓出新的研究方法和研究问题。

关键词：计算社会科学　计算传播学　内容分析　司法价值　法院媒体

导　言

语言文字是法律相关活动的核心表达载体。随着国内外法律文本的数

---

[*] 吴小平，香港大学法律学院博士研究生。本文系国家社科基金一般项目"大数据背景下的庭审直播研究"（项目批准号：20BFX075）的阶段性成果。

字化以及司法公开工作的完善,大量数字法律文本涌现。同时,机器学习、自然语言处理、文本挖掘、网络分析等计算技术的进步,不仅为法律学者在传统法学问题上的研究带来了更新颖的、更准确的研究工具,还开辟了新的研究领域。❶

美国的法学实证学者率先使用计算方法,将法律文本直接转化为可进行定量分析的数据,从法律条文、合同、司法文书等材料中提取写作风格❷,文件间相互引用❸,情感倾向❹,意识形态❺,在具体法律问题中的立场❻等变

---

❶ See Jens Frankenreiter and Michael A. Livermore, *Computational Methods in Legal Analysis,* 16 Annual Review of Law and Social Science 39 (2020).

❷ See Adam Feldman, *Opinion Clarity in State and Federal Trail Courts,* in Michael A. Livermore and Daniel N. Rockmore (eds.), *Law as Data: Computation, Text, & the Future of Legal Analysis,* SFI Press, 2019, pp. 407-430; David S. Law and David Zaring, *Law Versus Ideology: The Supreme Court and the Use of Legislative History,* 51 William & Mary Law Review 1653 (2010); Rachel Augustine Potter, *Bending the Rules: Procedural Politicking in the Bureaucracy,* The University of Chicago Press, 2019; Ryan Whalen, *Judicial Gobbledygook: The Readability of Supreme Court Writing,* 125 Yale Law Journal Forum 200 (2015).

❸ See Tom S. Clark and Benjamin Lauderdale, *Locating Supreme Court Opinions in Doctrine Space,* 54 American Journal of Political Science 871 (2010); Frank B. Cross, *The Ideology of Supreme Court Opinions and Citations,* 97 Iowa Law Review 693 (2012).

❹ See Marc L. Busch and Krzysztof J. Pelc, *Words Matter: How WTO Rulings Handle Controversy,* 63 International Studies Quarterly 464 (2019); Keith Carlson, Michael A. Livermore and Daniel Rockmore, *A Quantitative Analysis of Writing Style on the U.S. Supreme Court,* 93 Washington University Law Review 1461 (2016); Michael A. Livermore, Vladimir Eidelman and Brian Grom, *Computationally Assisted Regulatory Participation,* 93 Notre Dame Law Review 977 (2018); Douglas R. Rice and Christopher Zorn, *Corpus-Based Dictionaries for Sentiment Analysis of Specialized Vocabularies,* 9 Political Science Research and Methods 20 (2021).

❺ See Michael Evans et al., *Recounting the Courts? Applying Automated Content Analysis to Enhance Empirical Legal Research,* 4 Journal of Empirical Legal Studies 1007 (2007).

❻ See Florencia Marotta-Wurgler and Robert Taylor, *Set in Stone? Change and Innovation in Consumer Standard-Form Contracts,* 88 New York University Law Review 240 (2013); Lea-Rachel Kosnik, *Determinants of Contract Completeness: An Environmental Regulatory Application,* 37 International Review of Law and Economics 198 (2014); Jean Beuve, Marian W. Moszoro and Stéphane Saussier, *Political Contestability and Public Contract Rigidity: An Analysis of Procurement Contracts,* 28 Journal of Economics & Management Strategy 316 (2019); Marian Moszoro, Pablo T. Spiller and Sebastian Stolorz, *Rigidity of Public Contracts,* 13 Journal of Empirical Legal Studies 396 (2016).

量。具体的应用方向包括:(1)因果推断,即通过计算方法从法律文书中提取某些变量,并研究影响法律文书特点的因素,如地方法院的法官与上诉法院的法官的意识形态差异对司法文书中"对冲"和"强化"话语使用的影响。❶ (2)预测与分类,即将文本信息浓缩为一个或少数几个变量,采用这些变量对某个未知的目标变量进行预测,如推断司法文书或法官的意识形态倾向❷、根据司法文书中可获得的信息预测判决结果❸等。(3)解释与说明,即采用统计方法对某个法律现象进行描述。常见的应用为结合时间、空间等维度的变化回顾法律发展。如 Livermore 等人探究美国联邦最高法院出具的司法意见是否越来越脱离专业表达、越来越通俗易懂;Carlson 等人通过情感分析工具发现,随着时间的推移法院的负面语言有增多的趋势。❹

---

❶ See Rachael K. Hinkle et al., *A Positive Theory and Empirical Analysis of Strategic Word Choice in District Court Opinions,* 4 Journal of Legal Analysis 407 (2012).

❷ See Michael Evans, Wayne McIntosh et al., *Recounting the Courts? Applying Automated Content Analysis to Enhance Empirical Legal Research,* 4 Journal of Empirical Legal Studies 1007 (2007); Marion Dumas, *Detecting Ideology in Judicial Language,* in Michael A. Livermore and Daniel N. Rockmore (eds.), *Law as Data: Computation, Text, & the Future of Legal Analysis,* SFI Press, 2019; Carina I. Hausladen, Marcel H. Schubert and Elliott Ash, *Text Classification of Ideological Direction in Judicial Opinions,* 62 International Review of Law and Economics 1 (2020).

❸ See J. B. Ruhl, Daniel Martin Katz and Michael J. Bommarito, *Harnessing Legal Complexity,* 355 Science 1377 (2017); Kevin D. Ashley and Stefanie Brüninghaus, *Automatically Classifying Case Texts and Predicting Outcomes,* 17 Artificial Intelligence and Law 125 (2009); Nikolaos Aletras, Dimitrios Tsarapatsanis et al., *Predicting Judicial Decisions of the European Court of Human Rights: A Natural Language Processing Perspective,* 2 PeerJ Computer Science e93 (2016); Charlotte S. Alexander, Khalifeh al Jadda et al., *Using Text Analytics to Predict Litigation Outcomes,* in Michael A. Livermore and Daniel N. Rockmore (eds.), *Law as Data: Computation, Text, & the Future of Legal Analysis,* SFI Press, 2019; Georgia State University College of Law, Legal Studies Research Paper (2018), in Michael A. Livermore and Daniel N. Rockmore (eds.), *Law as Data: Computation, Text, & the Future of Legal Analysis,* SFI Press, 2019.

❹ See Michael A. Livermore, Allen B. Riddell and Daniel N. Rockmore, *The Supreme Court and the Judicial Genre,* 59 Arizona Law Review 837 (2017); Keith Carlson, Michael A. Livermore and Daniel Rockmore, *A Quantitative Analysis of Writing Style on the U.S. Supreme Court,* 93 Washington University Law Review 1461 (2016).

而在中国,2014 年起各级人民法院的生效裁判文书陆续公开,目前中国裁判文书网已载有的裁判文书超过 1 亿篇,为相关的法学研究提供了"富矿"。大量基于裁判文书的法学或交叉学科研究涌现,其中最常见的做法是,选择与某个具体法律问题相关的裁判文书作为样本,从裁判文书中提取胜负、量刑、案由等变量,对判决结果进行描述或因果分析。这些实证研究使用的样本量通常比较小,且真正基于裁判文书全文内容进行的解释性、评估性研究较少,距真正驾驭自动分析工具对文章信息进行充分挖掘、提取还有很远的距离。❶ 同时,裁判文书的公开存在选择性,裁判文书数据受一定的"选择性偏误"的影响。❷ 随着 2020 年以后裁判文书公开率的下降,该数据偏误问题更加严重。

一些包括经济学、公共管理学在内的交叉学科学者也在利用大样本裁判文书数据开展研究,如周黎安、王绍达❸等经济学学者近期所做的关于司法改革的政策评估研究。这些研究采用的统计工具更加严谨,分析更加规范,为法学实证研究提供了学习样本。然而,受裁判文书公开实践的影响,这些研究采用的数据几乎也都截至 2020 年或更早。

综合来看,国内外目前均发展出了一定规模的基于法律文本大数据的法学研究。其中,借由先进的计算技术,美国法学界在研究方法和研究议题上处于前沿,而中国在这方面的研究尚存在数据可得性、分析方法局限等问题。这些研究采用"以法律为数据"("law-as-data")的进路❹,即以法律条文及

---

❶ 参见何挺:《法学研究中裁判文书运用的方法论检讨——以刑事法文献为例的内容分析》,载《法学研究》2022 年第 3 期。

❷ 参见唐应茂:《司法公开及其决定因素:基于中国裁判文书网的数据分析》,载《清华法学》2018 年第 4 期;乔仕彤、毛文峥:《行政征收的司法控制之道:基于各高级法院裁判文书的分析》,载《清华法学》2018 年第 4 期。

❸ See Ernest Liu et al., *Judicial Independence, Local Protectionism, and Economic Integration: Evidence from China*, NBER Working Paper No. 30432, 2022.

❹ See Jens Frankenreiter and Michael A. Livermore, *Computational Methods in Legal Analysis*, 16 Annual Review of Law and Social Science 39 (2020).

裁判文书为数据。该研究思路忽视了互联网浪潮下更丰富、更广阔的数据选择，也忽视了法律的社会性，将法律视为"专业圈子内的游戏"。法律相关内容的生产者及受众远不止法律从业人员，还有更广阔的社会大众。

"在一个数字化的世界里，人们每天都在交流、浏览、购买、分享、搜索，他们创造了庞大的'数据痕迹'(digital traces)。"❶在互联网时代，社交媒体信息、网页内容、数字化的报刊、数字化历史档案等亿万量级的数据痕迹大量涌现，而移动设备、追踪工具、实时传感器以及平价的计算存储设备的日益普及，使获取和利用这些数字痕迹成为可能。❷ "我们正处于计算社会科学新时代的风口浪尖。"❸这些捕捉人类交流痕迹的数据与社会科学理解人类和社会行为的总体目标相匹配，使用计算方法来探索社会科学和人文科学所研究的问题的热潮由此兴起。❹ 将媒体数据与计算传播研究方法引入法律研究，能够将学科关注的视线从法律本身转向更广阔的"法律的受众如何理解、传播法律"等社会科学问题，将学界对法律的关注点从"自上而下"转向"自下而上"。

本文旨在介绍运用计算传播学分析媒体大数据的经验与方法，并以对《人民法院报》的 27505 篇法院工作的宣传报道的数据分析为依据，提供一个将计算传播学研究方法应用于法学研究的可行思路。本文内容安排如下：第一部分介绍计算传播学的发展与沿革，以及计算传播方法在其他社会

---

❶ James Manyika et al., Big Data: The next Frontier for Innovation, Competition, and Productivity, McKinsey & Company (May 2011), https://www.mckinsey.com/~/media/mckinsey/business%20functions/mckinsey%20digital/our%20insights/big%20data%20the%20next%20frontier%20for%20innovation/mgi_big_data_exec_summary.pdf.

❷ See Seth C. Lewis, Rodrigo Zamith and Alfred Hermida, *Content Analysis in an Era of Big Data: A Hybrid Approach to Computational and Manual Methods,* 57 Journal of Broadcasting & Electronic Media 34 (2013).

❸ Hanna Wallach, *Computational Social Science: Towards a Collaborative Future,* in R. Michael Alvarez (ed.), *Computational Social Science: Discovery and Prediction,* Cambridge University Press, 2016, p. 307.

❹ See Brendan O'Connor, David Bamman and Noah A. Smith, *Computational Text Analysis for Social Science: Model Assumptions and Complexity,* in Second Workshop on Computational Social Science and the Wisdom of Crowds (NIPS 2011), 2011.

科学中的主要应用;第二部分介绍《人民法院报》数据的形成;第三部分给出笔者基于《人民法院报》数据开展的关于我国法院的司法价值取向的初步分析与发现;第四部分结合传播学的分析框架探讨未来将计算传播学方法融入法学研究的潜在研究方向。

[一] 计算传播学的发展与沿革

(一) 计算传播学的定义

学界将计算传播学定义为计算社会科学 (computational social science) 的一个分支,其发展也主要起源于计算社会科学的发展。计算社会科学本身是一个跨学科的科学领域,通过使用计算方法和实践来发展和检验社会科学理论,或对人类、组织和机构的行为进行系统描述。而计算传播学作为计算社会科学的分支,其重点是与传播渠道、传播对象、传播行为和传播效果相关的理论和现象。❶ 国内有传播学学者将计算传播学定义为:"主要关注人类传播行为的可计算性基础,以传播网络分析、传播文本挖掘、数据科学等为主要分析工具,(以非介入的方式) 大规模地收集并分析人类传播行为数据,挖掘人类传播行为背后的模式和法则,分析模式背后的生成机制与基本原理。"❷ 根据 Atteveldt 等人的定义,计算传播学的研究标准可以被归结为:(1) 大型复杂数据集;(2) 由数字痕迹和其他"自然发生"的数据组成;(3) 需要运用算法解决方案进行分析;(4) 通过应用和检验传播理论来研究人类传播。❸

---

❶ 参见王成军:《计算传播学:作为计算社会科学的传播学》,载《中国网络传播研究》2014 年第 00 期。

❷ 王成军:《计算传播学:作为计算社会科学的传播学》,载《中国网络传播研究》2014 年第 00 期。

❸ See Wouter van Atteveldt and Tai-Quan Peng, *When Communication Meets Computation: Opportunities, Challenges, and Pitfalls in Computational Communication Science*, 12 Communication Methods and Measures 81 (2018).

(二)计算传播学的起源与发展

一般认为,社会科学研究者 David Lazer 等人在 *Science* 杂志上发表的题为《计算社会科学》(*Computational Social Science*)❶的论文正式将计算社会科学的概念引入学界。该文章指出,随着人际互动、社会网络、个人言论等多方面的海量互联网数据的形成与扩大,以及计算工具和计算能力的演进,学界需要建立一种新的运用计算方法开展社会科学研究的学科范式。❷ 在 Lazer 等学者的引领下,自 2009 年以来,计算社会科学类论文的数量和应用数量不断增长,这些论文涵盖了经济学、政治学、社会学、传播学等社会科学,也吸引了大量来自计算机科学、数据科学、网络科学等学科的讨论。

而传播学正是这场社会科学技术革新的主要受益者之一。在前互联网时代,媒体内容仅限于报纸文章和大众媒体报道。如今,在 Twitter、Facebook、YouTube、Reddit 等主要英文社交媒体,微博、豆瓣、微信公众号等主要中文社交媒体,以及博客、应用程序、新闻网站等多元的新传播渠道中,媒体和公众舆论的数据广泛且可得。❸ 可用数据源的增加使社会现象和人类行为的覆盖范围和显现程度越来越大。现代科技能够以更细的时间、行为、程序颗粒度来记录现象,由此促进对社会和人类行为有更系统的、更精准的认识。数字痕迹与个人信息的匹配,也使研究人员能够更深入地分析信息传播的机制。❹ 同

---

❶ See David Lazer et al., *Computational Social Science*, 323 Science 721 (2009); 王成军:《计算传播学:作为计算社会科学的传播学》,载《中国网络传播研究》2014 年第 00 期。

❷ 参见王成军:《计算传播学:作为计算社会科学的传播学》,载《中国网络传播研究》2014 年第 00 期。

❸ See Jelle W. Boumans and Damian Trilling, *Taking Stock of the Toolkit: An Overview of Relevant Automated Content Analysis Approaches and Techniques for Digital Journalism Scholars,* 4 Digital Journalism 8 (2016).

❹ See Scott A. Golder and Michael W. Macy, *Digital Footprints: Opportunities and Challenges for Online Social Research,* 40 Annual Review of Sociology 129 (2014); Matthew J. Salganik, *Bit by Bit: Social Research in the Digital Age,* Princeton University Press, 2019; David Lazer et al., *Computational Social Science,* 323 Science 721 (2009).

时，不同于以往的调查研究及相应的调查数据，研究人员在数据生成和分析过程中能够根据研究目标进行高度定制。❶

更有野心的研究者提出，大量数据集记录了人类行为，这也使社会科学有望超越其"软科学"的地位，成为一门真正的科学，使其模型能够对未来实现精准的预测。这种观点认为，社会由一定的基本规律所塑造，由于缺乏获取数据的机会，科学家们暂时还看不到这些规律。❷ 更多的数据不仅仅扩大了与社会进程或人类行为相关的数据的覆盖范围，更将使社会科学发生一场"测量革命"❸，使社会科学克服其目前的事后解释状态，发展成一门具有真正预测能力的科学❹。

(三) 研究方法

这些新的可能性也带来了新的挑战。传统的内容分析工具通常无法解释网络新闻环境的动态性和交互性特征，以数百万甚至数十亿为单位的数据规模亦超出了传统社会科学研究方法所能处理的范围。正是在这种背景下，对"大数据"分析方法的研究及其在新闻与大众传播研究中的直接应用显得尤为重要和及时。

在实践中，计算科学对传播学研究方法的改进主要体现在两类方法上：社会网络分析 (social network analysis) 方法和计算内容分析 (computational content analysis) 方法。其中，社会网络分析方法主要被应用于传播过程研

---

❶ See Wouter van Atteveldt and Tai-Quan Peng, *When Communication Meets Computation: Opportunities, Challenges, and Pitfalls in Computational Communication Science*, 12 Communication Methods and Measures 81 (2018).

❷ See Sandra González-Bailón, *Decoding the Social World: Data Science and the Unintended Consequences of Communication*, The MIT Press, 2017.

❸ See Duncan J. Watts, *Everything Is Obvious: How Common Sense Fails Us*, Crown Currency, 2012.

❹ See Jake M. Hofman, Amit Sharma and Duncan J. Watts, *Prediction and Explanation in Social Systems*, 355 Science 486 (2017).

究,将传播者作为网络节点,而将传播关系作为节点之间的连线。计算内容分析方法则主要被应用于传播内容研究,将传播内容的文本作为研究对象。本文的介绍重点和举例重点都将放在计算内容分析方法上。

计算内容分析方法分为三个类型❶,即基于词典(dictionary-based)的方法、监督学习(supervised learning)方法,以及非监督学习(unsupervised learning)方法。基于词典的方法通过构建分类(category)或度量(measure)以及对应的专门词典、设计规则,根据词语在文本中出现的计数(count)对文本进行分类或度量,如传播学及心理学研究中常使用的情感分析方法往往通过对每个情感倾向构建"情感词库"来实现。❷ 监督学习方法要求研究者构建分类或度量,但不需要构建对应的专门词典。研究者对文本中的一小部分进行标注和训练并得到机器学习模型,然后将分类模型应用到另一部分的文本上,实现文本数据的自动分类或度量。而非监督学习方法不要求预先设定好分类,适合以开放方式描述话语、框架或主题的研究,或者帮助研究者在面对海量且未知的数据时梳理、理解数据的框架。常见的非监督学习方法包括聚类(clustering)、主题模型(topic models)、低维嵌入(low-dimensional document embeddings)。

如 Wouter van Atteveldt 等人所指出的,计算科学的引入为传播学带来了新的机遇。第一,人们在线上留下的"数字痕迹"使研究人员能够不进行干扰就观测到真实行为,不再依赖观察对象自我报告的观点或意图。第二,研究人员得以在实际环境中,而非人工创造的实验室中,观察人们对刺激的反应。第三,计算科学扩大了观测的样本,覆盖范围更广、更加精细的数据能够帮助研究者建立更加精确的模型。第四,计算科学和社会科学的结合促进了

---

❶ See Jelle W. Boumans and Damian Trilling, *Taking Stock of the Toolkit: An Overview of Relevant Automated Content Analysis Approaches and Techniques for Digital Journalism Scholars*, 4 Digital Journalism 8 (2016).

❷ See Jelle W. Boumans and Damian Trilling, *Taking Stock of the Toolkit: An Overview of Relevant Automated Content Analysis Approaches and Techniques for Digital Journalism Scholars*, 4 Digital Journalism 8 (2016).

数据和计算资源的共享、跨学科学者的合作与交流、定性和定量研究之间的融合。❶

(四)计算传播研究方法在各学科领域内的应用

传播学本身同其他学科融合较深且交叉性较强,其研究理论与研究方法常同社会学、政治学、经济学等学科相互借鉴。然而,如 Krippendorff 所言,"大多数传播学研究方法都来自其他学科。实验法源于心理学,调查法来自民意研究……而内容分析和传播网络分析是仅有的两项原生于传播学领域的研究方法"❷。内容分析系统地分析和理解文本的含义、主题、情感、结构和上下文,生发于传播学研究对以语言文本为媒介的信息传递、接收和影响的需求,而后被经济学、政治学、社会学、心理学等学科借鉴,用于回答该学科所关心的问题,如政治学使用政治家演讲的内容来研究政治议程设置、经济学家使用社交媒体内容来估算投资者情绪。

传播学学者使用计算科学来研究传播学本身关心的问题❸,包括网络隐私❹、新闻报道中的"问题—关注"周期❺、大众传媒与两极分化❻、创新的扩

---

❶ See Wouter van Atteveldt and Tai-Quan Peng, *When Communication Meets Computation: Opportunities, Challenges, and Pitfalls in Computational Communication Science*, 12 Communication Methods and Measures 81 (2018).

❷ Klaus Krippendorff, *Content Analysis: An Introduction to Its Methodology*, SAGE Publications, Inc., 2019.

❸ See Martin Hilbert, George Barnett et al., *Computational Communication Science: A Methodological Catalyzer for a Maturing Discipline*, 13 International Journal of Communication 3912 (2019).

❹ See Paola Tubaro, Antonio A. Casilli and Yasaman Sarabi, *Against the Hypothesis of the End of Privacy: An Agent-Based Modelling Approach to Social Media*, Springer, 2014.

❺ See Annie Waldherr, *Emergence of News Waves: A Social Simulation Approach*, 64 Journal of Communication 852 (2014).

❻ See Andreas Flache and Michael W. Macy, *Small Worlds and Cultural Polarization*, 35 The Journal of Mathematical Sociology 146 (2011); Gary Mckeown and Noel Sheehy, *Mass Media and Polarisation Processes in the Bounded Confidence Model of Opinion Dynamics*, 9 Journal of Artificial Societies and Social Simulation 33 (2006).

散❶、舆论形成与数字鸿沟❷、在线论坛中的情绪❸、社会影响和传染❹、沉默的螺旋❺,以及选择性媒体曝光❻等。

经济学中,资本市场研究者采用大众媒体数据或社交媒体数据反映市场情绪,这些情绪进而与资产价格相互作用。Karabulut 采用 Facebook 的国民幸福总值指数(Facebook's Gross National Happiness Index)作为投资者情绪的直接指标,预测美国市场每日总回报和交易量的变化。❼ 类似地,Bollen 等人从 Twitter 消息中提取社会情绪,并证明其显著地与股票市场相关。❽ Zhi Da 等人采用谷歌搜索量衡量投资者关注度。❾ 同时,有研究者认为媒体数据也可以被用于估计一些难以观测或披露有滞后性的经济指标。Baker

---

❶ See Paul E. Smaldino, *Models Are Stupid, and We Need More of Them, Computational Social Psychology,* in Robin R. Vallacher, Stephen J. Read and Andrzej Nowak (eds.), *Computational Social Psychology,* Routledge, 2017; F. Tutzauer, K. Knon and B. Elbirt, *Network Diffusion of Two Competing Ideas,* in Arun Vishwanath and George A. Barnett (eds.), *The Diffusion of Innovations: A Communication Science Perspective,* Peter Lang Inc., International Academic Publishers, 2011.

❷ See Dongwon Lim et al., *Opinion Formation in the Digital Divide,* 17 Journal of Artificial Societies and Social Simulation (2014).

❸ See Anna Chmiel et al., *Negative Emotions Boost User Activity at BBC Forum,* 390 Physica A: Statistical Mechanics and Its Applications 2936 (2011).

❹ See Pablo Piedrahita et al., *The Contagion Effects of Repeated Activation in Social Networks,* 54 Social Networks 326 (2018); Damon Centola and Michael Macy, *Complex Contagions and the Weakness of Long Ties,* 113 American Journal of Sociology 702 (2007).

❺ See Dongyoung Sohn and Nick Geidner, *Collective Dynamics of the Spiral of Silence: The Role of Ego-Network Size,* 28 International Journal of Public Opinion Research 25 (2016).

❻ See Hyunjin Song and Hajo G. Boomgaarden, *Dynamic Spirals Put to Test: An Agent-Based Model of Reinforcing Spirals between Selective Exposure, Interpersonal Networks, and Attitude Polarization,* 67 Journal of Communication 256 (2017).

❼ See Yigitcan Karabulut, *Can Facebook Predict Stock Market Activity?,* in AFA 2013 San Diego Meetings Paper, 2013.

❽ See Johan Bollen, Huina Mao and Xiaojun Zeng, *Twitter Mood Predicts the Stock Market,* 2 Journal of Computational Science 1 (2011).

❾ See Zhi Da, Joseph Engelberg and Pengjie Gao, *The Sum of All FEARS Investor Sentiment and Asset Prices,* 28 The Review of Financial Studies 1 (2015).

等人开发了经济政策不确定性(Economic Policy Uncertainty)测量方法。证明未来政府政策路径和当前政府政策影响的不确定性有可能增加经济行为者的风险,从而可能抑制投资和其他经济活动。❶ Xiaoming Zeng 和 Wagner 开发了谷歌流感趋势项目,证明与某种疾病相关的信息搜索量或网络点击量可能是该疾病流行程度的有力预兆。❷

政治学研究本就十分依赖作为治理与政治冲突之媒介的语言文本,并且单独发展出了政治传播学这一分支。媒体在政治进程中扮演独特的重要角色,左右公众舆论和政策。Groseclose 和 Milyo 使用国会议员的演讲的全文和媒体的新闻报道来估计每家新闻机构的政治倾向。❸ 计算传播方法也被用于挖掘政治议程设置和政治讨论的动态变化。Quinn 等人使用主题模型来识别 1997—2004 年美国参议院讨论的议题,追踪了不同国会会议期间议题的相对重要性,并认为讨论特定议题的高峰直观地反映了外部事件的发生。❹ 政治竞选影响因素研究同样依赖对社交媒体的分析,Seth Stephens-Davidowitz 利用谷歌搜索中带有种族色彩的词汇的搜索频率来估算美国不同地区的种族偏见程度,并研究种族敌意在 2008 年大选中对奥巴马的选票的影响。❺

---

❶ See Scott R. Baker, Nicholas Bloom and Steven J. Davis, *Measuring Economic Policy Uncertainty,* 131 The Quarterly Journal of Economics 1593 (2016).

❷ See Xiaoming Zeng and Michael Wagner, *Modeling the Effects of Epidemics on Routinely Collected Data,* Proceedings. AMIA Symposium, 2001, https://europepmc.org/backend/ptpmcrender.fcgi? accid=PMC2243441&blobtype=pdf.

❸ See Tim Groseclose and Jeffrey Milyo, *A Measure of Media Bias,* 120 The Quarterly Journal of Economics 1191 (2005).

❹ See Kevin M. Quinn, Burt L. Monroe et al., *How to Analyze Political Attention with Minimal Assumptions and Costs,* 54 American Journal of Political Science 209 (2010).

❺ See Seth Stephens-Davidowitz, *The Cost of Racial Animus on a Black Candidate: Evidence Using Google Search Data,* 118 Journal of Public Economics 26 (2014).

除经济学、政治学外,媒体大数据和计算传播方法也被应用于社会学❶、心理学❷等社会科学,但是在法学中的直接应用还相对较少。本文的写作目的,即以《人民法院报》数据库的建立和分析为例,展示计算传播学中常用的内容分析方法如何被用于回答法律研究者所关心的问题。当前有大量传播数字痕迹可供使用,其中就包含了人们对法律相关问题的大量讨论。法律研究中的很多问题,如法律概念的传播、法治意识的形成、司法价值的沿革与发展等,都需要通过文本——并且往往是法律条文之外的、产生于更广阔的交流中的文本——来回答。

[二]《人民法院报》数据的形成

《人民法院报》由最高人民法院主办,于 1992 年创刊,可被视为法院系统的官方媒体,在法律界有相当的影响力。《人民法院报》主要面向两类读者,一是各级人民法院系统内的工作人员,二是公众。一方面,各级人民法院均订阅研读《人民法院报》,该报在审判机关指导业务、研究工作、提高法官政治业务素质等方面发挥作用,已成为指导全国各级人民法院审判工作的重要渠道;另一方面,面向公众,《人民法院报》也肩负着"把人民法院的审判成果、法院改革、队伍建设宣传出去,教育公民、法人和其他社会组织遵守宪法和法律,提高人民群众的整体法律水平,弘扬先进的法律文化"的重任。❸ 与其他公开文本(如裁判文书)不同,《人民法院报》的报道本就经过了精细的选

---

❶ See Paul DiMaggio, *Adapting Computational Text Analysis to Social Science (and Vice Versa)*, 2 Big Data & Society 1 (2015); James A. Evans and Pedro Aceves, *Machine Translation: Mining Text for Social Theory*, 42 Annual Review of Sociology 21 (2016); Roberto Franzosi, *From Words to Numbers: Narrative, Data, and Social Science*, Cambridge University Press, 2004.

❷ See H. Andrew Schwartz, Johannes C. Eichstaedt et al., *Personality, Gender, and Age in the Language of Social Media: The Open-Vocabulary Approach*, 8 PloS One 1 (2013).

❸ 参见张景义:《大力弘扬先进法律文化 做好人民法院宣传工作》,载《人民法院报》2003 年 8 月 14 日。

择，用于指导下级法院的工作及向外界树立法院形象。因此，通过《人民法院报》报道的内容，可以挖掘出最高人民法院倡导的工作方向和价值取向。

《人民法院报》每日刊发，在线上同步更新。每天的报纸通常设有 8 个版块，从历史来看，各版块的内容不固定，出现频率较高的版块名包括"要闻""综合新闻""现在开庭""综治在线""法庭内外""社会管理""理论周刊"等，涵盖宣传审判工作、报道法治新闻、探讨法学理论、宣传党建等各类内容。

本研究从《人民法院报》的官方网站（http://www.rmfyb.com/paper）爬取历年《人民法院报》的内容。该网站自 2009 年 12 月起存有电子版报道，本研究爬取的时间为 2023 年年初，考虑到 2009 年与 2023 年收集的数据较少，因此将这两年的数据从全体数据中剔除。由此获得的电子版内容的时间覆盖 2010 年全年至 2022 年全年。爬取的字段包括报纸版面、标题、子标题、文章内容、日期等。本研究分析的内容主要关注爬取的报道的全文及对应日期。

《人民法院报》的报道综合性强，初始样本中包含各类内容。经对报道内容的仔细研读，本研究设置了三个要素，进一步筛选出与法院业务直接相关、与具体案件直接相关的法院工作宣传报道。（1）文章内容需与法院业务直接相关。选择内容中包含"审判""宣判""判处""审结""裁决""审理""调解""和解"这些法院业务关键词的文章。（2）报道内容需要关于某个具体法院。通过关键词"区人民法院""县人民法院""市人民法院""中级人民法院""市知识产权法院""市互联网法院""市金融法院""市铁路运输法院""市海事法院"来筛出包含具体法院名称的报道。同时，由于法律评论类文章的最后一句通常是作者姓名及单位的落款，出现在最后一句的法院名称不被计入。（3）报道内容需要关于民事案件、刑事案件或行政案件的某个具体案由。关于具体案件的报道一般会写明诉讼案由。故此，笔者整理了民事案件、刑事案件、行政案件的所有案由，包括一级案由（如"物权纠纷"）以及下属的二级案由（如"返还原物纠纷"）。对每个报道的文本内容，遍历所有案由进行匹配，如果与某个案由匹配成功，则可以得到报道案件对应的案件类型及案由；如有多个案由匹配成功，则以第一个提到的案由为准；如没有成功匹配的案由,则该报道被剔除出样本。将以上三个要素叠加,基本可以筛选出关于法院具体工作及具体案件的宣传报道,形成数据库。如须进一步筛选出关于某个特定话题的报道,可以直接通过匹配的案由进行筛选(如查找劳动纠纷案件,可以筛选案由"劳动争议""人事争议"),也可以直接通过关键词查找(如查找执行案件,可以通过关键词"执行"进行筛选)。另外,通过文章的发布日期可以提取报道年份用于分析,通过内容中提及的地名可以提取报道案件所属的省份进而进行分析。

经过以上处理,得到《人民法院报》2010年至2022年法院业务报道的全文数据库。该数据库包含27505个报道,其中民事案件占比约44.6%,刑事案件占比约51.6%,而行政案件占比约3.7%,少量其他案件可忽略不计。这些报道涵盖了25个一级案由,502个二级案由(见表1)。

表1 《人民法院报》数据库描述性统计

	案件类型	案件量
案件量	民事案件	12274
	刑事案件	14204
	行政案件	1027
案件量合计		27505
案由	一级案由	25个
	二级案由	502个

注:上述数据为34个省、自治区、直辖市于2010年1月1日至2022年12月31日的报道的案件量。

[三] 数据分析与发现

(一)研究问题:司法实践中的价值冲突

司法实践中往往存在不同价值间的取舍与平衡,如大方向上的司法职业化与司法大众化之争,又如劳动案件中企业利益与劳动者利益的平衡、刑事案件中控制犯罪与保障人权理念的取舍。关于这些争论,法学研究者已经从应然的层面展开了大量理论探讨,但法院在这些司法价值冲突中的实际立场如何、法院在这些问题上的取向在历史上又是如何演变的,却很难从实证层面衡量。本文提出了一种方法,即借助法院媒体关于法院工作的宣传报道来衡量最高人民法院在司法价值冲突中的立场与工作导向,以及这些工作导向的历史变化。需要特别注意的是,本研究的关注点并不在于法院实践本身的变化,而在于法院通过向下级法院的传声渠道所传达的工作理念。

(二) 研究方法

本研究以前文所介绍的词典方法(dictionary-based methods)为主,辅以非监督学习中的主题模型(topic models),对《人民法院报》报道数据进行分析。

1. 文本数据预处理

面对包含大量数字、英文字符、标点符号、无意义中文词语的完整中文文本数据,第一步是对数据进行预处理,从文本中去除标点符号、数字和英文字符。第二步是根据 jieba 中文词库,对文本进行切分处理,将每份文本切分为一个个单独的词语。第三步是使用停用词表,从切分后的词语中去除无意义的中文词,如"以及""然后"等。

2. 词典方法

对于每一对冲突的司法价值,笔者先筛选出与该议题相关的报道样本。通过仔细阅读文本,由笔者为价值冲突中对立的两个倾向分别建立词典,属于该词典的词语具有较为明显的倾向性,这些词的出现大概率指向对应的倾向。基于经过分词的文本计算词频,保留两个词典中词频在整个语料库中排名前20000的词语,即剔除在所有文本中出现频率太低的词语,确保词典中的词具有代表性及普遍性。

基于选定的词典,给定某条报道 t,两种可能的倾向为 $E=\{e_1,e_2\}$。对 t 的倾向判断如下:

(1) q 是使用中文分词系统对 t 进行分词处理所得的单词序列。

(2) 对 q 中的单词与两个倾向词典中的倾向词进行匹配;对于两类倾向类别 e_1,e_2,分别统计文本中匹配到的该类倾向词的个数 n_1,n_2。

(3) 如 $n_1>n_2$,则判断文本 t 的倾向为 e_1,倾向值记为 1;如 $n_1<n_2$,则判断文本 t 的倾向为 e_2,倾向值记为-1;如 $n_1=n_2$,则倾向值记为 0。

以离婚案件中"修复感情"与"协助离婚"这对价值冲突为例,笔者首先通过匹配的案由,筛选出二级案由为"离婚纠纷"的案件报道作为分析样本。通过阅读样本中的案件报道,笔者分别为"修复感情"和"协助离婚"这一对倾向建立词典。剔除词频排名在20000名之后的低频词后,最终得到"修复感情"倾向对应的词典 A:"化解、维护、和谐、驳回、修复、传统、撤诉、恢复、改善、缓和、回归、调和、重归于好、弥合、和好如初、赌气";以及"协助离婚"倾向对应的词典 B:"破裂、财产、解除、准许、抚养、抚养权、抚养费、分割、补助、探视、确已",见表2。

表2 "修复感情"与"协助离婚"词典

修复感情	协助离婚
化解、维护、和谐、驳回、修复、传统、撤诉、恢复、改善、缓和、回归、调和、重归于好、弥合、和好如初、赌气	破裂、财产、解除、准许、抚养、抚养权、抚养费、分割、补助、探视、确已

接下来,以《人民法院报》中的报道文本为例。2022年8月31日的《人民法院报》中有一篇名为《图片新闻》❶的报道:

> 近日,广西壮族自治区钦州市钦北区人民法院民族团结巡回法庭法官在当事人家门口进行开庭调解,在当地村委干部的协助下,成功化解了一起涉弱势群体的离婚纠纷案件。考虑到一方当事人行动不便,法官决定把庭审"搬"到被告家中。调解期间,本着"和为贵、调为先、重修

---

❶ 参见吴琪:《图片新闻》,载《人民法院报》2022年8月31日。

复、扶弱势"的家事案件审理理念,法官运用当地语言对当事人进行调解。在释明法理、亲情感召下,深思熟虑的刘某决定撤回离婚诉请,使这个濒临破碎的家庭得以**重归于好**。

文本中与"修复感情"倾向对应的词典 A 匹配的词语个数为 3,即"化解""修复""重归于好"这 3 个词语;而与"协助离婚"倾向对应的词典 B 匹配的词语个数为 0。对比文本中与"修复感情"倾向对应的词典 A 匹配的词语的个数与文本中与"修复感情"倾向对应的词典 B 匹配的词语的个数,很明显 3 大于 0,所以将该文本"修复感情"的倾向值计为 1;反之,如果另一个文本中与"修复感情"倾向对应的词典 A 匹配的词语的个数与文本中小于"修复感情"倾向对应的词典 B 匹配的词语的个数,则将该文本"修复感情"的倾向值计为-1。

值得注意的是,由于两个词典中的词语的数量不完全平衡、词语的代表性和出现频率也不一致,词典方法存在一定的局限。在本研究中,倾向值的数值可能在测量上存在一定的偏误,但是其随时间的相对变化所传递的信息是准确的。

3. 主题模型

本研究中还用到了主题模型对整体司法工作趋势进行分析。主题模型是一种常见的非监督的计算内容分析的技术,被用于研究特定文本集合中的"隐藏"(latent)主题结构,能够从大量非结构化数据中快速有效地发现主要主题或趋势。其中,Latent Dirichlet Allocation(LDA)是最常用的主题模型工具之一。LDA 的基本分析方法是,假设每个文档可以由多个主题组成,每个主题又由一组词语组成,接着通过观察到的文档样本来推断每个文档的主题分布和每个主题的词语分布[1]。然而,LDA 存在一些局限性。一是 LDA 无法捕捉文档中的主题和单词随一些其他变量的变化情况。二是 LDA 假定

---

[1] See David M. Blei, Andrew Y. Ng and Michael I. Jordan, *Latent Dirichlet Allocation,* 3 The Journal of Machine Learning Research 993 (2003).

主题之间是相互独立的,不允许主题之间存在相关性[1]。为克服该局限性,统计学家研发了一种基于 LDA 而改进的主题模型,即结构主题模型(Structural Topic Models, STM)[2]。STM 可以直接被用来估计协变量对主题流行率或主题内词语使用的影响。在本研究中,一个重要的协变量为年份,因此采用 STM 可以分析各主题在文本中的流行程度随时间变化的情况。

借助 R 语言中的 stm 库,本文采用结构主题模型对所有案件报道进行分析。先结合机器计算和人工判断,选择最佳主题数量。一般来说,常用的选择最佳主题数量的方式是计算不同主题数量下的话题分类效果指标,选择最优值,并辅以研究者的主观判断。语义一致性(Semantic Coherence)是 STM 模型应用中常用的指标[3]。语义一致性越高,说明切分的同一主题内的词语越容易出现在同一个文档中,因此选取对应语义一致性值最高的主题数目作为最优数目。然而,如图 1 所示,经计算,本语料下最高语义一致性对应的主题数量为 3 个。经人工检验,3 个主题远无法区分样本中的话题。原因可能是《人民法院报》的内容专业性较强,文本内容间与法律相关的词汇的重合度较高,且没有被有效剔除。因此,本研究主要采用主观判断的方式确定主题数量,最终确定,40 个左右的主题数能够将《人民法院报》的内容划分为比较有区分意义的不同主题。

确定最佳的主题数量后,使用 stm 库对经过预处理的文本进行训练,将主题数设置为 40,将"报道年份"设置为协变量,将文本迭代次数设置为 75 次,抽取各主题下概率最大的 10 个词作为对主题的概括描述。模型训练完

---

[1] See Kenneth D. Kuhn, *Using Structural Topic Modeling to Identify Latent Topics and Trends in Aviation Incident Reports*, 87 Transportation Research Part C: Emerging Technologies 105 (2018); Xiwen Bai et al., *Research Topics and Trends in the Maritime Transport: A Structural Topic Model*, 102 Transport Policy 11 (2021).

[2] See Margaret E. Roberts et al., *Structural Topic Models for Open-ended Survey Responses*, 58 American Journal of Political Science 1064 (2014).

[3] See David Mimno et al., *Optimizing Semantic Coherence in Topic Models*, in Proceedings of the 2011 Conference on Empirical Methods in Natural Language Processing, 2011.

成后,对每个文档可预测得到每个主题在该文本中出现的概率,结合文档发布年份信息,可以分析每年各主题在该年所有文档中的流行程度,以此观察各主题的流行程度随时间的变化。

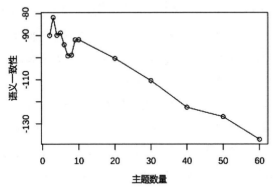

图 1　不同主题数量下语义一致性值对比

(三)分析与发现

1. 司法制度:司法职业化与司法大众化

司法工作的职业化与大众化一度成为法学界热议的话题。司法职业化及相近的提法,如司法专业化、司法专门化、司法精英化等,将法律视作一种专门的技术知识,将法律职业从社会分工中分化出来,强调案件由具备专业知识的职业人员审理。法律将与外界形成一道屏障,较少受社会生活波动的影响,更加稳定、冷静、独立。在实践中的具体表现包括:强调以审判的方式化解矛盾或纠纷,要求司法决策遵循法律和法律解释的规范,司法官员选任的专业化,案件处理的程序化、规格化、精细化,以及法律机构的专门化等。❶ 而司法大众化,或司法民主化,一方面强调民众对司法的参与和监督,另一方面强调司法体现人民意志和利益、回应社会需求。在实践中,司法大众化常常与司法决策参

---

❶ 参见贺卫方:《司法改革的难题与出路》,载《南方周末》2008 年 9 月 18 日;苏力:《法律活动专门化的法律社会学思考》,载《中国社会科学》1994 年第 6 期。

考社会舆论、人民陪审员制度、"马锡五"式的能动司法模式等联系在一起。❶特别是相较于以审判解决纠纷,调解将争议和矛盾的关注点私人化,较少强调法律知识和分析,而更依赖生活经验、人际技巧和社会规范,因此许多学者也将调解视为司法大众化的举措。❷

而中国近期的司法制度建设工作也在这两种价值取向间摇摆。肖扬任最高人民法院院长期间,随着1999年第一个《人民法院五年改革纲要》、2005年《人民法院第二个五年改革纲要(2004—2008)》的颁布,中国法院系统的改革引入了西方的司法精英化理念,推动法官的职业化、专业化,围绕审判开展改革。而2008年,王胜俊任最高人民法院院长并提出"四个更加注重""五个统筹兼顾"等指导思想。随后2009年《人民法院第三个五年改革纲要(2009—2013)》颁布,弱化了法官职业化、专业化等理念,以"化解矛盾、案结事了、促进和谐、确保公正"为审判工作的目标,明确以"调解优先、调判结合"为工作原则,构建"大调解"体系。❸ 2014年,在全面建设法治中国的大背景下,《人民法院第四个五年改革纲要(2014—2018)》颁布,将"尊重司法规律、体现司法权力属性"作为价值取向,再次突出审判的中心地位,强调审判权的独立性、中心性、程序性与终局性。❹ 面对日益增多的社会冲突,2019年《人民法院第五个五年改革纲要(2019—2023)》将重点转向"系统集成、协同高效",强调"以人民为中心的诉讼服务制度体系"。❺ 该纲要及其后续文件要

---

❶ 参见丁以升:《司法的精英化与大众化》,载《现代法学》2004年第2期;何兵:《司法职业化与民主化》,载《法学研究》2005年第4期。

❷ See Hualing Fu and Richard Cullen, *From Mediatory to Adjudicatory Justice: The Limits of Civil Justice Reform in China*, in Margaret Y. K. Woo and Mary E. Gallagher (eds.), *Chinese Justice: Civil Dispute Revolution in China*, Cambridge University Press, 2011.

❸ 参见何帆:《积厚成势:中国司法的制度逻辑》,中国民主法制出版社2023年版,第113—115页。

❹ 参见何帆:《积厚成势:中国司法的制度逻辑》,中国民主法制出版社2023年版,第116—120页。

❺ 参见何帆:《积厚成势:中国司法的制度逻辑》,中国民主法制出版社2023年版,第120—123页。

求推进以解决社会纠纷为重点的司法职能的整合,党的第十九次全国代表大会指出"加强预防和化解社会矛盾机制建设,正确处理人民内部矛盾",司法改革的导向再次向司法大众化偏移。❶ 总体来看,在中国近年的司法改革进程中,司法职业化和司法大众化间的政策偏向呈周期性波动,周期大约为五年,司法工作的重心伴随每次《人民法院五年改革纲要》的发布发生转移。

如图 2 所示,从话题出现频率来看,司法职业化建设与司法大众化建设是《人民法院报》的内容中最重要的议题之一,相关话题被提及的频率排名前列。话题 8 讨论法院智能化、信息化建设及工作效率的提升,话题 23 讨论专门法院或法庭的建设,二者都与司法职业化直接相关,分别在 40 个话题中排第 5、第 6 名。话题 2 讨论以调解为主的多元矛盾纠纷化解机制,话题 14 讨论人民代表大会对司法的监督,话题 20 讨论乡村基层矛盾纠纷的化解,话题 28 讨论人民陪审员制度,均与司法大众化直接相关,分别在 40 个话题中排第 4、第 8、第 3、第 24 名。

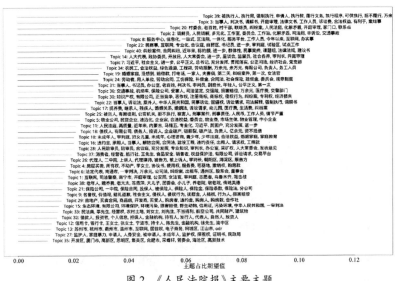

图 2 《人民法院报》主要主题

---

❶ 参见姜伟:《司法体制综合配套改革的路径和重点》,载《中国法学》2017 年第 6 期。

计算传播学与法律研究:以《人民法院报》为例

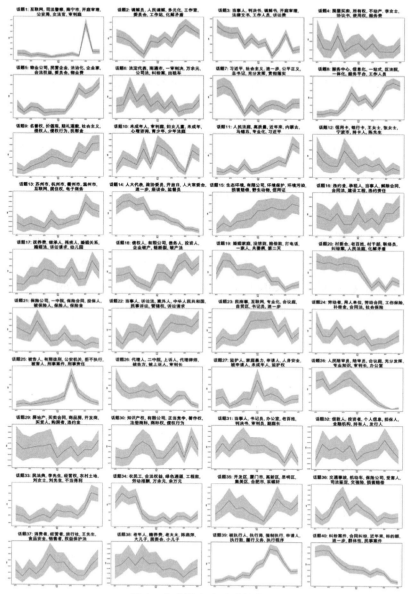

图3 各主题占比随时间变化

如图 3 所示，通过借助结构主题模型分析主题概率与协变量间关系的特点，我们可以观察各主题的出现概率随时间的变化。与司法职业化相关的主题中，讨论法院智能化工作机制的话题 8 于 2010 年后呈现增长趋势，于 2015 年至 2018 年处于相对平缓的"平台期"，而 2018 年后又出现较大增长。而话题 23 关于专门法庭的讨论的变化趋势大致呈现倒"U"形，在 2010 年至 2015 年增长，在 2015 年至 2018 年呈现"平台期"，在 2018 年后相关讨论减少。这些变化趋势大致符合笔者基于司法政策的分析，即司法工作大致呈现以五年为周期的变化。在《人民法院第四个五年改革纲要（2014—2018）》实施期间，关于司法职业化、专门法庭建设的相关讨论处于相对火热的时期。2018 年后，对专门法庭建设的讨论告一段落，但法院审判流程智能化、信息化的进程还在继续。

类似地，在司法大众化工作的相关话题中，讨论多元解纷机制的话题 2 大致呈现"V"形变化。2010 年至 2014 年相关讨论减少，而经历 2014 年的政策转折点后关于多元解纷机制的讨论增多，尤其在 2018 年后呈现较大增长。而其他三个与司法大众化相关的话题——人大对司法的监督作用的话题 14、讨论乡村基层矛盾化解的话题 20、讨论人民陪审制度的话题 28 呈现出了相似的趋势，讨论度于 2010 年至 2014 年呈现平缓，于 2014 年政策转折之后一路呈下降趋势。这些变化说明，尽管司法大众化多年来一直是指导法院的主要工作理念，但其主要内涵和重点一直在转变。当前的司法大众化工作主要以更加现代化的多元解纷机制等形式体现，而基层矛盾化解、人大监督、人民陪审等机制逐渐淡出司法工作的重心。

2. 民事案件

如图 4 所示，对民事案件各案由的占比进行总体分析发现，民事案件中合同纠纷、婚姻家事案件、劳动案件占比最大。其中，婚姻家事案件和劳动案件被提及的比例有下降趋势。为进一步探究法院民事工作方向的变化，本研究选取法院民商事工作中劳动纠纷、执行案件及离婚案件这三个重点工作中的司法价值取向冲突，结合数据趋势及政策背景进行分析。

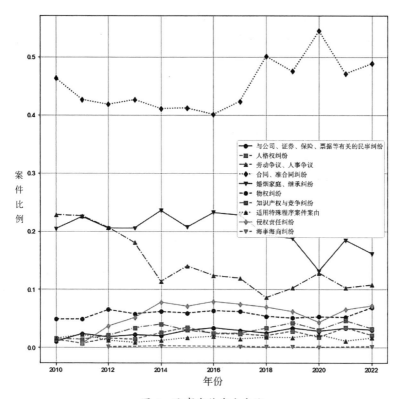

图 4 民事案件案由占比

(1) 劳动纠纷:是企业利益还是劳动者利益?

劳资关系是一对天然的不平等关系,劳动者处于相对弱势的地位。我国《劳动法》及《劳动合同法》持对劳动者给予保护的立场,通过明确劳资双方的权利与义务,削弱用人单位相对强势的权益,增强劳动者相对被动且难以主张的权益。❶ 这样的原则被称为"倾斜保护原则"。而这个倾斜保护的

---

❶ 参见董保华:《论劳动合同法的立法宗旨》,载《现代法学》2007 年第 6 期;王全兴:《劳动合同法争论中需要澄清的几个基本问题》,载《法学》2006 年第 9 期;穆随心:《我国劳动法"倾斜保护原则":辨识、内涵及理据》,载《学术界》2012 年第 12 期。

度,则需要立法机关与司法机关谨慎把握。对劳动者的倾斜过少,不利于保护劳动者的权益;过分强调对劳动者的倾斜保护,则导致公权对市场干预过多,破坏市场规律,加重用人单位的负担,影响企业生产与经营❶。

为研究法院在劳动纠纷中平衡企业利益与劳动者利益的取向,笔者通过仔细阅读文本,挑选出如表3所示的劳动纠纷倾向词典。当法院考虑企业利益时,主要评述角度为强调客观经济困难、维护企业正常运转、劳资双方"双赢"、劝说劳动者理性维权、批评"碰瓷"维权现象等;当法院倾向劳动者利益保护时,主要评述角度为建立专门方案帮助劳动者维权、追讨欠薪等。

表3 "企业利益"与"劳动者利益"词典

企业利益	劳动者利益
督促、平衡、理性、运转、双赢、难关、碰瓷、跟风	专门、维权、快速、专项、优先、拖欠、救助、侵犯、绿色通道、追索、追回、血汗钱、克扣

2009年,受金融危机的影响,大量企业经营困难甚至关闭引发劳动纠纷,最高人民法院印发《关于当前形势下做好劳动争议纠纷案件审判工作的指导意见》,强调"努力做到保障劳动者合法权益与维护用人单位的生存发展并重",在规范企业的同时,也倡导职工理解企业难处,引导职工作出一定妥协以稳定劳动关系。由此可见,法院作为社会治理机制的一环,在经济问题突出的时候也须兼顾经济发展大局,有意识地调整劳资关系平衡。2019年以来,随着《中共中央 国务院关于营造更好发展环境支持民营企业改革发展的意见》《国务院关于开展营商环境创新试点工作的意见》《优化营商环境条例》等政策文件的发布,加之疫情减缓经济发展等客观因素,法院也面临平衡劳动者权益与企业利益乃至经济正常运转的更加严峻的考验。

---

❶ 参见应飞虎:《权利倾斜性配置的度——关于〈劳动合同法〉的思考》,载《深圳大学学报(人文社会科学版)》2008年第3期;钱叶芳:《保护不足与保护过度——试论〈中华人民共和国劳动合同法〉倾斜保护的"度"》,载《法商研究》2007年第3期。

如图5所示,根据词库对比得出每个劳动案件报道中法院对企业利益的倾向,并计算每年的平均"企业利益"倾向计数。总体值均为负数,表明法院总体在劳动纠纷的报道中倾向体现维护劳动者权益的内容。对企业利益偏向自2010年来呈"U"形,于2010年、2011年处于较高点,随后呈下降趋势,又于2019年后重新回升,与前文的政策时间点大致吻合。

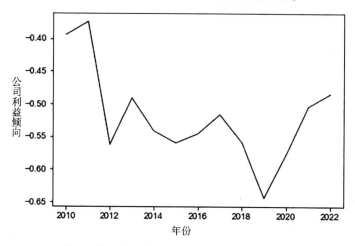

图5 劳动案件中"企业利益"倾向随年份变化

综合数据分析与政策梳理,法院从劳动者倾斜保护的立场出发,总体而言在企业与劳动者之间倾向保护劳动者的利益,而对保护公司利益的倾向则在经济面临冲击的时期较为明显。法院不仅担负维护劳动者权益的职责,还肩负妥善平衡劳资关系、为经济冲击做缓冲及维持社会稳定的使命。

(2)执行案件:是"硬"执行还是"软"执行?

改革开放以来,执行的相关立法供给不足。进入执行程序的案件的数量增加,各级法院所能投入的司法资源相比之下明显不足。加之被执行人层出不穷的逃避手段,"执行难"成为一直困扰中国法院的实际问题之一。❶ 一方

---

❶ 参见黄忠顺:《中国民事执行制度变迁四十年》,载《河北法学》2019年第1期。

面,执行需要"刚性",以保证执行目标的实现,包括放宽强制措施的使用条件、强化执行措施、建设财产查控机制及惩戒机制等制度。❶ 与此同时,过度的执行措施也起到了滥用执行权、扰乱经营等副作用,近年来相关政策开始重视执行的"柔性"一面,"善意执行、文明执行、公正执行"的相应理念被正式提出,规范执行行为,加强利益平衡,保护民营经济。

为研究法院在执行案件中平衡执行的"刚性"与"柔性"的取向,笔者通过仔细阅读文本,挑选出如表4所示的执行案件倾向词典。当强调执行的"刚性"时,主要评述角度为执行的力度及速度、司法权威、执行的强制性手段等;当强调执行的"柔性"时,主要评述角度为企业实际的经营困难、法院对企业的协助与通融、避免或修复对强制执行带来的不利影响等。

表4 "刚性执行"与"柔性执行"词典

刚性执行	柔性执行
清理、强制、威慑、扣押、扣划、彻底、执结、到位、拍卖、威慑力、到底、冻结、变卖、查封、立即	生存、危机、解除、流转、难关、谨慎、化解、慎用、运转、不畅、听取、无力、善意、排忧解难、度过、生产、文明、经营、灵活、解冻、整顿

我国司法机关解决执行问题的政策大致分为两个阶段。第一个阶段注重强制执行运行体制的建设,加强执行的力度。2007年、2012年两次对《民事诉讼法》的修改连续放宽强制执行措施的使用条件,确保执行员迅速对可供执行的财产采取控制。❷ 近年来,尤其是党的十八大以来,解决执行难被列为全面依法治国的重点工作。党的十八届四中全会明确要求"切实解决执行难""依法保障胜诉当事人及时实现权益"。最高人民法院于2016年发布《关于落实"用两到三年时间基本解决执行难问题"的工作纲要》,强化各

---

❶ 参见黄忠顺:《中国民事执行制度变迁四十年》,载《河北法学》2019年第1期;刘耕蒲:《论我国民事执行中的善意执行理念》,载《司法改革论评》2020年第2期。

❷ 参见黄忠顺:《中国民事执行制度变迁四十年》,载《河北法学》2019年第1期。

项执行工作。法院的强制执行运行体制接受了一系列改革更新,信息技术大大提升财产的查控效率和失信被执行人的惩戒效率❶。一系列指导意见和司法解释的出台,为强制执行提供法律支撑❷。随着执行工作各方面的改革升级,执行难问题基本得到解决,执行工作的方向进入第二个阶段。以最高人民法院于 2016 年发布的《关于在执行工作中规范执行行为切实保护各方当事人财产权益的通知》为起始,到 2019 年发布的《关于在执行工作中进一步强化善意文明执行理念的意见》,"善意执行"的理念被提出并被强调,规范执行过程,保障被执行人的合法产权和社会公共利益,降低执行对企业生产经营活动的影响,服务改善营商环境的大局❸。

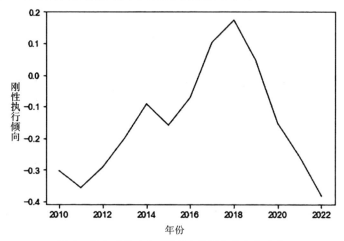

图 6 执行案件中"刚性执行"倾向随年份变化

---

❶ 参见孙晓勇:《司法大数据在中国法院的应用与前景展望》,载《中国法学》2021 年第 4 期;左卫民:《中国"执行难"应对模式的实证研究——基于区域经验的分析》,载《中外法学》2022 年第 6 期。

❷ 参见孙晓勇:《司法大数据在中国法院的应用与前景展望》,载《中国法学》2021 年第 4 期;左卫民:《中国"执行难"应对模式的实证研究——基于区域经验的分析》,载《中外法学》2022 年第 6 期。

❸ 参见刘耕蒲:《论我国民事执行中的善意执行理念》,载《司法改革论评》2020 年第 2 期;江必新:《国家治理现代化背景下的善意执行》,载《中国应用法学》2017 年第 1 期。

如图6所示,根据词库对比得出每个执行案件的相关报道中法院对刚性执行的倾向,并计算每年的平均"刚性执行"倾向计数。总体而言,法院在采用刚性措施贯彻执行上的倾向有正有负,相对中立。近年来,对执行案件的倾向变化比较清晰,即从2010年到2018年越来越强调"刚性执行",而从2018年这一拐点后急转直下,工作重心向"柔性执行"转移。该转折时间点与2019年最高人民法院正式提出关于"善意执行"的司法文件有紧密关联。

综合数据分析与政策梳理,我国法院解决"执行难"问题的导向能够被清晰地分为两个阶段。自2010年到2018年,执行工作以强调执行强制、刚性、权威的一面为主。以2019年将"善意执行"正式提出为分水岭,随后的执行实践中更加强调对执行权力的限制、控制对被执行人的影响。

(3) 离婚案件:是修复感情还是协助离婚?

与其他民事纠纷相比,家事案件具有一定的特殊性,具有浓重的伦理、情感与习俗色彩。❶ 并且,近年来,随着婚姻自由、个人主义等新时代思潮的流行,社会婚恋观念发生变化,全国离婚案件数量攀升,给社会造成了新的不稳定因素。一方面,法院作为被动、中立的司法机关,应居中裁判,尊重当事人的离婚意愿,将离婚案件作为财产利益、人身关系的法律纠纷,专业地做好财产分割、抚养权归属等工作,注重"案结";另一方面,法院作为社会治理的重要一环,需要减缓离婚案件攀升的趋势,积极主动地干预当事人离婚的进程,担负救赎婚姻和修补人伦关系的使命,促进家庭和睦,培养社会观念,维护社会稳定,注重"人和"。❷

为研究法院在处理离婚纠纷时在修复感情与协助离婚之间的选择,笔者通过仔细阅读文本,挑选出如表5所示的离婚纠纷倾向词典。当强调修复感情时,主要评述角度为传统观念、家庭和谐、夫妻只是一时赌气而无根本矛盾等;当强调协助离婚时,主要评述角度为双方感情确已破裂、财产分割、抚养

---

❶ 参见曹思婕:《我国家事审判改革路径之探析》,载《法学论坛》2016年第5期。
❷ 参见李拥军:《作为治理技术的司法:家事审判的中国模式》,载《法学评论》2019年第6期。

权与探视权的判定等。

表5 "修复感情"与"协助离婚"词典

修复感情	协助离婚
化解、维护、和谐、驳回、修复、传统、撤诉、恢复、改善、缓和、回归、调和、重归于好、弥合、和好如初、赌气	破裂、财产、解除、准许、抚养、抚养权、抚养费、分割、补助、探视、确已

多数法院习惯按照财产类案件的审理模式审理婚姻家庭案件。在常见模式下,法官确认当事人的离婚意愿,如当事人表示愿意离婚,审判方向随即转变为财产分割和子女抚养。❶ 面对数量激增、类型多样化、化解难度大的家事纠纷,法院的审判资源、审判理念、纠纷解决机制无法适应。最高人民法院于2016年发布《关于开展家事审判方式和工作机制改革试点工作的意见》,指出改革目标为"维护婚姻家庭关系稳定……弘扬社会主义核心价值观,促进社会建设健康和谐发展",并在全国开展试点。一年后,最高人民法院、中央综治办、最高人民检察院、公安部等多个部门联合发布《关于建立家事审判方式和工作机制改革联席会议制度的意见》,推进家事审判改革。多部门联合发布文件也从侧面反映家事案件的审判具有广泛的社会及政治影响力,并不单纯是个体间财产利益和身份确认等法律问题。到2018年,两年的试点工作到了收尾阶段,最高人民法院继续发布《关于进一步深化家事审判方式和工作机制改革的意见(试行)》,进一步深化家事审判改革进程。一系列改革的目的之一在于,转变法院对以离婚案件为代表的家事案件的审判观念,强调法官的自由裁量权以及对当事人处分权进行适当干预的能力,发挥家事审判修复家庭成员感情的职能,维护社会稳定。❷

---

❶ 参见杜万华:《当前民事商事审判工作的九个重点问题》,载《法律适用》2016年第7期。

❷ 参见杜万华:《当前民事商事审判工作的九个重点问题》,载《法律适用》2016年第7期。

如图 7 所示,根据词库对比得出每个离婚案件的相关报道中法院对修复感情的倾向,并计算每年的平均"修复感情"倾向计数。总体而言,法院的"修复感情"倾向在大部分时间都是正的,即法院总体倾向在离婚纠纷中修复感情。法院在离婚案件中的立场存在波动,分别于 2011 年、2015 年左右达到峰值,且自 2018 年来呈现整体攀升趋势。2018 年是家事审判方式和工作机制改革的试点工作完成、改革进一步深化的节点。

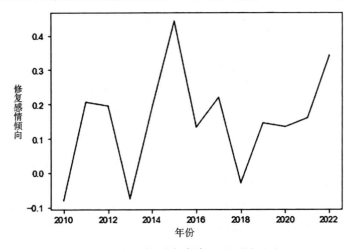

图 7 离婚案件中"修复感情"倾向随年份变化

综合数据分析与政策梳理,我国法院在处理离婚纠纷时,总体的倾向是倡导法院的适当干预、维护婚姻家庭稳定。该倾向自 2018 年家事审判改革试点工作完成以来呈现逐年上升的趋势,或将反映未来几年家事司法工作的导向。

3. 刑事案件:是控制犯罪,还是保障人权?

如图 8 所示,对刑事案件各案由的占比进行总体分析,刑事案件中侵犯财产、妨害社会管理秩序、破坏社会主义市场经济秩序、侵犯公民人身权利及民主权利、危害公共安全、贪污贿赂的占比较大。其中,经济与财产犯罪所占比例逐年上升,而人身伤害犯罪、危害公共安全犯罪、贪污贿赂犯罪被提及得越来越少。为进一步探究法院在刑事审判工作中的价值取向的变化,本研究选取控制犯罪与保障人权这一对冲突价值,结合数据趋势及政策背景展开分析。

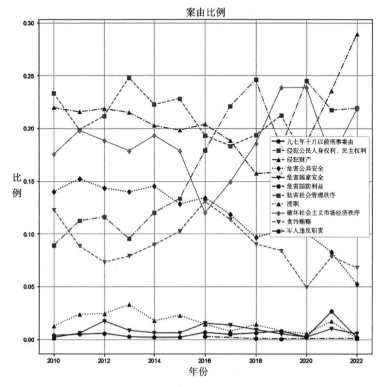

图8 刑事案件案由占比

有刑法学者认为,刑事政策的直接目的为控制犯罪,而保障自由、保护秩序、实现正义则是刑事政策的根本目的。❶ 在刑事实践中,控制犯罪和保障人权两个价值之间天然存在着一定的对立。控制犯罪需要行使国家刑罚权以实现惩治和预防犯罪,而保障人权的目标则要求限制刑罚权以保障公民个

---

❶ 参见陈兴良主编:《中国刑事政策检讨——以"严打"刑事政策为视角》,中国检察出版社2004年版。

人权利❶,因此在实践中,往往需要党和国家机关在这两个刑事政策的价值目标之间审慎选择及分配❷。

为研究法院在刑事审判工作中的价值取向,笔者通过仔细阅读文本,挑选出如表6所示的刑事案件倾向词典。当强调控制犯罪时,主要评述角度为强调司法机关打击犯罪的力度与决心、犯罪情节严重程度、通过刑罚手段有效惩治犯罪等;当强调保障人权时,主要评述角度为出现冤假错案的可能性、被告的辩护权、从轻从宽判决、严格排查证据等。

表6 "控制犯罪"与"保障人权"词典

控制犯罪	保障人权
制裁、应有、利剑、代价、有力、力度、罚金、重拳、维持原判、容忍、恶意、驳回上诉、明知、从严、治理、暴力、决心、剥夺、禁止、侵害、严惩、打击、严重、极端、手软、重大、坚决、高发、认罪	谨慎、个人隐私、错案、疑罪从无、未成年、少年法庭、从轻、辩护、无罪、冤假错案、制约、控辩、减轻、法律援助、程序、酌情、证据不足

为解除犯罪乱象对社会治安造成的严重威胁,我国早期的刑事政策明显偏向控制犯罪。1983年,全国人大常委会发布《关于严惩严重危害社会治安的犯罪分子的决定》,严厉打击犯罪成为贯穿我国刑事司法二十余年的主题。随着人口素质逐渐提升、犯罪逐步得到控制、中国走向国际,以及刑罚权未得到合理限制带来的刑讯逼供、冤假错案等副作用,刑事司法保障人权的目标逐渐被提上议程。2004年,"国家尊重和保障人权"被正式写入宪法,而2012年的《刑事诉讼法》修将"尊重和保障人权"明确写入其总则。2006年,"严打"刑事政策被正式调整为宽严相济的刑事政策。❸ "宽"的一面体

---

❶ 参见彭辅顺:《刑法控制犯罪与保障人权的利益冲突与平衡》,载《山东警察学院学报》2011年第3期。
❷ 参见陈兴良主编:《中国刑事政策检讨——以"严打"刑事政策为视角》,中国检察出版社2004年版,第50—53页。
❸ 参见胡云腾:《习近平法治思想的刑事法治理论及其指导下的新实践》,载《法制与社会发展》2022年第5期。

现于随着每隔几年颁布的一系列改革纲要,国家逐步推行辩护权保障、非法证据排除、案件申诉及再审制度等改革,从制度安排上推进落实人权保障的目标。❶ 近期针对轻罪认罪认罚从宽、简化审判流程,针对重罪统一量刑、限制死刑适用等的改革措施,也被认为是向人权保障的一大迈进。❷ 与此同时,作为宽严相济刑事政策中"严"的一面,自党的十八大以来,习近平总书记多次就惩治腐败、禁毒斗争、扫黑除恶等方面的犯罪惩治作出重要指示,对严重危害人民利益、人民群众深恶痛绝的犯罪实行"零容忍",当严则严,从重打击❸。

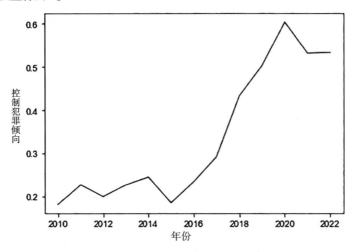

图9 刑事案件中"控制犯罪"倾向随年份变化

---

❶ 参见高建军:《我国刑事诉讼法中的人权保护》,载《法学杂志》2008年第3期;陈瑞华主编:《刑事辩护制度的实证考察》,北京大学出版社2005年版;左卫民:《"热与冷":非法证据排除规则适用的实证研究》,载《法商研究》2015年第3期;吴宏耀:《非法证据排除的规则与实效——兼论我国非法证据排除规则的完善进路》,载《现代法学》2014年第4期;何家弘、刘译矾:《刑事错案申诉再审制度实证研究》,载《国家检察官学院学报》2015年第6期。

❷ 参见卢建平:《宽严相济与刑法修正》,载《清华法学》2017年第1期;卢建平:《刑事政策视野中的认罪认罚从宽》,载《中外法学》2017年第4期。

❸ 胡云腾:《习近平法治思想的刑事法治理论及其指导下的新实践》,载《法制与社会发展》2022年第5期。

如图9所示,根据词库对比得出每个执行案件相关报道中法院对控制犯罪的倾向,并计算每年"控制犯罪"倾向的平均计数。总体而言,法院在"控制犯罪与保障人权"的选择中明显倾向控制犯罪,"控制犯罪"的倾向值一直为正。在2010年至2015年,法院控制犯罪的倾向相对较低且波动不大,而在2015年至2020年,对控制犯罪的强调一路飙升,该倾向指数于2020年高达0.6。自2020年开始,对人权保障的强调稍占势头,对控制犯罪的强调相对回落。

综合数据分析与政策梳理,尽管政策上逐渐强调人权保障,控制犯罪仍是我国法院刑事审判工作的主导目标。自2015年以来,随着对反腐、禁毒、扫黑除恶等严重犯罪的惩治工作的开展,我国法院提及控制犯罪的频率陡增。2020年后,随着犯罪得到良好控制及多年来人权保障机制的建设,对控制犯罪目标的关注回落,人权保障话题被逐渐放在台前。

[四] 未来研究方向

前文介绍了计算传播学的研究及方法,并以《人民法院报》为例,说明如何借鉴计算传播学的研究议题与方法开展法律研究。法院的官方媒体《人民法院报》作为法院系统的重要传声渠道,为学者研究法院工作的价值取向提供了绝佳的语料。结合计算传播学中常用的主题模型与词典方法,本研究从司法制度建设、劳动纠纷、执行案件、离婚案件、刑事案件等方面探讨我国法院近年来在价值取向上的变化。

本文抛砖引玉,仅以最高人民法院的官方媒体为例研究中国法院工作的价值取向的问题,而计算传播学的研究框架和研究方法在法律研究议题中的应用还有广阔天地。笔者将分别从研究对象、研究话题、研究方法三个层次探讨此交叉领域未来可行的研究方向。

(一)研究对象

当下正是互联网和社交媒体的时代,大量数字媒体涌现。除本文采用的官方媒体发布的内容外,后续的研究还应更多地利用现代社交媒体,如微信公众号、微博等平台上与法律相关的内容。大部分人民法院都开设了官方微信公众号及官方微博,作为面向公众宣传法院工作、普及法律知识的平台。这些宣传工作也是各级法院的工作重点之一,最高人民法院定期对全国法院的微信公众号及微博的宣传效果进行排名与考核。

同时,语料内容不仅可以来自官方媒体,还可以来自大众媒体、自媒体,以及平台普通用户。当前社交媒体中的个人用户大数据的优势不仅来源于用户之多、文本数据体量之大,更来源于内容与用户个人层面其他信息的匹配、互联网的匿名性,以及社交媒体的互动性。首先,将在用户个人层面公开可得的信息,甚至用户过往表达的某些观点或立场,与其发布的与某个法律议题相关的内容进行匹配,能够帮助研究者更加深入地了解个人背景、意识形态等特点对法治意识的形成有何作用,或者法律信息和内容如何对个人产生不同的影响。❶ 其次,互联网讨论的匿名性使人们更加愿意谈论一些在现实生活或者调查、访谈中出于社交压力不会直接表达的想法,如对特定群体的仇视、厌恶等情绪,对极刑等敏感话题的观点。❷ 最后,不同于孤立的单条文本数据,社交媒体中的内容是互动性的,这意味着我们不仅能够了解与法律相关的传播内容,还能够研究这些内容的传播方式与传播特点。

(二)研究话题

借用传播学中的"5W"模型❸,即"谁(传播者),通过什么(渠道),对谁(受众),说了什么(内容),并产生了什么(效果)",笔者从传播者研究、内容研究、效果研究三个方面探讨法律研究如何借鉴传播学的研究议题。

---

❶ See Yannis Theocharis and Andreas Jungherr, *Computational Social Science and the Study of Political Communication,* 38 Political Communication 1 (2021).

❷ See Yannis Theocharis and Andreas Jungherr, *Computational Social Science and the Study of Political Communication,* 38 Political Communication 1 (2021).

❸ 参见祝建华等:《计算社会科学在新闻传播研究中的应用》,载《科研信息化技术与应用》2014年第2期。

从传播者的角度来看,可以对比不同的传播者在议题选择、传播策略上的差异,包括不同机构的官方媒体之间的差异(如公、检、法官方媒体之间的差异)与不同类型的媒体的视角的差异(如官方媒体、自媒体、普通用户对同一事件的不同角度),也包括不同用户之间的与法律相关的观念的差异及其成因。

从内容的角度来看,沿用本研究的思路,可以研究媒体文本内容,观察与法律相关的议题,挖掘报道的框架。不同的文本来源可被用于研究不同的议题,如社交媒体上与法律相关的讨论更能反映民众对法律的感知,可被用于研究法律研究中与民众法治意识有关的"自下而上"的问题;而官方机构或官方媒体发布的新闻更适合用于研究司法政策等"自上而下"的问题。由于新闻媒体数据被保存得相对完好,且近年来新闻史料数字化工作正在完善,媒体数据可被用于法制史的研究,或关于某个具体法律概念的历史演变的研究。同时,还可以进一步结合用户信息、宏观政策变化等"法外"的因素,分析是哪些因素影响了法律相关的议程设置。

从效果角度来看,可以对话法律研究中的法治意识领域,结合社交媒体数据的特殊性,研究媒体内容主要对哪些信息接收者产生影响,以及对信息接收者的与法律相关的认知产生了何种影响。

(三) 研究方法

本文的研究主要采用词典方法。该方法存在一定缺陷,即需要耗费人力挑选词典,词典的选择具有主观性,词语之间的代表性不一致,且该方法非常依赖文本语境,缺乏可推广性。同时,该方法只能执行较为简单的分类,无法识别更复杂的法律问题,如在某个具体劳动纠纷法律问题中,法院的判决是倾向企业还是倾向劳动者。因此,本文采用的只是最粗浅的几种方法之一,还有众多计算传播工具等待在法律研究中被应用。

在未来的研究中,可以考虑采用监督学习方法。把该方法用于分类将更加高效、更具有可推广性,但须投入一定人力进行前期标注分类,且需要研究者沿用学科现有的分类或自行对分类进行定义。此外,可以采用非监督学习方法。在现有的法学、法律社会科学研究中,用于理解法律传播内容的研究框架尚少。面对陌生且庞大的文本,可以利用非监督学习方法的优势,让机器自己探索文本,为研究者指出理解文本的方式,发现新的潜在研究框架。更进一步,可以借助大语言模型完成对文本的理解与分类。大语言模型通过对大规模的无标注文本数据进行预训练,从中学习丰富的语言知识和语言模式,使大语言模型具备更广泛的语言理解能力。大语言模型具备上下文理解能力,能够考虑文本中的全局信息和语境,而不仅仅依赖局部特征。这使模型能够更好地理解句子、段落或整个文档的含义,因而提供更准确的、对文本内容的理解,如本研究中所指出的词典方法的局限,即在具体的法律问题中无法判别法院是倾向企业还是劳动者,很可能会被大语言模型突破。

反思法律生成式人工智能：
技术与法律的双重进路

黄致韬[*]

摘　要：生成式人工智能是当前科技领域的热点，因而有必要讨论生成式人工智能技术在法律领域的应用前景、可能问题，以及技术与监管的双重对策。生成式人工智能不仅能辅助生成法律文本，还能提高法律科技的整体水平，但也存在专业性不足、可靠性有限的问题，并可能带来新的风险。为此，需要从技术和法律两个进路共同推进。在技术应对层面，(1)可以通过预训练、微调、知识库等方法提高生成式人工智能的专业性和准确性；(2)通过中心化的数据治理机制维护法律基础数据，运用技术手段控制和审核人工智能的生成内容。在法律监管方面，我国已建立较为完善的事前监管体系，但也应考虑法律科技的行业特点，适当优化监管方式；在事后监管上，可对法律生成式人工智能造成的间接侵权，采用类似避风港原则的规制模式。

关键词：法律科技　生成式人工智能　ChatGPT　技术创新　避风港原则

引　言

人工智能(Artificial Intelligence, AI)技术正在深刻影响和改变着人类社

---

[*]　黄致韬，香港大学法律学院博士研究生。本文系国家社会科学基金一般项目"大数据背景下的庭审直播研究"(项目批准号：20BFX075)的阶段性成果。

会的方方面面。其中,近年来基于大语言模型的生成式 AI 技术取得了重大突破,引发了广泛关注。具有代表性的 ChatGPT 展现出接近人类水平的语言处理与生成能力,被广泛认为是 AI 发展史上的关键性进展。生成式 AI 的出现预示着 AI 正在由过去的专业化、定向型应用向通用型 AI(Artificial General Intelligence)迈进。❶ 这既带来了前所未有的应用机遇,也让人类社会面临诸多挑战。

生成式 AI 在法律领域的应用和影响尤其复杂。一方面,ChatGPT 等应用表现出解决法律问题的潜力。这些 AI 产品可以自动生成法律内容,提高工作效率,辅助法官和律师开展法律工作。另一方面,由于技术本身的缺陷以及法律领域的特殊性,其应用也存在诸多困难与风险。

然而,目前学界对生成式 AI 的关注和理解还相对薄弱,特别是关于法律生成式 AI 的研究还较为有限。一方面,学者对生成式 AI 的发展趋势没有完整的认识。在当前文献中,对生成式 AI 的设想主要基于 ChatGPT 等问答类产品的技术,因此,多数学者将生成式 AI 狭义地理解为对话模型,而没有认识到生成式 AI 还有更加广阔的应用空间。❷ 另一方面,法学界更多地注重法律的监管,而较少讨论技术的发展路径。❸ 在存在学术分工的背景下,法律人较少讨论技术也属正常。但是,法律生成式 AI 与法律和技术都有密切联系,法律人同样需要理解技术的逻辑,才能更好地规范和监管技术发展。

综上所述,生成式 AI 作为一项突破性技术,其在法律领域的应用问题值得法学界重视。本文意在弥补现有研究的不足,通过分析技术创新和探讨监管对策,为推动生成式 AI 在法律领域的发展提供一些初步建议。

---

❶ See Sébastien Bubeck et al., *Sparks of Artificial General Intelligence: Early Experiments with Gpt-4*, arXiv preprint arXiv: 2303.12712 (2023).

❷ 参见於兴中、郑戈、丁晓东:《生成式人工智能与法律的六大议题:以 ChatGPT 为例》,载《中国法律评论》2023 年第 2 期。

❸ 参见孙祁:《规范生成式人工智能产品提供者的法律问题研究》,载《政治与法律》2023 年第 7 期;支振锋:《生成式人工智能大模型的信息内容治理》,载《政法论坛》2023 年第 4 期;张凌寒:《生成式人工智能的法律定位与分层治理》,载《现代法学》2023 年第 4 期。

在文章结构上,本文先从技术层面分析了生成式 AI 在法律领域的应用所面临的困境,包括专业性不足、可靠性受限,以及与传统法律科技融合后的风险。并且,本文预测,在现有的制度背景下,生成式 AI 可能会对司法工作产生干扰。然后,本文提出了对应的技术方案,以提高法律生成式 AI 的技术表现水平,并在技术层面讨论了提高法律生成式 AI 的技术水平,对其基础数据进行治理,对其生成内容进行控制。本文还通过开发代码,展示了微调技术和知识库技术,并汇报了相应结果。接下来,本文从法律层面探讨了针对生成式 AI 的事前监管与事后监管路径,在事后监管中,重点讨论了采用避风港原则规制法律生成式 AI 侵权行为的可能。最后,文章呼吁法学界加强对法律生成式 AI 的关注,以期形成更系统化的认识框架。

[一] 法律生成式 AI 的进展与应用

生成式 AI 给法律科技带来了突破性进展。生成式 AI 不仅掌握了生成法律文本的能力,还能够优化、整合其他法律科技。但是,生成式 AI 在法律领域的应用也存在一定的困难。首先,现阶段的生成式 AI 存在专业性不足、可靠性有限的问题。其次,生成式 AI 与其他法律科技融合以后,会产生复杂的技术风险。最后,生成式 AI 可能会产生新的风险,对司法工作的开展造成干扰。

(一) 生成式 AI 技术的突破

2022 年年底,ChatGPT 的突破性表现震惊了整个世界,点燃了生成式 AI 的热潮。2022 年 11 月,OpenAI 公司发布了问答式的生成式 AI 应用 ChatGPT。它可以根据用户的指令(prompt),出色地完成各式各样的任务。例如,问答、生成文本摘要、机器翻译、分类、生成代码和对话等。凭借其出色的表现,ChatGPT 成为有史以来最受欢迎的互联网产品之一,上线一周就获得

了 100 万名用户,上线两个月就获得了超过 1 亿名用户。❶

ChatGPT 等生成式 AI 的惊人表现建立在大语言模型(Large Language Model)的技术发展之上。大语言模型的技术特点就如它的名字一样——大,非常大。在原理上,大语言模型仍然基于统计学习的框架,预测下一个可能出现的单词,通过对大量文本数据的学习,提高预测的准确性。❷ 但是量变引起质变,巨大的工程量让大语言模型"涌现"了突破性的进展。❸ 以 Meta 公司的 LlaMa 模型为例,它的参数量最大达到了 700 亿,模型训练所需要的语料有 2 万亿个 token❹,如果一个人每天读 100 万个 token,则大概要读 5000 年。巨大的参数量和巨大的训练集也让大语言模型的训练成本非常高,LlaMa 模型在 GPU 集群上训练了 3311616 个 GPU 小时,花费了大约 500 万美元。❺ 这样惊人的工程量和工程难度,让大语言模型与以往的自然语言模型拉开了差距。

生成式 AI 的热潮对法律界也造成了冲击。近年来,AI 技术的快速发展并没有对法律职业造成实质的影响。AlphaGO 虽然战胜了人类,但棋盘上的比赛离法律人的世界毕竟太过遥远。❻ AI 自动驾驶、AI 创作诗歌、AI 人脸识别等 AI 技术的发展都贡献了很多优秀的法学论文题目,但这些技术都仅仅是被法律规制的对象,本质上没有影响法律职业的运作方式。立法者、法官、律师、法学教授还是需要"一个字一个字"地生产法律意见和法律内

---

❶ See Krystal Hu, *ChatGPT Sets Record for Fastest-growing User Base-analyst Note*, Reuters, Feb. 2, 2023.

❷ See Ashish Vaswani et al., *Attention is All You Need*, 3st Conference on Neural Information Processing Systems (2017).

❸ See Jason Wei et al., *Emergent Abilities of Large Language Models*, arXiv preprint arXiv: 2206.07682 (2022).

❹ token 是大语言模型训练使用的文本单元,一个 token 近似一个英文词汇,或一个中文词语。

❺ 参见 Meta:Llama 2, Meta Research,2023 年版。

❻ See David Silver et al., *Mastering the Game of Go with Deep Neural Networks and Tree Search*, 529 Nature 484 (2016).

容,而正是这些技艺理性凝结出的"白纸黑字"支撑着法律体系的运转。但生成式 AI 的出现,改变了法律内容的生产方式。

　　生成式 AI 最明显的冲击是在替代(replacement)人类上的突出表现,展现出替代性技术的突破性进展。所谓替代性技术,根据 Sourdin 的定义,是能够代替人类完成法律工作的法律科技。❶ 生成式 AI 技术的发展,让 AI 也可以生产法律内容,甚至比人类的生产能力还要强。例如,只需要在 Claude 的对话框内输入:"我需要租房,请帮我写一份租房合同的模板。"在几秒内,它就可以给出相对完备的回答。❷ 当前市场上也出现了基于生成式 AI 的法律

---

❶ See Tania Sourdin, *Judges, Technology and Artificial Intelligence: The Artificial Judge*, Edward Elgar Publishing 2021.
❷ 以下为 Claude 生成的租房合同模板:
甲方(出租方):_____
乙方(承租方):_____
一、房屋信息
出租方同意将其位于_____(详细地址)的房屋出租给承租方居住。该房屋建筑面积约为_____平方米,房屋内部包含_____间卧室、_____间客厅、_____间卫生间,及厨房和阳台。房屋为_____装修。
二、租赁期限
租赁期限自 2023 年 9 月 4 日起至 20____年____月____日止,共计____个月。租赁期满,双方可签订新的租赁合同续租,也可终止租赁关系。
三、租金及支付方式
1. 月租金为人民币(大写)_____(小写¥_____),共计_____元。
2. 承租方应于每月____日前支付当月租金。首月租金需在签订本合同时支付。
3. 租金应以现金或转账方式支付至出租方指定账户。
四、押金及支付方式
1. 押金为租金的____个月,共计人民币(大写)_____(小写¥_____)
2. 承租方应在签订本合同时一次性支付押金。
3. 租赁期满或提前终止合同时,出租方应于____日内且无息退还押金。如承租方有未支付租金、水电费或违约金等欠款,出租方有权从押金中扣除。
五、房屋用途
房屋仅可用于居住,不得从事违法活动。承租方确保所承租房屋的合法正当用途。
六、房屋维修
1. 承租方应合理使用并妥善保管房屋及其内部各种设施设备。如有损坏,承(转下页)

科技产品。例如，Rally 公司推出了 Spellbook，它是一款基于 GPT-4 模型的智能合同编写产品。[1] Spellbook 通过在案例数据库和法规上进行训练，获得了广泛的知识和专业能力。这使 Spellbook 能够针对法律文件提供准确和相关的语言建议。用户不再需要耗费时间手动搜索适当的条款和款项，Spellbook 能够根据用户的具体需求，快速提供恰如其分的建议。此外，Spellbook 还具备专为法律领域设计的功能，如缺失条款审查（Missing Clause Review）、定向起草（Directed Draft）、查找冲突条款（Find Conflicting Terms）以及缺失通用条款（Missing Boilerplate）。其中，缺失条款审查功能可以帮助用户确定文件中可能遗漏的条款，确保法律文件的全面性；定向起草功能允许用户专注于特定部分或要素，实现有针对性的文本改进；查找冲突条款功能可以帮助用户发现和解决文件中的冲突术语，提高文件的一致性和准确性；而缺失通用条款功能则确保标准条款的完整性，增强法律文件的可靠性。根据 Spellbook 的产品宣传，它可以将起草合同的速度提高 10 倍！

但生成式 AI 的影响不止替代性技术，本文认为，生成式 AI 在未来将对

(接上页) 租方应负责修理或赔偿。

2. 出租方应及时维修与房屋主体结构相关的设施设备损坏。

七、合同的解除及终止

1. 双方如需终止合同，应提前＿＿＿个月通知对方。

2. 承租方如有违约行为，出租方有权终止合同。

八、争议解决方式

双方对本合同的解释或履行发生争议，应通过友好协商解决。协商不成的，任何一方均可向有管辖权的人民法院起诉。

九、其他

本合同一式两份，甲乙双方各执一份，自双方签字盖章之日起生效。未尽事宜由双方协商解决。

甲方（签章）：

乙方（签章）：

签订时间：2023 年 9 月 4 日

签订地点：＿＿＿＿＿＿＿＿

[1] See Spellbook-AI Contract Drafting & Review, https://www.spellbook.legal/, Sep. 4, 2023.

整个法律科技造成全面性的影响。除替代性技术外,Sourdin还区分了两类法律科技,分别为辅助性(supportive)技术和"颠覆性"(disruptive)技术。辅助性技术指法律科技辅助人类完成一些工作,如告知信息、整理信息。也就是说,辅助性技术能够优化人类工作,但是不能替代人类的工作。❶例如,我国法院中常用的"智慧法院"系统。虽然各地的系统并不完全一致,但基本能实现信息化的案件审理和审判管理,提高了司法工作的效率。但显然,信息系统等技术只能辅助司法人员,完全不具备替代功能。而"颠覆性"技术则指法律科技超越了传统法律的流程和形式,以"颠覆性"的形式提供法律产品。Sourdin指出,"颠覆性"技术的典型代表就是机器学习技术,对未来进行预测。❷例如,应用在刑事假释场景中的COMPAS系统,即应用了机器学习模型。该模型在历史犯罪记录数据库上进行训练,训练完成后,可以预测新案件中刑事被告人的再犯(Recidivism)风险。法官在审理中,会考虑系统的预测报告,权衡是否假释。❸ 人类理性并不善于预测,❹而COMPAS系统不仅善于预测,而且能够对未来作出量化且精准的预测,因此被认为是"颠覆性"的法律产品。

　　生成式AI的自然语言处理能力具有通用性,可以助力构建辅助性技术和"颠覆性"技术的数据基础。法律科技大都依赖基础数据,但是数据准备这项基本工作往往是最为"费时费力"的工作,有调查发现,数据工程师有80%的时间都消耗在数据准备和清洗上,而只有一小部分时间被用在处理数

---

❶ See Tania Sourdin, *Judges, Technology and Artificial Intelligence: The Artificial Judge*, Edward Elgar Publishing 2021, p. 2.

❷ See See Tania Sourdin, *Judges, Technology and Artificial Intelligence: The Artificial Judge*, Edward Elgar Publishing 2021, p. 20.

❸ See Tim Brennan, William Dieterich and Beate Ehret, *Evaluating the Predictive Validity of the COMPAS Risk and Needs Assessment System*, 36 Criminal Justice and Behavior 21 (2009).

❹ See Philip E. Tetlock, *Expert Political Judgment: How Good Is It? How Can We Know?*, Princeton University Press 2017.

据建模、数据预测等"高端"的任务上。❶ 举例来说,提取海量裁判文书中的判决结果是法律科技领域内重要的数据清洗任务。判决结果是文书中最重要的内容之一,进行数据分析,或是构建 AI 预测模型,往往都依赖判决结果。因此,判决结果提取算法既是辅助性技术,也是"颠覆性"技术的基础。但判决书的结果往往"千奇百怪",同样的结果有多种表达。传统上,主要通过较为机械但复杂的正则表达式算法,或是训练机器学习算法来提取。这两种方法都不容易,需要耗费较多的人力资源,并消耗较长的开发周期。而且,这两种方法的可迁移性都较差。举例来说,处理物业纠纷的算法并不适用于婚姻家庭案件。要处理新的案件类型,就需要重新开发新的算法。然而,如果利用大语言模型优良的迁移能力,则并不需要太多人工的干预和预处理,就可以较为容易地实现案件结果的提取。❷ 例如,将一份裁判文书传入大语言模型,并给出指令:"本案中,被告当事人承担的金钱给付责任是多少?"这种指令是通用的,只要涉及金钱给付,都可以使用这种指令,与案由或案件特征无关。大语言模型凭借其强大的文意理解能力,可以较为准确地提炼出相应的判决结果。具有如此通用性的自然语言处理能力,无疑可以提高法律科技的开发速度,降低开发成本。

此外,生成式 AI 具有强大的交互能力,可以像"胶水"一样"粘连"多种法律科技,组成法律科技的生态系统。法律科技的历史发展已经积累起相当多的应用和数据,但是,这些数据和应用之间往往并不联通,是一个个的"应用孤岛"和"数据孤岛"。❸ 用上了新系统,老系统的数据就看不到;A 系统的数据,在 B 系统中也看不到。要将不同的系统连接,将不同的数据打通,并非

---

❶ See Gil Press, Cleaning Big Data: Most Time-Consuming, Least Enjoyable Data Science Task, Survey Says, https://www.forbes.com/sites/gilpress/2016/03/23/data-preparation-most-time-consuming-least-enjoyable-data-science-task-survey-says/, Sep. 5, 2023.

❷ See Tom B. Brown et al., *Language Models are Few-Shot Learners,* arXiv 2020 Jul. 22, 2020.

❸ 参见陈文:《政务服务"信息孤岛"现象的成因与消解》,载《中国行政管理》2016年第 7 期。

易事。不同的系统意味着不同的数据接口,对每个系统的连接与整合都需要付出沟通成本和开发成本。此外,系统越复杂,用户的使用成本也越高,如果系统太过复杂,用户也难以使用。生成式 AI 可以利用其强大的交互性,一方面用自然语言对接用户,另一方面用程序语言连接系统和数据。例如,ChatGPT 的 Zapier 插件(即基于 ChatGPT 的小工具)可以连接超过 5000 种应用,并根据用户的要求随意将应用串联进工作流。❶ 利用这个功能,只要向 ChatGPT 输入"整理工作文件夹中的证据材料,并生成证据目录",ChatGPT 就可以串联起工作文件夹中的材料、Word 软件,自动地进行整理,最后形成一份 Word 文档。

大语言模型还可以对接众多的数据源和数据库,用自然语言进行数据分析,降低法律数据分析的门槛。例如,基于大语言模型的 DB-GPT 项目,可以对接 MySQL、MongoDB 等多种数据库,用户只需要输入自然语言,大语言模型就可以将自然语言转化为程序命令,计算机就可以执行复杂的数据统计、分析和展示任务。❷ Casetext 公司的产品 CoCounsel 也提供了数据分析的功能。❸ CoCounsel 可以自动分析用户(通常是律师)所用的模板、先例、之前的工作成果或内部专业知识,并将其整理为数据库。用户可以通过提问来寻找特定的信息或文件,如询问"我过去一年中使用过的升级条款",CoCounsel 就会搜索相应的数据,并提供相关的结果。

以生成式 AI 为基础的法律科技生态系统,甚至能够自我开发、自我演进,著名的 Auto-GPT 框架就是可能的雏形。和它的名字一样,Auto-GPT 可以根据用户的简单指令,自主地作出决定以实现目标。它以 GPT-4 为"大脑",可以自动拆解任务,并串联起多种应用和数据执行功能,甚至可以根据

---

❶ See Zapier | Automation that moves you Forward, https://zapier.com, Sep. 5, 2023.

❷ 参见 2023 年版的 DB-GPT: Revolutionizing Database Interactions with Private LLM Technology 项目。

❸ See Casetext-CoCounsel, Dec. 9, 2022, https://casetext.com/, Jun. 20, 2023.

任务的需要使用搜索引擎进行内容检索,不断补充新的知识。❶ 在未来,我们可能只需要简单地告诉生成式 AI:"我需要一个预测案件当事人满意度的模型。"它就可以自己写程序、组织数据、训练出一个完整的预测模型。

(二)法律生成式 AI 的不足和风险

虽然生成式 AI 现在有强大的能力,在未来也有广阔的空间,但是它在现阶段也存在一定的不足,甚至风险。首先,本文讨论了生成式 AI 在现阶段所面临的技术困难,主要是专业性和可靠性的不足。其次,生成式 AI 与其他法律科技结合之后,也可能产生融合性的风险,其他法律技术的风险可能被传导到生成式 AI 系统中。最后,法律生成式 AI 还可能产生新的风险,可能对司法活动造成干扰。

1. 生成式 AI 的技术障碍

一方面,生成式 AI 在法律问题方面的专业性可能有限。当前主流的生成式 AI 是通用型的模型,并没有针对法律场景进行优化。虽然生成式 AI 有较强的通用能力和泛化能力,但是在法律领域的表现还没有达到最优状态。举例而言,如果向 ChatGPT 咨询法律问题,ChatGPT 会给出较为笼统但逻辑基本正确的回答,并且最后会建议"应当咨询专业律师的意见并了解相关法律规定"。但是,这难以满足法律领域对专业性的要求。专业的法律文本需要以法律规则、法律条文为依据,而不能是正确但笼统的"废话"。例如,对"民间借贷受法院保护的利率是多少?"这一问题,生成式 AI 不能给出笼统的答案,而是需要依据 2020 年最高人民法院《关于审理民间借贷案件适用法律若干问题的规定》第 25 条的知识来回答。

另一方面,生成式 AI 在法律领域的可靠性也有限。对于法律领域,生成式 AI 存在"幻觉"(hallucination)问题。所谓"幻觉",就是 AI 生成的内容在形式上通顺,但是在实质内容上却是胡编乱造,通俗地说,就是"一本正经地

---

❶ 参见 2023 年版的 Significant Gravitas: Auto-GPT 项目。

胡说八道"。❶ 这在强调事实和规则的法律领域，无疑是严重的风险。美国一位从业 30 年的资深律师就"深受其害"。他作为原告律师，参与了涉及 Avianca 航空公司的侵权纠纷，他利用 ChatGPT 生成了一份 10 页的代理意见，并提交给了法庭，其中引用了"Martinez v. Delta Air Lines""Zicherman v. Korean Air Lines""Varghese v. China Southern Airlines"等案件，以支撑其诉求。但被告律师发现完全找不到这些案件。法庭要求原告提供这些案件的复印材料后，原告律师才发现，这些案子都是 ChatGPT 自己杜撰的。❷

"幻觉"错误源于生成式 AI 模型的训练原理，难以被彻底消除。如前所述，生成式 AI 模型是基于统计学习的生成模型，它只是在不断预测下一次最有可能出现的词语，并不断循环，从而完成对话的生成。❸ 在这个过程中，AI 模型会根据预先训练好的统计模型和概率分布，从训练集中选择下一个最适合的词汇，不断生成新的对话内容。AI 模型并不会考虑事实，它只是从概率出发，生成最有可能出现的语句。所以，生成式 AI 模型产出的内容，在形式上会通顺，但是在内容上却可能出现事实错误。

2. 生成式 AI 与传统技术融合风险

本文认为，生成式 AI 在与其他技术融合之后，会叠加原有技术的风险，让风险复杂化。如前所述，生成式 AI 的交互性和智能性，使其有望在未来整合众多法律科技，构建法律科技的生态系统。现在已经出现的科技都可能被纳入生成式 AI 系统，进而，法律科技的多种风险都可能会被集中、传导、融合到生成式 AI 的系统中。例如，数据安全是法律科技讨论中的核心议题之一，司法数据中大量涉及当事人的隐私，如姓名、联系方式、地址、涉诉情况

---

❶ See Ayush Agrawal et al., *Do Language Models Know When They're Hallucinating References?*, arXiv preprint arXiv: 2305.18248 (2023).

❷ 美国一位律师使用了 ChatGPT 编写的法律文件，这份文件中引用了 4 个并不存在的虚假案例，导致律师可能受到法庭的处罚。See Benjamin Weiser and Nate Schweber, *The ChatGPT Lawyer Explains Himself*, The New York Times, 8 June 2023.

❸ See Ashish Vaswani et al., *Attention is All You Need*, 31st Conference on Neural Information Processing Systems (2017).

等。如何保护当事人信息,如何维护数据安全,已经受到理论界和实务界的广泛关注。❶ 而生成式 AI 的发展则可能会让数据安全面临新的挑战。生成式 AI 可以让数据点的覆盖范围更大、生产数据的速度更快、数据流转的节点更多,但以上三点都意味着泄漏数据的风险更大,数据安全面临的挑战也更大。

此外,生成式 AI 也可能加剧"算法歧视"的担忧。深度学习等"颠覆性"技术虽善于预测,却是"黑箱子",其预测的逻辑是基于复杂的网络和巨大的参数量,难以被解释,也难以被人类理解。所以社会所担忧的是,如果将这样的技术用到法律场景中,会不会损害民众的基本权益。❷ 例如,COMPAS 算法就曾因为涉及对有色人种的歧视而饱受批评。❸ 而生成式 AI 在客观上可以助推"颠覆性"技术的发展,因此也会加剧算法歧视的担忧。

3. 生成式 AI 对司法活动的可能干扰

即使不考虑生成式 AI 在技术上的不足和风险,即便它达到了理想的状态,也可能引发新的风险,可能对司法活动造成干扰。生成式 AI 强大的自动化和智能化能力,是对传统法律系统的挑战。事实上,法律生成式 AI 越成熟,这种挑战越大。

理性,是现有法律制度的基石。社会期待法律规则是理性的、法律制度是理性的、法律人是理性的。特别是法律人中的法官,他们作为裁决者更是理性的代表。在普通人的印象中,法官在案件审理过程中没有太多情绪波

---

❶ 参见郑曦:《刑事司法数据分类分级问题研究》,载《国家检察官学院学报》2021 年第 6 期;秦永彬等:《"智慧法院"数据融合分析与集成应用》,载《大数据》2019 年第 3 期。

❷ See Charlotte A. Tschider, *Beyond the "Black Box"*, 98 Denver Law Review 683 (2021); Ronald Yu and Gabriele Spina Alì, *What's inside the Black Box? AI Challenges for Lawyers and Researchers,* 19 Legal Information Management 2 (2019); Charlotte A. Tschider, *Beyond the "Black Box"*, 98 Denver Law Review 683 (2021).

❸ See Leah Wisser, *Pandora's Algorithmic Black Box: The Challenges of Using Algorithmic Risk Assessments in Sentencing,* 56 American Criminal Law Review 1811 (2019).

动,不偏不倚,以事实为依据,以法律为准绳。❶ 可以说,法官的理性是司法公正的基石,正是因为法官的理性,正是因为法官"讲理",司法判决才能公正。虽然现有的研究发现,法官并不总是理性的,但法官群体仍然比普通大众更为理性。❷ 然而生成式 AI 可能会对法官的理性造成冲击。

首先,生成式 AI 可能会加重法官的认知负担,影响法官裁判的结果。未来的法律生成式 AI 可能会走进千家万户,让专业的法律服务普及广大民众。在现有条件下,法律服务的成本较高,所以很多活动并没有采用完备的、严格的法律手续和法律格式。例如,在很多民间借贷纠纷案件中,原告唯一的证据就是一张简短的欠条。在生成式 AI 的辅助下,法律服务的信息化、智能化、普及化可能会让这些现在看来比较简单的法律活动变得很复杂。比如,对自然人之间借款 500 元的简单行为,生成式 AI 就可以生成 20 页的合同。而原本就相当复杂的案件,比如建筑工程案件,在生成式 AI 的帮助下,合同、意见书、意向书可能会汗牛充栋。这虽然可以起到作为固定事实的证据的作用,但法官要审阅的证据的数量大大增加。这一方面可能加重法官的认知负担,另一方面也会增加法官的工作量,在"案多人少"的情况下,法官更难深思熟虑。而现有的研究证明,法官在认知负担较重的情况下,决策质量会有所下降。❸ 此外,法官在案件上的深思熟虑是法官作出正确裁决的重要保障,缺乏深思熟虑,也会导致法官更容易受到偏误的影响。❹

其次,生成式 AI 可能诱发法官的偏误。法官裁决需要深入思考,而生成

---

❶ See John M. Scheb and William Lyons, *The Myth of Legality and Public Evaluation of the Supreme Court*, 81 Social Science Quarterly 928 (2000); Kathy Mack and Sharyn Roach Anleu, *Performing Impartiality: Judicial Demeanor and Legitimacy*, 35 Law & Social Inquiry 137 (2010).

❷ See Jeffrey J. Rachlinski et al., *Does Unconscious Racial Bias Affect Trial Judges?*, 84 Notre Dame Law Review 1195 (2009).

❸ See Heather M. Kleider-Offutt, Amanda M. Clevinger and Alesha D. Bond, *Working Memory and Cognitive Load in the Legal System: Influences on Police Shooting Decisions, Interrogation and Jury Decisions*, 5 Journal of Applied Research in Memory and Cognition 426 (2016).

❹ See Chris Guthrie, Jeffrey J. Rachlinski and Andrew J. Wistrich, *Blinking on the Bench: How Judges Decide Cases*, 93 Cornell Law Review 1 (2007).

式 AI 可能会让法官不再仔细思考。心理学的研究发现，AI 技术可能会引发行为人的自动化偏误（automation bias），行为人可能更加依赖 AI 提供的信息，而忽视未经 AI 处理的原始信息。❶ 可以想象，如果有一天，生成式 AI 足够可靠，那么法官可能只需要初步地查阅，然后告诉 AI："××案件判决原告/被告胜诉，请写一份判决书。"进而 AI 就可以根据案卷材料生成一份完整的判决。也就是说，法官不用亲自动手写判决书了。这虽然可以大大减轻法官的案牍劳累，但也让法官失去了理性思考的重要保障。研究表明，写作过程是确保法官仔细思考的重要保障，写作中的仔细思考，可以大大地降低无关因素对法官的干扰，减少法官的偏见，让法官更加准确地适用法律。❷ 相反，如果法官仅仅是草拟一个初步的意见，让其他主体（如法官助理）完成判决的写作，那么，法官对案件的思考并不会太深入，反而容易受到初步印象和感觉的干扰，仍然会存有偏见。❸ 因此，AI 越"靠谱"，法官对 AI 就越信任，在判决写作中的思考就越少。结果是，法官的偏误在 AI 的辅助下可能会更多。

最后，从整个司法系统来看，生成式 AI 可以成为制造法官舆论的"武器"。生成式 AI 凭借其强大的内容生成能力，甚至有可能造成公众舆论的危机。事实上，AI 生成"假新闻""假评论""假舆论"已经引起学者的关注。通过社交网络机器人（social bot）制造、转发、评论虚假信息，引导和煽动公众舆论，❹可能造成恶

---

❶ See Stefan Strauß, *Deep Automation Bias: How to Tackle a Wicked Problem of AI?*, 5 Big Data and Cognitive Computing 18 (2021).

❷ See Zhuang Liu, *Does Reason Writing Reduce Decision Bias? Experimental Evidence from Judges in China*, 47 The Journal of Legal Studies 83 (2018).

❸ See John Zhuang Liu and Xueyao Li, *Legal Techniques for Rationalizing Biased Judicial Decisions: Evidence from Experiments with Real Judges*, 16 Journal of Empirical Legal Studies 630 (2019).

❹ See Emilio Ferrara et al., *The Rise of Social Bots*, 59 Communications of the ACM 96 (2016); Kai Shu et al., *Fake News Detection on Social Media: A Data Mining Perspective*, 19 ACM SIGKDD Explorations Newsletter 22 (2017); Soroush Vosoughi, *Deb Roy and Sinan Aral, The Spread of True and False News Online*, 359 Science 1146 (2018); David M. J. Lazer et al., *The Science of Fake News*, 359 Science 1094 (2018).

劣的社会后果。而 ChatGPT 等大语言模型的生成能力更是远超之前的模型。和人类创作者相比,AI 的精力、创意和数量几乎是无穷无尽的。只要告诉 ChatGPT:"写一条关于×××法院的投诉。"或是"写一段关于××法官的负面报道。"它瞬间就可以生成无数条投诉或差评。AI 生成的虚假信息的轰炸,足以影响公众认知,足以对法官和法院造成巨大的压力。而法院对于舆论向来比较敏感,真假难辨的"民意/AI 意见"可能会对法官的工作造成干扰。❶

[二] 法律生成式 AI 的技术方案

针对生成式人工智能存在的不足和潜在风险,需要采取相应的技术方案进行补充和准备。本文就法律生成式 AI 的技术能力、基础数据、内容控制三个方面进行了技术层面的探讨。针对生成式 AI 专业性和可靠性不足的技术"瓶颈",可以通过预训练、微调和知识库方案提高 AI 的技术能力。本文使用代码测试了微调和知识库技术的实际效果,并在下文进行了展示。此外,为了保证法律生成式 AI 的准确性,需要对生成式 AI 所依赖的基础训练数据进行精细"治理"。本文建议采取中心化的数据监管机制,通过建立数据中心等机构,对法律法规、司法解释、司法案例等数据进行统一的管理。最后,还需要对生成式 AI 产出的内容进行控制,以避免可能的内容风险。在事前可以通过技术方案引导生成式 AI 产出的内容的倾向与法律人保持一致,在事后可以采用审核技术对其生成的内容进行自动审核。

(一) 法律生成式 AI 的技术能力的提升

在现阶段,法律生成式 AI 在法律领域的专业性和可靠性都存在一定的不足。法律生成式 AI 需要重点提高其在以上两点上的表现。

要让生成式 AI 模型具备解决法律专业问题的能力,就需要向模型注入

---

❶ 参见孙笑侠:《公案的民意、主题与信息对称》,载《中国法学》2010 年第 3 期。

法律知识。向 AI 注入法律知识主要有两种办法:预训练(Pre-train)和微调(Fine-tuning)。预训练和微调既可以分别使用,也可以一起使用,即先预训练,再进行微调。

预训练是要将已有的大语言模型在大量的法律文本语料(法律法规、裁判文书等)上进行二次训练,让模型可以学习到法律领域的自然语言表达、词义和语法规则等知识。

微调是指在预训练模型的基础上,使用相对较小的数据集,针对特定任务进行模型调优的过程。例如,针对法律问答任务,可以利用法律咨询网站上的律师问答数据,有监督地重新训练数据模型。

这里我们采用微调的方式,尝试优化通用大语言模型在法律领域的表现。我们选择了 ChatGLM-6B 作为基础的大语言模型。ChatGLM-6B 是一个开源的、支持中英文双语的对话语言模型,基于与 ChatGPT 类似的 General Language Model (GLM) 架构,具有 62 亿参数,在多种任务上都有较好的表现。❶ 我们采用 P-tuning-v2 方法进行微调,该方法会冻结 ChatGLM-6B 模型的参数,在 ChatGLM-6B 模型上进行微调,因此,在保证效果的基础上,速度较快。❷ 微调采用的训练数据是随机选择的 6 万条行政诉讼裁判文书。表 1 简要展示了微调前后,大语言模型生成文本的质量:

表 1　微调前后大语言模型生成文本质量的对比

问题	ChatGLM-6B	微调后的 ChatGLM-6B
行政诉讼中如何申请证据保全?	在行政诉讼中,被告对于案件证据存在异议时,原告可以向法院申请证据保全。证据保全是指对证据进行暂时的限制、转移或排除,以确保证据的真实性和合法性,为后续审判提供依据。	依照最高人民法院《关于行政诉讼证据若干问题的规定》第 5 条之规定:当事人在诉讼中申请证据保全,应当提交证据保全申请书。证据保全申请书应当明确下列事项:(一)被诉行政行为及

❶ 参见 ChatGLM-6B, THUDM, 2023 年版。
❷ 参见 P-tuning v2, THUDM, 2023 年版。

(续表)

问题	ChatGLM-6B	微调后的ChatGLM-6B
行政诉讼中如何申请证据保全？	申请证据保全的具体流程如下： 1.原告向法院提交证据保全申请书，并说明证据保全的理由和证据清单。申请书应当包括以下内容：（1）原告的诉讼请求；（2）证据保全的理由；（3）证据清单；（4）证据的名称、来源、清晰度等信息。 2.法院对证据保全申请书进行审核，符合证据保全条件的，裁定证据保全。 3.原告在证据保全期间可以对被保全证据进行补充、变更或销毁，但不得影响证据的真实性和合法性。 4.证据保全期间结束后，原告应按照法院的要求及时提交证据清单，并提供相关证据。 5.如果证据保全申请被拒绝，原告应当不服，可以在案件审判过程中提出新的证据保全申请。 需要注意的是，证据保全申请必须合理、充分，否则可能会影响案件的公正审判。因此，原告在申请证据保全前应当充分咨询专业人士，了解相关法律规定和程序要求，以确保申请的合理性和合法性。	起诉事项；（二）证据的来源及证明目的；（三）证据的种类、数量及编号；（四）证据保全的原因；（五）证据保全的程序。当事人提交证据保全申请书，应当附相关证据材料。当事人在诉讼中申请证据保全，经人民法院审查认为证据保全申请符合上述规定的，应当准予证据保全。当事人未能提交证据保全申请书，但能够提供相关证据材料证明其申请证据保全的事实的，人民法院也可以准予证据保全。当事人未提供证据材料证明其申请证据保全的事实，但其能够提供相关证据材料证明其申请证据保全的原因的，人民法院也可以准予证据保全。

可以看出，在微调优化后，模型给出的回答在形式上更加专业，也更加针对司法场景。但是，微调还是没有解决模型的幻觉问题。在上方的测试问答中，微调后的模型的回答所依据的法律条文有明显错误，❶甚至可以说，是AI

---

❶ 《最高人民法院关于行政诉讼证据若干问题的规定》第5条的原文是："在行政赔偿诉讼中，原告应当对被诉具体行政行为造成损害的事实提供证据。"

在"编造法律"。

那么,应该如何解决生成式 AI 在法律领域面临的"幻觉"错误呢?目前较为可行的方法是,在与生成式 AI 交互的过程中,注入"上下文"知识,让 AI 根据给定的上下文进行回答,而不是"捏造"答案。具体到法律领域,知识库技术是较为可行的方案。❶ 知识库技术结合搜索技术和生成式 AI 模型,在内容生成过程中向 AI 注入相关的法律知识。具体而言,首先,采用知识库方案要明确知识的范围,将生成式 AI 模型的回答范围限定在该范围以内。在法律领域,需要将知识的范围限制在法律法规、司法解释等规范性文件以内,AI 模型的回答不能超出该范围。这样一来,就可以减少模型"编造"法律的现象。其次,利用搜索技术,在知识库中检索出与指令最相关的信息,并作为回答的参考来源。最后,将指令和相关信息一起输入模型,由模型生成回答。知识库的方案让模型实事求是地完成"阅读理解"任务,而不是"天马行空"地完成文本生成任务,可以最大限度地减少幻觉错误。

本文也测试了知识库的技术方案,取得了不错的效果。本文还是以 ChatGLM-6B 作为基础的大语言模型,由该模型来生成问答。构建的知识库则涵盖了大约 1400 部法律文本,基本覆盖了我国常见的法律、条文、规则和司法解释。

本文的测试问题是:"在线调解需要遵循哪些原则?"知识库模型的回答是:"在线调解需要遵循以下原则:(1)当事人平等自愿:在线调解需要尊重当事人的意愿,确保调解的公正性和合法性。(2)尊重当事人的诉讼权利:在线调解不能替代诉讼,调解必须在当事人达成书面协议后,才能作为诉讼的附件。(3)不违反法律、法规的禁止性规定:在线调解必须遵守法律法规的规定,不得违反法律规定进行调解。(4)不损害国家利益、社会公共利益和他人合法权益:在线调解不得损害国家利益、社会公共利益和他人合法权益,确保调解的公正性和合法性。(5)调解过程和调解协议内容不公开:在

---

❶ 参见 imClumsyPanda:基于本地知识库的 ChatGLM 等大语言模型应用实现。

线调解过程和调解协议内容不得公开,确保调解的私密性和保密性。"知识库模型还给出了《人民法院在线调解规则》、最高人民法院《关于人民法院特邀调解的规定》的相关条款作为依据。知识库模型基本保证了回答的准确性,避免了"幻觉"错误。

(二)法律生成式 AI 的基础数据的治理

除了关注生成式 AI 的训练技术,还需要注意对 AI 基础训练数据的治理。如果生成式 AI 在预训练、微调、知识注入等技术的优化下,真的能够准确地理解法律知识,那么我们就会面对一个问题:法律知识的范围是什么?哪些内容可以算作法律知识,在法律生成式 AI 中使用?

如果对于基础数据没有精细治理,那么,生成式 AI 就会"精准"地继承基础数据的错误。以 OpenAI 公司的 GPT-3 训练数据为例,其 60% 的训练数据来自 Common Crawl 数据集,❶这个数据集包括 2007 年以来的 2400 亿个网页内容,GPT-3 使用了其中的 82%。❷ ChatGPT 采用的基础模型是 GPT-3.5 和 GPT-4,OpenAI 公司没有公布其训练数据,但它的训练数据只多不少。虽然如此多样的数据让 ChatGPT 的能力大大提升,但互联网网页中包含了大量的错误信息,也导致 ChatGPT 生成的内容可能存在谬误,甚至是有害的。

相较于通用领域,法律领域的生成式 AI 对基础知识的准确性和权威性有更高的要求。法律生成式 AI 的核心工作是解决法律问题,因此,如果 AI 所依赖的法律知识存在错误或是偏见,那么以讹传讹,很可能会造成法律上的错误。举例而言,如果没有及时更新数据,仅仅在 2021 年之前的数据上进行训练,那么生成式 AI 就无法理解和反映 2021 年 1 月 1 日开始施行的《民法典》。

---

❶ See Tom B. Brown et al., *Language Models are Few-shot Learners*, arXiv 2020 Jul. 22, 2020.

❷ See Common Crawl-Open Repository of Web Crawl Data, https://commoncrawl.org/, Sep. 5, 2023.

与此类似，如果对法律法规、司法案例、法律文书、法律教材不进行甄别，就将其笼统地视为"法律知识"，输入生成式AI，那么必然会导致一系列的谬误。

因此，有必要建立中心化的法律文本数据中心（Data Hub），统一对法律知识进行管理、维护、编纂和审核。事实上，中心化的数据管理是近年来重要的数据治理框架和倡议。在设想中，数据中心可以提供对大规模数据的储存、整合、质量控制，并且将使用接口向用户开放。❶

一方面，中心化的法律知识管理是法律领域的必然要求。所有的生成式AI的基础法律知识都需要以此数据库为准，并随数据库及时更新。法律既是社会的基本共识，也是国家权威的体现，所以，法律文本是唯一的，也只能是唯一的。与现行法律文本相比有偏差的文本，都不能被视作法律文本，需要被修正或者排除。要保持法律文本的统一，保持"书同文，车同轨"，就需要有中心化的数据治理结构。另一方面，中心化的数据管理也可以方便法律生成式AI的开发者使用数据，有利于技术发展。当前最接近数据中心倡议的，是HuggingFace公司的datasets社区，它也是生成式AI乃至自然语言处理领域的重要社区。❷ 在datasets社区上，项目开发者可以便利地上传自己的数据，而项目用户也可以便利地下载数据，从而以中心化的方式强化了数据的管理和协同。

在内容上，法律数据中心需要包括官方的法律法规、司法解释、司法案例。司法解释、司法案例虽然不是法律法规，但在司法实践中有重要的影响力，所以应该被纳入法律数据库。考虑到法律法规和司法解释的数量都较少，庞大的司法案例库应当是法律数据库维护的重点。法律数据中心的运营还应该从简单的数据收集，转变为精细的数据治理。当前，虽然有法信、北大法宝等法律数据库，但是它们还不能适应生成式AI时代的数据需求。它们

---

❶ See Rishi Bommasani et al., *On the Opportunities and Risks of Foundation Models*, arXiv preprint arXiv: 2108.07258 (2021).

❷ See Hugging Face – The AI community building the Future, https://huggingface.co/, Sep. 5, 2023.

对裁判文书数据的使用仍主要停留在收集和展示阶段,没有对裁判文书做实质的整理。因此,并不能直接作为 AI 的训练数据。法律数据中心还需要对裁判文书数据进行整理、加工、清洗,尽可能减少其中的偏误,作为可靠的基础数据。此外,在用户使用层面,现有的数据库更多服务于普通用户的单线查询需求,尚未适应开发者获取数据的需求。AI 开发者往往需要海量的法律数据,为了适应 AI 时代的开发需求,法律数据中心需要更为便捷的数据上传、下载、同步、储存等数据功能。

(三)法律生成式 AI 的生成内容控制

内容控制技术是保证法律生成式 AI 产出内容的质量的最后一道防线。尽管在技术上已经尽可能地提高了法律生成式 AI 的性能,尽可能地确保法律知识的准确性,但 AI 仍有可能出错。所以,我们还需要在内容上进行进一步控制。内容控制分为两个方面:一方面,我们需要"引导"AI,让 AI 生成内容的方向尽可能与人类认知和偏好对齐;另一方面,我们也需要守住"红线",拦截涉及敏感的政治、道德问题的生成内容。

要让 AI 与人类的认知对齐,就需要向 AI 展示人类的偏好,并让 AI 从中学习。以 ChatGPT 著名的 RLHF 方法(Reinforcement Learning from Human Feedback),即从人类反馈中进行强化学习为例,该方法需要通过人工对大语言模型生成的回答进行排序,并根据人工排序生成奖励模型(rewardmodel),这个模型就代表了人类的偏好。然后,采用强化学习的方式,不断训练大语言模型,让它生成的内容更加接近奖励模型。这样就可以引导大语言模型的生成内容更加接近人类的偏好。❶

具体到法律生成式 AI,也可以采取类似的方法。例如,选择具体的法律任务(如合同分析或法规解释),明确法律生成式 AI 需要完成的目标。然

---

❶ See Long Ouyang et al., *Training Language Models to Follow Instructions with Human Feedback*, 35 Advances in Neural Information Processing Systems 27730 (2022).

后，与法律专家合作，让法律专家提供对生成结果的反馈，比如，对AI生成文本的质量进行排序。基于专家排序的结果，训练奖励模型。通过不断迭代优化，法律生成式AI逐渐改进其在法律任务中的性能，提高生成结果的准确度。

对生成式AI的内容进行审核也需要技术的辅助。生成式AI是不稳定的"创作者"，特别是在法律领域，在将其生成的内容交付给用户之前，必须有审核的流程。但同时，生成式AI也是极为高产的"创作者"，如果仅依靠人工审核，难以应对其产出的源源不断且海量的内容。因此，内容审核也需要技术的赋能。

事实上，技术辅助的内容审核机制已经较为成熟。在Meta等社交媒体公司的需求的驱动之下，市场上已经开发出一套较为成熟的内容审核技术流程。❶ OpenAI公司也利用了类似的技术来审核ChatGPT生成的内容。OpenAI公司提供了免费的内容审核节点（Moderation Endpoint），可以从输入端和输出端实时监控文本中是否包含仇恨、歧视、色情、暴力等类型的违规内容。❷ 但现有的内容审核技术主要适用于通用场景，没有针对法律场景进行优化。法律中的一些正常内容，很有可能被通用的内容审核机制误判为违规，比如，暴力犯罪的刑事案件必然涉及暴力，这恰恰是法律生成式AI需要的信息。因此，将现有的审核机制直接迁移到法律领域可能效果并不理想，还需要针对法律领域做二次开发。

内容审核机制的开发也基于AI技术，需要人工与机器的配合。❸ 具体

---

❶ See Yi Liu, Pinar Yildirim and Z. John Zhang, *Implications of Revenue Models and Technology for Content Moderation Strategies*, 41 Marketing Science 831 (2022); Tarleton Gillespie, *Content Moderation, AI, and the Question of Scale*, 7 Big Data & Society 1 (2020); Yi Liu, Pinar Yildirim and Z. John Zhang, *Implications of Revenue Models and Technology for Content Moderation Strategies*, 41 Marketing Science 831 (2022).

❷ See OpenAI Platform, https://platform.openai.com, Sep. 5, 2023.

❸ See Garrett Morrow et al., *The Emerging Science of Content Labeling: Contextualizing Social Media Content Moderation*, 73 Journal of the Association for Information Science and Technology 1365 (2022).

而言,首先需要用人工对 AI 生成的内容进行标记,确认内容是否存在仇恨、歧视、政治敏感等类型的违规内容。其次,基于人工标记的数据,训练内容审核 AI,让审核 AI 学会判别哪些内容涉及违规,哪些内容不违规。最后,将审核 AI 接入法律生成式 AI 的工作流,让审核 AI 自动审核输入和输出的内容。

[三] 法律生成式 AI 的监管路径

除了技术上的不断完善,法律上的监管框架也是使法律生成式 AI 有序发展的重要保证。本部分重点从事前监管和事后监管两个方面,讨论对法律生成式 AI 的监管路径。《生成式人工智能服务管理暂行办法》(以下简称《人工智能暂行办法》)是我国对生成式 AI 的监管框架,本文分析了现有框架的整体结构,并建议监管机关可以考虑法律科技行业规模较小的特点,适度降低初创型法律科技公司的监管压力。在事后监管层面,本文重点考虑了两种情形:一种是法律生成式 AI 直接向最终用户提供法律建议;另一种是法律生成式 AI 作为法律人的助手。对于前者而言,法律生成式 AI 没有法律职业资格,其生成的内容仅能作为建议,而没有法律上的效力,因此,它在法律上难以构成直接侵权责任。在 AI 作为法律人"助手"的情形中,AI 可能构成间接侵权。考虑到 AI 服务商无法对 AI 生成的海量内容做全面的侵权判定,本文建议参照避风港原则进行处理。

(一) 法律生成式 AI 的事前监管

事前监管是我国当前对生成式 AI 应用和服务的重点监管方式。《人工智能暂行办法》于 2023 年 8 月 15 日正式施行,并由国家互联网信息办公室、国家发展和改革委员会、教育部、科学技术部、工业和信息化部、公安部、国家广播电视总局 7 个部门联合发布。

适用《人工智能暂行办法》有两个关键要件:(1)向中华人民共和国境内公众提供;(2)产品具有舆论属性或者社会动员能力。在监管方式上,《人工智能暂行办法》第17条规定,提供具有舆论属性或者社会动员能力的生成式人工智能服务的,应当按照国家有关规定开展安全评估,并按照《互联网信息服务算法推荐管理规定》(以下简称《算法推荐管理规定》)履行算法备案和变更、注销备案手续。

《人工智能暂行办法》并没有明确定义"境内公众"的具体范围。直接向最终用户和消费者提供生成式AI内容的情形较为明确地落入向"境内公众"提供服务的范围。而对向企业提供生成式AI内容的情形,还需要结合具体业务进行判断。如果企业将其用于向不特定公众提供服务(如客服、问答类产品),则其被认定为向境内公众提供服务的可能性仍然较高。

《人工智能暂行办法》也没有对"具有舆论属性或者社会动员能力"做明确的定义。2021年12月由国家互联网信息办公室、工业和信息化部、公安部和国家市场监督管理总局联合发布的《算法推荐管理规定》和2022年11月由国家互联网信息办公室、工业和信息化部和公安部联合发布的《互联网信息服务深度合成管理规定》(以下简称《深度合成管理规定》)均要求对具有舆论属性或社会动员能力的相应算法或服务进行算法备案。但是,《算法推荐管理规定》和《深度合成管理规定》也均未对"具有舆论属性或社会动员能力"进行解释。对此,可参照《具有舆论属性或社会动员能力的互联网信息服务安全评估规定》(以下简称《安全评估规定》)第2条,对"具有舆论属性或社会动员能力的互联网信息服务"进行理解。《安全评估规定》第2条中列举的情形包括:(1)开办论坛、博客、微博客、聊天室、通讯群组、公众账号、短视频、网络直播、信息分享、小程序等信息服务或者附设相应功能;(2)开办提供公众舆论表达渠道或者具有发动社会公众从事特定活动能力的其他互联网信息服务。可见,"具有舆论属性或社会动员能力"的范围较为广泛,只要相关服务的直接或间接受众较为公开且面对不特定用户,或者具备评论、留言、发布等信息交互功能,就有可能被认定为具有舆论属性或社会动员能力。

根据《人工智能暂行办法》,需要备案的主体也较为广泛。在"互联网信息服务算法备案系统"的算法类型选项中,深度合成与生成合成类算法被合并为一项,一并显示为"生成合成类(深度合成)",合并了对《算法推荐管理规定》中"生成合成类"与《深度合成管理规定》中"深度合成"的备案方式。而《深度合成管理规定》明确,深度合成的服务提供者和技术支持者均须履行备案义务。也就是说,对于生成式AI而言,应用层的服务提供商和基础层的模型或算法技术支持者,也均需要履行备案义务。

《人工智能暂行办法》还提出了对生成式AI的安全评估要求。《人工智能暂行办法》没有对安全评估的事项和标准进行明确规定,但《安全评估规定》第5条列举了安全评估的相关要求,可以作为参考。《安全评估规定》第5条规定:"互联网信息服务提供者开展安全评估,应当对信息服务和新技术新应用的合法性,落实法律、行政法规、部门规章和标准规定的安全措施的有效性,防控安全风险的有效性等情况进行全面评估……"并且要重点针对安全管理人员和机构设置、用户身份核验和注册信息留存措施、违法有害信息的防范处置和相关记录保存措施等事项进行检查。

综合以上分析可以看出,法律生成式AI涉及向中国境内民众或企业提供法律服务的,都落入《人工智能暂行办法》的监管范围。具体而言,法律生成式AI应用层的服务提供商与基础层的模型或算法技术支持者,均需要履行备案义务。法律生成式AI服务的提供者还有安全评估的义务。

但在具体实践中,监管机关可以考虑法律生成式AI的行业特点,对其有适当的特殊安排。整体而言,《人工智能暂行办法》形成了对生成式AI较为严密的事前监管框架,但在执行过程中,顺利通过事前监管,上线运营的产品和服务往往来自大公司。例如,2023年8月31日首批上线的12款人工智能大模型产品就来自百度、阿里巴巴、抖音、腾讯等大型平台公司。而根据《深度合成管理规定》完成备案的深度合成类服务,如2023年6月完成备案的41款产品,和同年8月完成备案的110款产品,也多来自百度、阿里巴巴、腾讯、抖音、快手、美团、华为、商汤等大型互联网公司。而法律科技行业还处于较为初步的阶段,法律科技公司的体量往往较小;与大公司的大产品相比,法律生成式

AI产品服务的客户群体较少。小体量、小产品的特性,可能导致法律生成式AI在备案阶段难以与其他生成式AI产品竞争。而如果小体量的产品更难通过备案,那么,无疑会使法律科技公司的起步和发展更加困难。因此,在执行监管制度的过程中,在保证监管质量的情况下,监管机关可以考虑对法律生成式AI产品做适当的安排,适度降低初创型法律科技公司的监管压力。

此外,从整体上来看,在生成式AI的技术成熟以后,可以考虑扩大备案的名额。例如,在区块链领域,2023年2月,根据《区块链信息服务管理规定》,国家互联网信息办公室发布第十一批《境内区块链信息服务备案清单》,共计有502个境内区块链信息服务名称及备案编号。由于通过区块链备案的服务较多,服务提供者的来源更加多样化,有效活跃了市场竞争,有利于促进技术创新。

(二) 法律生成式AI的事后监管

虽然事前监管对法律生成式AI进行了严格的监控,但是,法律生成式AI仍然有可能造成相应的事后损害。因此,也需要厘清事后监管的法律框架。本文在这里重点讨论两种可能的情形:一种是法律生成式AI直接向最终用户提供服务,扮演类似律师的角色;另一种是法律生成式AI向法律人提供帮助,扮演律师或法官的"助手"的角色。

"律师"型的法律生成式AI难以承担直接侵权责任。在法律生成式AI和用户的服务关系中,法律生成式AI并不具有法律从业资格,因此它也不会承担法律服务者的责任。根据我国对法律从业者的监管规定,法律从业者需要获得法律职业资格。而获得法律职业资格的前提是通过法律职业资格考试(俗称"法考")。显然,在现阶段,无论法律生成式AI再厉害,没有身份证的它,也是无法参加"法考"的。因此,法律生成式AI不能做律师或法官,只能提供没有效力的法律建议。如果用户因听信了AI的法律建议,造成了损失,AI也不用承担侵权责任,用户应该自负其责。

律师或法官"助手"型的法律生成式AI仅可能承担间接侵权责任,那么其间接侵权责任应当如何认定呢?举例而言,如果律师使用了法律生成式

AI 给当事人造成了损失，AI 需要承担间接侵权责任吗？当前的法律并没有对 AI 生成内容造成的侵权责任作出明确的规定。本文认为，对法律生成式 AI 可能造成的损害，可以参照避风港原则进行监管。

避风港原则是当前全球互联网治理中的重要法律原则。针对网络场景中的间接侵权问题，该原则有效地平衡了网络服务提供商、用户和权利人之间的关系。避风港原则的核心为"通知+移除"，当遇到网络侵权行为时，被侵权人需要及时将其发现的侵权内容通知网络服务提供商，网络服务提供商在收到该通知后，须对其管理的平台中涉及侵权的内容采取删除、屏蔽、断开连接等措施，否则将被视为侵权。

但法律生成式 AI 是否属于网络内容提供者，是避风港原则适用于法律生成式 AI 的主要焦点。例如，《欧盟电子商务指令》将网络服务提供者分为自供应内容的服务提供者、为他人的信息提供传递或接入服务的提供者、系统缓存服务的提供者以及用户储存信息服务的提供者。内容提供者由于提供了内容，可能构成直接侵权，并不能适用避风港原则。而其他技术提供者仅仅提供网络环境和空间，通常不构成直接侵权。❶ 举例而言，网络用户小甲在社交平台发表对某问题的意见，用户小乙听信该意见，结果受到了损失。小乙自然可以通知社交平台，让平台删除小甲的内容。在这个例子中，小甲作为用户制造了侵权内容，而社交平台只是提供了网络空间，仅作为技术提供者。而引入法律生成式 AI 之后，法律结构有所变化。试举一例，小丙是律师，利用法律生成式 AI 生成了一个法律意见，该意见给小丁造成了损失。那么，法律生成式 AI 在这里是作为技术提供者，还是内容提供者呢？

本文认为，应当将法律生成式 AI 认定为技术提供者，而非内容提供者，免除其可能的内容侵权责任。虽然生成式 AI 提供了内容，但它本质上还是一项技术。回顾避风港原则的立法目的，我们可以看出，避风港原则正是

---

❶ 参见王立梅：《网络空间下避风港原则的完善与网络服务提供者责任分类》，载《江西社会科学》2020 年第 5 期。

考虑到网络服务提供商在主观上对侵权行为并不知情,在客观上也无法对用户上传和发表的海量内容进行准确的侵权判断,因此,才采用"通知—删除"的结构减轻其侵权责任。❶ 在生成式 AI 的时代下,生成式 AI 的服务商也面临类似的问题,在主观上他们对 AI 生成的内容是否侵权并不知情,在客观上他们也没有足够的能力对 AI 生成的内容完全进行控制,无法对 AI 生成的海量内容做是否侵权的判断。也就是说,虽然生成式 AI 产出的内容是由服务商生成的,但是,在法律上,这些内容并不应该被认定为是服务商提供的,而仅应该被认定为是技术的产物。

当然,即使对法律生成式 AI 服务商适用避风港原则,也没有完全免除其内容监管的责任。红旗原则是避风港原则的例外情形,如果侵权事实显而易见,像"红旗一样飘扬",那么网络服务提供者不能援引避风港原则免除责任。❷《民法典》第 1197 条明确规定:"网络服务提供者知道或者应当知道网络用户利用其网络服务侵害他人民事权益,未采取必要措施的,与该网络用户承担连带责任。"也就是说,按照红旗原则的要求,服务商对法律生成式 AI 产出的内容也有一定的监管责任,不能放任生成式 AI 的使用。

对法律生成式 AI 的侵权行为适用避风港原则,是对避风港原则的演进和发展。回顾历史我们可以发现,随着时代和技术的发展,避风港原则的适用范围不断扩大。避风港原则最初仅仅适用于著作权领域的侵权行为,但随着互联网信息技术的飞速发展,如今已经逐渐扩展到整个民事权益领域。以避风港原则在我国的立法发展为例,我国在 2006 年颁布的《信息网络传播权保护条例》(已被修改)中,首次确定了避风港原则,但是仅在著作权侵权领域适用,根据其第 14 条和第 23 条,其仅适用于"作品、表演、录音录像制品"

---

❶ 参见李治安:《避风港闸门的法律结构:网络服务提供者民事免责事由分析》,载《网络法律评论》2015 年第 2 期。

❷ 参见赵虎:《争议中的避风港原则和红旗原则〈关于审理侵犯信息网络传播权民事纠纷案件适用法律若干问题的规定(征求意见稿)〉简评》,载《电子知识产权》2012 年第 5 期。

的侵权行为。而 2010 年施行的《中华人民共和国侵权责任法》(已失效)将避风港原则的适用范围扩大到"侵害他人民事权益"的行为。《民法典》第七编侵权责任编的第 1194 条至第 1197 条针对网络侵权作出了详细的规定,再次确认避风港原则适用于"利用网络侵害他人民事权益的"行为。可见,法律需要逐渐适应技术和社会的发展。随着生成式 AI 的进步,避风港原则以及其他相关的法律制度,也需要随之调整。

[四] 结 语

今天的法律世界正在进行一场生产力革命。就像蒸汽机的发明一样,生成式 AI 以全新的生产方式闯进了古老的法律行业。以生成式 AI 现在的表现来看,它无疑会有力地提高法律工作者的生产力,给法律工作方式带来变化。当然,我们也不能忽视生成式 AI 技术目前仍处于早期发展阶段,不足和风险也同样存在的现实。然而,一旦这项技术开始蓬勃发展,便难以停止。在科技持续进步的背景下,我们应当更深刻地思考如何改进 AI 技术,监管 AI 在法律领域的应用,并进一步探讨法律人与 AI 和谐共处的方式。❶ 这些问题必将是未来持续探索的重要议题。

本文提出了一个初步的框架,从技术和法律两个方面入手,试图回应当前法律生成式 AI 发展所面临的挑战。但这仅仅是抛砖引玉,应对生成式 AI 的挑战,需要各方共同努力。在理论上,学者们需要深入研究生成式 AI 与伦理之间的权衡问题,以及适合的政策框架。在实证上,学者们还需要分析生成式 AI 对法律系统的现实影响。同时,法律从业者与计算机专家需要携手合作,不断提高生成式 AI 技术的准确性和可靠性。唯有如此,生成式 AI 才能在法律领域真正落地,帮助人类维护社会的公平与正义。

---

❶ See Marieke M. M. Peeters et al., *Hybrid Collective Intelligence in a Human-AI Society*, 36 AI & Society 217 (2021).

如何精确测算中国裁判文书的公开率

张雨侠[*]

摘　要： 基于6600万份裁判文书数据，系统运用统计学方法，能够对2016年至2019年的裁判文书网上公开情况进行完整、精确地测算。总体来看，自2016年最高人民法院全面推动裁判文书上网以来，裁判文书网上公开工作取得了显著的成果。综合公开率从2016年的约60%提升至2019年的约80%，这体现了较高的司法公开水平，对保障司法公正、提升公民监督水平大有裨益。当然，裁判文书公开中的地域性差异依然存在，其公开程度、公开质量均存在一定的提升空间。

关键词： 司法体制改革　司法公开　裁判文书上网　裁判文书公开率

引　言

德国在第二次世界大战初期用"闪电战"横扫欧洲，坦克在其中发挥了关键作用。战争时期，西方盟国一直在努力确定德国军工的生产速度，特别是坦克产量。情报人员根据刺探到的消息综合分析，德国每个月大约生产1400辆坦克；而根据盟军发现和截获的德国坦克编号的数据，用统计方法算出的月产量却只有两三百辆。差距如此之大，哪个数据更加准确呢？第二次

---

[*] 张雨侠，深圳市大数据研究院研究员。本文系国家自然科学基金青年项目"司法效率与经济发展（2008—2020）：基于大规模裁判文书数据的指数构建与实证分析"（72003162）的阶段性成果。

世界大战结束之后,盟军查阅了德国坦克的生产记录,发现其真实产量与通过统计分析得出的结果,几乎相差无几。❶

实际上,当时德国制造的每一辆坦克都有一个序列号。假设德国每个月生产 N 辆坦克,那么盟军发现和截获的任何德国坦克上的序列号,都应该是介于 1 和 N 之间的一个整数。根据截获的若干辆坦克的序列号数据来估计总产量 N,便是统计学方法需要解决的问题,因而得名"德国坦克法"。1952 年,统计学家 Goodman 详细说明了这一统计方法。❷ 这种方法可以基于少量样本数据,在随机抽样的假设下,计算从 1 到 N 的连续自然数数列中 N 的无偏估计。样本数据越多,估计的准确性也就越高。而这一方法,恰好可以用在笔者对裁判文书网上公开情况的测算之中。

(一)我国裁判文书公开的背景和过程

司法公开是多年来党中央决策部署着力推进的一项工作,也是司法体制改革的一大亮点。❸ 从理论上说,让法官在阳光下判案,有利于进一步促进司法公正和提高司法效率,进一步减少司法腐败、遏制司法地方主义,进一步提高人民群众对司法的满意度。❹ 2013 年,最高人民法院提出要建立和完善审判流程公开、裁判文书公开、执行信息公开三大平台,并选择部分法院开展试点工作。同时,最高人民法院印发《关于推进司法公开三大平台建设的若干意见》和《关于人民法院在互联网公布裁判文书的规定》(已失效),规定由

---

❶ 参见陈家鼎、孙山泽、李东风、刘力平编著:《数理统计学讲义》(第二版),高等教育出版社 2006 年版,第 25 页。

❷ See L. A. Goodman, *Serial Number Analysis*, 47 Journal of the American Statistical Association 622 (1952).

❸ 参见徐昕、黄艳好:《中国司法改革年度报告(2018)》,载《上海大学学报(社会科学版)》2019 年第 2 期。

❹ 参见刘敏:《论司法公开的扩张与限制》,载《法学评论》2001 年第 5 期;王晨光:《借助司法公开深化司法改革》,载《法律适用》2014 年第 3 期;左卫民:《反思庭审直播——以司法公开为视角》,载《政治与法律》2020 年第 9 期。

最高人民法院在互联网上设立中国裁判文书网,统一公开各级人民法院的生效裁判文书,并要求在裁判文书生效后7个工作日内必须上传至裁判文书网。2014年1月1日,裁判文书网正式对外启用。

2016年,裁判文书上网公开工作更进一步。最高人民法院在2016年公布了新版《关于人民法院在互联网公布裁判文书的规定》,取消了生效裁判文书上网须经审批的若干规定;增加了离婚诉讼和涉及未成年子女抚养监护案件不在互联网公布、涉及个人隐私和技侦措施等信息应删除的特别规定,更为重要的是,强调了人民法院作出的裁判文书是"应当"公开而不再是"可以"公开。❶ 自此,裁判文书网上公开成为法院的一项规定动作。

目前,在裁判文书网上公开的文书数量已经超过1.3亿篇。围绕裁判文书公开的情况,国内外有诸多相关研究。Liebman等人曾基于河南省的一百多万份公开文书,详细分析了公开情况,着重强调了不同法院公开率的显著差异,并着重分析了行政诉讼的具体特征。❷ 马超等人对2013年至2015年上传至裁判文书网的约1400万篇文书进行了采集和分析,评估了截至2015年年底全国各省裁判文书的公开情况,并详细分析了公开文书的类型、地域分布、公开及时性等。❸ 然而,这项研究存在一定缺陷。第一,研究直接采用各省高级人民法院每年公布的结案数作为计算各省公开率的分母,而各省公布的结案数据存在统计口径不一致、标准不统一的问题,是不严谨的。❹ 第二,研究混淆了文书数量和案件数量的概念,以公开文书数量除以案件数量计算公开率,会导致数据高估。❺ 唐应茂的相关研究亦表明,2016年,全国法

---

❶ 参见《关于人民法院在互联网公布裁判文书的规定》。
❷ See Rachel E. Stern et al., *Mass Digitization of Chinese Court Decisions*, 8 Journal of Law and Courts 177 (2020).
❸ 参见马超、于晓虹、何海波:《大数据分析:中国司法裁判文书上网公开报告》,载《中国法律评论》2016年第4期。
❹ 该问题原作者在文中亦有指出。
❺ 根据法院裁判规则,同一案件(以案号为准)下,可以存在多篇文书。其中判决书至多一份,而裁定书、通知书等其他文书根据实际情况,可以制作若干份。也就是说,一个结案案件的平均文书数量是大于一份的。

院裁判文书网上公开率已经达到47.4%。❶ 总体而言,从既往研究中可以发现,各地裁判文书公开的程度不尽相同;对新一轮司法改革以来裁判文书公开情况究竟如何,学界尚缺乏全面评估和科学测算。为此,本文运用大数据和智能算法,处理了超过6600万篇文书数据,对2016年至2019年各地裁判文书的公开情况进行了测算,精确计算出了各地(至区县一级)法院的文书公开率。这是学界和业界首次对各地的司法公开情况进行精确测算。本文详细阐述了裁判文书公开率的测算方法和计算结果。

(二)测算裁判文书公开率的意义

测算裁判文书公开率具有重要价值。第一,测算裁判文书公开率,可以考察司法公开政策的具体落实情况。自2013年最高人民法院推动司法公开以来,全国各地落地执行的程度有较大的不同。❷ 比如,2016年,吉林省、天津市司法裁判文书的公开率较高,而其他地区普遍低于70%,更有10个省级行政区划的公开率低于30%。❸ 在实践中,由于最高人民法院的规则在一定程度上赋予了地方法院公开文书的自由裁量权,地方法院可能顾忌案件信息公开的不利影响,而选择性地公开文书。❹ 因此,测算裁判文书公开率,从一个侧面提供了一种度量地方司法公开水平的方法。第二,司法裁判透明能在一定程度上保障司法公正。裁判文书公开使法院的审判结果置于社会监督之下,接受公众的评论与判断,一些有悖常理的事实认定、法律适用乃至形式上的瑕疵都可能受到公众的监督和批评,❺从而法院需要更为审慎地开展审判

---

❶ 参见唐应茂:《司法公开及其决定因素:基于中国裁判文书网的数据分析》,载《清华法学》2018年第4期。

❷ 参见付磊:《裁判文书网上公开问题实证研究》,载《北京政法职业学院学报》2015年第3期。

❸ 参见唐应茂:《司法公开及其决定因素:基于中国裁判文书网的数据分析》,载《清华法学》2018年第4期。

❹ See Zhuang Liu, T. J. Wong, Yang Yi and Tianyu Zhang, *Authoritarian Transparency: China's Missing Cases in Court Disclosure*, 50 Journal of Comparative Economics 221 (2022).

❺ 参见吕艳滨:《司法公开的作用、问题与完善路径》,载《人民法治》2016年第11期。

活动,使法官更加斟酌事实认定和法律适用。❶ 第三,司法透明有利于改善营商环境。文献表明,更高的司法水平有利于地方政府吸引外部投资、促进地方经济发展。❷ 我国地方司法保护主义的现象一直广受各界批评,司法的中立性和专业性受到质疑。❸ 而司法公开可以通过增强公民监督权而制约行政性力量的干预,一定程度上抵制司法地方保护主义,提振营商主体的信心。

[一] 裁判文书公开率的测算方法

(一) 裁判文书公开规则和定义

截至 2022 年 9 月,通过中国裁判文书网公开的裁判文书的数量已超过1.3 亿篇。需要指出的是,通过中国裁判文书网"公开"文书,并不代表该文书的内容被完整地披露。根据 2013 年的最高人民法院《关于人民法院在互联网公布裁判文书的规定》(已失效),❹有以下四种情形之一的,相关裁判文书不在互联网公布:(1)涉及国家秘密、个人隐私的;(2)涉及未成年人违法犯罪的;(3)以调解方式结案的;(4)其他不宜在互联网公布的。❺ 在以上

---

❶ 参见谭世贵、谢澍:《我国司法信息公开的问题与出路》,载《法治研究》2014 年第 9 期。

❷ See Yuhua Wang, *Tying the Autocrat's Hands: The Rise of the Rule of Law in China*, Cambridge University Press, 2014, pp. 117-134.

❸ See Ernest Liu, Yi Lu, Wenwei Peng and Shaoda Wang, *Judicial Independence, Local Protectionism, and Economic Integration: Evidence from China*, National Bureau of Economic Research, working paper.

❹ 参见《最高人民法院关于人民法院在互联网公布裁判文书的规定》,载中华人民共和国最高人民法院 2013 年 11 月 29 日,https://www.court.gov.cn/fabu/xiangqing/5867.html。

❺ 2016 年 8 月,最高人民法院发布了新版的《最高人民法院关于人民法院在互联网公布裁判文书的规定》,将上述第三种情形修改为"以调解方式结案或者确认人民调解协议效力的,但为保护国家利益、社会公共利益、他人合法权益确有必要公开的除外",并新增情形"离婚诉讼或者涉及未成年子女抚养、监护的"。参见《关于人民法院在互联网公布裁判文书的规定》,载中华人民共和国最高人民法院 2016 年 8 月 31 日,https://www.court.gov.cn/fabu/xiangqing/25321.html。

四种情形中,情形(1)—(3)一般可以根据案件情况明确判断,而情形(4)则赋予了案件受理法院一定程度上的自由裁量权,一般由该法院的审判委员会最终决定。❶

事实上,笔者比较不同法院公开的裁判文书后发现,有些法院在裁判文书网上传了大量公开案号和标题但隐去正文的文书,而有些法院则不上传这类文书。这可能归因于不同法院对"不在互联网公布"的理解不一致:有些法院的理解是无须将这一类文书上传至中国裁判文书网;而另外一些法院理解为,仍须上传文书,但须标记为不公布,并将正文内容隐去。在后一种情形下,裁判文书的正文主体部分(案件的事实与裁决部分)一般不公布,但仍可查到该文书的案件受理法院、案号、案由等基本信息;部分案件则会公开正文中不涉及事实和裁判的少量段落,可以有限地了解到案件的适用审理程序、审判组织等信息。

(二)裁判文书公开率的定义

裁判文书公开率的计算公式为:

$$D_{disclosed} = \frac{C_{disclosed}}{C_{all}} \times 100\%$$

其中,C_{all}代表某法院某类案件的全部案件数量;$C_{disclosed}$代表该法院公开的该类案件的数量。一般来说,公开案件的数量是相对容易观测的;而全部案件数量无法直接观测,需要运用统计学方法进行估计。这里有几个具体问题需要讨论并给予说明。

1. 案件数量与裁判文书数量的关系

最高人民法院对"案件"的概念有明确的规定。一般来讲,一个案号即对应一个案件。根据最高人民法院《关于人民法院案件案号的若干规定》(2016年1月1日起施行,2018年修改),一个案号由收案年度、法院代字、类

---

❶ 参见贺小荣、刘树德、杨建文:《〈关于人民法院在互联网公布裁判文书的规定〉的理解与适用》,载《人民司法》2014年第1期。

型代字、案件编号、号构成,从而形成案件的唯一标识。

但一个案件可能有多篇裁判文书。其中,可能涉及判决书、裁定书、调解书等类型,同一类型的裁判文书(如裁定书)则可能有多篇。实践中,笔者几乎不可能通过某个案件的公开文书,推测该案件总共有多少篇文书。

因此,笔者在衡量公开率时,是以"案件数量"为计算对象的,而非无法被准确计量的"文书数量"。若在所有已经公开的文书中,出现了某个案件的案号,则该案件虽然可能仍有多篇文书未公开,笔者依然认为该案件已被公开,并记入 $C_{disclosed}$。在一些对裁判文书公开率的粗略计算中,以人民法院公开的审结案件数为分母,而以裁判文书网公开的文书数量为分子的计算方法是不严谨的。

2. "公开"的定义

基于对最高人民法院《关于人民法院在互联网公布裁判文书的规定》的理解,笔者认为对于"不在互联网公布"的文书,裁判法院也应将其上传至裁判文书网以履行公开职责,而正文内容可依照规定不予披露。因此,在本文中,"案件公开"和"内容披露"的定义如下:

(1)案件公开:指某裁判文书已被上传至中国裁判文书网,可供查询;

(2)内容披露:指在已公开的某裁判文书的正文中,有关事实和裁判的章节已公之于众。

所以,当笔者考虑"公开率"时,无法查阅全部正文的文书也应被认为已经公开。而法院拥有一定自由裁量权的情形占所有法定不披露文书的比例,能够从另一个角度反映法院对于披露裁判文书的主观意愿,但这不在本文的讨论范围之内。

(三)裁判文书公开率的测算方法

根据最高人民法院《关于人民法院案件案号的若干规定》,除刑事复核案件外,同一类型代字的案件编号,按照案件在同一收案年度内的收案顺序,以顺位自然数编排。❶ 那么,对于该类型代字所代表的案件类型,其全部案件数量是其案件编号的最大值;笔者通过公开的裁判文书所观测到的案件编号序列,可以被认为是对该自然数序列随机抽样的结果。这是笔者能够对全部案件数量进行估计的前提与假设。

除此之外,还有以下若干细节问题需要说明:

(1)关于案件类型。

根据最高人民法院对于案件类型的规定,❷案件类型共有数十种之多;绝大部分的案件类型在某一法院(特别是基层法院)的数量较少,用作统计量估计可能会导致误差较大;同时,作为对法院司法透明度的评价,笔者更关注实体性案件,而非程序性案件。因此,本文在计算公开率时,仅聚焦六类案件,即民事一审、民事二审、刑事一审、刑事二审、行政一审、行政二审;其所对应的类型代字分别为民初、民终、刑初、刑终、行初、行终。笔者对其进行统计估计,可得民事、刑事和行政三类案件的公开率。

我国法院体系有四级,分别是基层人民法院、中级人民法院、高级人民法院和最高人民法院。一般而言,基层人民法院对应区县级,中级人民法院对应地市级,高级人民法院对应省级,最高人民法院则是最高审判机构;一些专门人民法院(如林区、知识产权、互联网、海事、金融、军事法院等)也服从该体系。❸ 同时,我国采取两审终审制,不同层级的法院的管辖范围有所不同。所以,在考察不同层级的行政区划的公开率时,所覆盖的案件范围是不一样的,不能简单理解为加总关系。例如,某市的公开率不能被认为是该市所辖所有县级单位公开率的加权平均数,还应考虑该市所对应的中级人民法院和专门人民法院的公开率。

---

❶ 参见《最高人民法院关于人民法院案件案号的若干规定(最高人民法院审判委员会第1645次会议审议通过)》第10条。

❷ 参见《人民法院案件类型及其代字标准》,载中华人民共和国最高人民法院2015年12月31日,https://www.court.gov.cn/fabu/xiangqing/16420.html。

❸ 参见《中华人民共和国人民法院组织法》,载中华人民共和国中央人民政府2018年10月27日,https://www.gov.cn/xinwen/2018-10/27/content_5334895.htm。

一般而言,法院的某个层级的公开率计算方式所覆盖的法院与案件范围如表 1 所示。

表 1　各层级公开率计算所覆盖的法院与案件范围

公开率层级	覆盖案件范围(民事案件、刑事案件、行政案件)
区县级	基层人民法院(或基层专门法院)受理的一审案件
地市级	辖区内所有基层人民法院受理的一审案件 中级人民法院受理的一审、二审案件 以该中级人民法院为上诉法院的专门人民法院所受理的一审案件
省级	辖区内所有基层人民法院受理的一审案件 辖区内所有中级人民法院受理的一审、二审案件 辖区内所有专门人民法院受理的一审、二审案件 高级人民法院受理的一审、二审案件
全国	所有基层人民法院受理的一审案件 所有中级人民法院受理的一审、二审案件 所有高级人民法院受理的一审、二审案件 所有专门人民法院受理的一审、二审案件 最高人民法院受理的一审、二审案件

(2)关于测算的时间区间。

最高人民法院《关于人民法院案件案号的若干规定》于 2016 年 1 月 1 日起正式施行,在此之前,案号编号几乎无统一章法可循,导致各地法院"各施其政",甚至会出现案号重号的情形。因此,综合考虑样本数据的范围,本文仅对 2016 年至 2019 年的司法裁判文书公开率进行测算。

(3)对公开案件编号序列的观测。

以裁判文书案号中的时间为准,中国裁判文书网公开的 2016—2019 年的裁判文书约 7268 万篇,笔者获得了其中约 6597 万篇裁判文书的案号,占公开总数约 91%。具体情况见表 2。

表 2　裁判文书公开数量和样本数量的对比

年份	2016 年	2017 年	2018 年	2019 年	合计
裁判文书网的文书数量(篇)	1322 万	1695 万	1938 万	2313 万	7268 万
获得案号的文书数量(篇)	1134 万	1546 万	1764 万	2153 万	6597 万

(续表)

年份	2016年	2017年	2018年	2019年	合计
获取率	86%	91%	91%	93%	91%

笔者所掌握的案号,实际上是对公开裁判文书的高比例抽样,同时也是对全部文书的抽样。因此,在公开率的测算中,笔者用已掌握的案号推算案件总数;而对于公开案件数量,笔者直接使用在中国裁判文书网中检索而得的统计数据,避免遗漏。

(4)关于截面数据的获取时间。

在中国裁判文书网公开的裁判文书一直处于更新之中。由于生效文书才被允许公开,而对一审案件作出裁判后,须至上诉期满未上诉才自动生效,且即便是生效的裁判文书,法院往往也不是第一时间完成上传公开的操作。因此,裁判文书的更新有一定的滞后性;而这个滞后性应当有一个合理区间,笔者认为滞后半年以内是较为合理的。

获取前文所提及的6597万篇裁判文书数据的时间是2021年1月。在这个时间点上,笔者同时获取了2020年度的裁判文书数据,但几乎可以肯定,该数据是不完整的;靠近2020年年底的裁判文书,有一部分会在2021年上半年逐步完成上传公开。因此,本文未对2020年的数据进行估计。

综合以上因素,笔者认为,站在某个时间点考察、观察一年或更久之前的裁判文书公开率是比较合理的。有理由认为,法院应当在作出裁判后的一年内完成上传公开的操作,否则该裁判文书可能本就未计划公开,即便在一年或更久后公开,也可能是一种事后补救行为,而非正常的程序性依法公开行为。因此,本文使用于2021年1月获得的数据,衡量2016年至2019年的公开率,是比较合理的。

(5)关于数据瑕疵的修正。

在中国裁判文书网公开文书的案号中,存在两类瑕疵:一类是因历史习惯导致的瑕疵,如在案件类型代字后添加"字"字(例:将"民初××号"写为

"民初字××号");另一类则一般是笔误导致,如法院代字错误(例:将"黑0122"写作"黑0112")、编号错误(出现数字畸大的编号)等。本文在所采用的测算方法中,已对以上错误数据进行了修正或舍弃。

1. 对全部案件数量的估计

基于案件编号为从 1 开始的连续编号的基本假设,设某个法院、某年度、某案件类型的最大案件编号为 C_{all},公开案件编号的递增序列为 $\{k_i\}, i = 1, \cdots\cdots, n$,则 C_{all} 的无偏估计为:❶

$$\widehat{C}_{all} = \frac{n+1}{n} k_n - 1$$

2. 对公开案件数量的估计

通过检索中国裁判文书网,笔者可以获取某一法院、某年度、某案件类型的公开文书总数量,但无法直接获取案件数量,需要用算法估计。估计方法如下:

$$C_{disclosed} = \frac{公开文书总数量}{案均公开文书数量}$$

其中:

$$案均公开文书数量 = \frac{已知案号的公开文书总数量}{公开案件总数量}$$

这里的"公开案件总数量"是根据对已知案号的顺序号去重后进行统计得到的结果。根据这个算法,笔者为每个法院、每年度、每个案件类型(民初、民终、刑初、刑终、行初、行终)都计算了相应的案均公开文书数量,结果略微高于 1 篇/件。

需要特别指出的是,上述公式中的"公开文书总数量"为在中国裁判文书网中查询所得的裁判文书数量;而"案均公开文书数量"则是依据笔者掌握案号的裁判文书计算的。所以,$C_{disclosed}$ 事实上也是一个估计值。

3. 单一法院的各案件类型公开率、综合公开率

根据以上方法,笔者既可以测算每个法院的综合公开率,还可以分别测

---

❶ See Leo A. Goodman, *Serial Number Analysis,* 47 Journal of the American Statistical Association 622 (1952).

算民事案件、刑事案件、行政案件的公开率。

以民事案件为例,此类案件对应的案件类型代字为"民初""民终"(基层法院不涉及"民终"案件)。对于某一法院而言,其民事案件公开率的计算公式如下:

$$D_{disclosed-Civil} = \frac{C_{disclosed-Civil}}{C_{all-Civil}} \times 100\%$$

其中:

$$C_{disclosed-Civil} = C^1_{disclosed-Civil} + C^2_{disclosed-Civil}$$

$$C_{all-Civil} = C^1_{all-Civil} + C^2_{all-Civil}$$

$C_{disclosed-civil}$ 和 $C_{all-civil}$ 分别为民事案件公开数量和总案件量,上标 1、2 分别代表一审(民初)案件、二审(民终)案件数量。

类似地,笔者可以计算某一法院刑事案件、行政案件的公开率:

$$D_{disclosed-Crime} = \frac{C_{disclosed-Crime}}{C_{all-Crime}} = \frac{C^1_{disclosed-Crime} + C^2_{disclosed-Crime}}{C^1_{all-Crime} + C^2_{all-Crime}} \times 100\%$$

$$D_{disclosed-Admin} = \frac{C_{disclosed-Admin}}{C_{all-Admin}} = \frac{C^1_{disclosed-Admin} + C^2_{disclosed-Admin}}{C^1_{all-Admin} + C^2_{all-Admin}} \times 100\%$$

最终,笔者可以计算某一法院的综合公开率:

$$D_{disclosed} = \frac{C_{disclosed-Civil} + C_{disclosed-Crime} + C_{disclosed-Admin}}{C_{all-Civil} + C_{all-Crime} + C_{all-Admin}} \times 100\%$$

4. 某地区各案件类型的公开率、综合公开率

根据前文界定的范围,通过对某地区所有法院的数据进行加总计算,即可计算某地区各案件类型的公开率。设某地区所辖法院有 m 个,记为 $i=1,2,3,\cdots,m$,则:

$$D_{disclosed-Civil} = \frac{\sum_i C_{disclosed-Civil-i}}{\sum_i C_{all-Civil-i}} \times 100\%$$

其中,$C_{disclosed-Civil-i}$ 为第 i 个法院民事案件公开数量;$C_{all-Civil-i}$ 为第 i 个法院民事案件总数量。

类似地,可以计算某地区的刑事案件、行政案件的公开率:

$$D_{disclosed-Crime} = \frac{\sum_i C_{disclosed-Crime-i}}{\sum_i C_{all-Crime-i}} \times 100\%$$

$$D_{disclosed-Admin} = \frac{\sum_i C_{disclosed-Admin-i}}{\sum_i C_{all-Admin-i}} \times 100\%$$

最终计算某地区各案件类型的综合公开率:

$$D_{disclosed} = \frac{\sum_i (C_{disclosed-Civil-i} + C_{disclosed-Crime-i} + C_{disclosed-Admin-i})}{\sum_i (C_{all-Admin-i} + C_{all-Crime-i} + C_{all-Admin-i})} \times 100\%$$

5. 公开率测算的示例

笔者以黑龙江省哈尔滨市方正县为例进行测算。各层级行政区域只是代表覆盖的法院范围不同,计算方法并无太大差别。

以方正县为例只涉及一个基层人民法院,所以县级公开率实际上就是方正县基层人民法院的公开率,且只涉及一审案件("民初"、"刑初"、"行初")。

(1)民事案件公开率

考察该法院2016年的民事一审案件公开率,通过中国裁判文书网检索查询,公开文书的总量为1472篇;其中,笔者所掌握案号编号的文书为1470篇,经编号去重后,得到不重复的编号数1369个,最小编号为3,最大编号为2308。通过公式测算民事案件总量:

$$\widehat{C}_{all-Civil} = \frac{n+1}{n}k_n - 1 = \frac{1369+1}{1369} \times 2308 - 1 \approx 2308.7$$

通过已掌握的案号编号,推算公开案件的案均文书数量:

$$案均公开文书数量 = \frac{1470}{1369} \approx 1.074$$

测算公开案件数量:

$$\widehat{C}_{disclosed-Civil} = \frac{1472}{1.074} \approx 1370.6$$

最终得出民事公开率:

$$D_{disclosed-Civil} = \frac{C_{disclosed-Civil}}{C_{all-Civil}} \times 100\% = \frac{1370.6}{2308.7} \times 100\% \approx 59.4\%$$

（2）刑事案件、行政案件公开率

使用类似上述内容的方法，计算该法院 2016 年的刑事案件、行政案件公开率，结果见表 3：

表 3　民事案件、刑事案件、行政案件公开率的测算

单位：篇

案件类型	裁判文书网查询文书总量	掌握案号编号的文书总量	编号去重后数量	最小编号	最大编号	案均公开文书量	测算案件总量	测算公开案件数量	公开率
民事案件	1472	1470	1369	3	2308	1.074	2308.7	1370.6	59.4%
刑事案件	163	163	151	1	173	1.079	173.1	151	87.2%
行政案件	22	22	18	1	19	1.222	19.1	18	94.2%

（3）综合公开率

将以上测算所得的案件总量、公开案件数量分别加总，可知 2016 年方正县法院的案件总量约 2501 件，公开数量约 1540 件。

测算方正县 2016 年综合案件公开率：

$$D_{disclosed} = \frac{1370.6+151+18}{2308.7+173.1+19.1} \times 100\% \approx 61.6\%$$

6. 对非连续编号情形的处理

需要指出的是，某些地区的案号编号，并未严格遵循顺序编号的要求，而采用了一些个性化的编号方法。例如，天津市滨海新区的法院就将民事案件、刑事案件以 20000 为分段，将案件编入了 1—19999、20000—39999、40000—59999、60000—79999、80000 以上五个案号区间。这种划分可能是某种分类手段，笔者尚未知晓其编号之确切用意。以 2016 年天津市滨海新区刑事初审的案号数据为例，笔者总共收集了 1313 个样本（下图中横轴编号），而其文书编号（下图中纵轴编号）以每 20000 为一个阶梯进行编号，见图 1。

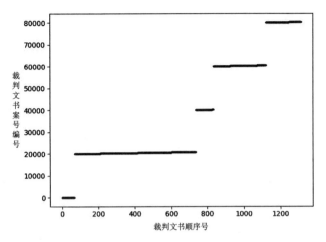

图 1　2016 年天津市滨海新区刑事一审案件编号情况

图 1 中所示的分群显而易见。因此,笔者设计了一套算法,对案号编号中的分群情形进行了识别,并分别估计每段的案件数、最终加总得到案件总数。仍以上图为例,笔者对 2016 年天津市滨海新区刑事初审的案件总数进行估计的过程,见图 2 与表 4。

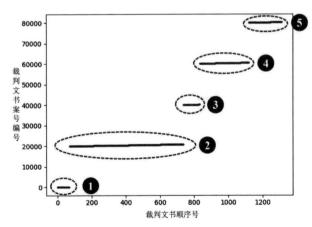

图 2　2016 年天津市滨海新区刑事一审案件编号分群示意

表4 2016年天津市滨海新区刑事一审案件数量测算

分群	样本案号范围	估计范围	样本案件数(件)	估计案件数(件)
1	2—120	1—121	70	121
2	20000—20792	20000—20792	668	793
3	40000—40178	40000—40179	97	180
4	60002—60432	60000—60432	287	433
5	80001—80208	80000—80208	191	209
合计			1313	1736

笔者分别估计五群案件的总数,最后加总,得出估计案件总数为1736件。

另外,笔者在编号分群的情形中,增加了两个算法修正,以提升准确度:

(1)若编号分群中出现某群只有1个编号的,则认为该群是特殊离群点,并将该群的案件数估计值修正为1,见图3。

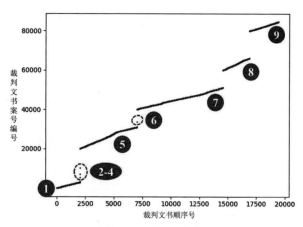

图3 2016年天津市滨海新区民事一审案件编号分群示意

上图为2016年天津市滨海新区民事一审案件的编号,经计算分为9个群,其中群2、3、4、6均只有1个编号,故调整其估计案件数为1。最终估计案件总数为36252件,见表5。

表 5　2016 年天津市滨海新区民事一审案件数量测算

分群	样本案号范围	估计范围	样本案件数（件）	估计案件数（件）	调整估计数（件）
1	1—3435	1—3436	2031	3436	3436
2	5406	5000—5812	1	813	1
3	6992	6000—7984	1	1985	1
4	10120	10000—10240	1	241	1
5	20000—31039	20000—31039	4993	11040	11040
6	33679	33000—34358	1	1359	1
7	40000—51110	40000—51110	7529	11111	11111
8	60000—66092	60000—66093	2334	6094	6094
9	80001—84566	80000—84566	2512	4567	4567
合计			19403	40646	36252

（2）若编号分群中出现某群编号极为稀疏的、可能导致该编号分群的估计公开率低于 1% 的，则认为该群的编号是随机数字，将该群的案件数估计值修正为该群的编号总个数，见图 4。

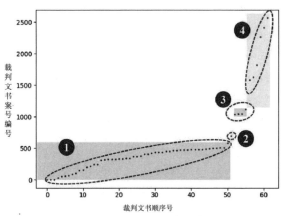

图 4　2017 年新疆喀什地区疏勒县刑事一审案件编号分群示意

图 4 为 2017 年新疆喀什地区疏勒县刑事一审的编号,经计算分为 4 个群,其中群 2 只有 1 个编号,调整估计案件数为 1;群 4 是一个稀疏子序列,预估公开率低于 1%,将其估计案件数调整为 6,即直接以样本数量为其估计总数。最终估计案件总数为 756 件,见表 6。

表 6　2017 年新疆喀什地区疏勒县刑事一审案件数量测算

分群	样本案号范围	估计范围	样本案件数（件）	估计案件数（件）	调整估计数（件）
1	1—584	1—594	51	594	594
2	694	600—688	1	189	1
3	1042—1124	1000—1154	4	155	155
4	1582—2568	1155—2802	6	1648	6
合计			62	2586	756

总体来看,分群算法可以较好地识别离群点、稀疏子序列,从而降低个别特殊情形对整体公开率估计的影响。

(四)测算方法的可靠性验证:与官方披露数据的比较

1. 2019 年 S 市真实案件数量与估计数量的比较

在上文计算公开率的方法中,最为关键的步骤是对案件总数的估计,案件总数估计得越准,公开率的准确度就越高。

为此,笔者获取了 2019 年 S 市法院受理案件的真实数量,将其与算法估计值进行了比较,以考察算法的可靠性。需要指出的是,S 市法院受理案件的数量与其通过政府年度工作报告对外披露的数量存在差异,对外披露的数量高于法院实际受理案件的数量,而这种情况似乎普遍存在于各地法院对外披露的数量中。笔者认为,法院实际受理案件的数量更加真实可靠。表 7 列示了法院实际受理数量与笔者的算法估计数量之间的对比。

表7 2019年S市中级人民法院案件实际受理数与算法估计数的对比

S市中级人民法院受理案件类型		实际受理数（件）	算法估计数（件）	差异率
刑初		925	935	1.06%
民初		4992	4956	−0.73%
行初		308	310	0.57%
刑终		3296	3297	0.02%
民终		35677	35687	0.03%
行终		1898	1898	0.02%
再审	刑再	270	3	−0.89%
	民再		263	
	行再		2	
赔偿	委赔	53	23	−21.43%
	行赔终		18	
执行	执	8694	5148	−11.84%
	执恢		812	
	执异		1069	
	执复		629	
	执监		7	

可以看到,笔者对S市中级人民法院的6类主要案件数量的估计,与官方受理数相差很小,基本准确反映了案件数量的真实情况;对再审案件数量的估计也比较准确。

对赔偿、执行等类型的案件,笔者通过裁判文书数据所获取的代字未能完全覆盖所有代字类型,即S市中级人民法院对某些代字类型没有公开的文书(如赔偿案件缺失"行赔初"等10个代字;执行案件缺失"执保"等3个代字),这可能相应地导致了低估案件数。

对于S市各基层法院受理案件的合计数,刑事案件、民事案件的数量估计较为准确,行政案件数量偏差较大,低估了 1720 件。究其原因,在"行审"案件数量的估计中,发现其最大案号为 9177,而编号序列在 5811 号到 7569 号之间出现了约 1750 位的编号空档,算法出于审慎考虑,将其视为编号分群,最终估计案件数量为 7817 件。针对此类情形可通过跨年度比对和人工筛查等措施,提升测算精度,见表 8。

表 8 2019 年 S 市各基层法院案件实际受理数与算法估计数的对比

S 市各基层法院(合计)受理案件类型		实际受理数	算法估计数	差异率
刑事	刑初	19614	19507	-0.55%
民事	民初	229178	221362	-3.41%
行政	行初	12704	3167	-13.54%
	行审		7817	

2. 2018 年 N 市收案数量与估计数量的比较

笔者通过公开信息渠道获取了 N 市披露的 2018 年各基层法院收案总数(全部案件,不限于 6 类主要案件)。由于法院收案后不一定受理和立案,且 2018 年前后法院受理案件的数量仍处于增长趋势中,同时公开数据可能存在为体现工作量虚报的现象,所以实际上收案数一般大于受理案件数。笔者将 N 市各基层法院公开披露的受案数与算法估计数进行对比,见表 9。

表 9 2019 年 N 市基层法院案件受案数与算法估计数的对比

N 市	公开披露收案数(件)	案件估计数(件)	差异率
基层法院 1	15976	14658	-8.25%
基层法院 2	11376	10707	-5.88%
铁路运输法院	4858	4879	+0.43%
基层法院 3	20669	18954	-8.30%
基层法院 4	15392	15068	-2.10%
基层法院 5	22745	20170	-11.32%

（续表）

N 市	公开披露收案数（件）	案件估计数（件）	差异率
基层法院 6	34394	31461	−8.53%
基层法院 7	13360	12011	−10.10%
基层法院 8	27896	23603	−15.39%
基层法院 9	16855	15945	−5.40%
基层法院 10	11461	10266	−10.43%
基层法院 11	11926	11053	−7.32%
合计	206908	177885	−8.76%

可见，案件估计数量比公开的收案数量低 8.76%，符合预期；除较为特殊的铁路运输法院外，其他基层法院的案件的估计数量也普遍较公开的收案数量低 8% 左右。

3. 2018 年 G 市结案数量与估计数量的比较

笔者从公开信息渠道获取了 G 市法院 2018 年的结案数量。由于当年结案并不一定是当年受理，且当年受理也不一定会当年结案，所以相比上文中与收案数量比对，结案数量与当年受理案件数的差异更加不确定，但仍有一定参考价值，见表 10。

表10　2019 年 G 市各法院案件结案数与算法估计数的对比

G 市	公开结案数（件）	案件估计数（件）	差异率
G 市中院	45273	41862	−7.53%
基层法院 1	18680	16219	−13.17%
基层法院 2	63593	59381	−6.62%
基层法院 3	37160	32309	−13.05%
基层法院 4	67980	60768	−10.61%
基层法院 5	18823	16620	−11.70%
基层法院 6	39657	35829	−9.65%

(续表)

G 市	公开结案数(件)	案件估计数(件)	差异率
基层法院 7	29103	25854	-11.16%
基层法院 8	11453	10166	-11.24%
基层法院 9	20004	16258	-18.73%
基层法院 10	38103	26026	-31.70%
基层法院 11	15170	12718	-16.16%
合计	404999	354010	-12.59%

经过对比,案件估计总数相比结案总数低 12.59%;各法院的差异均为负值,且具有一定的一致性,大部分在 12% 上下。

[二] 裁判文书公开率的估计结果

根据上述方法,笔者对 2016 年至 2019 年全国各地区(至区县级)的裁判文书公开率情况进行了测算,以下为其中部分结果。[1]

(一)全国裁判文书公开率估计

笔者对 2016 年至 2019 年全国 3500 多家法院的民事案件、刑事案件、行政案件的一审、二审裁判文书的公开情况进行了估计,并汇总成对全国总体情况的估计。整体上看,4 年间全国案件总数约为 6073 万件,其中公开案件约为 4430 万件,公开率约为 73%;全国裁判文书公开率逐年提升,从 2016 年的 60.2% 提升到 2019 年的 80.4%,增长超 20 个百分点,司法裁判公开工作成效显著,见表 11、图 5。

---

[1] 本文中的数据成果,均可在 http://www.court-ai.com/index? site = transparency 浏览。

表 11　2016—2019 年全国民事、刑事、行政一审、二审案件公开情况

（单位：件）

年份	2016 年	2017 年	2018 年	2019 年
案件总数	1292 万	1464 万	1590 万	1727 万
公开案件总数	778 万	1047 万	1217 万	1388 万
公开率	60.2%	71.5%	76.5%	80.4%

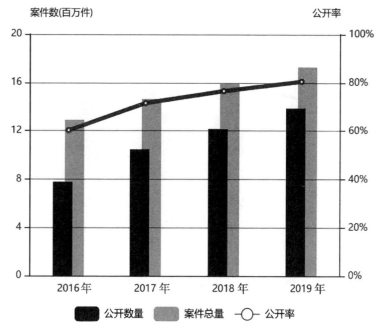

图 5　2016—2019 年全国民事、刑事、行政一审、二审案件公开情况

1. 民事一审、二审案件公开率

全国民事一审、二审案件的公开率从 2016 年的 58.6%，逐步提升至 2019 年的 80.3%，增幅相比三类案件的总体水平略有超出，见表 12、图 6。

表 12　2016—2019 年全国民事一审、二审案件公开情况

年份	2016 年	2017 年	2018 年	2019 年
案件总数(件)	1146 万	1297 万	1420 万	1543 万
公开案件总数(件)	671 万	916 万	1078 万	1239 万
公开率	58.6%	70.6%	75.9%	80.3%

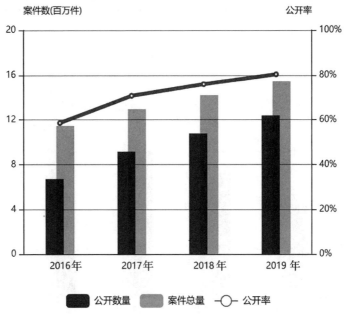

图 6　2016—2019 年全国民事一审、二审案件公开情况

2. 刑事一审、二审案件公开率

相较而言,全国刑事一审、二审案件的整体公开率长期保持了较高水平,2016 年公开率即达到 74.9%,至 2019 年进一步提升至 82.2%,是三类案件中公开率最高的,见表 13、图 7。

表13 2016—2019年全国刑事一审、二审案件公开情况

年份	2016年	2017年	2018年	2019年
案件总数(件)	117万	134万	132万	142万
公开案件总数(件)	88万	107万	109万	117万
公开率	75.2%	79.9%	82.6%	82.4%

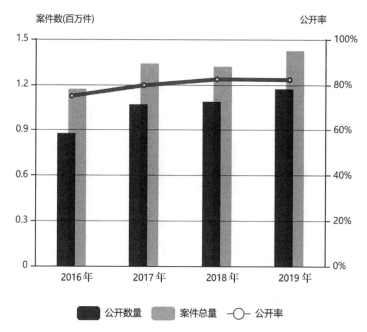

图7 2016—2019年全国刑事一审、二审案件公开情况

3. 行政一审、二审案件公开率

行政案件相对数量较少,2016年至2018年,其公开率提升较快,见表14、图8。

表14 2016—2019年全国行政一审、二审案件公开情况

年份	2016年	2017年	2018年	2019年
案件总数(件)	28.7万	33.6万	38.5万	41.4万
公开案件总数(件)	19.0万	24.2万	29.7万	32.0万
公开率	66.2%	72.0%	77.1%	77.3%

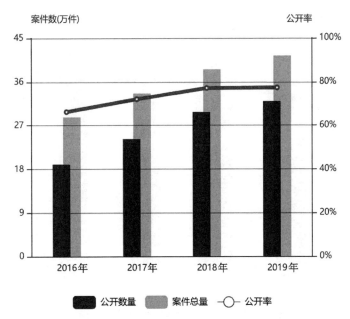

图8 2016—2019年全国行政一审、二审案件公开情况

(二)全国各省级行政区划公开率估计

全国司法裁判公开率的提升,是各省级行政区划共同努力的成果。表15反映了各省级行政单位(全国31个省级行政区划以及新疆生产建设兵团)2016年、2019年裁判文书公开率的变化情况。

表15 2016年、2019年全国多个省、自治区、直辖市及新疆生产建设兵团裁判文书公开率的变化情况

省、自治区、直辖市及新疆生产建设兵团	裁判文书公开率（2016年）	省、自治区、直辖市及新疆生产建设兵团	裁判文书公开率（2019年）
吉林	89.1%	湖南	94.8%
云南	86%	吉林	93.4%
上海	72.6%	四川	92.7%
浙江	70.7%	上海	91.9%
湖北	69.5%	江西	91.5%
湖南	68.7%	青海	90.3%
江西	64%	河北	88.4%
安徽	63.7%	河南	88.3%
北京	63.3%	陕西	87.5%
福建	62.9%	云南	86.8%
四川	62.8%	安徽	85.7%
重庆	62.7%	湖北	85.6%
天津	62.5%	北京	83.3%
河南	60.8%	福建	83.1%
广西	60.5%	浙江	81.7%
全国平均	60.2%	重庆	81.7%
山东	58.2%	山西	81.4%
陕西	58.2%	辽宁	81.2%
山西	57.2%	宁夏	80.9%
江苏	57.1%	全国平均	80.4%
宁夏	57.1%	江苏	79.5%
黑龙江	54.6%	黑龙江	78.9%
河北	54.2%	新疆生产建设兵团	75.6%
广东	54.1%	广西	75.5%
青海	52.8%	山东	75.4%
辽宁	51.7%	天津	71.1%
西藏	49%	内蒙古	68.7%

(续表)

省、自治区、直辖市及新疆生产建设兵团	裁判文书公开率（2016年）	省、自治区、直辖市及新疆生产建设兵团	裁判文书公开率（2019年）
内蒙古	46.4%	甘肃	68.6%
甘肃	46.2%	新疆	68.6%
贵州	40%	广东	60.2%
新疆生产建设兵团	33.5%	贵州	57.3%
新疆	28.8%	西藏	53.1%
海南	25%	海南	26.4%

可以看到，个别优秀省份长期保持极高的公开率，如吉林、云南；部分省份在2016年至2019年公开率增长迅速，从低于全国平均水平上升至远高于全国平均水平，如江西、青海、河北等；也有部分省份裹足不前，始终徘徊于全国平均水平以下，如海南、贵州、广东等。

[三] 总　结

本文基于海量的裁判文书数据，提出了一套系统性的测算方法，对2016年至2019年裁判文书网上公开的情况进行了完整、详细的测算。总体来看，裁判文书网上公开工作取得了显著的成果，综合公开率从2016年的约60%提升至2019年的约80%。考虑到确实存在法定不公开的情形和某些限制性因素，80%是非常高的公开水平。这是多年来司法工作成效的体现，对于提升法治水平、增强群众法治意识大有裨益。

另外，裁判文书的公开尚存一些有待探究或改进的问题。

第一，不同地区的裁判文书公开率存在较大差异，其具体成因有待探究。从数据上看，裁判文书公开率与经济发展水平并无明显的相关关系，比如广东省、江苏省的公开率长期处于偏低位置，而吉林省、云南省、青海省、四川省等省份保持了较高的公开率。相对而言，各省高级人民法院对司法公开工作的重视程度和考核力度，可能是推升公开率的主要动力。

第二,各地法院在裁判文书公开意愿上存在差异。笔者从法定不公开的情形,即法院文书公开的自由裁量权角度出发看这个问题。根据笔者所掌握的数据分析,在 2019 年上网公开但不披露正文内容的文书中,上海市有 95.8% 的案件是以"不宜在互联网发布"为不披露的理由的,北京市为 49.4%,而其他省市普遍低于 30%,更有 16 个地区低于 10%。这从一个侧面反映了不同地区对裁判文书公开的不同态度。

第三,裁判文书公开的质量存在提升空间。仅从案号来看,笔者发现有近 1‰ 的文书案号存在错误或瑕疵,比如案件类型代字错误、法院编码错误、年份错误、案号格式不规范等;从文书质量来看,网上公开文书中存在一定比例的重复上传的文书,导致上网文书的整体数量实际上虚高。

总的来说,裁判文书公开所取得的成绩是显著的,体现了我国在司法公开和法治建设中的长足进步。而进一步消除司法裁判文书公开的地区性差异,消除文书公开中的制度性、地方性阻碍,提升上网文书的质量,是需要进一步努力的发展方向。

法律和社会科学

从相关性分析到

因果推断

陪审团制能促进司法信任吗？

刘　庄[*]

摘　要：对陪审团制与司法信任的关系，可运用较大范围的国际比较数据进行分析，这些数据可以涵盖全球 111 个国家和地区的情况。采用陪审团制的国家和地区，其司法公信力显著高于未采用陪审团制的国家和地区，其刑事审判的效率和效果（包括民众的满意程度）也显著更高。这些分析在使用回归方法排除了法系、经济发展程度以及各地司法制度的其他特征等因素后仍然成立。这一发现的理论意义在于：以往的研究认为陪审团制是一项成功的政治制度，但对其作为审判制度在具体案件中的效果，则存在争议。本文为我们展现了一个以往理论之外的视角：如果以人民的信任感和满意程度为衡量标准，从各地的情况来看，陪审团制是一个综合了政治和审判功能的成功的司法制度。本文也就我国的情况探讨大合议庭陪审制适用的优势和问题。

关键词：陪审团制　大合议庭陪审制　司法信任　国际比较　数据

[一] 问题的提出

本文探讨陪审团制与司法信任的关系。在世界范围内，陪审制分为陪审团制（jury system）和陪审员制（lay assessor system）。学界普遍认为，陪审团制是普通法系的一个制度。但这一理解是不准确的。就历史发展而言，陪审

---

[*] 刘庄，香港大学法律学院副教授。

团制在世界范围内有两个渊源。第一个渊源是为大家所熟悉的诺曼征服后英国实行的陪审团制。英国的陪审团制也随着地理大发现以及随后的殖民地浪潮向世界扩张。目前一些普通法系国家如美国、加拿大的陪审团制来源于此。当然,英国的殖民者并未在所有殖民地移植陪审团制,如印度便废除了陪审制。这主要是为了防止殖民地人民通过司法民主减损殖民者权力。陪审团制的第二个渊源是法国大革命。大革命时期,现代的陪审团制进入了法国,被用以制衡掌握司法权力的旧贵族势力。❶ 法国的陪审团制也随着大革命的理想和拿破仑的征服蔓延至许多大陆法系国家,如西班牙、俄罗斯等。值得注意的是,拿破仑在权力稳固并称帝后便着手限制了法国的陪审团制。

严格来说,英国不能算近现代陪审团制最早的发源地。人们一般认为,英国王权较弱导致了司法在地方上向民众分权,形成了陪审团制。但实际上,在 11 世纪的法国和德国,贵族利用地方民众对案件进行审判的实践也十分普遍。11 世纪的法国地方势力林立,法国贵族较英国更多地利用民众对案件作出保护地方利益的审判。而正是因为陪审团制植根乡土,易受地方势力影响,路易十四为了保障王权,才一再收回司法权力,削弱陪审制度。与此相反,英国之所以采用陪审团制,很大程度上恰恰在于国王并不担心地方贵族对司法施加过度的影响并损害中央权力。❷ 这一早期历史的分野导致了此后的英国更早发展出了完善的陪审制度,我们由此有了现代陪审团制在历史上发源于英国的印象。

需要注意,从英国起源的陪审团制与从法国起源的陪审团制具有不同的特点。❸ 比如,英国和美国多采取 12 人组成的陪审团(在美国部分州,6 人制

---

❶ See Simeon E. Baldwin, *The French Jury System*, 2 Michigan Law Review 597 (1903-1904).

❷ See John P. Dawson, *A History of Lay Judges*, Harvard University Press, 1960, p. 71; Edward L. Glaeser and Andrei Shleifer, *Legal Origins*, 117 Quarterly Journal of Economics 1193 (2002).

❸ See James M. Donovan, *Magistrates and Juries in France, 1791-1952* 22 French Historical Studies 379 (1999).

的陪审团也非常常见),12 名来自案发地的普通民众参与案件庭审全过程,并作出关于事实(是否真实)和罪行(有罪与否)的判断。在法国,对严重刑事犯罪案件,9 名陪审团成员和 3 名法官一起对案件作出判决。这些不同国家的陪审团制在选任庭审流程、证据规则、讨论方式、投票方法等细微处当然有区别。比如,在投票规则上,美国采用一致原则,需要全部陪审团成员作出一致投票才可定罪,而法国则采用多数决,需要 8 票才能定罪。又如,英美的陪审团给出的是罪与非罪的一般判决,而法国陪审团则对关于犯罪嫌疑人罪责的一系列问题进行逐一表决并投票。但是,如果不论细节的差异,这些制度有着共同的核心特征,这一特征是民众在判断案件事实特别是定罪上的最终决策权。比如,即便在陪审团和法官混合决策的法国陪审团制中,只有当多数陪审团成员(至少 5 人)投票赞成时,犯罪嫌疑人的罪名才得以成立。可以说,群众是否掌握最终的决定权,是区分陪审团制和人民陪审制的最主要因素;相反,人民陪审制中,法官大体占有主导地位。这也是为我们所熟悉的情况,不再赘述。

　　本文从目前所能获取的几乎所有渠道查询了世界各国和地区的陪审制情况。我们查询到了 111 个国家和地区的情况,这些国家和地区的人口占世界人口总数的 96%,代表性非常强。在这些国家和地区中,截至 2018 年 8 月有 43 个国家和地区采用了陪审团制,有 68 个国家和地区未采用陪审团制。其中,在 29 个普通法系国家中,有 13 个采用了陪审团制;在 82 个非普通法系国家中,有 30 个采用了陪审团制。显然,这说明既有许多普通法系的国家未采用陪审团制,也有不少大陆法系国家采用了陪审团制。这些制度的渊源也各不相同。除了前面提及的殖民地和法律继受带来的陪审团制,其他的例子有西班牙民主化后推行的陪审团制,以及俄罗斯在苏联解体后逐步在各邦推行的陪审团制。这两个国家推行陪审团制的过程比较漫长。西班牙在 1978 年宪法中确立了陪审团制,但在 20 世纪 90 年代后才有了第一次陪审团庭审。❶

---

❶ See Carmen Gleadow, *History of Trial by Jury in the Spanish Legal System*, Edwin Mellen Press, 2000, p. 5-8.

俄罗斯也直到 2000 年以后才在各邦普遍落实了陪审团制。❶ 在 2000 年以后,世界似乎迎来了司法民主的另一波浪潮,日本、韩国和阿根廷分别在 2009 年、2012 年和 2015 年采用了刑事审判的陪审团制。法国在萨科齐总统执政期间也曾尝试将陪审团制的适用范围扩大到最严重案件以外的更多案件的庭审中,终因审判效率等因素作罢。

值得注意的问题是,在世界大部分国家和地区,陪审团只适用在刑事审判中。目前,只有美国和加拿大还在一般的民事诉讼中使用陪审团。而作为陪审团制起源地的英国,除部分诽谤(defamation)案件外,陪审团已很少在民事审判中出现。

在进行大合议庭改革前,我国在审判中部分采取了陪审员制。有学者对陪审员制的有效性提出了一些质疑,主要包括陪审员只陪不审、象征意义大于实质意义,陪审员在审判中处于次要和服从地位❷等;不少学者提出陪审制应向陪审团制过渡和改革,使陪审制真正起到司法民主和权力制衡的作用,有学者也特别提到,陪审团制可能成为提升司法公信力的关键力量。❸不过,这些论述大体基于学者的个人感受及对我国现有制度的思辨,在研究上大致存在两个问题,一是不熟悉采用陪审团制的国家的学者对陪审团制的具体探讨,特别是对实证研究的总结;二是并没有足够的经验证据可以证明陪审团制能够促进司法信任。就此,本文的问题是,在理论上,以往研究对陪审团制的效果都有哪些分析,以及在经验证据上,陪审

---

❶ See Stephen C. Thaman, *Europe's New Jury Systems: The Cases of Spain and Russia*, 62 Law and Contemporary Problems 233 (1999).

❷ 参见胡凌:《人民陪审员制度的多面向解释》,载苏力主编:《法律和社会科学》(第二卷),法律出版社 2007 年版,第 103—127 页;刘哲玮:《人民陪审制的现状与未来》,载《中外法学》2008 年第 3 期;彭小龙:《人民陪审员制度的复苏与实践:1998—2010》,载《法学研究》2011 年第 1 期;廖永安、刘方勇:《社会转型背景下人民陪审员制度改革路径探析》,载《中国法学》2012 年第 3 期;王健:《人民陪审员制度试点进入"加时赛"》,载《民主与法制》2017 年第 27 期。

❸ 参见齐文远:《提升刑事司法公信力的路径思考——兼论人民陪审制向何处去》,载《现代法学》2014 年第 2 期。

团制能够提升司法公信力这一命题是否能成立。司法公信力涉及人民对司法的满意程度。显然,这些问题对我国正在着力推行的大合议庭陪审制模式改革十分重要。

[二] 陪审团制作为政治制度和审判制度的双重属性

国际学界对陪审团制的理论探讨是比较充分的。大体上,学者对陪审团的两种制度功能作出了区分。一是陪审团作为政治制度的功能,二是陪审团作为审判制度的功能。❶ 以往的研究认为陪审团是一个成功的政治制度,但对其作为审判制度则存在较多争议。

作为政治制度,陪审团制是司法过程中为数不多的民主因素,它带来的参与感、亲历感和权力感,使民众真正感到当家作主,进而使司法制度甚至整个国家政治制度更为大众所接受和信服。托克维尔在《论美国的民主》中专题探讨陪审团的政治作用,其标题即"作为一项政治制度的美国陪审团制"(*Trial by Jury in the United States Considered as a Political Institution*)。他写道,"陪审团将社会的真正方向置于人民或一部分人民手中,而非政府手上"❷。当然,托克维尔远非第一个注意到人民参与司法民主的重要作用的学者,在 2300 年前的雅典,人们就将人民法院(dicasteries)视为人民民主的基石。❸ 柏拉图曾提到,"在侵害国家利益的案件中,人民必须参与;因为,任何人侵害了国家的利益,即侵害了所有人民的利益,而人民应当享有这些案

---

❶ 这一划分来自托克维尔, de Tocqueville Alexis, Tocqueville, Democracy in America, (1898): 359; Henry Reeve, Democracy in America, (1862).

❷ "[the jury] places the real direction of society in the hands of the governed, or of a portion of the governed, and not in that of the government."

❸ See Glenn R. Morrow, *Plato and the Rule of Law, Proceedings and Addresses of the American Philosophical Association*, American Philosophical Association 14 (1940): 105–126.

件的决策权力"❶。原因很直接,"若一个人被排除在人民法院之外,他将认为自己被排斥在公民之外"❷。一脉相承,亚里士多德也认为人民法院制度是宪制的必要元素,而人民法院意味着审判员从全体公民中选任,并有权对所有案件进行决策。❸ 实际上,从定义上讲,亚里士多德的"公民"概念即"在司法和行政中享有权力的男性"❹。这些早期学者对人民参与司法的分析也在现代社会引起回响。今天,主流学者认为陪审团制反映共同体中人民的意愿❺,同时,陪审团制激发公民的责任感和公共意识❻。微观的实证研究也证实了这些分析。比如,美国的政治科学家发现,曾担任陪审员的公民对政府特别是司法机关的认同感显著高于其他群体。同时,这些公民在随后的选举中的投票率也更高——反映了更强的公民意识。❼

陪审团制的另一个政治功能是权力制约。由于陪审团制将部分司法权力置于人民手中,它制约了法官的专断,在一定程度上保障了人民的自由和权

---

❶ Plato said that "[i]n the judgment of offenses against the state the people ought to participate, for when anyone wrongs the state they are all wronged and may reasonably complain if they are not allowed to share in the decision." [Plato. "Benjamin Jowett transl." (1888): 767a–767b]

❷ Plato's rationale for lay participation in adjudication was straightforward: "He who is without the right of sitting with his fellows in the courts of law thinks that he is excluded from citizenship." (768b)

❸ "the system of popular courts, composed of all citizens or of persons selected from all, and competent to decide all cases—or, at any rate, most of them, and those the greatest and most important." [Aristotle. "Ernest Barker transl." (1899): 1317b.]

❹ "a man who shares in the administration of justice and in the holding of office." (1275a)

❺ See Neil Vidmar and Valerie P. Hans, *American Juries: The Verdict*, Prometheus Books, 2007.

❻ See Albert W. Dzur, *Punishment, Participatory Democracy, and the Jury*, Oxford University Press, 2012, pp. 63-84.

❼ See John Gastil, E. Pierre Deess, Philip J. Weiser and Cindy Simmons, *The Jury and Democracy: How Jury Deliberation Promotes Civic Engagement and Political Participation*, Oxford University Press, 2010, pp. 36-37.

利。在陪审团的起源地——英国,著名法官和法学家布莱克斯通称陪审团制为"英国法的荣耀"(the glory of English law),他盛赞陪审团制"在人民自由和王权独断间构筑了强硬的壁垒"❶。显然,美国的建国者们也认同这种观点,《独立宣言》控诉了乔治三世对殖民地司法的不当干预,并指责英王在许多案件中剥夺了人们经陪审团审判的权利。为此,美国宪法第3条特别确认了陪审团制在刑事审判中的地位:所有刑事案件必须由陪审团审判。❷ 在著名的邓肯诉路易斯安那案中,美国联邦最高法院这样解释宪法第3条:经陪审团审判是犯罪嫌疑人的权利。这一权利保护任何犯罪嫌疑人不受腐败和充满偏见的司法机关的压迫。❸ 晚近以来,司法腐败似乎不再成为英美等部分发达国家面临的主要问题。但通过民众参与制约司法权力仍然是俄罗斯、韩国、阿根廷等国家采用陪审团制的主要目的。此外,历史也从另一个侧面反证陪审团的权力制衡功能——在法国大革命民主自由的旗帜下,许多欧洲大陆国家采用了陪审团制;但当极权政府统治西班牙、德国和俄罗斯时,他们无一不废除了陪审团。❹ 甚至,在法国大革命期间一再盛赞陪审团制的拿破仑也在称帝后一再限制陪审团的适用范围。❺另一个例子是日本。日本在国内民主自由氛围最浓厚的19世纪20年代采用了陪审团制,随着其军国主义势力的上升,陪审团在司法中逐渐消失,直至第二次世界大战时,陪审团制被彻底废止。❻

---

❶ "a strong... barrier between the liberties of the people and the prerogatives of the Crown." Blackstone, 1791/1966, p. 379.

❷ See Fleming James, Jr., *Right to a Jury Trial in Civil Actions*, 72 The Yale Law Journal 655 (1963).

❸ "[P]roviding criminal suspects with the right to be judged by a jury composed of their companions has brought them immeasurable protection in order to confront corrupted or ultra procurators as well as biased and weird judges." Duncan v. Louisiana, 391 U.S. 145 (1968).

❹ See Carmen Gleadow, *History of Trial by Jury in the Spanish Legal System*, Edwin Mellen Press, 2000, pp. 5-10.

❺ See James M. Donovan, *Magistrates and Juries in France, 1791-1952*, 22 French Historical Studies 379 (1999).

❻ See Richard Lempert, *A Jury for Japan?*, 40 The American Journal of Comparative Law 37 (1992).

以上是陪审团制作为一种政治制度的主要功能。归结起来,学者对陪审团制的积极作用表示充分肯定。但人们对陪审团制作为一种审判制度在具体案件中的效果,仍然存在争议。总体来说,以往的研究证明陪审团大体上是一个称职的审判组织。❶ 但这一审判组织也需要面对各式各样的问题,这些问题可以总结为两类。

第一,不少证据显示,陪审团的审判能力是不足的。这显然包括专业素质方面的不足,同时也包括非专业能力方面的不足,即陪审员的个人素质和认知能力的不足。比较极端的例子来自美国的死刑判决。20 世纪 70 年代的一项访谈研究发现,在南卡罗来纳州,14% 的陪审员认为故意杀人案件在定罪后,必须适用死刑,❷57% 的陪审员认为有预谋的故意杀人案件必须适用死刑,48% 的陪审员认为故意杀死警察必须适用死刑。实际上,这些认识都与法律及法官对他们作出的法律指引和说明相悖。当然,在复杂案件中,陪审团认知能力不足的问题更为严重。在庭审必须不时审查复杂的科学和鉴定证据的今天,这一问题尤为突出。❸ 遗憾的是,心理学的研究很早就发现,法官的指引和说明并不能显著提高陪审员的认知能力。❹ 这也是为什么在 20 世纪 90 年代,美国联邦最高法院在著名的"多伯特三部曲"(Daubert trilogy,关于证据规则的三个判决)❺中确立了关于科学证据的新规则。在这一系列判决

---

❶ See Neil Vidmar and Valerie P. Hans, *American Juries: The Verdict*, Prometheus Books, 2007.

❷ See John H. Blume, Theodore Eisenberg and Stephen P. Garvey, *Lessons from the Capital Jury Project*, in Stephen P. Garvey, *Beyond Repair?: America's Death Penalty*, Duke University Press, 2003, pp. 144–177.

❸ See Neil Vidmar and Valerie P. Hans, *American Juries: The Verdict*, Prometheus Books, 2007; M. J. C. Vile, *Constitutionalism and the Separation of Powers*, Liberty Fund, 2012.

❹ See Sarah Tanford, Steven Penrod and Rebecca Collins, *Decision Making in Joined Criminal Trials: The Influence of Charge Similarity, Evidence Similarity, and Limiting Instructions*, 9 Law and Human Behavior 319 (1985).

❺ 分别为 Daubert v. Merrell Dow Pharmaceuticals, 509 U.S. 579 (1993); General Electric Co. v. Joiner, 522 U.S. 136 (1997); Kumho Tire Co. v. Carmichael 526 U.S. 137 (1999)。

中,美国联邦最高法院明确指出,在科学证据呈现于陪审团之前,法官必须做必要的审查,以保证陪审团不受不实的科学证据的影响。

第二,不少陪审团在审判中存在偏见和歧视,而不同的陪审团间也很难做到"同案同判",即陪审团制给判决的一致性和法律的稳定性带来了问题。就美国的经验而言,陪审团的歧视是最严峻的问题。歧视存在于许多领域,从一般民事司法中对外国人的歧视,❶到刑事审判中的种族歧视,可以说无所不在。最引人注意的歧视是在死刑案件的定罪量刑上。早在1972年,美国联邦最高法院在福曼案(Furman v. Georgia)中就引用了统计证据来说明黑人被判处死刑的概率大大高于白人。在佐治亚州,犯罪嫌疑人获死刑的概率甚至还会因受害者的种族而不同:受害者是白人时犯罪嫌疑人获死刑的概率是受害者为黑人时的4倍。❷值得一提的是,对美国而言,陪审团的种族歧视不仅是一个历史问题,也是一个现存的难题。在2012年,美国的经济学家使用最严格的统计方法分析了2000—2010年佛罗里达州的重罪(felony)刑事案件。他们发现,对于类似案件,由全体白人组成的陪审团对黑人嫌疑人的定罪率高于白人嫌疑人的16%;而作为对比,只要陪审团中包含一名黑人成员,这一16%的差别即消失不见。这反映了白人陪审团对黑人在定罪上的严重歧视。❸

[三] 陪审团制与司法信任

从以上情况来看,陪审团制作为审判制度有着一些固有的问题,而其作为政治制度又体现了很强的生命力——这显然是一个复杂的情况;陪审团作

---

❶ See Neil Vidmar and Valerie P. Hans, *American Juries: The Verdict*, Prometheus Books, 2007, p. 152.

❷ See David C. Baldus, George Woodworth and Charles A. Pulaski Jr, *Law and Statistics in Conflict: Reflections on McCleskey v. Kemp*, in Handbook of Psychology and Law, Springer, 1997, pp. 251–271.

❸ See Shamena Anwar, Patrick Bayer and Randi Hjalmarsson, *The Impact of Jury Race in Criminal Trials*, 127 The Quarterly Journal of Economics 1017 (2012).

用的发挥,也有着比较复杂的原理。那么,如何衡量这一复杂制度的综合效果呢?本文在此集中讨论:第一,陪审团制是否能提高司法公信力,使司法机关更受群众信任。第二,陪审团制是否影响(刑事)审判效果,是否使司法制度更让人民满意。

为了衡量陪审团制的这两个效果,我们使用国际比较数据进行分析。实际上,可以将以下分析视为一个大型的比较法研究。在以往的比较法研究中,学者可以比较两国或几国间的法律情况。本文的方法扩展了这种方法:我们将各国和地区的法律特征数据化,并使用一定的计量模型,得以同时比较几十至上百个国家和地区的情况,并就此发现陪审团制在世界范围的具体效果。

(一)数据介绍

为了研究陪审团制(以及陪审员制)的作用,我们从多个渠道收集了111个国家和地区采用陪审团制以及陪审员制的情况。同时,为控制变量,我们收集了以往学者研究跨国司法制度的大部分数据。此外,我们还收集了国内生产总值和人均生产总值的数据,用以进行深入比较。附表1显示了本文的数据来源。

本文的一个重要数据是不同国家和地区的司法公信力,或者说,不同国家和地区的民众对司法的信任感。这一数据来源于世界价值观调查。世界价值观调查是目前世界上对各国和地区民众的思想状态最全面、最科学的调查之一,它分批次对各国和地区的民众进行抽样走访调查。这一调查形成的数据为政治学学者所广泛使用。与本文关注的问题相关的是调查机构在调查中向各国和地区的民众提出的两个问题:你在多大程度上信任当地法院(How much confidence do you have in court?)以及你在多大程度上信任你们的政府(How much confidence do you have in government?)。这是政治科学中标准的调查信任感的方式。以往的政治科学研究表明,各地民众对信任的回答有着系统性的偏误,即各个国家和地区的民众由于文化、心理认识等因素,对这一问题本身的理解不同。另外,一些国家和地区(特别是东亚国家和地区)的民众在整体上更倾向在调查问卷中回答较高的政府支持度和信任度,但这并不代表这些国家和地区相对实际的情况。综合来看,对这些问题本身的回答并不能直接作出对比。为了解决国家和地区间的对比问题,本文采用人们对法院的信任程度减去对政府整体的信任程度,得出一个差值。由于在公众的感知上,政府这一概念包含了法院,这个差值的意义是:第一,它相当于减去了各个国家和地区的民众对政府在整体上的信任趋势,即减去了答题者的文化、心理等偏误,这一数值随之可以用于进行国家和地区间的比较;第二,这一数值也显示了人们在多大程度上相信司法多于或少于政府整体,即显示了人们对司法的独特信任感。

值得一提的是调查的时间。世界价值观调查从1989年至2014年,一共完成了6轮调查,平均每五年左右进行一轮;每一轮覆盖的国家和地区既有重合又有区别。本文使用计量经济学中的固定效应模型,使使用的数据不出现重复。

(二)初步分析

第一,采用陪审团制的国家的司法公信力明显高于不采用陪审团制的国家。我们收集到了91个国家和地区的司法信任情况和111个国家和地区的陪审团制情况。在91个有司法信任感数据的国家和地区中,采用陪审团制的有27个,平均司法信任指数为0.196(标准差se=0.043)。而在没有陪审团制的64个国家和地区,平均司法信任指数是0.047(se=0.033)。这两种国家和地区的司法信任指数之差为0.149,在5%水平上统计显著(se=0.058,p=0.012)。也就是说,采用陪审团制的国家的司法公信指数较未采用陪审团制的国家和地区约高3.2倍。

第二,陪审员制对司法公信力基本没有影响。从数据来看,在没有陪审团制的国家和地区中,采用了人民陪审员(陪审员制)的有18个国家和地区,平均司法信任指数为0.131(se = 0.056),较不采用陪审员制的17个国家

和地区的平均信任指数高,但其统计上并不显著。(se = 0.103, p = 0.075)

不过,以上第一点的分析存在遗漏变量问题:我们确实观察到采用陪审团制的国家和地区的司法信任指数高于未采用陪审团制的国家和地区,但司法信任的区别真的是由陪审团制决定的吗?是否存在除陪审团制外的其他变量在起作用?举例而言,不同的经济发展水平可能是影响因素之一:在2012年,采用陪审团制的国家和地区的人均国内生产总值为30487美元,而非陪审团制国家和地区的人均国内生产总值为12680美元,差别为17807美元,在0.1%水平上统计显著(se = 4880, p = 0.0003),即前者人均GDP较后者约高1.7倍。综合来看,经济水平高的国家和地区,一般采用了陪审团制,而这些国家和地区的司法信任指数也更高。那么,究竟是陪审团制决定了更高的司法信任,还是经济发展水平决定了司法信任?这是通过直接的数据比较回答不了的问题。在计量上,这属于"遗漏变量"问题:经济发展水平即被我们遗漏的重要变量。我们需要使用进一步的计量方法来处理这一问题。

(三) 回归分析

回归分析旨在解决以上出现的遗漏变量问题。在回归分析中,我们控制多项可能影响司法信任的因素,并观察在排除这些因素后,陪审团制是否仍提升了司法公信力。❶我们用最小二乘法(OLS)估测以下回归模型:

司法信任$_{it}$ = β_0 + β_1陪审团制$_{it}$ + β_2普通法系$_i$ + β_3陪审团制$_{it}$ × 普通法系$_i$ + β_4其他控制变量$_{it}$ + 年固定效应 + ε_{it}

其中,司法信任$_{it}$代表了一个国家和地区 i 在某年 t 的司法信任指数。我们控制了各国和地区是普通法系还是大陆法系及其与陪审团制的交乘项,各国和地区 GDP 和人均 GDP,以及反映各国和地区的司法廉洁程度、审判不

---

❶ 回归分析是经济学、社会学等社会科学中最基本的实证分析方法,对其基本原理此处不展开介绍。

受外界影响的其他一些指数。

我们要观察的是陪审团制这一变量的系数 β_1。如果在控制(排除)了上述因素后,这一系数仍然显著为正,则说明陪审团制对各国和地区的司法公信力确实起着正面作用。回归分析的结果(附表5)证实了这一点。回归分析的设定(1)至设定(5)分别控制了不同的控制变量组合,这些回归全部显示了类似的结果:在控制了上述因素后,陪审团制的系数 β_1 的值显著为正,系数的估计值在 0.106 至 0.124。这对应着(大陆法系国家)司法信任指数6.2%—7.3% 的提升,❶即陪审团制对大陆法系国家司法公信力的提升在 6.2%—7.3%。

从以上分析来看,我们的贡献有两点:一是我们基本证实了陪审团制有助于提升各国的司法公信力;二是我们比较准确地估测出陪审团对司法信任指数的提高(对大陆法系国家而言)在 6.2%—7.3%。

[四] 陪审团制与刑事司法效果

(一) 数据说明与回归分析

我们随后关心的问题是陪审团制对(刑事)司法效果是否有影响。我们分析刑事司法效果的指标来源于世界正义项目(the World Justice Project)。这一项目涵盖了 97 个国家。调查的具体对象分为两组:一是各地的法律专家,包括法学家、法官和律师;二是各地的普通民众。调查的方法是问卷,问卷中使用数百个问题。举例而言,这些问题有,"在您的国家,一个刑事案件从起诉到判决大概需要多长时间""在您的经验中,刑事审判中司法不公和司法腐败的情况有多严重"等。最后,调查机构综合这些问题,形成十几个衡量各国和地区司法效果的指数。从以上的调查方法来看,这些指数既有客

---

❶ 司法信任指数为 −0.85 至 0.85,形成了一个 1.70 的范围。0.106 的估测值,意味着 0.106/1.70×100% ≈ 6.2% 的提升;0.124 意味着约 7.3% 的提升。

观成分,即它在一定程度上反映了一国和地区刑事司法制度在客观上的效率和效果,也有主观成分,即它体现了一国和地区的民众和法律专家对该国刑事司法制度的满意程度。本文用到了以上调查中反映各国和地区刑事司法效果的两个指数,一是刑事司法的及时性和有效性(timely and effective),二是刑事司法的整体效果。我们使用的是其2012—2013年的调查数据。

与上文一致,为了排除各地经济发展水平、司法廉洁程度等因素的影响,我们使用回归的方法对以下模型进行估测:

刑事司法效果$_i$=β_0+β_1陪审团制$_i$+β_2普通法系$_i$+β_3陪审团制$_i$×普通法系$_i$+β_4其他控制变量$_i$+ε_i

其中,刑事司法效果包括以上"刑事司法的及时性和有效性"和"刑事司法的整体效果"两个指标。

附表5的回归结果设定(1)至(3)显示,采用陪审团制的国家和地区,其刑事司法的及时性和有效性显著高于未采用陪审团制的国家。回归系数为0.0534—0.0822,大体反映了这一指数7.0%—10.8%的提升。❶设定(4)和设定(5)并不显著,设定(6)在控制了多项变量后,系数达到显著。这显示采用陪审团制的国家和地区在"刑事司法整体效果"指数上高于未采用陪审团的国家和地区。

(二)稳健性检验

本文使用另一种方法进一步测试以上结论的稳健性,这一方法具体的原理是:既然陪审团是一个刑事司法制度,那么,陪审团不应该对民事,特别是商事司法的效率和效果产生影响。如果我们观察到陪审团制与商事司法效果的相关性,则说明并非陪审团本身,而是陪审团背后的国家其他潜在特征影响了司法效果。为了排除这一可能性,我们使用数据测试陪审团制和商事

---

❶ 结果变量刑事司法及时性和有效性为0.14至0.90,形成了0.76的范围。0.0534/0.76×100%≈7.0%,0.0822/0.76×100%≈10.8%。

司法效果间的关系。

用以测量商事司法效果的两个指标为"债权人保护指数"与"合同执行指数"。这两个指数来自世界银行的"世界营商环境指数"(the World Bank Doing Business Index)调查。世界银行使用的方法是向各国法律专家发放问卷,询问各国司法机关保护债权人与执行合同的情况。问卷中包括立案需要时长、司法程序时长、诉讼回收债权比例等多个问题,并设计了几种典型商事案件,请法律专家分析其在各国法院得到解决的可能性、效率及效果。本文使用的两个指数是营商环境调查中最主要的、反映各国司法商事环境的指数。我们使用其 2012 年的数据(这是数据最全面的年份)。我们使用以下模型估测陪审团制与各地商事司法效果的关系。

商事司法效果$_i$ = β_0 + β_1 陪审团制$_i$ + β_2 普通法系$_i$ + β_3 陪审团制$_i$ × 普通法系$_i$ + β_4 其他控制变量$_i$ + ε_i

附表 6 显示了回归分析结果。与预测一致,我们未能观察到陪审团制与商事司法效果的相关性。统计上非常显著的因素是人均 GDP,即各地经济发展程度的高低与商事司法的效果显著相关。而将这一结果与上文关于刑事司法效果的分析相比,我们发现:是陪审团这一制度本身,而非采用陪审团制的国家的特征,致使一个国家刑事司法效果得到提升。

[五] 理论探讨

以上的数据分析较为明确地证明了陪审团制有助于提高司法公信力。从人民信任感和司法公信力的角度来看,陪审团制作为政治制度的优越性超越了其作为审判制度的某些不足,陪审团制通过促进司法民主、落实权力制约,使人们对整个司法制度更为信任。

无论将其视为政治制度,还是审判制度,以往的理论一直认为陪审团制是一种效率较低的审判方式。这从微观上来看是对的,它符合我们的朴素直觉,也被许多经验证据证明。但是,我们不能就此认为采用陪审团制的司法制度在宏观上是一种效果较差的司法制度。正相反,以上的数据分析表明,陪审团制使一国刑事司法的整体效果——包括客观效率和民众主观满意程度——有了显著的提升。怎么解释这一经验发现呢？综合以往的理论,我们推断,这很可能是因为司法公信力与司法效率和效果密切相关；而陪审团制提高了司法的整体公信力,进而提高了刑事司法的效率和效果。

具体来讲,第一,司法公信力的提高可以促进人们对法律程序和司法决策的自愿遵守和履行,而人们对司法的信任是司法决策得以执行的最核心保障。❶法院的决策不可能处处依靠强制手段执行,人们的自愿履行是执法的重要基础。我国法院之所以存在执法难的问题,在很大程度上就是因为人们对司法公信力存有疑问,不够信服,因而不愿主动遵守法院裁决。此外,现有的社会科学研究也以比较精确的方法确认了这一点。比如,泰勒于20世纪80年代至90年代在美国进行了大规模的社会调查,并以翔实的实证数据证明,人们遵守法律,并不是由于法律的惩罚和威慑,而是出于对司法程序的信任、信服。❷从这个意义上讲,只要陪审团制可以提高民众对司法整体的信服程度,客观上也就可以提高法律程序的效率以及司法决策的效果。

第二,人民的信任可以确保司法成为社会纠纷的最终解决机制。❸ 由于

---

❶ 与这一话题相关,我们必须讨论政治科学中对信任的研究。一般而言,政治科学不区分对政府的支持(support)和信任。在对政府的信任问题上,又分为一般信任和特定信任。前者是指人们对政府在整体上的信任感和支持度,后者指对政府特定决策的信任和支持。以往的研究已经发现,一般信任和特定信任是互相决定和促进的关系。当人们从总体上信任政府时,也更倾向支持政府的每一项具体决策；反过来,当一项政府决策深得民心时,人们对政府的总体信任或一般信任感也会随之加强。早期政治科学中对信任问题最重要的研究,参见 David Easton, *A Re-assessment of the Concept of Political Support*, 5 British Journal of Political Science 435 (1975).

❷ See Tom R. Tyler, *Why People Obey the Law*, Princeton University Press, 2006, pp. 1-5.

❸ 注意,司法是一般现代国家中最终的纠纷解决机制,但并不是所有国家在所有争议时都采取这一形式。比如,公投也是一种纠纷解决机制,宗教领袖的决策是另一种。司法作为终局性的裁判机制并不天然是最优的,而需要加以论证。这需要另文来讨论。

经济发展水平和技术能力的限制,法院需要解决的许多问题并没有唯一的正确答案。这里的难处是,对许多案件的事实问题,❶以及每个法律条文背后的理论问题(有时是伦理问题,有时是科学问题),司法自身都不可能给出完全确定的答案,无论是死刑存废、言论自由边界、程序正义与实质正义关系这样的根本难题,还是是否执行惩罚性违约金、一物二卖物权归谁、民间借贷合同是否有效这样的技术细节。在人们的意识形态和伦理观点高度碎片化和分裂化的今天,人们对难题的态度更难统一,法院的说理工作更不好开展。就此,一个最好的解决办法可能并不是"把事办对"或"把事办好",而仅仅是"把事办了"——搁置难以解决的争议和争吵,其本身可能就是对社会成本的最大节约。❷ 因此,国家必须有一个能终局性解决争议的机制,并使社会从总体上较为信服,进而使人民意见免于分裂,政府运行免于停滞,甚至避免由此引发的动乱。这就是为什么我们常常强调司法的终局性。而信任对司法终局性而言至关重要。只有在充分信任的情况下,人们才能不论判决结果是否符合自身预期与自身利益,都尊重法院的决策。❸

第三,以上的分析也表明,民众的信任感可以是司法权力的重要来源。在现代社会,司法既不控制暴力机关,也不掌握财政权力,归根结底,司法的权力来源在于公意,即人们相信其决策是公平、正义和正确的。❹这当然不是说各政治体一般不对法院进行授权,或是法院不能通过强制手段执行判决,而是说,归根结底,法院的合法性要依靠信任而不能依靠暴力来构建。反

---

❶ 想想彭宇案、邓玉娇案、聂树斌案。

❷ 见 David A. Strauss 两篇重要宪法学文献:David A. Strauss, *Common Law Constitutional Interpretation*, The University of Chicago Law Review, 1996, pp. 877–935; David A. Strauss, *Common Law, Common Ground, and Jefferson's Principle*, 112 The Yale Law Journal 1717 (2002). 他指出美国宪法、普通法和最高法院作为博弈论上的"焦点"(focal point)的形成机制,减少无解争议、节约社会成本的意义。

❸ 如美国最高法院大法官杰克逊所言,"我们说了算不是因为我们不出错;我们不出错是因为我们说了算。" Brown v. Allen, 344 U.S. 443 (1953).

❹ See *No.78: Hamilton*, in Alexander Hamilton, James Madison and John Jay, *The Federalist Papers*, The New American Library of World literature, Inc., 1961, pp. 464–472.

过来说,即便不具有政治上的具体授权,司法也可能由民众的信任而变得更强大有力,更有能力解决社会问题。❶

[六] 陪审团制与我国司法制度

提升司法公信力和提高人民对司法的满意程度一直是我国司法改革的重要目标。就这两点来看,陪审团制及我国目前着力推行的大合议庭陪审制无疑十分有助于司法改革目标的实现。

2018年4月27日,第十三届全国人民代表大会常务委员会第二次会议通过了《中华人民共和国人民陪审员法》,新规定了七人制"大合议庭"。此前,自2015年8月以来,大合议庭陪审制已经在全国50家人民陪审员制度改革试点法院进行试点。就制度设计而言,大合议庭陪审制的实质与普通法系国家和大陆法系国家实行的陪审团制已经比较接近。比如,大合议庭由4名人民陪审员和3名法官组成,这保证了人民陪审员在合议庭中占相对多数,即保障了人民陪审员最终决策的权力;大合议庭中的人民陪审员只参与审理事实问题,而不参与法律适用问题的表决;大合议庭主要参与审理可能判处10年以上徒刑的严重犯罪案件。当然,我国的大合议庭陪审制还有一些符合我国国情的特点,如人民陪审员"任期为五年,一般不得连任"的任命制,不同于除德国外绝大多数国家"一案一选任"的随机海选制,但又规定了人民陪审员选拟、抽选、抽取的随机性——这部分解决了一般陪审团制可能出现的出庭率低、不听法庭召唤的问题,也兼顾了陪审员选任的公正性;大

---

❶ 一个最直观的例子是美国联邦最高法院违宪审查权力的确立。宪法和法律对最高法院的违宪审查权力没有任何授权,最高法院的这一权力最初来自马歇尔法官高超的政治智慧,后来逐渐被民众的信任感所巩固和支持,最后确立。有意思的是,在马伯里诉麦迪逊案后,违宪审查权力在很长时间内处于静默状态,没有法官敢于在具体案件中使用。William W. Van Alstyne, *A Critical Guide to Marbury v. Madison*, 18 Duke Law Journal 1 (1969).

合议庭除了审判严重犯罪案件，❶还适用于民事诉讼、行政诉讼中的公益诉讼案件，以及涉及征地拆迁、生态环境保护、食品药品安全的案件——参与审理社会影响重大的案件——可以说这抓住了陪审制作为政治制度保障人民司法信任的核心。

从本文发现的世界各国的规律来看，切实落实大合议庭陪审制，将会提高司法公信力和人民对司法的满意程度；但显然，与世界各国的陪审团制的问题相似，真正落实大合议庭陪审制也不可能没有成本或者成本很低，或者说，它不可能不带来新的问题。而要在实践中保障好这一制度的推行，既要考虑其一般性的制度收益，也要考虑其在我国社会经济条件下可能出现的特定成本和特定问题。

第一，陪审团制更适用于社会分裂不明显的国家。在因种族、血缘、意识形态、贫富阶层显著分化的社会，陪审团制可能会造成审判不公甚至社会裂痕。最典型的是美国司法中的种族问题。陪审团在罗尼·金（Rodney King）案中作出涉嫌种族歧视性质的审判曾引发洛杉矶大型暴动，造成了严重的经济损失和社会裂痕。另一个例子是有着悠久陪审团制传统的北爱尔兰在20世纪70年代放弃陪审团制度而"暂时"（直到现在仍）采用法官判案。而北爱尔兰陪审团制度问题的根源，一是意识形态和族群的分裂。在陪审中，当地天主教徒和新教徒按照意识形态和教派划分来投票，使整个审判过程无公平可言。二是当地陪审员的遴选机制也出现较大问题：北爱尔兰的陪审制度规定，只有一定收入以上的公民才能担任陪审员，而在其人口中，新教徒的收入普遍更高，这就客观上排除了多数天主教徒的参与权。就此，陪审团制在社会上引起了很大不满。无奈之下，北爱尔兰中止了陪审团制的适用。❷

---

❶ 在大陆法系和除美国、加拿大外的普通法系国家，陪审团制仅在刑事案件中适用。比如，法国的陪审团审判（Cour d' Assises, or Assize Court）大体出现在涉嫌故意杀人罪和强奸罪的案件中。英国也基本排除了陪审团制在民事案件中的适用。

❷ See John D. Jackson, Katie Quinn and Tom O'Malley, *The Jury System in Contemporary Ireland: In the Shadow of a Troubled Past*, 62 Law and Contemporary Problems 203 (1999).

我国政局稳定,社会裂痕较小;同时,我国大部是单一民族地区,族群矛盾也不突出。就这些条件来说,我国推行陪审团制和大合议庭陪审制不会遇到如美国和北爱尔兰式的困难。但是,我国农村多处于熟人社会,村民间的关系多以亲族血缘维系,由居民组成的陪审团,可能更多受亲族关系影响,难以公正审判。就这种情况看来,对农村地区是否能适用陪审制度还需要进行更为仔细的实证研究。当然,我们至少有两个理由认为这些问题不会造成过多的影响:一是在农村地区产生重大刑事案件以及重大社会影响的案件的情形并不常见。二是重大刑事案件一般不由乡镇一级派出法庭审理,而主要由县一级的基层人民法院或基层以上人民法院受理。由于县辖人口众多,陪审员筛选基数较大,地方势力较难影响随机抽选的陪审员。这里还有一个权衡法官和陪审员哪个更容易受当地势力影响的问题,而在这一点上,法官不一定能做得比(多名)普通民众更好。

　　第二,陪审团的廉洁性。陪审员受贿是一个令人较为担忧的问题。从国际比较的经验来看,陪审员受贿问题在俄罗斯联邦于1993年采用陪审团制之初比较突出。❶ 为了应对陪审员受贿,各国在技术上有着一些比较成熟的措施,我们可以考虑借鉴。一个做法是允许律师无理由更换陪审团成员,但这个措施在在召集陪审员方面本就可能存在困难的我国恐难以适用;另一个做法是对收受贿赂的陪审员和提供贿赂的当事人处以刑事处罚。从英美等国有限的经验看,这种做法较为有效。不过,考虑到我国人情社会的特征,要杜绝陪审员不公可能较难。这是落实陪审制时一个值得仔细考虑的问题。

　　不过,俄罗斯的经验也给我们带来了一些正面的信息。自1993年7月开始,俄罗斯各邦陆续采用陪审团制度。此时俄罗斯司法也面临着检察机关

---

❶ 一个知名案件是 Igor Poddubny 和 Yevgeny Babkov 案。检察院指控这两名富商欺诈、洗钱等多项罪名。第一个陪审团作出无罪判决,法官解散陪审团重新审理;第二个陪审团仍作出无罪判决。判决后,陪审员们集体来到富商早已预订好的餐厅与被告及律师一同"庆功"。随后俄罗斯联邦最高法院推翻了这一判决。法院又召集了第三个陪审团。无奈,这次陪审团作出的仍是无罪判决。参见 http://www.bu.edu/phpbin/news-cms/news/?dept=732&id=55374(已失效),2017年9月30日访问。

权力过大、行政部门干预过度、民众法律意识淡薄、参与积极性不高、陪审员受贿等问题。然而,在陪审团制施行一段时间后,这些情况都有了显著改善。就近年的调查来看,俄罗斯民众对陪审团审判的信任感超过法官审判,陪审团制成为人们较为拥护的一项司法制度。❶

第三,媒体对案件的报道和评议,可能使陪审员在进入审判程序前已经持有较强的先见,不利于法庭合议与审判。以往的心理学研究表明,先入为主的见解将在很大程度上影响人们对事实和说理的接受。而在媒体高度发达的今天,重大刑事案件发生后会很快被报道与传播。就此,陪审员可能在庭审前受到媒体影响,在庭上对证据和说理的考虑都可能带有明显偏见。这是一个不好解决的问题。但是也要看到,民意的影响在没有陪审人员参加审判时也往往存在;更重要的是,陪审人员只负责确定事实问题和罪与非罪、此罪彼罪问题,并不负责量刑,这就减少了极端民意的影响范围。而在是非黑白的问题上,我们需要相信普通民众的正直和良知。

第四,我们还需要考虑推行制度的具体成本。这里要解决的问题很多,从大处说,要考虑如何设计一套制度让公民养成参与法庭庭审的习惯、如何避免受召集陪审员拒绝出席;从小处说,法庭的大小和布置、法官的工作时间安排等细节都要考虑。同时,对整个法律体系也需要作出微调:任何真正的陪审制度都需要配以一定的对抗式庭审,这又要配以当庭质证制度,也要求法官有较强的把握庭审现场的能力,要求检察官和律师群体在更为专业化的同时也更擅长向老百姓解释复杂的法律和事实。如此,又要求整个法学教育和律师训练作出改变等。这些问题的技术性很强,在考虑陪审制度的成本时,我们需要精打细算。也要注意到,有些问题可能很难完全解决。比如,如何避免陪审员不听法院召集,拒绝参加陪审?现在的客观情况是,证人极少在庭审中出庭,那么我们以什么方式、方法来保障陪审员出庭?我们需要设计细致的工作流程加

---

❶ 对陪审团信任超过对法院信任的民众达到30%,而相反的只有21%。其他民众则认为两者同样可信或未表达意见。参见 Jury trials in modern Russia, http://www.bu.edu/phpbin/news-cms/news/? dept=732&id=55374(已失效),2017年9月30日访问。

以解决。由于仅在部分试点法院探索了大合议庭制,我们并没有足够的经验材料对此作出讨论,对这些问题需要在实践中进行进一步考察和研究。

[七] 结　语

关于陪审团制的理论争议由来已久,一方面,陪审团制作为政治制度促进了司法民主、增强了民众的主人翁意识(或者说"公民意识"),形成了司法制度之内的权力制衡,另一方面,作为认定事实、区分此罪彼罪的审判制度,陪审团制也存在着诸多不足。本文从较为宏观的视角,使用比较法和数据分析的方法,论证陪审团制有助于司法公信力以及刑事司法效果的提升,这在一定程度上回应了以上的理论争议,即陪审团制作为政治制度所起到的正面作用足以弥补其作为审判制度之不足。更重要的是,它为我们展现了一个以往理论之外的视角:如果以人民的信任感和满意程度为衡量标准,从各国的情况来看,陪审团制是一个完全适格的司法制度。19世纪中叶,在详细考察了美国的政治制度后,托克维尔曾写道,"表面上看来似乎限制了司法权的陪审团制,实际上却在加强司法权的力量;而且,其他任何国家的法官,都没有人民分享法官权力的国家的法官强大有力"❶。在今天看来,这一论断仍极具洞见。

附表:

表1　法系和各国陪审团制

普通法系国家和地区		非普通法系国家和地区		
是	否	是	否	
澳大利亚	孟加拉国	阿尔及利亚	阿尔巴尼亚	科威特
加拿大	塞浦路斯	奥地利	阿根廷 (2015年前)	吉尔吉斯斯坦

---

❶ 〔法〕托克维尔:《论美国的民主》(上卷),董果良译,商务印书馆1988年版,第318页。

（续表）

普通法系国家和地区		非普通法系国家和地区		
是	否	是	否	
加纳	肯尼亚	比利时	亚美尼亚	拉脱维亚
牙买加	印度	巴西	阿塞拜疆	黎巴嫩
利比里亚	以色列	布基纳法索	白俄罗斯	立陶宛
爱尔兰	马来西亚	科特迪瓦	波斯尼亚和黑塞哥维那	马其顿
马拉维	尼泊尔	丹麦	保加利亚	墨西哥
新西兰	尼日利亚	多米尼加	柬埔寨	摩尔多瓦
塞拉利昂	巴基斯坦	萨尔瓦多	喀麦隆	蒙古国
斯里兰卡	新加坡	芬兰	智利	摩洛哥
特立尼达和多巴哥	南非	法国	中国	荷兰
英国	坦桑尼亚	格鲁吉亚	哥伦比亚	秘鲁
美国	泰国	希腊	克罗地亚	菲律宾
	乌干达	利比亚	捷克	波兰
	赞比亚	马达加斯加	厄瓜多尔	罗马尼亚
	津巴布韦	马里	埃及	卢旺达
		尼加拉瓜	爱沙尼亚	塞内加尔
		挪威	埃塞俄比亚	斯洛伐克
		巴拿马	德国	斯洛文尼亚
		葡萄牙	危地马拉	韩国（2012年前）
		卡塔尔	匈牙利	瑞士
		俄罗斯	印度尼西亚	中国台湾地区
		西班牙	伊朗	土耳其
		瑞典	伊拉克	乌拉圭

(续表)

普通法系国家和地区	非普通法系国家和地区		
	突尼斯	意大利	乌兹别克斯坦
	乌克兰	日本（2009年前）	委内瑞拉
		约旦	越南
		哈萨克斯坦（2008年前）	也门

注：数据来源为Voigt (2009)以及美国国务院报告（2011年、2013年及2015年）。

表2 数据内容与数据来源

要素	具体内容	来源
信任感	对法院的信任感、对政府的一般信任感	世界价值观调查 The World Value Survey
品格	司法廉洁程度	世界正义项目 The World Justice Project
品格	审判不受外界影响（综合了法官任期、任命、司法审查、宪法地位等多个要素）	1. 学者研究❶ 2. 世界经济论坛 The World Economic Forum
能力	合同执行能力、债权人保护水平	世界银行《世界行商环境调查》 The World Bank Doing Business Index
能力	产权保护水平	世界经济论坛 The World Economic Forum
能力	人权保护水平	CIRI2
制度	陪审团制度	美国外交部门的网站
制度	法系渊源	学者研究❷

---

❶ See Julio Ríos-Figueroa and Jeffrey K. Staton, *An Evaluation of Cross-National Measures of Judicial Independence*, 30 Journal of Law, Economics, & Organization 104 (2014).

❷ See Julio Ríos-Figueroa and Jeffrey K. Staton, *An Evaluation of Cross-National Measures of Judicial Independence*, 30 Journal of Law, Economics, & Organization 104 (2014).

(续表)

要素	具体内容	来源
历史	宪法存续时间、宪法稳定性	比较宪法项目 The Comparative Constitutions Project
宏观数据	经济发展水平(国民生产总值等)	世界银行数据库
	民主化程度	世界政体调查(第四轮) Polity4

表3 变量间相关性统计

	陪审团制	审判不受影响	民主程度	人均GDP对数	普通法系	司法廉洁
陪审团制	1					
审判不受影响	.224**	1				
民主程度	.201**	.820***	1			
人均GDP对数	.194**	.504***	.243***	1		
普通法系					1	
司法廉洁		.299***		.257**	0.315***	1

注:时间为2012年;数字为Pearson相关性。统计显著程度:*** $p<0.01$, ** $p<0.05$。

表4 陪审团制与司法信任:国家间比较

	(1)	(2)	(3)	(4)	(5)
	OLS	OLS	OLS	OLS	OLS
变量	司法信任				
陪审团制	0.124**	0.122**	0.110*	0.106**	0.107**
	(0.0492)	(0.0500)	(0.0568)	(0.0499)	(0.0508)
普通法系	0.148*	0.154*	0.165*	0.143*	0.140
	(0.0825)	(0.0917)	(0.0927)	(0.0841)	(0.0931)
陪审团制×普通法系	−0.263***	−0.267**	−0.266**	−0.261**	−0.259**
	(0.0992)	(0.103)	(0.107)	(0.101)	(0.102)

（续表）

	(1)	(2)	(3)	(4)	(5)
审判不受影响	0.385***	0.369***	0.499***	0.503***	0.514***
	(0.0935)	(0.124)	(0.163)	(0.119)	(0.166)
司法廉洁	0.464*	0.460*	0.434*	0.474*	0.476*
	(0.244)	(0.240)	(0.246)	(0.245)	(0.241)
民主程度			−0.0066	−0.0057	−0.0059
			(0.0090)	(0.0090)	(0.0096)
GDP 对数	0.0200	0.0186		0.0193	0.0199
	(0.0137)	(0.0161)		(0.0136)	(0.0168)
人均 GDP 对数		0.00545	0.0175		−0.0027
		(0.0238)	(0.0197)		(0.0249)
常数	−0.529	−0.527	−0.177	−0.545	−0.545
	(0.377)	(0.382)	(0.160)	(0.383)	(0.385)
年固定效应	是	是	是	是	是
观察值	131	131	128	128	128
R 平方	0.516	0.517	0.528	0.538	0.538

注1：括号中为稳健标准差，在国家一级聚类。统计显著程度：*** p<0.01，** p<0.05，* p<0.1。

注2：设定(1)(2)中的回归分析涉及 68 个国家；设定(3)(4)(5)中的回归分析涉及 65 个国家。涉及国家的不同是由控制变量的不同造成的。

注3：数据来源见本章附表2。

表5 陪审团制与刑事司法效率和效果

	(1)	(2)	(3)	(4)	(5)	(6)
	OLS	OLS	OLS	OLS	OLS	OLS
变量	刑事司法效率			刑事司法一般效果		
陪审团制	0.0578**	0.0534*	0.0822**	0.0364	0.0332	0.0620**
	(0.0283)	(0.0283)	(0.0327)	(0.0227)	(0.0227)	(0.0261)

（续表）

	(1)	(2)	(3)	(4)	(5)	(6)
普通法系		0.0506	0.0939**		0.0365	0.0797**
		(0.0334)	(0.0419)		(0.0269)	(0.0333)
陪审团制×普通法系			−0.103*			−0.103**
			(0.0609)			(0.0485)
审判不受影响	0.333***	0.303***	0.358***	0.384***	0.362***	0.417***
	(0.113)	(0.114)	(0.117)	(0.0903)	(0.0913)	(0.0931)
司法廉洁	−0.121	−0.180	−0.189	0.0240	−0.0189	−0.0274
	(0.112)	(0.118)	(0.117)	(0.0899)	(0.0948)	(0.0930)
民主程度	−0.0179***	−0.0176***	−0.0196***	−0.0127***	−0.0125***	−0.0144***
	(0.00460)	(0.00457)	(0.00466)	(0.00369)	(0.00367)	(0.00371)
GDP 对数	−0.00964	−0.0123	−0.0145	−0.00697	−0.00887	−0.0111
	(0.00970)	(0.00978)	(0.00977)	(0.00778)	(0.00787)	(0.00778)
人均 GDP 对数	0.0464***	0.0573***	0.0568***	0.0523***	0.0602***	0.0597***
	(0.0165)	(0.0179)	(0.0177)	(0.0132)	(0.0144)	(0.0141)
常数	0.258	0.234	0.266	0.0883	0.0709	0.102
	(0.188)	(0.187)	(0.186)	(0.151)	(0.150)	(0.148)
观察值	91	91	91	91	91	91
R 平方	0.398	0.414	0.434	0.627	0.636	0.654

注1：括号中为稳健标准差，在国家一级聚类。统计显著程度：*** $p<0.01$，** $p<0.05$，* $p<0.1$。

注2：由于数据限制，这些回归分析涉及 68 个国家。设定(1)(2)(3)的结果变量为"刑事司法效率"，设定(4)(5)(6)的结果变量为"刑事司法一般效果"。不同设定中的控制变量不同。

注3：数据来源见本章附表2。

表6　稳健性检验：陪审团制与一国债权保护及合同执行水平

	(1)	(2)	(3)	(4)	(5)	(6)
	OLS	OLS	OLS	OLS	OLS	OLS
变量	债权保护水平			合同执行水平		

(续表)

	(1)	(2)	(3)	(4)	(5)	(6)
陪审团制	−2.123	0.0442	0.578	1.686	1.832	6.808
	(5.159)	(4.667)	(5.814)	(3.382)	(3.433)	(4.125)
普通法系		19.19***	19.56***		1.296	4.809
		(4.967)	(5.559)		(3.654)	(3.944)
陪审团制×普通法系			−1.545			−14.40**
			(9.873)			(7.005)
审判不受影响	−3.380	−6.051	−4.778	6.535	6.354	18.22
	(21.65)	(19.45)	(21.24)	(14.19)	(14.31)	(15.07)
司法廉洁	−5.627	−38.08**	−37.86**	−13.83	−16.02	−13.95
	(16.42)	(16.97)	(17.18)	(10.77)	(12.48)	(12.19)
民主程度	0.139	−0.0522	−0.0929	−0.861*	−0.874*	−1.253**
	(0.739)	(0.666)	(0.720)	(0.485)	(0.490)	(0.511)
GDP 对数	−0.718	−0.961	−1.012	−1.886*	−1.903*	−2.382**
	(1.542)	(1.386)	(1.436)	(1.011)	(1.019)	(1.019)
人均 GDP 对数	7.604***	11.13***	11.11***	8.976***	9.214***	9.076***
	(2.399)	(2.340)	(2.362)	(1.573)	(1.721)	(1.676)
常数	−8.841	−35.74	−34.85	31.31	29.50	37.75*
	(33.03)	(30.47)	(31.25)	(21.65)	(22.41)	(22.17)
观察值	65	65	65	65	65	65
R 平方	0.207	0.371	0.372	0.435	0.437	0.476

注1：括号中为稳健标准差，在国家一级聚类。统计显著程度：*** $p<0.01$，** $p<0.05$，* $p<0.1$。

注2：由于数据限制，这些回归分析涉及 65 个国家。设定(1)(2)(3)的结果变量为"债权保护水平"，设定(4)(5)(6)的结果变量为"合同执行水平"。不同设定中的控制变量不同。

注3：数据来源见本章附表2。

老有所诉：老年人如何参与诉讼

包康赟　卢圣华*

摘　要：观察我国 2014 年至 2019 年的 25 万余份涉老诉讼裁判文书可知：不同"身份"的老年人的诉讼参与情况不同，不同地区老年人"急难愁盼"的问题也不相同。"社会—家庭"的二元框架可以解释老年人诉讼参与的影响因素。在社会层面，当地医疗和社会保障水平的提高，可以显著抑制老年人总体上的诉讼参与。而当地经济发展水平的提高，会显著激发老年人作为独立个体的诉讼参与。在家庭层面，老年人的存款数额越多、得到的子女关爱越多，潜在的诉讼参与明显越少。基于实证结果，保障老年人权益须充分发挥地方立法的优势。制度完善应侧重老年人的社会成员身份；确立长期护理保险等制度、激活社会资源以提高老年人的医疗和社保水平；建立引导和监督机制以敦促子女履行赡养义务。同时，还可配套行为经济学的策略以助推老有所养。

关键词：老龄化　诉讼参与　老年人权益保障　差序格局

[一] 问题的提出

截至 2023 年年末，我国 60 周岁及以上老年人人口超过 2.96 亿，占总人

---

*　包康赟，清华大学法学院助理研究员；卢圣华，浙江大学公共管理学院"百人计划"研究员。本研究成果由"国家资助博士后研究人员计划"资助（GZC20231223）。笔者在此感谢《法学研究》"人口老龄化的法治应对"学术研讨会、第五届社科法学研习营，以及第七届中国法律实证研究年会上各位专家提出的修改建议。当然，文责自负。

口的 21.1%，较 2013 年的 14.9% 逐年递增。❶ 随着人口老龄化程度持续加深，法治应对刻不容缓。司法活动是老年人权益保障的重要环节，❷研究老年人的诉讼参与有助于优化应对人口老龄化的法治环境。❸ 目前，我国法院的定位主要是发挥审判职能，在事后解决涉老法律问题。❹ 然而，诉讼活动的意义远不止于此。制定科学有效的老龄化政策离不开对客观情况的全面和细致把握。如果可以充分研究涉老诉讼参与及其影响因素，便可以在事前建立涉老诉讼的预警机制，在重点领域采取措施，防患于未然。

老年人的诉讼参与问题也充满理论趣味。理查德·波斯纳曾指出，一个人在年轻时和年老时的差异是如此明显，以至于可以将青年自我和老年自我看作两个完全不同的个体，以分时段的方式共享同一尊躯体。❺ 老年人的特殊性已经为大量自然科学和社会科学研究所证实。相较于年轻人，他们往往反应迟缓，认知衰退；❻有更多的利他主义和良善品质；❼同时，他们也是典型

---

❶ 参见《2023 年度国家老龄事业发展公报》。

❷ 全国人大内司委内务室、全国人大常委会法工委社会法室、民政部政策法规司、全国老龄办政策研究部编著：《〈中华人民共和国老年人权益保障法〉读本》，华龄出版社 2013 年版，第 223—225 页。

❸ 参见《中共中央 国务院关于加强新时代老龄工作的意见》，载中华人民共和国中央人民政府 2021 年 11 月 24 日，https://www.gov.cn/zhengce/2021 - 11/24/content_5653181.htm。

❹ 参见《最高人民法院关于为实施积极应对人口老龄化国家战略提供司法服务和保障的意见》。

❺ See Richard A. Posner, *Aging and Old Age*, University of Chicago Press, 1995, p. 95.

❻ See Nathalie L. Denburg, Daniel Tranel and Antoine Bechara, *The Ability to Decide Advantageously Declines Prematurely in Some Normal Older Persons*, 43 Neuropsychologia 1099 (2005); Agnieszka Tymula, et al., *Like Cognitive Function, Decision Making Across the Life Span Shows Profound Age-related Changes*, 110 Proceedings of the National Academy of Sciences 17143 (2013).

❼ See Peter Mudrack, *Age-related Differences in Machiavellianism in an Adult Sample*, 64 Psychological Reports 1047 (1989); Dane Peterson, Angela Rhoads, and Bobby C. Vaught., *Ethical Beliefs of Business Professionals: A Study of Gender, Age and External Factors*, 31 Journal of Business Ethics 225 (2001).

的保守主义者和风险厌恶者。❶ 种种特征似乎决定了老年人并不倾向参与司法诉讼活动。于是,对于那些走进法庭的老年人,有两个问题值得追问:他们参与了什么样的诉讼活动?他们的诉讼参与❷受到什么因素的影响?

为了回应上述政策和理论问题,本文采用跨学科的研究方法,以老年人在社会中的多重"身份"(如独立个体、家庭成员和社会成员等)为线索,以2014年至2019年中国涉老诉讼裁判文书为素材,全景式地呈现全国各地老年人参与诉讼活动的总体情况,提炼主要特征。在此基础上,通过搭建理论模型并开展回归分析,探究涉老诉讼参与在社会和家庭两个方面的影响因素。最后,提供有针对性的法律对策。

[二] 文献综述

民众的诉讼参与及其影响因素,是法律社会学和法律经济学研究的经典命题。既有研究摆脱了法律内在主义(legal internalism)❸的束缚,探索文化、经济、政治和社会等外部因素对个体诉讼参与的影响。诉讼参与的国别差异首先引起了研究者的兴趣。美国人素来以"健讼"闻名,而日本人则有着"厌讼"特征。有国外研究认为文化传统及其塑造的国民性格可以解释上述差异。❹ 无独有偶,对于中国宋代之前的"无讼"之风,我国也有学者将其归因

---

❶ See Julia Deakin, et al., *Risk Taking During Decision-making in Normal Volunteers Changes with Age*, 10 Journal of the International Neuropsychological Society 590 (2004); Steven M. Albert and John Duffy, *Differences in Risk Aversion Between Young and Older Adults*, 2012 Neuroscience and Neuroeconomics 3 (2012).

❷ 基于现有文献与本文的研究目的,除非特别说明,否则本文所称"诉讼参与"通常用某段时间内某地某类案件的诉讼规模、诉讼数量或诉讼率衡量。

❸ See Shyamkrishna Balganesh and Taisu Zhang, *Legal Internalism in Modern Histories of Copyright*, 134 Harvard Law Review 1066 (2021).

❹ See Marc Galanter, *Reading the Landscape of Disputes: What We Know and Don't Know (and Think We Know) About Our Allegedly Contentious and Litigious Society*, 31 UCLA Law Review 4 (1983).

于儒家文化中克己、忠恕、中庸等文化基因。❶

国与国之间的文化差异过于抽象、模糊,也不易证明。❷ 于是,学者们选择控制国别变量,关注在同一国的不同时期民众诉讼参与的变化。这类研究的理论基础也过渡到社会变迁(尤其是经济发展)对诉讼参与的影响。❸ 比如,有学者用量化方法研究了比利时于 1835—1980 年的民事诉讼参与和社会经济发展之间的关系,发现工业化初期会引发更多诉讼,然而整体上看,经济发展对诉讼参与的影响并不稳定。❹ 类似的研究在其他欧洲国家也有开展。❺ 21 世纪初,中国学者首次分析了中国大陆于 1978—2000 年社会经济发展对民事诉讼参与(包括离婚、债务和经济合同)的影响,发现不同的发展阶段对诉讼参与的影响不同,对不同诉讼类型的影响也不同。❻

随着对这一议题的研究的深入和方法的革新,学者们注意到,即便在同一国,不同地区的不同时期也存在民众诉讼参与的差别。20 世纪 80 年代,有学者发现,美国各州民众提起的医疗事故索赔诉讼在数量和标的方面差异巨大,且无法完全用法律变革等因素解释。于是她用各州的医疗资源、人口统计学要素以及法律服务价格等社会因素加以分析。❼ 上述思路被理

---

❶ 参见张泰苏:《中国人在行政纠纷中为何偏好信访?》,载《社会学研究》2009 年第 3 期;尤陈俊:《儒家道德观对传统中国诉讼文化的影响》,载《法学》2018 年第 3 期。

❷ See Lawrence M. Friedman, *Litigation and Society*, 15 Annual Review of Sociology 17 (1989).

❸ See Frank W. Munger, *Law, Change, and Litigation: A Critical Examination of an Empirical Research Tradition*, 22 Law & Society Review 56 (1988).

❹ See Francis Van Loon and Etienne Langerwerf, *Socioeconomic Development and the Evolution of Litigation Rates of Civil Courts in Belgium, 1835-1980*, 24 Law & Society Review 283 (1990).

❺ See Christian Wollschläger, *Civil Litigation and Modernization: The Work of the Municipal Courts of Bremen, Germany, in Five Centuries, 1549-1984*, 24 Law & Society Review 261 (1990).

❻ 参见冉井富:《当代中国民事诉讼率变迁研究———一个比较法社会学的视角》,中国人民大学出版社 2005 年版。

❼ See Patricia Danzon, *The Frequency and Severity of Medical Malpractice Claims*, 27 The Journal of Law and Economics 115 (1984).

查德·波斯纳采纳,他试图用非法律(nonlegal)和非制度(noninstitutional)因素解释美国各州民众参与侵权诉讼的差异,最终发现收入、教育和城镇化水平可以解释绝大多数的地区差异。❶ 而后,各国涌现了一批聚焦民事诉讼❷和行政诉讼❸的研究。

随着各国逐渐步入老龄化社会,老年法(elder law)成为一个新兴的法律领域。❹ 于是,专门针对涉老案件诉讼参与的实证研究也在"描述现象"方面取得了初步的成果。比如,有学者对欧洲人权法庭于2000—2010年审理的226起涉老案件❺和欧盟法院于1994—2010年审理的123起涉老案件❻进行了统计分析,呈现了欧洲地区老年人诉讼参与的情况。类似地,日本学者也通过访谈考察了本国老年人诉讼参与的概貌。❼ 有更多对老年人诉讼参与的描述性研究聚焦于特定的领域。比如,与美国老年人疼痛综合征相关的民事诉讼❽、与日本老年人医疗事故有关的民事诉

---

❶ See Richard A. Posner, *Explaining the Variance in the Number of Tort Suits Across US States and Between the United States and England*, 26 The Journal of Legal Studies 447 (1997).

❷ See Tonja Jacobi, *The Role of Politics and Economics in Explaining Variation in Litigation Rates in the US States*, 38 The Journal of Legal Studies 205 (2009); Douglas Bujakowski and Joan Schmit, *Economic Structural Transformation and Litigation: Evidence from Chinese Provinces*, 19 DePaul Business and Commercial Law Journal (2020).

❸ See Ji Li, *Suing the Leviathan—An Empirical Analysis of the Changing Rate of Administrative Litigation in China*, 10 Journal of Empirical Legal Studies 815 (2013).

❹ See Lawrence A. Frolik, *The Developing Field of Elder Law: A Historical Perspective*, 1 Elder Law Journal 1 (1993).

❺ See Benny Spanier, Israel Doron and Faina Milman-sivan, *Older Persons' Use of the European Court of Human Rights*, 28 Journal of Cross-cultural Gerontology 407 (2013).

❻ See Israel Doron, *Older Europeans and the European Court of Justice*, 42 Age and Ageing 5 (2013).

❼ See Aya Yamaguchi, *How Do Japanese Elderly People Access Legal Services? An Analysis of Advice-seeking Behaviour*, 6 Asian Journal of Law and Society 281 (2019).

❽ See Christopher C. Cranston, Tyler Rickards and Stephen Wegener, *Pain and Litigation with Older Adults*, in Shane Bush and Andrew Heck (eds.), *Forensic Geropsychology: Practice Essentials*, American Psychological Association, 2018, pp. 95–114.

讼等❶。中国学者也借助裁判文书呈现了我国老年人参与赡养权纠纷❷、就业权纠纷❸和相关刑事案件❹的诉讼情况。与其他领域相比，围绕涉老诉讼的研究刚刚起步。研究者重在描述老年人诉讼参与的现状，并未探索其参与诉讼的影响因素。而且，对于现状的描摹也有主题狭窄、规模局限等问题，亟待回应。

[三] 涉老诉讼的概况和特征分析

(一) 数据来源

本文的涉老诉讼数据源于中国裁判文书网。虽然近年来学者们指出了裁判文书存在上网率偏低❺、选择性偏误❻、各地上网率不均衡等问题❼，但不可否认，在我国目前获取法律数据的条件下，裁判文书依然是法学实证研究的重要数据来源❽。而且，本研究努力减少上述问题的影响。第一，笔者仅选取了裁判文书上网率普遍较高的若干年份进行研究，且在2021年裁判文书大量"下架"之前完成了对原始数据的所有采集。第二，本研究避免了二次筛

---

❶ See Tomoko Hamasaki and Akihito Hagihara, *Medical Malpractice Litigation Related to Choking Accidents in Older People in Japan*, 38 Gerodontology 104 (2021).

❷ 参见赵树坤、殷源：《老年人赡养权益司法保障与修复型正义——以2013—2018年司法裁判文书为研究对象》，载《人权》2019年第4期。

❸ 参见鲁晓明：《积极老龄化视角下之就业老年人权益保障》，载《法学论坛》2021年第4期。

❹ 参见李国超、刘畅：《老年人犯罪案件社会调查制度的探索》，载《中国检察官》2021年第17期。

❺ 参见马超、于晓虹、何海波：《大数据分析：中国司法裁判文书上网公开报告》，载《中国法律评论》2016年第4期。

❻ See Rachel E. Stern et al., *Mass Digitization of Chinese Court Decisions: How to Use Text as Data in the Field of Chinese Law*, 8 Journal of Law and Courts 1 (2020).

❼ 参见唐应茂：《司法公开及其决定因素：基于中国裁判文书网的数据分析》，载《清华法学》2018年第4期。

❽ 参见何挺：《法学研究中裁判文书运用的方法论检讨——以刑事法文献为例的内容分析》，载《法学研究》2022年第3期。

选所造成的数据偏误和遗漏。裁判文书的选择性偏误问题在政治敏感性案件以及对地区经济发展有重大影响的经济类案件中相对严峻,❶涉老类案件涉及上述情况的较少,这在很大程度上缓解了样本完整度方面的隐忧。

本文的研究主题为"涉老诉讼",即涉及老年人的诉讼案件。老年人参与诉讼的方式可以是直接的,即作为案件的原告方或被告方;也可以是间接的,即作为案件的被害人或其他利害关系人。后者如涉及老年人的电信诈骗案件。在这类案件中,原告是检察机关,被告是犯罪嫌疑人,老年人作为受害者并不属于诉讼两造。即便如此,案件关系到老年人的切身利益,因此也属于本研究关注的"涉老诉讼"。

于是,我们以"老人"和"老年人"为关键词,对 2014—2019 年约 8881 万份裁判文书进行全文检索。经过数据清理和检验,最终得到 252457 份符合要求的"涉老诉讼"裁判文书作为分析样本。其中,230090 份为判决书,22367 份为裁定书;170021 份为民事案件,68806 份为行政案件,8913 份为刑事案件,其余 4717 份为其他案件。❷ 而后,我们将裁判文书的内容结构化为案件标题、案号、审理法院、原告信息、被告信息、案件编号、审判日期、诉讼记录、判决结果和审判人员等十多个维度的信息。同时,我们保留了中国裁判文书网对案由的分类,以便后续分析。

(二) 涉老诉讼的分类

根据我国《老年人权益保障法》第 2 条,"老年人"即 60 周岁以上的中华人民共和国公民。以年龄标准定义老年人自然有人口统计学上的依据和考量,但将这一标准用在法学研究中显得过于简单笼统。即便处于相同年龄,老年人群体也因个体自理能力、所处家庭关系、所生活的社会经济环境等

---

❶ See Zhuang Liu et al., *Authoritarian Transparency: China's Missing Cases in Court Disclosure*, 50 Journal of Comparative Economics 221 (2022).
❷ 其他案件包括执行案件(4045 件)、国家赔偿与司法救助案件(492 件)、管辖案件(177 件)和强制清算与破产案件(3 件)。

方面的巨大差异,在生存健康状况、基本行为模式、面临的法律问题、需要回应的权益诉求等方面截然不同。因此,有必要以一种更加具体的方式重新界定"老年人",并以此为基础对25万余个涉老诉讼案件进行分类。

借鉴费孝通先生提出的"差序格局"理论,❶我们以一种"推己及人"的方式还原老年人在整个社会生活中的"身份"。具体来说,他们以自己这个"独立个体"为中心,像水面上泛起的波纹一样,层层向外发生社会关系。最先出现的是血缘关系,老年人作为"家庭成员",他们可以是子女、是父母、是配偶、是长辈。而后出现的是地缘关系,老年人作为"社会成员",可以涉足政治活动、经济活动和违法活动,如表1所示。

表1 基于"差序格局"理论的涉老诉讼案件再分类

老年人身份	具体情形	原始案由概览	简称
独立个体	自己	能力、健康与人格	独立个体—自己
家庭成员	子女/父母	赡养、继承、分家、抚养、收养	家庭成员—父母
	配偶	婚姻、同居	家庭成员—配偶
	长辈	扶养	家庭成员—长辈
社会成员	政治活动	行政纠纷	社会成员—政治
	经济活动	物权和债权纠纷、经济类犯罪	社会成员—经济
	违法活动	民事侵权、非经济类犯罪	社会成员—违法

注:作者根据本文提出的分类标准和涉老诉讼裁判文书的案由整理。

在扮演每一种角色时,老年人都会介入相应的法律关系并产生法律纠纷和涉老诉讼。举例而言,作为独立个体,老年人可能参与的诉讼活动包括生命权、健康权、名誉权纠纷等;作为家庭成员,老年人可能参与的诉讼活动包括赡养纠纷(作为父母/子女)、离婚纠纷(作为配偶)和扶养纠纷(作为长辈)等;作为社会成员,老年人可能参与的诉讼活动包括机动车交通事故责任纠纷(违法活动)、民间借贷纠纷(经济活动)和行政处罚纠纷(政治活动)等。

---

❶ 参见费孝通:《乡土中国 生育制度 乡土重建》,商务印书馆2011年版,第25页。

(三)涉老诉讼的特征事实分析

1. 涉老诉讼的整体情况

基于裁判文书中的关键词生成词云图(见图1)。可以发现,老年人作为社会成员参与经济活动所发生的合同纠纷、卷入违法活动所发生的机动车交通事故责任纠纷是涉老诉讼的重要缘由。同时,老年人作为家庭成员和独立个体引发的纠纷也是他们通过司法途径维权的重要原因。

图1 涉老诉讼案件关键词词云图

基于裁判文书的判决日期,图2展示了涉老诉讼案件的时间分布情况。2014—2019年,涉老诉讼案件的数量呈现明显的上升趋势,增长率在2014—2015年和2015—2016年尤为显著。这种增长趋势表明与老年人相关的法律纠纷逐年增多,老年人权益保护的需求日益上涨。

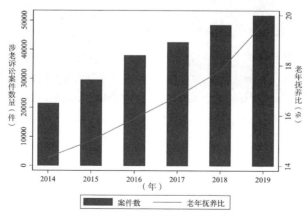

图2 涉老诉讼案件整体时间分布情况

我们根据裁判文书中的"审理法院"字段,将所有文书归入 31 个省、自治区、直辖市。2014—2019 年涉老诉讼案件的数量在空间上的分布特征为:东部沿海省份的涉老诉讼案件普遍较多。在内陆地区,云南省的涉老诉讼案件最多,达 12204 件。我们难以从描述性统计中发现特别明显的地域分布规律,为此后文将引入回归分析的方法探究涉老诉讼的影响因素。

最后,我们从裁判文书中提取了原告和被告的出生日期信息以考察涉老诉讼案件中当事人的年龄分布情况。❶ 由图 3 可知,原告年龄主要分布于 60—80 岁;案件被告则主要由 60 岁以下的非老年人构成,其年龄段主要集中于 30—60 岁。这表明老年人在涉老诉讼案件中主要以原告(维权者)身份出现,而其控诉对象主要是非老年人。

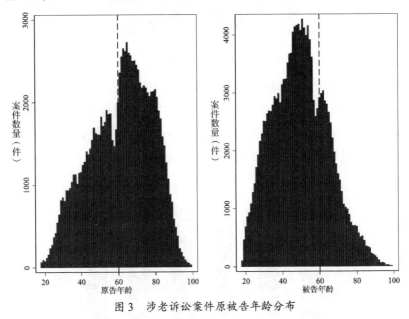

图 3　涉老诉讼案件原被告年龄分布

---

❶ 在案件当事人为非自然人(如公司)以及涉及当事人隐私的情况下,裁判文书中缺失出生日期。在本文所用的 252457 份文书中,分别有 110643 份和 157325 份裁判文书的原告和被告的出生日期可以被识别。

2. 涉老诉讼案由类别的时间演变特征

涉老诉讼能够集中反映困扰老年人的"急难愁盼"问题,而涉老诉讼的案由则直接指向了老年人权益保护的重点区域。考虑到涉老诉讼案件的案由数以百计,我们通过再分类将其简洁地聚合为表1呈现的三大类七小类。得益于此,我们可以清晰地考察涉老诉讼的各类案由所对应的案件在时间上的演变特征。

如图4所示,老年人作为社会成员进行经济活动的相关案件的比重明显上升,而老年人作为家庭成员中的"配偶"进行诉讼的比重明显下降。与此同时,"父母"相关案件的比重在2014—2017年略有下降,而老年人作为独立个体参与诉讼的比重逐年上升。

在经济活动案件中,诈骗类案件快速上涨:数量从2014年的626件增长至2019年的1947件,翻了3倍有余。这表明,以老年人为目标的诈骗活动是近年来经济活动相关案件的比重上升的重要原因,亦是未来强化保护老年人权益、为人口老龄化提供法治保障应当重点关注的领域。

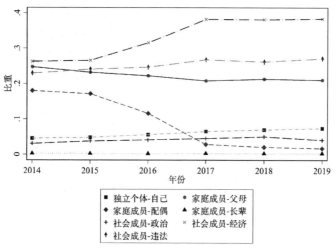

图4 涉老诉讼案由类别的时间演变分析

3. 涉老诉讼案由类别的空间分布特征

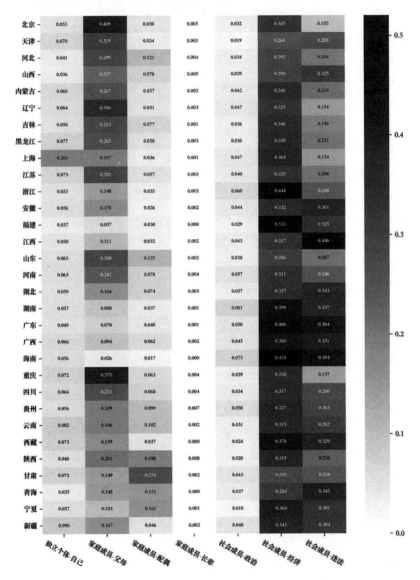

图 5 涉老诉讼案由类别的空间比较分析

图 5 展示了在我国 31 个省、自治区、直辖市中不同案由类别的涉老诉讼案件在各地所有涉老诉讼案件中的占比。例如，第二列第一行的 0.409 表示与"家庭成员—父母"有关的涉老诉讼案件在北京市 2014—2019 年所有涉老诉讼案件中的占比为 40.9%。通过地区和案由的关联比较可以发现，涉老诉讼在不同地区有截然不同的产生原因。例如，北京和重庆的涉老诉讼主要集中于"家庭成员—父母"这一案由。在浙江和福建等地，涉老诉讼案件的起因则主要集中于老年人作为社会成员参与经济活动。在全国范围内较为高发的涉老诉讼类型是老年人作为家庭成员之"父母"、作为社会成员参与"经济活动"，以及作为社会成员牵涉"违法活动"；而围绕老年人的"政治活动"和老年人作为"配偶""长辈""独立个体"参与的案件占比普遍较低（上海是一个例外）。总之，老年人诉讼参与的动因具有很强的空间异质性，这在制定相关法律和政策时值得特别重视。

[四] 涉老诉讼参与的影响因素分析：
"社会—家庭"二元框架

（一）涉老诉讼参与影响因素的理论分析

斯坦福大学法学院的劳伦斯·弗里德曼教授曾指出，影响诉讼的因素十分复杂，而司法诉讼的种类尤其繁多。因此，对于不同诉讼的参与情况，需要用不同的理论机制加以解释。❶ 上述思路对于本研究的启示在于，我们必须结合中国老年人权益保护的理论和实践，提出一个因地制宜的分析框架，并据此得出可供实证检验的影响因素模型。

1. "社会—家庭"的二元分析框架

如前文所述，老年人因其生理及心理特征，往往不倾向选择费时费力

---

❶ See Lawrence M. Friedman, *Litigation and Society*, 15 Annual Review of Sociology 17 (1989).

的诉讼作为解决问题的手段。在这种情况下,他们参与司法诉讼在很大程度上是因为自己的"急难愁盼"问题没有得到妥善解决,或者说,切身权益无法得到合理保障。在这个语境下,要探讨影响涉老诉讼参与的因素,必须先把老年人的权益保护放在一个"应然"的框架下,进而追问:问题出在哪里?哪里做得还不够?对于中国而言,这个"应然"的框架体现在国家的老龄化政策中,规定在我国《老年人权益保障法》里,那就是"社会—家庭"二元框架。

  随着我国人口老龄化的加剧、经济社会的发展和家庭结构的变化,老年人权益保障出现了诸多新情况、新问题。1994 年 12 月,国家计委、民政部等部门联合将"坚持家庭养老与社会养老相结合"确立为我国老龄工作的重要指导原则。❶ 2001 年,国务院又将其确立为我国老龄事业发展的基本原则。❷ 直到 2021 年,国务院将上述原则具体阐释为"巩固家庭养老的基础地位,打造老年友好型社会"❸。可见,"社会—家庭"的政策框架历久弥新。同时,我国《老年人权益保障法》在 2012 年大修时通过第 5 条确立了我国老年人权益保护在政府主导下的"社会—家庭"框架,并在历次修法中都得到保留和强调。2012 年的修法说明更指出,"老有所养"不再只是家庭内部需要面对的问题,而成为重大的社会民生问题。老年人的权益保护要坚持政府主导,社会和家庭共同参与。❹ 上述框架不但回答了应该如何实现老有所养,而且提示我们:如果老年人权益受损以致诉诸诉讼,可以从哪些方面寻找原因。沿着这一思路,本文采用"社会—家庭"二元分析框架探讨老年人诉讼参与的影响因素。

---

❶ 参见《中国老龄工作七年发展纲要(1994—2000 年)》。
❷ 参见《中国老龄事业发展"十五"计划纲要(2001—2005)》(已失效)。
❸ 参见《"十四五"国家老龄事业发展和养老服务体系规划》。
❹ 全国人大内司委内务室、全国人大常委会法工委社会法室、民政部政策法规司、全国老龄办政策研究部编著:《〈中华人民共和国老年人权益保障法〉读本》,华龄出版社 2013 年版,第 23—24 页。

2. 影响涉老诉讼参与的社会因素

(1) 人口结构因素。随着经济的发展和医疗水平的提高,我国人口的预期寿命明显增加,预期寿命从 1950 年的 41 岁提高到了 2023 年的 78.6 岁。❶ 与之相对,生育率却在 20 世纪 90 年代以后持续下降,这导致了我国人口中老年人的比重不断上升。这就意味着处于劳动年龄的人口将承担更重的养老负担。❷ 而社会抚养比的增加和老年人比重的增加不可避免地带来人均养老资源的减少,从而可能引发老年人更多的不满、激化潜在的矛盾。

(2) 经济社会发展因素。经济的发展对于老年人的诉讼参与可能有正反两方面的作用。一方面,经济水平的提高无疑会为老年人的衣食住行等提供更充足的保障。已有研究指出,发达经济体中的老年人往往能够享受更优质和足量的资源,从而减少老年人对生活的不满和潜在的矛盾。❸ 但另一方面,伴随着经济发展而来的科技进步催生了智能手机、互联网、智慧医疗等新事物。由于技术门槛的存在,这些新事物反而加剧了老年人融入现代社会的困难,也相应降低了老年人平等获取社会资源的能力。❹ 经济增长可能产生负面影响的另一个原因在于高涨的房价。年轻人在一二线城市购置住宅往往需要家庭中"四个钱包"的支持。高涨的房价迫使更多的经济资源从老年人流向年轻人,❺ 从而可能造成老年人的生活水平下降。人均住房面积的减少还可能引发代际居住矛盾,❻ 甚至会导致"老无所居"等问题。

---

❶ 参见《2023 年我国卫生健康事业发展统计公报》。
❷ 参见蔡昉:《中国经济增长如何转向全要素生产率驱动型》,载《中国社会科学》2013 年第 1 期。
❸ 参见邱琳雅:《老年健康公平性及对策》,载《中国公共卫生管理》2013 年第 6 期。
❹ 参见王也:《数字鸿沟与数字弱势群体的国家保护》,载《比较法研究》2023 年第 5 期。
❺ 参见刘金东、杨晨:《父母赠与如何影响子女首套房购置行为——基于年轻子女微观调研数据》,载《经济与管理评论》2016 年第 5 期。
❻ 参见钟晓慧:《"再家庭化":中国城市家庭购房中的代际合作与冲突》,载《公共行政评论》2015 年第 1 期。

(3) 社会保障因素。社会保障主要包括医疗保障和养老保障。我国的养老保障制度始于 20 世纪 80 年代,目前已经形成较为完备的体系。然而,当下的养老保障制度依旧存在城乡不均衡、区域不均衡等问题。在制度设计之初,基本养老保障制度主要针对"城镇职工"这一特定群体,因此在后续发展过程中也倾向将灵活就业、自我雇用等群体排除在外。同时,大量进城务工的农民面临城乡养老保险难以并轨的尴尬,他们实际上游离于养老保障制度之外。❶ 目前我国部分人口流出地区已经出现养老金入不敷出的危机。❷ 医疗保障方面的情况十分相似。无论是医疗保险还是医疗资源,在城乡之间、不同区域之间都存在着巨大的差异。❸ 由于以医疗保障和养老保障为代表的社会保障体系对老年人的消费❹、贫困水平❺和生活幸福感❻都有显著影响,老年人可能面临基本生活方面的困境,并以诉讼方式寻求解决方案。

3. 影响涉老诉讼参与的家庭因素

(1) 经济支持因素。为满足生存性需求,"养儿防老"观念始于农业社会并不断深入人心。随着年龄的增长和劳动能力的逐渐丧失,老年人从子女处获得的经济支持成为其收入来源的重要组成部分。有研究表明,超过 2/3 的

---

❶ 参见韩俊强:《农民工养老保险参保行为与城市融合》,载《中国人口·资源与环境》2017 年第 2 期。

❷ 参见巴曙松、方堉豪、朱伟豪:《中国人口老龄化背景下的养老金缺口与对策》,载《经济与管理》2018 年第 6 期。

❸ 参见杜鹏、谢立黎:《中国老年公平问题:现状、成因与对策》,载《中国人民大学学报》2017 年第 2 期。

❹ 参见沈毅、穆怀中:《新型农村社会养老保险对农村居民消费的乘数效应研究》,载《经济学家》2013 年第 4 期。

❺ 参见薛惠元:《新型农村社会养老保险减贫效应评估——基于对广西和湖北的抽样调研》,载《现代经济探讨》2013 年第 3 期。

❻ See Wenhui Yang and Xiaoxiao Shen, *Can Social Welfare Buy Mass Loyalty?*, 34 Governance 1213 (2020).

农村老年人在经济上需要依靠子女,❶子女对老年人的经济支持对其生活有重要影响。基于山东省农村老年人的调查数据发现,得到子女经济支持的老年人会有更强的经济能力以应对健康问题和其他日常活动,也会有更强的安全感。❷ 子女为老年人提供经济支持还能够显著改善老年人的健康水平,❸且这一影响对于低收入老年人而言更显著。❹ 此外,作为"孝"的一种体现形式,子女的经济支持对老年人而言也是一种精神慰藉。❺ 若子女未能妥善履行经济方面的赡养义务,在生活困难、情感失落的情况下,产生大量与"赡养"有关的涉老诉讼也就不足为奇。

(2)精神支持因素。随着我国城市化水平的提高,越来越多的农村年轻人口流向城市,从而形成了广泛存在的"空巢老人"现象。老年人和子女之间的地理空间距离的增大改变了代际间精神交流的方式,影响了代际情感交流的深度和广度。缺少家庭代际沟通所带来的孤独感和情感失衡难免会影响到老年人的生理健康和心理健康。作为更早进入老龄化社会的西方国家,其研究者已经意识到,缺少子女陪伴的生活环境是众多疾病的诱因,更会诱发情绪不稳定、孤独、抑郁等"空巢综合征",❻严重者甚至会影响整个社会

---

❶ 参见宋璐、李树茁:《代际交换对中国农村老年人健康状况的影响:基于性别差异的纵向研究》,载《妇女研究论丛》2006年第4期。

❷ 参见李宗华、张风:《农村空巢老人生活满意度差异及影响因素分析》,载《东岳论丛》2012年第6期。

❸ 参见刘畅、易福金、徐志刚:《规模与稳定性:私人转移支付如何影响农村老人健康?》,载《人口与发展》2020年第1期。

❹ See Guangyan Chen, Wei Si and Lingling Qiu, *Intergenerational Financial Transfers and Physical Health of Old People in Rural China: Evidence from ChARLS Data*, 50 Ciência Rural (2020).

❺ 参见王萍、李树茁:《代际支持对农村老年人生活满意度影响的纵向分析》,载《人口研究》2011年第1期。

❻ See Geneviève Bouchard, *How Do Parents React when Their Children Leave Home? An Integrative Review*, 21 Journal of Adult Development 69 (2014).

的稳定。❶ 因此,我们认为,子女的情感陪伴和精神支持也是影响老年人的诉讼参与的重要因素。

(二)涉老诉讼参与影响因素的实证检验

1. 社会因素

为检验社会因素对涉老诉讼参与的影响,我们构建了如下双向固定效应模型:

$$y_{i,t} = \alpha_0 + \Psi \times X_{i,t} + \varphi_i + \xi_t + \mu$$

其中,下标 i 和 t 分别表示省份和年份。模型中的因变量 $y_{i,t}$ 则为 i 省份在 t 年出现的涉老案件的数量。在自变量方面,$X_{i,t}$ 表示一组由基于理论分析得出的可能影响涉老诉讼参与的社会因素所构成的向量,包括以社会抚养比、65 岁以上人口占比衡量的人口结构因素,以 GDP 对数值、房价对数值衡量的经济社会发展因素,以千人医疗床位数、最低保障覆盖人数、各省养老金结余、城乡医疗保险参保人数占比衡量的社会保障因素。

上述变量所对应的数据分别来自《中国宏观经济统计年鉴》《中国民政事业发展统计公报》《中国卫生健康年鉴》《中国劳动统计年鉴》。Ψ 表示上述几个自变量对应的回归系数。在模型中,我们同时控制了省份固定效应 φ_i 和年份固定效应 ξ_t,用于缓解潜在的内生性问题。前者排除了诸如传统文化、地方习俗等在内的不易随时间改变的区域性特征,后者则排除了经济增长、司法公开等存在全国性共同时间趋势的因素的影响。μ 为稳健标准误。

图 6 展示了基于上述模型的回归分析结果。结合前文对涉老诉讼案件的分类,四幅图的因变量分别为涉老诉讼的总数、独立个体类案件数、家庭成员类案件数和社会成员类案件数。四幅图所展示的均为标准化后的回归系

---

❶ See Dianbing Chen, Xinxiao Yang and Steve Dale Aagard, *The Empty Nest Syndrome: Ways to Enhance Quality of Life*, 38 Educational Gerontology 520 (2012).

数,以及回归系数的 95% 置信区间。从结果上看,在影响涉老诉讼参与总量方面,千人医疗床位数、最低保障覆盖人数、城乡养老保险金结余和城镇医疗保险参保人数占比有显著的负影响。这表明医疗条件越完善,社会保障越到位,涉老诉讼参与越少。出乎笔者意料的是,在给定医疗和社保不变的条件下,社会抚养比和 65 岁以上人口占比对涉老诉讼参与的数量并无显著影响。这意味着尽管人口老龄化是我国未来不可避免的大趋势,但在社保不断完善、医疗水平不断提升的前提下,逐渐增加的社会抚养比和老年人口比重并不必然导致社会矛盾的增加。

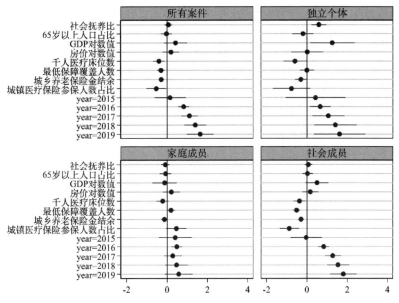

图 6 涉老诉讼参与影响因素的回归分析(社会因素)

从三类细分的回归结果看,影响不同子类案件数量的因素与影响整体的因素大致相仿,但亦有少数例外。比如,对于独立个体类案件而言,经济发展水平是最重要的影响因素。经济越发达,老年人参与这类诉讼的情形越多。独立个体类案件大多关乎老年人的人格和名誉,在马斯洛需求层次理论中属于更高层次的尊重需求和自我实现需求。❶ 因此,在一定的经济基础之上,老年人将出现这方面的诉求。对于家庭成员类案件,尽管诸如医疗和社会保障的部分变量依旧为负,但整体而言此小节所关注的社会层面的变量在5%的统计水平下并不能给出很好的解释。这也促使我们进一步用微观数据对来自家庭层面的影响因素进行分析。对于社会成员类案件,得出的结论与案件总量基本一致。总之,在社会层面,老年人的诉讼参与显著地受到经济发展水平、医疗水平和社保体系完善程度的影响。

2. 家庭因素

对家庭因素的检验要求我们将分析对象从社会宏观层面转向家庭微观层面。这意味着我们难以用上一节的宏观数据直接对其进行检验。为此,我们采用了北京大学2018年中国健康与养老追踪调查(China Health and Retirement Longitudinal Study, CHARLS2018)的数据。由于该问卷中并未直接包含与老年人诉讼行为相关的问题,我们提出:老年人对生活的满意度能够衡量其潜在的诉讼参与行为。正如政治社会化理论所指出的那样,民众对生活的满意度是其参与维权抗争等政治参与的重要内在驱动力。❷ 据此,一个合理假设是:对生活满意度越高的老年人,越不倾向参与诉讼,反之亦然。

为证明上述假设,我们将CHARLS2018数据中关于老年人对生活满意度的数据汇总至省一级层面,并将其与2018年的涉老诉讼参与情况进行匹配。图7展示了28个省份的老年人对生活的平均满意度与涉老诉讼案件数量的散点图,并绘制了两者的拟合线。其中,满意度以五个维度进行度量,分别是一点也不满意、不太满意、比较满意、非常满意和极其满意。数值越大,表明老年人对生活的满意度越高。不难发现,在老年人对生活的平均满

---

❶ See Abraham Harold Maslow, *A Theory of Human Motivation*, 50 Psychological Review 370 (1943).

❷ 参见 Donna Bahry and Brian D. Silver, *Soviet Citizen Participation on the Eve of Democratization*, 84 American Political Science Review 821 (1990);肖明浦、肖唐镖:《民众政治秩序观的影响因素分析——基于我国C省居民的抽样调查》,载《行政论坛》2017年第5期。

意度越高的省份,涉老诉讼案件越少,两者之间呈现显著的负相关关系。据此,我们可以用老年人对生活的满意度作为衡量其潜在的诉讼参与行为的代理变量。

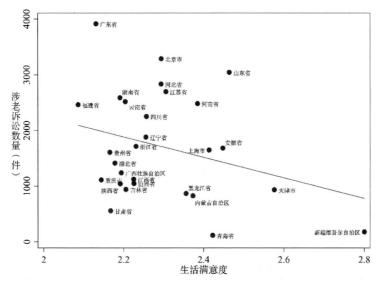

图7 老年人生活满意度与涉老诉讼参与的相关性分析

确定因变量的代理变量后,结合前文的理论分析,我们又选取了老年人的个体特征、健康情况、财产情况、社会养老保障和子女关心五大类自变量进行分析。个体特征包括老年人的性别、年龄、城乡居民、受教育程度;健康情况采用老年人对自身健身水平的主观感受衡量;财产情况包括老年人进行生产性活动所产生的收入(如打工的工资、种植农产品的收入和工商经营收入)和银行存款金额;社会养老保障包括老年人是否参与职工养老保险和城乡养老保险;子女关心包括与子女共同居住的时间、子女探访频率和子女赠与金额。

表2展示了我们基于微观数据的实证分析结果。第一,在个人特征方面,性别、年龄和受教育程度对老年人的生活满意度有显著影响。性别为男

性、年龄更大、受教育程度较低的个体,对自身生活满意度的总体评价较高。第二,在健康情况方面,老年人认为自己身体越健康,生活满意度越高,且这一结果在1%的统计水平下显著。第三,在财产情况方面,老年人通过从事经营性活动获得收入并不能显著提高其生活满意度,但其个人及配偶所拥有的存款数量会显著提升其生活满意度。这意味着,有着更好经济基础"存量"的老年人对生活的满意度普遍更高。第四,在社会养老保障方面,通过微观数据得出的结论与前文通过宏观数据得出的结论高度一致,即老年人若能够收到职工养老金和城乡养老保险金,其生活满意度将显著提升。第五,子女关心对老年人的生活满意度有着重要的影响。子女探访老年人的频率越高、赠与老年人的金钱与实物的价值越高,老年人对生活的满意度越高。这与我国传统文化中所提倡的"孝道"是一致的,即子女不仅需要对老年人尽到物质层面的赡养义务,同时也要做好对老年人的精神层面的关爱。尤其是在近几年"空巢老人"现象愈演愈烈的情况下,子女应当"常回家看看",这对提升老年人的生活满意度有重要价值。

表2 基于CHARLS2018数据的回归分析结果(家庭因素)

解释变量	系数	标准误	t值	p值
个人特征				
性别	0.0579***	(0.0202)	2.8700	0.0040
年龄	0.0071***	(0.0011)	6.2000	0.0000
城乡	0.0197	(0.0254)	0.7800	0.4370
受教育程度	−0.0138**	(0.0061)	−2.2700	0.0230
健康情况				
健康水平	0.2024***	(0.0099)	20.5400	0.0000
财产情况				
生产活动收入对数值	0.0015	(0.0024)	0.6100	0.5400
银行存款对数值	0.0063***	(0.0020)	3.1900	0.0010

(续表)

解释变量	系数	标准误	t 值	p 值
社会养老保障				
职工养老金	0.1034***	(0.0342)	3.0300	0.0020
城乡养老保险	0.1031***	(0.0286)	3.6100	0.0000
子女关心				
子女共同居住月数	−0.0007	(0.0052)	−0.1300	0.8950
子女探访频率	0.0117***	(0.0038)	3.0800	0.0020
子女赠与金额	0.0000***	(0.0000)	2.5800	0.0100
常数项	1.1916	(0.0919)	12.9700	0.0000

注1：仅保留了CHARLS2018中年龄大于60岁的样本。
注2：因变量为受访对象对生活的总体满意度。
注3：括号中为稳健标准误。
注4：***、**、*分别表示在1%、5%和10%的统计水平下显著。

有趣的是，我们并未发现增加老年人与子女的共同居住时间能改善老年人的主观幸福感。一个可能的解释是，老年人与子女共居或许可以为后者照顾老年人提供便利条件，但随之产生的家庭矛盾可能反而会给老年人造成精神负担。因此，一味提倡老年人与子女共同居住可能并不是一条增强老年人幸福感、减少潜在涉老诉讼参与的有效途径。

涉老诉讼参与是一面镜子，照出了我国老龄化事业和老年人权益保障的现实困境，也指引了未来完善制度的方向。鉴于《老年人权益保障法》是我国老龄化的法治应对的集大成者，❶本部分将主要围绕这部法律，结合实证研究的结果提供制度完善建议。

---

❶ 全国人大内司委内务室、全国人大常委会法工委社会法室、民政部政策法规司、全国老龄办政策研究部编著：《〈中华人民共和国老年人权益保障法〉读本》，华龄出版社2013年版，第23页。

(三) 制度完善的基本模式

通过对涉老诉讼空间特征进行分析，我们很容易就发现各地所面临的老年人权益保护的难点与痛点并不相同，甚至类型迥异。因而国家统一立法难以照顾到每个地方的个性化需求，需要地方立法主动地、积极地细化和落实中央立法。从法理上看，❶地方立法在老龄化法治事业中应至少起到两方面作用：一方面，贯彻落实我国《老年人权益保障法》。中央法律制度的落地需要结合地方现实来具体化，这是解决立法通达基层和群众的"最后一公里"问题。另一方面，因地制宜地管理地方涉老事务，利用地方知识以"小切口"解决国家立法无法触及的问题，提高涉老立法的针对性。

然而，我国涉老地方立法未能很好地实现上述功能。我们对中国31个省、自治区、直辖市的老年人权益保障条例或当地实施《老年人权益保障法》的办法进行了统计分析（如表3所示）。结果发现：我国现有地方涉老立法存在时效滞后、贪大求全、立法重复和特色萎缩等在地方立法中存在的典型的形式主义困境，❷无法做到贯彻落实中央层面的老年人权益保障立法，更难以针对地方涉老治理的特殊问题提供解决方案。

表3 全国和地方历年涉老立法统计表

序号	地区	性质	章数	条数	字数	修改	首发年份	修改年份
0	全国	法律	9	85	7419	4	1996	2009;2012;2015;2018
1	湖北	办法	7	49	7090	4	1987	1999;2014;2017;2019
2	辽宁	条例	9	55	7112	3	1988	2001;2009;2021
3	湖南	办法	1	38	4567	3	1990	2001;2015;2021

---

❶ 参见许安标：《我国地方立法的新时代使命——把握地方立法规律 提高地方立法质量》，载《中国法律评论》2021年第1期。

❷ 参见封丽霞：《地方立法的形式主义困境与出路》，载《地方立法研究》2021年第6期。

(续表)

序号	地区	性质	章数	条数	字数	修改	首发年份	修改年份
4	浙江	办法	1	36	3525	3	1988	2001;2009;2020
5	广东	条例	9	62	8772	3	1991	2005;2017;2020
6	广西	办法	9	61	9354	3	1990	2010;2017;2019
7	宁夏	条例	9	48	5766	3	1990	2004;2011;2019
8	山西	办法	7	49	4134	3	1988	2003;2016;2021
9	江西	办法	9	64	11523	3	1991	2002;2016;2019
10	上海	条例	9	64	9289	2	1998	2010;2016
11	陕西	办法	8	74	9685	2	1998	2014;2019
12	江苏	条例	6	54	6134	2	1999	2011;2021
13	云南	条例	7	58	8235	2	1999	2007;2019
14	内蒙古	条例	1	40	4160	2	1990	2003;2019
15	山东	条例	8	62	6769	2	1988	1999;2015
16	吉林	条例	8	61	6745	1	1998	2016
17	四川	条例	9	66	9176	1	1989	2018
18	河北	条例	9	60	7118	1	1988	2018
19	河南	条例	8	60	6875	1	1990	2019
20	重庆	条例	9	69	10117	1	2001	2018
21	黑龙江	条例	10	67	11441	1	1997	2018
22	海南	规定	1	37	6341	1	2006	2017
23	福建	条例	8	72	10918	1	1990	2017
24	贵州	条例	7	42	5028	1	1990	2017
25	安徽	办法	9	71	9577	1	2001	2016
26	甘肃	条例	9	60	7012	1	1999	2016
27	新疆	条例	5	43	4264	1	1992	1999
28	青海	条例	5	38	3111	0	2002	—

(续表)

序号	地区	性质	章数	条数	字数	修改	首发年份	修改年份
29	天津	办法	1	21	2105	0	1987	—
30	西藏	办法	1	29	3090	0	2006	—
31	北京	条例	5	45	3112	0	1996	—

注：笔者根据全国和各地历年涉老立法整理。

我国《老年人权益保障法》在1996—2021年经过四次修改，那些没有在立法上及时跟进的地区显然难以有效落实中央的最新规定。而且绝大部分地方规则高度模仿中央体例、照抄国家法律文本，无法回应地方的特殊问题。在这方面，黑龙江省和重庆市的经验值得借鉴。基于实证分析，黑龙江省在老年人作为社会成员参与经济生活方面积累了较多矛盾，尤其是涉老诈骗方面的纠纷频发。为此，2017年通过的《黑龙江省老年人权益保障条例》第46条和第47条专门规定了电信和金融机构、工商(市场监管)部门、卫生计生部门、食品药品监督管理部门和公安部门的责任。类似地，2018年施行的《重庆市老年人权益保障条例》回应了本地区突出的家庭成员类涉老纠纷。该条例第65条罗列了赡养人、扶养人可能出现的七种侵犯老年人权益的具体行为，并规定了法律责任。

老年人权益保障是典型的民生领域，关系到人民日益增长的美好生活需要。地方立法与群众的距离近，能够充分吸纳和表达地方知识，❶可以更直接、更具体地回应老年人的关切。因此，为了实现老有所养，我国老年人权益保障必须确立"发挥中央和地方两个积极性"的基本模式。立法部门应通过深入调查研究、拓展立法公众参与、建立科学的地方立法评估机制等途径，努力追求地方立法的补充性、实施性、自主性、创制性和专项性目标，在解决实

---

❶ 参见喻中：《地方立法的人类学考察》，载《法律科学(西北政法大学学报)》2020年第6期。

际问题的同时为全国立法积累经验。❶

(四) 制度完善的具体内容

第一，侧重老年人作为社会成员参与经济生活的权益保障。老年人作为社会成员参与经济生活是法律赋予他们的权利，也是其享受社会服务、参与社会发展、共享国家发展成果的重要渠道。根据对涉老诉讼参与的事实特征的分析，老年人作为社会成员进行经济生活而引致的诉讼在近几年不断攀升，尤其是以老年人为目标的经济类犯罪日益增多，相应的法律制度必须同步跟进。我们建议国家在下一次修改《老年人权益保障法》时，着力为老年人营造安全、诚信的消费环境，打击针对老年人的传销、诈骗和非法集资活动，落实对老年人进行相关主题的宣传教育和普法工作。据我们统计，安徽、重庆、广东、湖南等全国14个省、自治区、直辖市已经出台了相关规定，进行全国性立法的时机和条件均已成熟。

第二，依靠制度创新调动社会资源以提高老年人的医疗和社保水平。在社会层面的实证分析中，各地医疗水平和社会保障的完善程度与涉老诉讼参与呈显著负相关。提高老年人的人均养老资源占有量主要有两个途径：传统的方式是"开源"，即增加就医床位数、扩大社保参保人数等；创新的方式是"分流"，即通过其他方式减少对现有就医床位的需求、通过其他险种补充基本养老保险，以减少后者承受的压力。其中，建立长期护理保险制度就是分流手段之一。早在2016年全国就有15个城市开展了长期护理保险试点，重点解决失能老年人的长期护理问题。截至2023年1月，试点城市达到49个。❷ 长期护理保险的参保人员不但每月可以从专门的资金池中获得护理费用报销，还可以享受机构上门护理和居家护理等服务。我国《老年人权益

---

❶ 参见俞祺：《重复、细化还是创制：中国地方立法与上位法关系考察》，载《政治与法律》2017年第9期。

❷ 参见马婷：《我国长期护理保险试点进展与下步发展展望》，载国家信息中心官网2023年1月31日，http://www.sic.gov.cn/sic/81/455/0131/11794_pc.htm/。

保障法》第 30 条规定,国家逐步开展长期护理保障工作。在下一轮修法中,我们建议国家正式确立具有中国特色的长期护理保险制度,并以此为核心逐步完善长期护理的法律体系,明确制度的给付对象,扶持符合法定资质的供给主体。❶ 类似的分流措施还包括鼓励商业机构设置针对老年人的险种,减少社会基本养老保险的负荷。比如陕西、江西等地已经在地方立法中鼓励商业机构设计老年人长期护理、人身意外、人身健康等险种,并鼓励民众积极投保。

第三,建立引导和监督机制以发挥法律在督促子女履行赡养义务方面的作用。在家庭层面的实证分析中,子女对老年人的物质和精神关怀都能减少潜在的涉老诉讼参与。为此,立法应当进一步敦促和规范子女履行赡养义务,尤其是精神赡养义务。我国《老年人权益保障法》第 14 条和第 18 条都只做了原则性规定,缺乏具体的引导方式和监督机制,需要地方立法予以细化。有些地方的一些做法值得借鉴。比如,安徽、重庆等地规定了精神赡养义务的履行方式。引导子女定期通过电话、网络、书信等方式问候老年人。还有一些地方规定了细致的监督机制。比如,《甘肃省老年人权益保障条例》第 7 条规定,居委会、村委会应当建立老年人信息档案和巡访制度,督促赡养人承担赡养义务。

(五) 制度完善的配套措施

上文提出的制度优化内容存在三个特点:其一,制度目标的充分实现有赖主体改变行为方式(比如,老年人不再轻信甚至主动提防犯罪分子的骗局)。其二,制度的内容具有非强制性(比如,无法强制要求灵活就业人员参与社会养老保险)。其三,制度的目的在于促进社会民生和个体福利(比如,子女的物质和精神赡养可以促进老年人的幸福感、减少潜在的涉老

---

❶ 参见谢冰清:《我国长期护理制度中的国家责任及其实现路径》,载《法商研究》2019 年第 5 期。

诉讼)。上述特点决定了仅依靠法律条文无法确保制度效果的实现。我们建议在立法之外启用行为经济学的助推(nudge)工具(如表4所示),并将其作为配套措施,在不减少个体选择权的情况下,通过认知偏差影响个体决策。❶

表4 辅助老年人权益保障制度落实的"助推"工具(示例)❷

涉老场景	目标偏差	具体设计	政策工具
提高老人警惕	可得性启发	披露信息	助推
鼓励民众参保	安于现状	默认选项	
	损失厌恶	构建框架	
敦促子女尽孝	从众效应	发送提醒	
	损失厌恶	构建框架	

注:作者根据本文内容和行为经济学理论整理。

第一,如何让老年人在遇到潜在骗局时选择提高戒备甚至主动寻求外援?我们可以利用可得性启发(availability heuristic)的心理偏差,❸也即人们会根据认知上的易得程度判断事件的可能性来实现上述效果。塑造可得性启发最常见的素材就是近期事件、个人经历或生动的记忆。❹ 因此,居委会或村委会可以用高频、具体且令人印象深刻的方式(如颜色及形象夸张的警示动画)对老年人身边的受骗经历进行披露,令其一遇到某些场景或话术就自动联想到相关案例,进而改变自己对潜在骗局的态度和行为模式。在已对

---

❶ See Richard H. Thaler and Cass R. Sunstein, *Nudge: Improving Decisions About Health, Wealth, and Happiness*, Yale University Press, 2008, p. 6.

❷ See Cass R. Sunstein, *Nudge.gov: Behaviorally Informed Regulation*, in Eyal Zamir and Doron Teichman (eds.), *The Oxford Handbook of Behavioral Economics and the Law*, Oxford Handbooks (Online), 2014.

❸ See Norbert Schwarz, et al., *Ease of Retrieval as Information: Another Look at the Availability Heuristic*, 61 Journal of Personality and Social Psychology 195 (1991).

❹ See Thorsten Pachur, Ralph Hertwig, and Florian Steinmann, *How Do People Judge Risks: Availability Heuristic, Affect Heuristic, or Both?*, 18 Journal of Experimental Psychology: Applied 314 (2012).

老年人的经济生活风险进行立法的地区中,仅有内蒙古、宁夏、四川等少数地区在规则中强调了"宣传教育"的作用。

第二,如何让更多人自愿参与养老相关的保险?默认选项(default option)或框架效应(framing effect)都可能起到作用。默认选项利用人们"安于现状的偏见"(status quo bias),❶先默认其参保,除非主动提出退出申请。在募集社会养老金领域,这种做法在英国已经颇有成效。❷ 框架效应则通过改变描述选项内容的方式,实质性地影响人们的选择结果。此处发挥作用的可以是人们的"损失厌恶"(loss aversion)偏差。❸ 举例来说,在宣传和鼓励人们参与社会养老保险时,不是告知其可能获得什么好处,而是强调其如果不参与可能会损失什么。

第三,如何敦促子女更多地关爱老年人?利用人们的从众效应(social influence)可能会起到作用。❹ 具体来说,同样是通过大众传媒或私人通信途径发出"常回家看看"的提醒,在文案中告诉接受者"社会上/社区里/街道里的绝大多数人都已经这么做了"可以提升此类提醒的效果。"损失厌恶"偏差在这种场景下也会起作用,也即告知子女如果不回家看看,可能会"失去些什么"。据笔者的统计,安徽、河北等十余个省份已经在立法中明确了相关机构或单位对子女的敦促要求。在实际敦促环节,我们建议融入行为经济学的策略。

---

❶ See William Samuelson and Richard Zeckhauser, *Status Quo Bias in Decision Making*, 1 Journal of Risk and Uncertainty 7 (1988); Christine Jolls, *Bounded Rationality, Behavioral Economics, and the Law*, in Francesco Parisi (ed.), *The Oxford Handbook of Law and Economics (Volume 1: Methodology and Concepts)*, Oxford University Press, 2017, pp. 60-77.

❷ See Department for Work and Pensions, Automatic Enrolment Evaluation Report 2019, Gov. uk (February 2020), https://assets.publishing.service.gov.uk/media/5eb181c2e90e0723b4a80572/automatic-enrolment-evaluation-report-2019.pdf, p. 4.

❸ See Daniel Kahneman, *Thinking, Fast and Slow*, Macmillan, 2011, p. 283.

❹ See David Hirshleifer, *The Blind Leading the Blind: Social Influence, Fads, and Informational Cascades*, in Tommasi Mariano and Kathryn Ierulli (eds.), *The New Economics of Human Behavior*, Cambridge University Press, 1995, pp. 188-215.

司法组织的扩散何以发生？

——面向中级人民法院环保法庭的事件史研究

张嫒嫒　张　珺*

摘　要：我国环保法庭的设立并非一蹴而就，而是以非线性的形式，在15年间逐步扩散至全国。法院为什么选择主动设立环保法庭？司法系统的组织扩散是怎样发生的？通过考察中国293个中级人民法院于2011—2021年逐步设立环保法庭的过程，结合政策扩散理论与制度同构理论，利用事件史模型分析司法系统内组织扩散的动因，可以发现：最高人民法院的政策倡导对中级人民法院设立环保法庭有显著积极影响；中级人民法院受到省内其他同级法院设立行为的显著积极影响，存在"群体效应"；当环境污染的严重程度引起公众关注时，地方法院更有动力设立环保法庭。在未来推进中国式现代化司法系统组织改革时，需要厘清上下级法院改革思路。既要强化司法组织改革之导向性，也须拓展下级法院的创新空间，以提高地方法院组织创新的积极性。

关键词：司法组织　政策扩散　环保法庭　司法专门化　事件史分析

---

*　张嫒嫒，清华大学法学院博士研究生；张珺，美国雪城大学马克斯维尔公民与公共事务学院社会科学博士研究生。本文系清华大学"中国式现代化"案例研究编写项目（2022ALK-A01-01）、雪城大学东亚研究项目（East Asian Program）阶段性研究成果。

[一] 问题的提出：环保法庭何以扩散

环境治理公共部门面临着回应公众司法需求的压力，❶这推动着环境司法系统的不断改良。党的二十大报告指出，要"站在人与自然和谐共生的高度谋划发展""加快建设公正高效权威的社会主义司法制度"，这突显了中国对环境司法改革的重视。设立环保法庭❷是我国环境司法专门化改革的重要组织创新。目前，我国已建成全球唯一覆盖各层级法院的环境资源审判体系❸，提出了全球环境治理的"中国方案"❹。

随着环保法庭的不断扩散，学界对环保法庭制度的关注也有所增加，有关环保法庭制度的研究成果主要包括两方面：一方面是环保法庭制度建构的理论研究，法学领域的研究集中在环保法庭设立的法律依据、运作状况、困境及解决方案等议题上，❺大部分研究将环保法庭与环境公益诉讼、归口审理模式以及受案范围等相结合进行理论检视与完善；❻另一方面是对环保法庭制度的法律效果的评估及原因分析，如对专门环境审判组织"无序"增长以

---

❶ See Dunec J A L, *Greening Justice: Creating and Improving Environmental Courts and Tribunals*, 63 Natural Resources & Environment 25 (2010).

❷ 在中国，"环保法庭"概指环境资源审判专门机构，具体包括环境资源审判庭、合议庭（审判团队）、人民法庭（巡回法庭）。环境资源审判庭审判人员的组成具有固定性，组织化程度最高；合议庭是为审判某一环境资源案件临时组成的审判组织；巡回法庭是为负责某一特定区域或审判特定案件成立的审判机构，多为地方旅游法庭、生态法庭。本研究的环保法庭特指"环境资源审判庭"这一组织化程度较高的类型。

❸ 参见《我国建成全球唯一覆盖各层级法院环资审判体系》，载中国法院网 2023 年 1 月 5 日，https://www.chinacourt.org/article/detail/2023/01/id/7088131.shtml。

❹ 参见吕忠梅、吴一冉：《中国环境法治七十年：从历史走向未来》，载《中国法律评论》2019 年第 5 期。

❺ 参见于文轩：《环境司法专门化视阈下环境法庭之检视与完善》，载《中国人口·资源与环境》2017 年第 8 期。

❻ 参见黄秀蓉、钭晓东：《论环境司法的"三审合一"模式》，载《法制与社会发展》2016 年第 4 期。陈海嵩：《环境司法"三审合一"的检视与完善》，载《中州学刊》(转下页)

及环境纠纷的解决实效不如理想预期的反思与成因分析;❶❷❸然而,从司法组织本身出发,探究法院为何愿意主动设立环保法庭的实证研究较少。

在司法组织功能的研究上,研究司法审判功能的成果俯拾皆是,研究司法系统创新功能的成果则相对较少;❹在司法组织变动的研究上,对人事变动议题的研究更多,对组织本身扩散的研究很少;在法院类型的研究上,对最高人民法院的功能分析居多,有关中级人民法院的研究寥寥无几;❺在对专门人民法院的研究上,对知识产权法院❻和互联网法院的设立的实证研究❼成果颇丰,对环保法庭的实证研究则付之阙如。对司法系统内部的组织扩散的机理的成因也缺乏探讨。实际上,司法系统与行政系统不同,其运行相对独立❽,在上下级关系、公共产品提供、晋升体制以及公众互动等方面都存在显著差异❾。法院在推动组织创新扩散时需要应对上级法院的改革压力、地方环境资源问题带来的审判需求和同级法院的竞争学习的影响,以及法院自

(接上页) 2016 年第 4 期。康京涛:《环境审判模式的理论逻辑及实践检视——兼论环境案件"三审合一"的构建》,载《生态经济》2015 年第 8 期;峥嵘:《环境司法专门化的困境与出路》,载《甘肃政法学院学报》2014 年第 4 期;杨朝霞:《环境司法主流化的两大法宝:环境司法专门化和环境资源权利化》,载《中国政法大学学报》2016 年第 1 期。

❶ 参见祝颖:《环保法庭地方性改革检视》,载《暨南学报(哲学社会科学版)》2015 年第 3 期。

❷ 参见韩晓明:《环保法庭"无案可审"现象再审视》,载《法学论坛》2019 年第 2 期。

❸ 参见汪明亮、李灿:《环境案件"三审合一"模式的实践考察与完善进路》,载《河北法学》2022 年第 3 期。

❹ 参见丁轶:《地方法治扩散的原理与限度》,载《法学家》2021 年第 1 期。

❺ 参见侯猛:《知识结构的塑造——当代中国司法研究的学术史考察》,载《现代法学》2019 年第 4 期。

❻ 参见吴汉东:《中国知识产权法院建设:试点样本与基本走向》,载《法律适用》2015 年第 10 期。

❼ 参见侯猛:《互联网技术对司法的影响——以杭州互联网法院为分析样本》,载《法律适用》2018 年第 1 期。

❽ 参见郭松:《法院党组制度的历史变迁与功能实现》,载《中外法学》2022 年第 4 期。

❾ 参见贺卫方:《司法改革中的上下级法院关系》,载《法学》1998 年第 9 期。

身的治理需求等多重挑战,是非常值得研究的问题。

因此,本文聚焦于何种因素推动司法系统内部的组织发生扩散。具体而言,研究在没有强制要求的情况下,有的法院选择主动设立环保法庭,有的法院没有设立的原因,以此考察司法系统的组织创新扩散的逻辑进路与行政组织扩散的差异。本文以环境资源审判庭于2011年至2021年约10年间在中国地级市中级人民法院广泛设立的过程为例,运用政策扩散理论与制度同构理论,探讨司法组织扩散的影响机制。本研究收集全国293个地级市中级人民法院的环境资源审判庭的设立数据,运用事件史分析(Event History Analysis, EHA)模型对中国环保法庭扩散的驱动因素进行分析。本研究的贡献在于三个方面:一是通过检验与环保法庭扩散机制相关的假设,丰富了对中国环保法庭的认识;二是为研究专门审判机构的扩散提供了定量证据和新视角,进一步探讨了司法审判机构设立的独立性与地方法院组织创新的主动性;三是在关注环保法庭的扩散的基础上,拓展了政策扩散理论的应用领域,丰富了司法系统组织扩散的理论。

[二] 环保法庭的设立及扩散特点

(一) 环保法庭的设立

环境司法专门化是指在司法系统内部建立专门的审判机构,根据特定程序,由专业人员来处理环境纠纷。❶ 以设立环保法庭为代表的环境司法专门化改革是推动提升环境案件司法处理效率的重要制度探索。环境司法能力的提升有助于有效审判、执行环境诉讼案件。❷ 研究证明,当设立专门的环

---

❶ 参见张宝:《环境司法专门化的建构路径》,载《郑州大学学报(哲学社会科学版)》2014年第6期。
❷ 参见郭武:《论环境行政与环境司法联动的中国模式》,载《法学评论》2017年第2期。

保法庭或在普通的法院系统内配备具备专业环境知识的司法官员时,起诉违法者并对其采取适当制裁的可能性更高。❶ 我国在环保法庭内对环境案件进行集中管辖、归口审理,可以提高案件审判效率,贯彻绿色司法理念;通过配置专门的审判队伍或环保专家咨询委员会,有利于合理认定生态环境损害赔偿,提升环境司法能力,提高环境审判的科学性、准确性和权威性。❷

中国已经逐步实现环境资源审判机构在各级法院的全覆盖。2007年,贵州省清镇市人民法院设立第一个环境资源审判庭。❸ 2014年6月,最高人民法院设立环境资源审判庭,环保法庭"由点及面"扩散至全国。2015年11月,最高人民法院召开了第一次全国法院环境资源审判工作会议,进一步明确了各级人民法院在环境资源审判专门化方面的具体要求。随后,2021年最高人民法院发布了《关于新时代加强和创新环境资源审判工作为建设人与自然和谐共生的现代化提供司法服务和保障的意见》,进一步对环保法庭的制度创新给予了认可。同时,2018年修订的《法院组织法》第27条也为法院设立专门审判机构提供了法律依据。❹ 截至2021年12月,中国共设立2149个环境资源审判专门机构,其中环境资源审判庭有649个。相较于2020年,环境资源审判庭的数量增长了6.19%。❺ 据估计,至少有3018名专业人员从事环境资源专门审判业务。❻

---

❶ See Rob White, *Environmental Crime and Problem-solving Courts*, 59 Crime, Law and Social Change 267 (2013).

❷ 参见高昊宇、温慧愉:《生态法治对债券融资成本的影响——基于我国环保法庭设立的准自然实验》,载《金融研究》2021年第12期。

❸ 参见张仕艳:《贵阳设立环保法庭》,载《贵州法治报》2007年11月26日。

❹ 《法院组织法》第27条第1款:"人民法院根据审判工作需要,可以设必要的专业审判庭。法官员额较少的中级人民法院和基层人民法院,可以设综合审判庭或者不设审判庭。"

❺ 参见吕忠梅、张忠民:《环境司法2021:推动中国环境司法体系建设迈向新征程》,载中华人民共和国最高人民法院2022年6月5日,http://www.court.gov.cn/upload/file/2022/06/05/10/38/20220605103833_33041.pdf。

❻ 参见王慧:《环境民事公益诉讼的司法执行功能及其实现》,载《中外法学》2022年第6期。

(二)环保法庭的扩散特点

中国各级法院的环保法庭的建立呈现"非线性"的特点。这意味着司法审判机构的创新扩散并不是均匀的,而是依赖早期采纳者(通常是三到五个法院)达到临界数量。一旦达到临界数量,这些早期采纳者就会将新组织建立的适当性传达给其他法院。创新推广的初期发展较为缓慢,随着"变革推动者"(法院领导和法院技术专家)的努力,逐渐加速,得到更多法院的采纳,最终达到饱和点。❶ 在我国,在最高人民法院的指导和部署下,各地法院正在推进环境资源审判专门机构建设,并呈现出"高级法院普遍设立、中基层法院按需设立"的发展态势。❷

如图1所示,自2007年贵阳市中级人民法院成立环保法庭以来,我国环境资源审判庭制度进入设立的潜伏期。2014年,在最高人民法院成立环境资源审判庭并发布指导性文件后,地方人民法院的环境资源审判庭的设立进入加速期,在2016年时扩散达到最高峰,当年共有29个地级市中级人民法院成立了环境资源审判庭。目前,以设立环境资源审判庭为代表的环境司法专门化改革已经取得了显著成果。历经15年发展,我国的环境资源审判庭不断增加,截至2022年年底,已有131个地级市的中级人民法院成立环境资源审判庭。受新冠疫情影响,环境资源审判庭在2019年至2020年年底增长速度有所放缓。但总体而言,环境资源审判庭制度扩散曲线仍属于"S"形曲线,类似政策扩散的典型特征。

---

❶ See Roger A. Hanson, *American State Appellate Court Technology Diffusion*, 7 The Journal of Appellate Practice and Process 259 (2005).

❷ 参见汪明亮、李灿:《环境案件"三审合一"模式的实践考察与完善进路》,载《河北法学》2022年第3期。

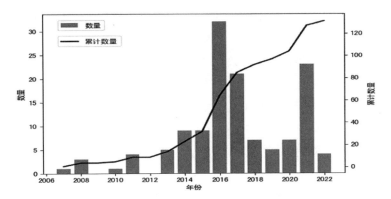

图 1 中级人民法院环保法庭历年设立情况及扩散曲线

注：数据来源为作者资料库。

[三] 理论基础与研究假设

(一) 政策扩散理论

政策扩散理论源于创新扩散理论。创新扩散理论是指在社会系统的成员之间，新的理念或行为随着时间的流动，通过某种渠道或途径被沟通和交流的过程。❶ 政策扩散表现为"一个政府的政策选择受到其他政府选择的影响"。❷ 政策扩散机制是指一项创新在不同政府之间扩散的原因和方式。❸

政策扩散受到多种机制的影响。Berry 夫妇提出，政策扩散可以通过强制、学习和竞争三种机制实现。第一，强制（Coercion）推广指的是受到更权

---

❶ See Everett M. Rogers, Williams D, *Diffusion of Innovations*, Glencoe, The Free Press, 1983, p. 35.

❷ See Charles R. Shipan and Craig Volden, *Policy Diffusion: Seven Lessons for Scholars and Practitioners*, 72 Public Administration Review 788 (2012).

❸ 参见朱旭峰、张友浪：《地方政府创新经验推广的难点何在——公共政策创新扩散理论的研究评述》，载《人民论坛·学术前沿》2014 年第 17 期。

威的政府的影响。中央政府不仅可以通过正式的规章制度,还可以通过促进州政府运作的认知和规范环境来影响各州。第二,政策学习(Learning)机制是指其他政府采取政策的有效性可以影响特定政府的决策。第三,竞争(Competition)压力是指特定政府想获得相对其他政府的比较优势而发生创新扩散。❶ 通常情况下,地理邻近性也被作为一种因果机制和解释变量的关键概念。❷ 总体而言,政策扩散受到纵向与横向两种机制的作用。❸ 除外部因素外,政策本身的特征也影响扩散的可能性、空间扩散模式与政策学习机制。❹

中国政府间的关系对社会政策的扩散有重要影响,且省级命令在中央对城市影响的中介传导方面起着重要作用。❺ 结合中国公共政策制定和扩散主体的特点、政策实际运行状况,当前中国公共政策扩散存在四种基本模式:自上而下的层级扩散模式;自下而上的政策采纳和推广模式;区域和部门之间的扩散模式;政策先进地区向政策跟进地区扩散的模式。这四种模式背后的公共政策扩散机制即学习、竞争、模仿、行政指令推行和社会建构机制。❻

司法创新可以被理解为引入、采用新的做法,旨在改进为公民提供的组

---

❶ See Frances S. Berry and William D. Berry, *Innovation and Diffusion Models in Policy Research*, in P. A. Sabatier (ed.), Theories of the Policy Process, Routledge, 2nd ed., 2019, pp. 223-260.

❷ See Maxwell Mak and Jennifer Geist Rutledge, *The Diffusion of Collaborative Justice: The Politics of Learning in the Development of Drug Courts*, 40 The Justice System Journal 238 (2019).

❸ See Charles R. Shipan and Craig Volden, *The Mechanisms of Policy Diffusion*, 52 American Journal of Political Science 840 (2008).

❹ See Todd Makse and Craig Volden, *The Role of Policy Attributes in the Diffusion of Innovations*, 73 The Journal of Politics 108 (2011).

❺ 参见朱旭峰、赵慧:《政府间关系视角下的社会政策扩散——以城市低保制度为例(1993—1999)》,载《中国社会科学》2016年第8期。

❻ 参见王浦劬、赖先进:《中国公共政策扩散的模式与机制分析》,载《北京大学学报(哲学社会科学版)》2013年第6期。

织流程和司法服务。❶ 司法创新扩散在本质上属于广义的"政策扩散"。有学者将法治扩散定义为一种发生在不同地区或部门间的法治试验成果方面的空间传播与转移,❷这是创新扩散理论在立法、执法和司法领域改革创新传播的应用。它同时关注法律体系的独特性。现有实证研究主要集中在国家间法律政策趋同的影响因素层面。国家间环境政策的趋同现象引起了人们对全球环境法律同质化驱动因素的关注。❸ 可用法律扩散机制来解释这种趋同现象背后的原理。❹ 例如,有学者利用二元分类分析对15个欧洲国家环境绩效指数政策的扩散机制展开的研究。❺ 与此同时,扩散理论模型也被用于讨论国内司法创新扩散机制,尤其是地方拥有立法权或地方的改革能动性强的国家。一项关注侵权理论在美国州际扩散的研究发现,法律体系的创新有赖于司法当事人提供机会。❻ 也有学者通过对美国毒品法庭分布的影响因素进行分析,发现当司法改革的创新政策有争议时,是否涉及政治和制度因素成为是否采纳该政策的先决条件。而且扩散机制并非总是起到促进作用,它也可能会对减轻或扩大政府对司法改革的阻力有正向影响。❼ 还有学者以新西兰专门环境法院和环境法庭的扩散为例,发现国家内部的法官

---

❶ See Henry R. Glick, *Innovation in State Judicial Administration: Effects on Court Management and Organization*, 9 American Politics Research 49 (1981).

❷ 参见丁轶:《地方法治扩散的原理与限度》,载《法学家》2021年第1期。

❸ See Kerstin Tews, *The Diffusion of Environmental Policy Innovations: Cornerstones of an Analytical Framework*, 15 European Environment 63 (2005).

❹ See Katharina Holzinger and Christoph Knill, *Competition and Cooperation in Environmental Policy: Individual and Interaction Effects*, 24 Journal of Public Policy 25 (2004).

❺ See Roberta Arbolino et al., *The Policy Diffusion of Environmental Performance in the European Countries*, 89 Ecological Indicators 130 (2018).

❻ See Bardley C. Cano and Lawrence Baum, *Patterns of Adoption of Tort Law Innovations: An Application of Diffusion Theory to Judicial Doctrines*, 75 American Political Science Review 975 (1981).

❼ See Maxwell Mak and Jennifer Geist Rutledge, *The Diffusion of Collaborative Justice: The Politics of Learning in the Development of Drug Courts*, 40 Justice System Journal 238 (2019).

参与和环境法院的设立催生了规范对话,促进了全球范围内环境规范的制度创新的扩散。❶

一言以蔽之,现有司法扩散研究基本集中于西方背景。这些研究对司法扩散背景的多样性体现不足,对中国司法系统的考察尤其单薄。中国司法创新扩散机制的逻辑与西方国家相比存在不容忽视的内在差异。在内部动机方面,西方国家的决策动机受资本主义政治制度影响明显。与之相对,中国地方进行制度创新面临不同的环境约束。地方法院设立环保法庭不仅需要考虑社会需求和财政约束,还需要考虑上级权威对自己的政策创新行为的认可。❷ 因此,政策扩散理论的应用需要针对中国的情况进行本土化调整和发展。

(二)制度同构理论

法院作为组织,是"一个有意识地对人的活动或力量进行协调的体系"❸。在我国,审判机关在纵向上有序分布,形成上下级法院关系。审级既是诉讼概念,也是组织体系概念。❹ 这意味着司法创新有别于立法创新,司法创新是通过传播先例或者组织创新实现的。❺ 因此,有必要从组织维度理解法院行为。

---

❶ See J. Michael Angstadt, *Environmental Norm Diffusion and Domestic Legal Innovation: The Case of Specialized Environmental Courts and Tribunals*, 31 Review of European, Comparative & International Environmental Law 222 (2022).

❷ 参见朱旭峰、赵慧:《政府间关系视角下的社会政策扩散——以城市低保制度为例(1993—1999)》,载《中国社会科学》2016年第8期。

❸ 〔美〕切斯特·巴纳德:《组织与管理》,曾琳、赵菁译,中国人民大学出版社2009年版,第89页。

❹ 参见何帆:《中国特色审级制度的形成、完善与发展》,载《中国法律评论》2021年第6期。

❺ See Bianca Easterly, *The Ties That Bind Beyond the Battlefield: An Examination of the Diffusion Patterns of Veterans Treatment Courts*, 98 Social Science Quarterly 1622 (2019).

组织为什么相互学习、模仿,进而变得相似? 针对这一问题,组织理论中的社会学制度主义作出了系统解释。迪马奇奥和鲍威尔提出了制度同构(institutional isomorphism)理论,认为许多组织采取了相似的结构、流程和行为实践,这主要基于制度环境的三种机制:强制同构(coercive isomorphism)、模仿同构(memetic isomorphism)和规范同构(normative isomorphism)。强制同构指基于对政治影响与合法性的考量的强制性同构;模仿同构源于组织对不确定性的标准化反应;规范同构与专业化相关,如专业人士在组织间流动,使不同组织变得相似。❶

随后的许多实证研究检验并验证了这一理论。针对制度同构理论的分析表明,制度同构源于强制、模仿和规范这三种压力,各种组织在同构的"铁笼"里趋于相似。❷在这三种机制中,关注模仿同构的文献最多。❸ 可以通过两种方式衡量同构:制度压力的遵从性,以及组织收敛到一个领域内普遍的、被广泛接受的实践。❹ 学者们应用这一理论研究司法系统的组织变迁,发现英国劳动仲裁法庭在政府命令、对民事法庭的模仿以及法官所受专业训练的相似性三种同构压力下逐渐融入民事法庭体系。❺ 中国学者研究发现,中国证监会在成立初期通过模仿和转换其他行政组织,逐渐具备了对证券市场在

---

❶ See Paul J. DiMaggio and Walter W. Powell, *The Iron Cage Revisited: Institutional Isomorphism and Collective Rationality in Organizational Fields*, 48 American Sociological Review 147 (1983).

❷ See Pursey P. M. A. R. Heugens and Michel W. Lander, *Structure! Agency! (And Other Quarrels): A Meta-analysis of Institutional Theories of Organization*, 52 Academy of Management Journal 61 (2009).

❸ See Mark S. Mizruchi and Lisa C. Fein, *The Social Construction of Organizational Knowledge: A Study of the Uses of Coercive, Mimetic, and Normative Isomorphism*, 44 Administrative Science Quarterly 653 (1999).

❹ See Rachel Ashworth, George Boyne and Rick Delbridge, *Escape from the Iron Cage? Organizational Change and Isomorphic Pressures in the Public Sector*, 19 Journal of Public Administration Research and Theory 165 (2009).

❺ See Susan Corby and Paul L. Latreille, *Employment Tribunals and the Civil Courts: Isomorphism Exemplified*, 41 Industrial Law Journal 387 (2012).

立法和司法方面的影响力。❶

制度同构理论和政策扩散理论存在联系。著名公共行政学家弗雷德里克森将制度同构理论视为政策扩散理论的一个视角。❷ 同质组织更有可能接受类似的新设想,因为社区结构在政策扩散中起着重要作用。❸ 此外,针对制度同构理论的检验主要是基于有限案例的质性研究。他们更多关注私组织,较少有研究结合政策扩散理论与制度同构理论,定量考察组织趋同过程中的动力机制,尤其在司法组织领域。

基于此,本研究结合内外部视角,根据政策扩散理论和制度同构理论,考虑在中国本土化的情境下设立司法组织的特殊性。从自上而下推广政策的压力、城市间横向学习的拉力、自下而上的内部环境污染治理需求的推力三个维度探讨环保法庭扩散的影响机制(见图2)。

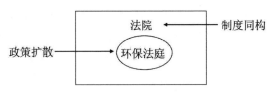

图 2　分析框架示意图

(三)研究假设

1. 压力:自上而下的政策推广

中央行政命令(包括政府工作报告、法规、政策、规划、意见、通知、文件等)是

---

❶ 参见缪若冰:《中国证监会的制度环境及法律影响——组织社会学的分析》,载《中外法学》2020 年第 1 期。

❷ See H. George Frederickson, Kevin B. Smith, Christopher Larimer and Michael J. Licari, *The Public Administration Theory Primer (3rd ed.)*, Routledge, 2016, p. 98.

❸ See Carlos Sáenz-Royo, Carlos Gracia-Lázaro and Yamir Moreno, *The Role of the Organization Structure in the Diffusion of Innovations*, 10 PLoS ONE 1 (2015).

促进一项新政策自上而下推广到全国各级地方政府的重要因素。❶ 在中央政府没有表态之前,虽然地方政府可以自主进行政策创新与学习,但可能面临最终不被中央政府认可的风险。❷ 基于自上而下的政策推广既是一种压力,也是一种认可,所以有些地方政府往往在上级出台命令之后才有所行动。

上下级法院之间除法律明确规定的审判监督关系外,还存在大量基于政策及司法解释性文件规定的其他审判监督关系。此类监督具有非强制性、行政化特征,其主要表现形式为协调与指导❸,以及执行工作上的统一管理关系、司法政务关系等❹。司法官僚先天具有保守性,很难抵抗上级法院的行政压力的影响。❺ 中国法院之间的层级关系——自上而下、自下而上和横向互动——在中国司法系统中起着重要的信息传导作用,这在基层人民法院和中级人民法院尤为显著。❻ 而且,中国的上下级法院关系不仅包括逐级的上下级关系,还包括跨级的上级法院与下级法院之间的关系,如最高人民法院与中级人民法院、基层人民法院的,以及高级人民法院与基层人民法院之间的关系。❼ 因此,最高人民法院的自上而下的命令能够推动司法改革制度在全国地方法院间的扩散。据此,我们提出假设:

H1:来自最高人民法院的压力越大,该城市中级人民法院越可能设置环

---

❶ 参见朱旭峰、赵慧:《政府间关系视角下的社会政策扩散——以城市低保制度为例(1993—1999)》,载《中国社会科学》2016年第8期。

❷ See Wen-Hsuan Tsai and Nicola Dean, *Experimentation under Hierarchy in Local Conditions: Cases of Political Reform in Guangdong and Sichuan, China*, 218 The China Quarterly 339 (2014).

❸ 参见蒋敏:《协调与指导:上下级法院审判监督关系探究》,载《法律适用》2018年第17期。

❹ 参见何帆:《论上下级法院的职权配置——以四级法院职能定位为视角》,载《法律适用》2012年第8期。

❺ 参见李志明:《司法行政事务管理权配置:历史沿革、现实困境与发展趋势》,载《甘肃行政学院学报》2017年第1期。

❻ See Chao Xi et al., *When a Judicial Mistake Went Viral: The Diffusion of Law in China*, 22 The China Review 73 (2022).

❼ 参见侯猛:《上下级法院之间的司法行政关系》,载《法制资讯》2009年第5期。

保法庭。

H2:来自省高级人民法院的压力越大,该城市中级人民法院越可能设置环保法庭。

2. 拉力:法院间的横向学习竞争

在横向法院间的关系方面,同级法院间可能存在学习溢出效应(learning/knowledge spill-overs)和同侪竞争压力。第一,由于学习溢出效应的存在,类似组织对创新决策采纳得越多,特定组织对该创新的优点了解越多,越有可能设立环保法庭。❶ 法院可以通过学习同级法院的审判机构创新,降低创新成本,减少创新实践的失败率,并且较容易地得到上级批准,获得合法性。第二,从法院系统满足制度需求的角度考虑,环保法庭是一种问题解决型的司法机构,位于同一司法辖区的地方法院可能面临相同的环境诉讼纠纷难题。当同级法院通过设立环保法庭以解决环境纠纷时,该中级人民法院有动机通过信息共享、学习模仿,设立专门机构解决相同的特定纠纷❷,从而尽可能"正确"地裁决尽可能多的案件❸。

此外,地方法院领导的晋升机制可能带来同级法院的竞争压力。晋升是干部提升其权力地位的主要路径。地方法院亦是一个权力场域,法官的等级划分非常细密,通过竞争上岗方式激活奖励晋升机制。❹ 此外,上级法院系统内部推荐产生的院长人选要略多于地方党委提拔的人选,这显示出上级法

---

❶ See Sam Fankhauser, Caterina Gennaioli and Murray Collins, *Domestic Dynamics and International Influence: What Explains the Passage of Climate Change Legislation?*, Centre for Climate Change Economics and Policy Working Paper No. 175, 2014, p. 156.

❷ See Maxwell Mak and Jennifer Geist Rutledge, *The Diffusion of Collaborative Justice: The Politics of Learning in the Development of Drug Courts*, 40 Justice System Journal 238 (2019).

❸ See Lewis A. Kornhauser, *Adjudication by a Resource-constrained Team: Hierarchy and Precedent in a Judicial System*, 68 Southern California Law Review 1605 (1995).

❹ 参见刘忠:《格、职、级与竞争上岗——法院内部秩序的深层结构》,载《清华法学》2014年第2期。

院对下级法院的人事管理的权重更大。❶ 因此,存在通过司法创新获得相较于同级法院的比较优势,并由此得到上级法院领导青睐的可能性。有鉴于此,进一步作出假设:

H3:来自省内同级法院的拉力越强,该城市中级人民法院越可能设置环保法庭。

3. 推力:辖区内部环境污染治理的制度需求

辖区内部的特征因素可能会对环保法庭的扩散发挥作用。内部决定因素模型认为影响地方采纳新项目的因素是该地区的政治、经济和社会特征。❷ 司法组织的扩散与行政组织的扩散所处的系统有较大差异,这种差异来源于司法组织的创新扩散,更依赖诉讼当事人提供创新的机会,即当地的诉讼需求。❸ 法治建设在污染治理中具有基础性作用,环境司法强化对环境污染水平具有显著负效应,能有效降低工业废水和工业二氧化硫的排放量以及PM2.5年均浓度。❹ 因此,为应对环境危机与污染纠纷提供司法救济而建立专门的环境司法机构,是国家普遍采取的措施。❺ 环境差异被认为是政策采纳差异的驱动因素。❻ 例如,我国首个环保法庭——清镇市人民法院环保法庭——的设立背景是当地红枫湖湖水污染非常严重,时任最高人民法院副院长

---

❶ 参见马骁:《行走的宪制:司法改革中的"党管政法"原则》,载《中国政法大学学报》2018年第5期。

❷ See Lawrence B. Mohr, *Determinants of Innovation in Organizations*, 63 American Political Science Review 111 (1969).

❸ See Bradley C. Canon and Lawrence Baum, *Patterns of Adoption of Tort Law Innovations: An Application of Diffusion Theory to Judicial Doctrines*, 75 American Political Science Review 975 (1981).

❹ 参见范子英、赵仁杰:《法治强化能够促进污染治理吗?——来自环保法庭设立的证据》,载《经济研究》2019年第3期。

❺ See Reece Walters and Diane Solomon Westerhuis, *Green Crime and the Role of Environmental Courts*, 59 Crime, Law and Social Change 279 (2013).

❻ See Daniel C. Matisoff and Jason Edwards, *Kindred Spirits or Intergovernmental Competition? The Innovation and Diffusion of Energy Policies in the American States (1990-2008)*, 23 Environmental Politics 795 (2014).

的万鄂湘到贵阳视察后决定在贵阳成立生态法庭,以司法力量治理水污染问题。❶ 这说明环境需求是地方法院设立环保法庭的重要影响因素。因此,我们提出以下假设:

H4:来自地方环境污染的推力越强,该城市中级人民法院越有可能设立环保法庭。

基于环境风险的社会构建性,公众关注对环境风险的治理有着重要作用。环境风险的大小本身是由社会公众建构的,不纯粹是一个客观的存在。因此,对于环境风险的治理而言,必须依靠公众的参与才能化解环境风险。❷《环境保护法》规定了"政府主导,企业主责,公众参与"的多元共治体制,其第53条规定:"公民、法人和其他组织依法享有获取环境信息、参与和监督环境保护的权利。"环境案件往往因牵涉公众利益受到广泛关注。郑思齐等使用谷歌趋势(Google Trend)的数据进行研究,发现公众对环境的关注促进政府对环境的关注,由此推动政府通过增加环境治理投资、改善产业结构等方式来改善城市的环境污染状况❸,促进地方政府提高环境规制强度和环保基础设施建设投资❹。虽然公众舆论对环境政策的影响主要集中在环境政策的形成和实施阶段,❺但是作为环境治理体制的一部分,发挥审判职能的司法机构的设置可能会受到公众的影响。

H5:来自公众关注的推力越强,该城市中级人民法院越有可能设立环保法庭。

本研究的假设关系如图3所示。

---

❶ 参见黄晓云:《清镇:污染"逼"出来的环保法庭》,载《中国审判》2013年第6期。

❷ 参见李修棋:《论环境法中的信息规制》,载《中国政法大学学报》2015年第1期。

❸ 参见郑思齐、万广华、孙伟增、罗党论:《公众诉求与城市环境治理》,载《管理世界》2013年第6期。

❹ 参见吴力波、杨眉敏、孙可哿:《公众环境关注度对企业和政府环境治理的影响》,载《中国人口·资源与环境》2022年第2期。

❺ See Shouro Dasgupta and Enrica De Cian, *The Influence of Institutions, Governance, and Public Opinion on the Environment: Synthesized Findings from Applied Econometrics Studies*, 43 Energy Research & Social Science 77 (2018).

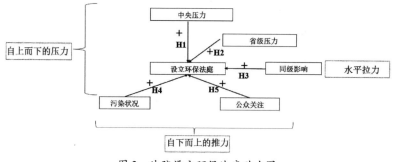

图 3 法院设立环保法庭动力图

[四] 研究模型、数据与变量

(一) 研究模型

本研究利用基于 logit 回归的事件史分析(EHA)模型对地方法院在特定年份设立环保法庭的可能性进行实证检验。事件史分析是运用离散状态、连续事件的随机模型分析纵观性数据的同级分析方法的集合。这种数据记录能更好地反映事物的真实变化,能更直接地探讨因果关系问题。❶事件史分析模型在政策扩散的实证分析中被广泛应用,如利用该模型研究美国加利福尼亚州、佛罗里达州和纽约州设立毒品法庭的影响因素❷;以及应用 Cox 比例风险回归模型的事件史分析方法,探究美国州法院采纳第一个退役军人治疗法庭的原因❸;利用事件史分析模型分析清洁能源政策在美国

---

❶ 参见刘佳、刘俊腾:《"最多跑一次"改革的扩散机制研究——面向中国 294 个地级市的事件史分析》,载《甘肃行政学院学报》2020 年第 4 期。

❷ See Maxwell Mak and Jennifer Geist Rutledge, *The Diffusion of Collaborative Justice: The Politics of Learning in the Development of Drug Courts*, 40 Justice System Journal 238 (2019).

❸ See Bianca Easterly, *The Ties that Bind beyond the Battlefield: An Examination of the Diffusion Patterns of Veterans Treatment Courts*, 98 Social Science Quarterly 1622 (2017).

各州扩散的驱动因素❶。

事件史分析模型利用较精确的时间单位做离散分析。在该模型中,被解释变量被称为"风险率",即客体 i 在特定时间 t 发生的概率。在本研究中,环境资源审判庭是研究客体,"设立"是需要被跟踪记录的事件,因果关系体现在时间维度。在设置变量时,个体发生事件取值为 1,未发生事件取值为 0。在本研究中,中级人民法院设立环保法庭的年份编码为 1,如果该法院没有设立环保法庭则年份编码为 0,一旦中级人民法院设立了环保法庭,就被剔除出数据集。此编码表示每个法院只能设立一次环保法庭。

本文希望探究最高人民法院和高级人民法院发布文件和设立环境资源审判庭的制度压力、同省同级法院间相互学习与竞争的拉力,以及当地法院的环境治理法治需求的推力是如何影响法院作出是否设立环保法庭的决策的。

(二)样本选择

本研究将利用 2011—2021 年 293 个地级市中级人民法院是否成立环境资源审判庭的事件数据,利用事件史分析模型检验我国环保法庭创新扩散的影响因素。

首先,本研究以全国地级市、副省级城市和省会城市(以下简称"地级以上城市")为观测单元。因直辖市的级别、人口与经济规模、司法资源等方面与地级市存在较大差异,故剔除直辖市样本。

本研究设定 2011—2021 年为观察期,在这一观察期内有 122 个地级市设立环境资源审判庭。观察期之所以未从首个中级人民法院建立环保法庭的 2007 年开始,主要是因为 2007—2010 年这 4 年仅有 4 个环保法庭成立,尚未有百度指数数据,污染数据的缺失值较多。2022 年的城市特征数据不可

---

❶ See Daniel C. Matisoff and Jason Edwards, *Kindred Spirits or Intergovernmental Competition? The Innovation and Diffusion of Energy Policies in the American States (1990–2008)*, 23 Environmental Politics 795 (2014).

得,故不被纳入观察期。

其次,本研究所称的"环保法庭",指组织形式为"环境资源审判庭"的环境资源审判机构。在中国,环境资源审判机构包括环境资源审判庭、环境资源审判合议庭、巡回法庭三种。从功能角度考虑,独立建制的环境资源审判庭更能体现环境司法专门化所内含的组织专门化、程序整合化和审判专业化要求。❶

再次,本研究选择的研究对象的等级为"中级人民法院"。之所以作此种选择主要有两方面理由:一方面,中级人民法院在中国四级法院职能定位中具有承上启下的关键作用。中级人民法院不仅发挥二审有效终审、精准定分止争的功能,❷还能对基层重大、疑难、具有普遍法律适用指导意义的环境资源审判提级管辖,并对同样程度的环境资源案件报高级人民法院提级管辖。另一方面,中级人民法院数量较多,适合进行量化分析。高级人民法院的样本量较少,不适合量化分析。《人民法院组织法》并未授权基层法院设立环保法庭,❸基层法院设立环保法庭可能缺乏合法性基础。而且难以全面获得基层法院设立环保法庭的时间数据以及与环境污染程度相关的数据。故出于理论正当性和数据可获得性的考虑,本研究选择将中级人民法院的环保法庭作为研究对象。

最后,在我国地级市、省会城市(自治区首府)等行政区域内,不仅普通的中级人民法院设有环境资源审判庭,在一些专门法院(如银川铁路运输法院、西安铁路运输中级法院等)以及非地级市的中级人民法院(如汉江中级人民法院)亦设立了环境资源审判庭。但是,考虑到将城市作为研究单元可以与地区环境污染程度、经济发展水平等相关联,最终将研究对象聚焦于地级以上城市的普通中级人民法院环保法庭的设立情况。

---

❶ 参见张宝:《环境司法专门化的建构路径》,载《郑州大学学报(哲学社会科学版)》2014年第6期。
❷ 参见《最高人民法院关于印发〈关于完善四级法院审级职能定位改革试点的实施办法〉的通知》。
❸ 参见张宝:《环境司法专门化的建构路径》,载《郑州大学学报(哲学社会科学版)》2014年第6期。

由于目前法院公开的信息并不包括各地级市中级人民法院环保法庭成立的精确时间,本研究主要从各地方法院的官方新闻门户网站、政策文件、城市年鉴等公开资料中对研究样本进行逐一检索,获取研究数据。本文共使用122个地级市中级人民法院设立环保法庭的年份作为政策扩散事件史的基础数据库中的数据。我们将中级人民法院设立的环保法庭按照"城市—年份"样本的方式进行了整理。一个城市的中级人民法院在设立环保法庭之前,始终处于被观测的状态;自其建立环保法庭的第二年,就会被剔除,不再作为被观测对象,293个城市的中级人民法院在2011—2021年设立环保法庭的数据被排列为2635个观测单元。

(三) 变量测量

1. 因变量

本研究的因变量为地级市中级人民法院 i 在时间 t 设立环保法庭的情况。如果某城市中级人民法院在某年设立了环保法庭,则该变量取值为1。此前的所有年份,该变量都被编码为0,该年份之后的数据则被删除。因此,因变量是一个取值为0或1的二分变量。地方法院一般不会在设立环保法庭时发布正式文件,因此是否设立和设立时间均通过法院自己发布的新闻稿或媒体相关报道获取。本文因变量的数据是通过检索各市中级人民法院官网,在法院网站、微信公众号搜索"中院"/"中级人民法院"+"环保法庭"/"环境资源审判庭"/"环境保护审判庭"+"设立"/"成立"/"挂牌"/"揭牌",在搜索引擎搜索"×市"+"环保法庭"/"环境资源审判庭"的方式获得的。数据由两位编码人员各自获取后进行交叉检验,以保证数据的准确性和完整性。针对特殊案例,如显示设置了环保法庭但未公布具体时间的,则通过电话、邮件等方式和关系网络联系当地法院获取具体信息。

2. 自变量

(1) 中央压力

本变量用于衡量最高人民法院对法院设立环保法庭的自上而下的压力

影响。2014年最高人民法院发布《关于全面加强环境资源审判工作为推进生态文明建设提供有力司法保障的意见》,提出"高级人民法院要按照审判专业化的思路,理顺机构职能,合理分配审判资源,设立环境资源专门审判机构。中级人民法院应当在高级人民法院的统筹指导下,根据环境资源审判业务量,合理设立环境资源审判机构"。这一文件标志着环境资源审判庭制度在中国的正式确立。因此2014年之前的自变量被标记为"0",2014年及之后的自变量被标记为"1",以此衡量是否有中央压力,放入模型时滞后一期处理。

(2)省级压力

本变量用于考察高级人民法院对法院设立环保法庭的自上而下的压力影响。把各个省级行政区的高级人民法院设立环保法庭之前的年份标记为"0",设立及之后的年份标记为"1",以此来衡量中级人民法院所面临的上级压力,放入模型时滞后一期处理。另外,在稳健性检验中,本研究使用高级人民法院发布的鼓励下级法院设立环保法庭的政策文件以衡量省级压力,检验省级压力影响的稳健性。

(3)同级影响

本研究采用"省内中院采纳率"衡量同级法院间横向学习对法院设立环保法庭的影响,即以同一省级行政区内各城市已设立的环保法庭的比例,来衡量在横向维度中的学习及竞争机制。这是事件史模型中衡量相邻地区水平扩散压力的常用方法。[1]具体而言,城市i的"省内中院采纳率"用t年中级人民法院已建立的环保法庭占该省城市总数的比例,在放入模型时进行滞后一期处理。

(4)环境污染状况

这一变量用于考察辖区内部环境污染治理的需求对法院设立环境资源

---

[1] See Samuel Fankhauser, Caterina Gennaioli and Murray Collins, *Do International Factors Influence the Passage of Climate Change Legislation?*, 16 Climate Policy 318 (2016).

审判庭的推力影响,地区环境污染程度可以体现城市所面临的环境问题的严重性。工业污染是环境污染的主要来源,工业污染越严重,污染治理需求也越大。以 2021 年为例,全国法院共受理环境资源一审案件 297492 件,其中民事一审案件 185468 件,占比约 62%。❶ 在民事侵权单一环境污染案件类型中,大气污染和水污染侵权案件占环境侵权案件的 50.96%。❷ 因此本文分别选择工业二氧化硫、工业氮氧化物和工业废水排放量作为地级市环境污染的衡量指标,数据均来自"中国环境统计年鉴"。三种衡量指标测量的环境污染程度变量会被分别放入模型,也被用来检验变量间关系的稳健性。

(5)公众关注

本研究使用百度搜索指数衡量公众关注状况。截至 2022 年 12 月,我国网民规模达 10.67 亿人,互联网普及率达 75.6%。❸ 截至 2022 年 12 月,百度搜索在中国搜索引擎的市场占有率为 60.87%,位居第一。❹ 已有多个研究使用包含"环境污染""雾霾"等关键词的百度搜索数据衡量公众对环境的关注程度。❺ 本研究使用 2011 年至 2021 年"环境污染"百度搜索总指数(整合 PC 端和移动端)衡量特定城市的公众对环境的关注程度。

3. 控制变量

控制变量包括城市 i 在 t 年对应的经济水平、人口规模、财政能力和城市类别,放入模型时均进行滞后一期处理,以确保自变量的发生时间在因变量之前。

(1)经济水平。该变量衡量城市的经济水平差异,用人均国内生产总

---

❶ 参见《中国环境资源审判 2021》,最高人民法院 2022 年 6 月发布。
❷ 参见吕忠梅、张忠民:《环境司法 2021:推动中国环境司法体系建设迈向新征程》,载《中国环境司法发展报告(2021 年)》,法律出版社 2022 年版,第 22 页。
❸ 参见《第 51 次〈中国互联网络发展状况统计报告〉》,载中国互联网络信息中心 2023 年 3 月 2 日,https://www3.cnnic.cn/n4/2023/0303/c88-10757.html。
❹ See Search Engine Market Share in China, Statcounter GlobalStats, https://gs.statcounter.com/search-engine-market-share/all/china, April 2023.
❺ 参见史丹、陈素梅:《公众关注度与政府治理污染投入:基于大数据的分析方法》,载《当代财经》2019 年第 3 期。

值,即人均 GDP 进行衡量,并取对数。数据来自"中国城市统计年鉴"。

(2)人口规模。该变量衡量城市的规模,使用百万人口数,并取对数。数据来自"中国城市统计年鉴"。

(3)财政能力。该变量衡量城市的财政健康状况,用财政支出减去财政收入,再除以财政支出。数据来自"中国城市统计年鉴"。

(4)城市类别。这一变量体现城市的行政级别差异,普通地级市赋值为0,其他城市(如副省级城市、省会城市赋值为1)的行政级别情况来自历年的"中国城市统计年鉴"。

本研究未将流域型环境资源审判庭❶与铁路运输法院等专门法院❷设立的环保法庭纳入模型,原因主要有以下两点:第一,流域型环境资源审判庭主要设置在基层法院,如江苏省为推进在长江流域建立的审判机构"9+1"模式,9个生态功能区法庭均为基层法院设立,❸不会影响本研究选择的中级人民法院的设立情况。第二,设立环境资源审判庭的中级专门法院仅10个,❹且管辖范围不一,如长春铁路运输法院(长春环境资源法庭)负责管辖全省应当由中级人民法院管辖的环境资源案件,但厦门海事法院行政和生态环境审判庭仅负责审理由本院管辖的一审生态环境案件。相较于本研究的样本量而言,上述情形影响较小。因此,本研究不将这两类环境资源审判机构纳入模型,且不对此两者设置控制变量(见表1)。

---

❶ 在环境资源审判集中管辖机制改革中,为解决流域、生态功能区范围内司法地方化问题,成立跨辖区的环境资源审判机构。

❷ 此"专门法院"是相对"普通法院"的概念,一些省份因环境资源审判案件相对较少或实现环境资源审判案件集中管辖,将省内特定案件指定为专门法院管辖。

❸ 参见《2021 年度江苏环境资源审判白皮书》,江苏省高级人民法院 2022 年 6 月 6 日发布。

❹ 设有环境资源审判庭的专门法院有厦门海事法院、郑州铁路运输中级法院、武汉海事法院、长沙铁路运输法院(待定)、长春林区中级法院、徐州铁路运输法院、银川铁路运输法院、西安铁路运输中级法院、乌鲁木齐铁路运输中级法院、甘肃矿区人民法院。

表1 变量及测量方法

	变量名	含义与测量方法	假设	数据来源
因变量	环保法庭的设立	城市的中级人民法院是否设立环保法庭,设立变量值取1,未设立变量值取0		作者资料库
自变量	中央压力	2014年最高院发布《关于全面加强环境资源审判工作为推进生态文明建设提供有力司法保障的意见》,因此2014年之前标记为"0",当年及之后标记为"1"	+	最高人民法院网站
	上级压力	本省高院是否设置环境资源审判庭,之前的年份为0,当年及之后的标记为"1"	+	作者资料库
	同级影响	当年本省中院成立环境资源审判庭的比例	+	作者资料库
	污染程度	地方工业二氧化硫/氮氧化物/工业废水排放量(万吨)	+	中国环境统计年鉴
	公众关注	百度搜索"环境污染"关键词指数	+	百度指数
控制变量	经济水平	城市人均区域生产总值及人均GDP,取对数	−	中国城市统计年鉴
	人口规模	城市人口数,取对数(百万)		中国城市统计年鉴
	财政能力	该城市的财政赤字率(财政支出减去财政收入占财政支出的比重)		中国城市统计年鉴
	城市类别	省会城市及副省级城市为"1",其他为"0"	−	中国城市统计年鉴

[五] 实证分析

(一)描述性统计

各变量描述性分析的结果见表2。此外,各变量之间的共线性诊断显示方差膨胀因子(VIF)均小于5,说明变量间不存在共线性问题。

表 2 变量的描述性统计

变量	观测值	均值	标准差	最小值	最大值
设立环保法庭	2635	0.0463	0.2102	0	1
中央政策	2635	0.6865	0.464	0	1
省级高院设立环保法庭	2635	0.3051	0.4605	0	1
省内采纳比例(%)	2635	0.0912	0.149	0	0.8889
"环境污染"百度指数	2432	19.8572	22.0692	0	135.7841
二氧化硫排放(万吨)	1992	13.9319	21.6416	0.0002	212.3459
氮氧化物排放(万吨)	2461	4.1367	4.2513	0.0002	49.6377
工业废水排放(万吨)	2287	0.5837	0.6866	0.0001	8.0468
经济水平(元)	2404	46656.07	31520.23	5304	467749
人口规模(百万)	2627	407.6958	254.3833	0.04	1763
城市级别	2635	0.0953	0.2936	0	1
财政能力	2620	-0.5631	0.2222	-0.9662	0.5413

(二)事件史模型

表3报告了进行 logit 回归的事件史分析结果。由于地区污染物多样,模型1至模型3分别用地区工业二氧化硫、工业氮氧化物和地区工业废水排放量(万吨)来衡量地区污染程度。本文主要报告了回归系数、标准误差、优势比(Odds Ratio, OR)、显著性水平等反映自变量显著性的指标,以及回归方程的似然函数值、模型的伪 $R2$ 等反映模型拟合优度的指标。其中,优势比是该事件发生的概率与不发生的概率的比值,大于1则表示自变量对因变量的发生有积极影响,优势比越高,表明该事件越容易发生。结果显示,三个模型均通过了实证检验,具有有效性。

表 3 环保法庭扩散的事件史分析

	模型一		模型二		模型三	
	回归系数与标准误	优势比	回归系数与标准误	优势比	回归系数与标准误	优势比

（续表）

	模型一		模型二		模型三	
中央压力	1.366***	3.918	1.271***	3.564	1.236***	3.443
	(0.454)		(0.415)		(0.414)	
省级压力	0.161	1.175	0.069	1.071	0.030	1.031
	(0.399)		(0.412)		(0.404)	
同级影响	2.325**	10.225	2.501***	12.200	2.509***	12.297
	(0.914)		(0.927)		(0.917)	
公众关注	0.023***	1.023	0.024***	1.024	0.026***	1.027
	(0.009)		(0.008)		(0.009)	
污染状况(工业二氧化硫)	0.007	1.007				
	(0.004)					
污染状况(工业氮氧化物)			0.013	1.013		
			(0.029)			
污染状况(工业废水)					−0.140	0.869
					(0.180)	
经济水平(取对数)	−0.324	0.723	−0.220	0.803	−0.233	0.792
	(0.369)		(0.365)		(0.368)	
人口规模(取对数)	−0.065	0.937	−0.037	0.963	−0.013	0.987
	(0.224)		(0.224)		(0.219)	
城市级别	−1.031*	0.357	−1.210**	0.298	−1.392**	0.249
	(0.617)		(0.591)		(0.640)	
财政能力	0.820	2.271	0.867	2.380	1.191	3.289
	(0.963)		(0.950)		(0.984)	
常数	−0.863	0.422	−1.958	1.141	−1.653	0.191
	(4.886)		(4.753)		(4.808)	

(续表)

	模型一		模型二		模型三	
N	1809		2090		2095	
Psedo R-sq	0.098		0.102		0.1035	
Loglik	-290.139		-310.471		-310.279	
Chi-squared	63.65		75.31		79.68	

注:*** $p<0.01$,** $p<0.05$,* $p<0.1$,括号外为回归系数,括号为按城市聚类的稳健标准误。

实证分析的结果显示,中央压力在三个模型中均在 0.01 的水平上显著,H1 得到支持,说明最高人民法院发布的《关于充分发挥审判职能作用为推进生态文明建设与绿色发展提供司法服务和保障的意见》对城市中级人民法院设置环境资源审判庭有显著积极影响。最高人民法院出台支持文件后,地方设立的环境资源审判庭的数量约为此前的 3.5 倍。

省级压力在三个模型中均不显著,H2 没有得到实证支持。这说明省级行政区的高级人民法院是否设立环境资源审判庭与城市中级人民法院的选择关系不大。这一发现与政策扩散中经常得到实证支持的上级压力有所不同,可能的原因是上下级司法系统彼此之间相较于行政系统更独立。此外,中级人民法院与高级人民法院所承担的审判功能有所差异。

同级影响的拉力在三个模型中均显著,显著水平均在 0.05 以内,H3 得到实证支持,说明特定中级人民法院是否设立环境资源审判庭受到省内其他中级人民法院的行为的较强影响。这可能与同级法院领导人作出决策的模仿行为的动机受环境问题的不确定性与采取适当行动压力的不确定性有关。❶ 此外,同级的竞争与学习机制优势比非常高,可见地方中级人民法院

---

❶ See Kerstin Tews and Per-Olof Busch, *Governance by Diffusion? Potentials and Restrictions of Environmental Policy Diffusion*, in Frank Biermann, Rainer Brohm and Klaus Dingwerth (eds.), Proceedings of the 2001 Berlin Conference on the Human Dimension of Global Environmental Change "Global Environmental Change and the Nation State", 2002, pp.168-182.

是否设立环境资源审判庭往往是"群体行为"。

地方环境污染状况的回归系数为正,但在三个模型中均不显著,说明 H4 未得到实证支持。并且说明环境污染状况对城市中级人民法院是否设立环保法庭无显著影响。这可能是因为环保法庭被用于解决环境领域的司法纠纷,而从环境污染到环境司法纠纷的链条较长。关系受到多种因素的影响,在环境污染程度严重的地方设立环保法庭的需求未必突出。

公众关注在三个模型中都在 0.01 的水平上显著,H5 得到支持,公众关注正向影响环保法庭的设立。公众对环境污染的关注度越高,当地越有可能设立环保法庭。虽然司法机构在制度层面上的角色为被动回应司法纠纷,但在实践中,公众的声音与需求很可能影响法院是否设立环保法庭。而公众关注的优势比较低,在 1 左右,说明公众关注存在影响但影响力度不大。

人口数、经济发展水平和财政能力总体均不显著,但是城市级别显著。说明城市自身的发展水平与资源水平对环保法庭的设立无显著影响,然而行政级别有显著影响。这一点与政策扩散的相关研究存在差异,体现了环境资源审判庭并非"强者积极"的简单逻辑,不同地方的中级人民法院的行为选择有多重考量。

用高级人民法院是否发布支持设立环保法庭的文件代替省级是否设立环保法庭,以衡量省级压力,因篇幅所限仅报告结果。结果显示,该变量在三个模型中均不显著。这与前述结果一致,说明省级压力与地方中级人民法院环保法庭的设立无显著关系。

[六] 结论与讨论

本文考察了 2011—2021 年中国环保法庭制度在全国法院普遍建立的过程,试图探究环境司法专门化组织创新扩散的影响因素。实证结果显示,来自最高人民法院的自上而下的压力对地方法院设立环保法庭有积极影响,在最高人民法院出台支持文件后地方设立环保法庭的数量约为此前的 3.5 倍。省内的中级人民法院设置环保法庭的比例会极大影响其他中级人民法院的选择,存在"唯恐落后"现象。但是所在省级行政区的高级人民法院是否设立环保法庭对城市中级人民法院的行为选择无显著影响,这一点与政策扩散中经常得到实证支持的结果不同,这可能与法院系统上下级之间相较行政系统更独立且同构程度低相关,也可能与同级法院同侪竞争的挤出效应有关。此外,城市中级人民法院是否采取设立环保法庭的创新举措与地方环境污染程度是否严重的相关性不大。但如果当地的环境污染受到公众关注,则这种环境治理的法治需求会被自下而上地传给法院,地方法院是否设立环保法庭与公众环境的关注度呈正相关。这一结论回应了"无案可审"的环保法庭"无序增长"之谜。换言之,环保法庭的设立动因并非环境污染之严重,所以即便有些法院设立了环保法庭,进入司法程序的案件也并不一定多。当地设立环保法庭可能是出于环保法庭的预防作用和专门化审判有利于实现环境正义的考虑。当地方的环境污染治理问题在非司法领域凸显或引起公众广泛关注时,当地法院便可能有设立专门的环保法庭的动力。司法手段作为环境纠纷救济的最后手段,进入诉讼程序的环境纠纷自然会少,甚至出现"无案可审"的情况,但不能因此否定设立环保法庭的正当性。

环保法庭的扩散过程说明,在环境司法专门化过程中,司法系统内部的组织改革迅速扩散与中央支持、同级影响、公众需求密切相关。最高人民法院在考虑解决社会法治需求的基础上鼓励法律创新,并为全国性环境资源审判专门化提供提纲挈领的指示。地方法院设立环保法庭的动力不仅来自当地公众对环境关注的回应,也来自同级法院法律创新扩散的压力。然而高级人民法院的影响较弱,这可能与其影响被同级压力挤出相关。本研究也从侧面说明,虽然法院系统在公共组织中扮演消极回应需求的角色,且被深嵌于行政体制中,但是在法院系统内部司法组织的设立与否的问题上,仍表现出了法律创新的积极性,为生态文明法治化建设作出了应有的贡献。

根据研究结论,本文提出两点政策建议:第一,在环境司法专门化改革中,应当厘清上下级法院关系,做好指导和协调工作,最高人民法院和高级人民法院应当加强法律组织创新的导向性,拓宽地方法院的创新空间,增强资源支持力度,提高地方法院创新的积极性。第二,司法改革应当遵循司法规律,法院内部的组织创新应根据循证决策的基本原理,在充分调研的基础上形成扎实的决策依据,如本研究所示,地方法院只在环境污染引起公众关注时才会设立环保法庭,因此对于是否应当在环境污染严重但仍未引起公众关注的地区设立环保法庭的问题,需要基于系统的、科学的循证决策步骤做进一步分析。

  尽管本研究使用控制变量来排除潜在的解释,但可能存在遗漏变量、产生内生性的问题。另外,本研究的实证结果推广也将是一个值得关注的问题。由于环境问题与自然条件密切相关,环保法庭的扩散机制能否被用于司法系统中的其他司法组织仍值得商榷。在未来的研究中,将考虑政府环境规制执行强度,探究政府的政策议程对法院创新的影响。

法官说理中的经济分析运用

——以民商事裁判文书为研究样本

高凯铭[*]

摘 要：中国法官运用经济分析说理的数量已经初具规模。法官主要运用的领域是一般条款具体化和法律漏洞的填补，主要运用的分析思维是成本效益分析和公共福利经济分析，常用经济分析术语是机会成本、风险分配、理性选择、代理成本和逆向选择等。法官运用经济分析进行说理能够增强对法教义学模糊问题的论证和分析新型法律关系。但法官运用经济分析说理的程度要受到制度、理论和能力的多重约束，需要面对社会需求优化知识供给，实现理论界和实务界更好地合作。这样，经济分析才能在法教义学基础上加以迭代，形成新型的司法裁判知识体系。

关键词：经济学知识 审判实务 教义分析 成本收益分析

[一] 问题的提出

在法学界，法律的经济分析是一种重要的研究范式。特别是在美国，法律的经济分析已经深入各大法学院，特别是一流法学院。而在中国，自20世纪90年代以来，越来越多的学者翻译法律经济学著作，进行法律经济学研

---

[*] 高凯铭，美国加州大学伯克利分校法学院法学硕士生。本文系教育部哲学社会科学研究重大课题攻关项目"百年中国政法体制演进的经验与模式研究"（项目批准号：22JZD014）的阶段性成果。

究,开设法律经济学❶课程。法学界对于法律经济学的知识普及,已经有二十多年。但中国司法实务是什么情况,经济分析对司法实务特别是法官裁判有着怎样的影响,这是本文所关注的核心问题。

在正式分析之前,先做一些界定性说明。对于绝大多数案件,法官在依法作出裁判之前,会进行利弊权衡(更正式的说法为利益衡量)。但这并不属于本文所讨论的法律的经济分析。本文所讨论的法律的经济分析,是学科(社会科学)意义上的正式知识,关注法官在裁判过程中如何运用法律经济学上的概念、原理进行分析。

为便于集中讨论,本文主要关注法官在裁判文书说理中如何运用经济分析,不讨论当事人在司法过程中如何运用经济分析。实际上,后者对经济分析的需求和动力更大。例如,在"360与腾讯"案中,双方当事人都聘请过一流经济学家出具专家意见。❷ 本文的研究样本主要是民商事裁判文书,没有将较少运用经济分析的刑事和行政裁判文书纳入讨论范围。

本文在对法官说理如何运用经济分析进行归纳时,还会进一步讨论法官行为背后的激励机制,也就是对法官的行为进行经济分析。这样,通过对法官的行为进行经济分析,试图进一步讨论,如何通过激励法官做出某种行为来促使法官在说理中更有创造性地运用经济分析,甚至形成新的裁判规则。这也就有可能反过来促进法学院的法律的经济分析研究。

[二] 研究方法与总体情况

本文主要运用"北大法宝"司法案例数据库对裁判文书进行检索。具体来说:首先,选定法律经济学的关键词进行检索。这些关键词的选取,主要参

---

❶ 严格来说,法律的经济分析与法律经济学的表述内涵有一定区别。但这不是本文关注的重点,故不加区分地使用。
❷ 最高人民法院,(2013)民三终字第4号民事判决书。

考了国外具有教科书性质的翻译作品和国内的几本教科书❶。我们最终整理出 73 个法律经济学关键词(见附表 1)。其次,我们将检索范围限定在裁判文书的"法院认为"部分❷。"法院认为"部分是裁判文书中对法律适用过程的说明,是集中展示法官如何进行经济分析的说理部分。我们最后的检索时间为 2023 年 4 月 2 日,初步检索的总体情况如下:

第一,在 73 个法律经济学关键词中,只有 23 个在"法院认为"即法律适用部分被援引。案件总数有 1368 件,如表 1 所示:

表 1 案件类型简表

编号	关键词	案件数	案件类型(案件数)
1	机会成本	395	民事(388)行政(5)刑事(2)
2	风险分配	331	民事(328)行政(2)刑事(1)
3	理性选择	323	民事(311)行政(8)刑事(4)
4	代理成本	163	民事(161)刑事(2)
5	逆向选择	42	民事,多数为交通保险、投资理财
6	分割成本	18	民事,其中离婚继承(11) 物权(7)
7	预防成本	15	民事,其中侵权(11)合同(4)
8	沉没成本	15	民事(14)行政(1)
9	识别成本	15	知产竞争,都为商标案件

---

❶ 这些著作分别是:〔美〕理查德·波斯纳:《法律的经济分析(第七版)》(中文第二版),蒋兆康译,法律出版社 2012 年版;〔美〕罗伯特·考特、〔美〕托马斯·尤伦:《法和经济学(第六版)》,史晋川、董雪兵等译,史晋川审校,格致出版社、上海三联书店、上海人民出版社 2012 年版;史晋川主编:《法经济学》(第二版),北京大学出版社 2014 年版;魏建、周林彬主编:《法经济学》(第二版),中国人民大学出版社 2017 年版;冯玉军主编:《新编法经济学:原理·图解·案例》,法律出版社 2018 年版。

❷ 在"北大法宝"司法案例数据库中,一篇裁判文书被划分为"审理经过""诉讼请求""辩方观点""争议焦点""法院查明""法院认为""裁判依据""裁判结果"8 个部分。其中,"法院查明"部分是裁判文书中的事实认定部分,基本上与法官裁判的经济分析无关,故也不在检索范围之内。

(续表)

编号	关键词	案件数	案件类型(案件数)
10	边际成本	9	民事(9),其中合同(5)侵权(3)垄断(1)
11	成本优势	7	民事(6)行政(1)
12	负外部性	7	民事(5)行政(2)
13	有限理性	6	民事,多数为金融理财
14	沉淀成本❶	5	民事,其中劳动(3)知产(2)
15	正外部性	3	民事(3)
16	效率违约	3	民事
17	福利最大化	3	民事(3)
18	边际收益	2	民事(2),其中合同(1)侵权(1)
19	外部性内部化	2	民事
20	汉德公式	1	民事侵权
21	帕累托最优	1	民事合同
22	博弈论	1	民事合同
23	非合作博弈	1	民事合同

第二,在运用经济分析的案件类型中,绝大多数是民事案件。运用经济分析的行政案件和刑事案件的数量很少。这也是本文聚焦于民商事裁判文书的客观原因。本文所研究的民商事裁判案件样本,包括知识产权与竞争案件在内,共有1346件。由于样本只有1346件,本文虽然基于统计数据但也并非大样本全景式分析❷,因此,主要通过人工阅读进行定性研究。

第三,在被引用的法律经济学关键词中,被引用数量超过300次的词是

---

❶ "沉淀成本"与"沉没成本"含义相同,但为了检索和展示的方便,将两个关键词分列。

❷ 典型研究例如,Benjamin L. Liebman, Margaret E. Roberts, Rachel E. Stern and Alice Z. Wang, *Mass Digitization of Chinese Court Decisions: How to Use Text as Data in the Field of Chinese Law*, 8 Journal of Law and Courts 177 (2020).

机会成本、风险分配、理性选择;被引用数量超过100次的词是代理成本;被引用数量超过10次的词是逆向选择、分割成本、预防成本、沉没成本、识别成本。相比之下,更具有理论性的关键词如汉德公式、帕累托最优各只有1次被引用。科斯定理、霍布斯定理、波斯纳定理、卡尔多-希克斯效率、纳什均衡这些理论性强的关键词更是没有被引用。

此外,检索结果中包含"经济分析""法经济学""法律经济学"3个关键词的案件有16件,其中刑事案件1件、行政案件1件、民事合同案件7件、民事侵权案件6件、劳动争议案件1件。这表明,在中国法院的审判实务中,法官明确指出自己使用法律经济分析的情况较少,这在一定程度上反映了法律经济分析在中国法院审判实务中运用程度较低的现状。

[三] 法官如何运用经济分析说理

在对1346份民商事裁判文书进行人工阅读后,笔者有如下基本判断:法官对于经济分析的运用,总体上仍是在法学方法论的框架下进行。通常所讲的法学方法论,是指德国法传统的民法方法论。❶ 基本框架包括法律解释方法、法律漏洞补充和法律续造。

法官运用经济分析的情形,基本上不是在法律文义解释范围内的解释情形。这也就是法律经济学学者所说的经济分析主要运用于疑难案件的解释。❷ 具体来说,法官运用经济分析的类型有一般条款具体化和法律漏洞的填补。

(一)一般条款具体化

我国的民法体系是总分则模式的,存在一定数量的一般条款,以支撑法

---

❶ 例如,〔德〕托马斯·M. J. 默勒斯:《法学方法论(第4版)》,杜志浩译,北京大学出版社2022年版;〔德〕克劳斯-威廉·卡纳里斯:《法律漏洞的确定:法官在法律外续造法之前提与界限的方法论研究(第2版)》,杨旭译,北京大学出版社2023年版。

❷ 参见桑本谦:《"法律人思维"是怎样形成的——一个生态竞争的视角》,载苏力主编:《法律和社会科学》第13卷第1辑,法律出版社2014年版,第1页。

律的体系性。这些一般条款,不仅包括《民法典》总则编中的诚实信用原则、合同编上的公平原则、侵权责任编上的过错责任原则,还包括表见代理之类的总则性制度。这些一般条款给予法官一定的自由裁量空间,需要法官在司法裁判中进行具体化适用。这也就为法官运用经济分析进行说理提供了可能。这里主要对诚实信用原则、公平原则、过错责任、表见代理、侵权赔偿数额、社会公共利益原则的具体化分别举例。

第一,诚实信用原则具体化。法官会运用成本最小化和收益最大化思维、边际成本等概念进行分析。

(1)运用成本最小化和收益最大化思维。在上海锐矿国际贸易有限公司(以下简称上海锐矿公司)、黄石仁之信矿业有限公司(以下简称黄石仁之信公司)买卖合同纠纷案❶中,上海锐矿公司与黄石仁之信公司所签《买卖合同》的第5条约定"如果买方未能在指定日期内付清货款,卖方将处置货物,保证金不予退还",争议焦点是黄石仁之信公司未足额支付预付货款,上海锐矿公司是否有权直接处置货物。具体化的一般条款是《中华人民共和国合同法》(以下简称《合同法》,已失效)第60条,即"当事人应当按照约定全面履行自己的义务。当事人应当遵循诚实信用原则,根据合同的性质、目的和交易习惯履行通知、协助、保密等义务"。一、二审法院认定:上海锐矿公司未通知黄石仁之信公司解除合同、自行处置货权即未履行供货义务属于违约。再审裁定中,法官运用成本最小化和收益最大化的经济学思维论证了上海锐矿公司处置货权的行为属于违约,原文如下:

> 黄石仁之信公司提交的其与上海锐矿公司交易明细显示,在双方之前的交易中,即使黄石仁之信公司未严格按约定进度付款,上海锐矿公司亦未解除合同、自行处置货物。黄石仁之信公司差欠预付货款占比仅约10%,上海锐矿公司留置少量货物即可覆盖货款金额缺口,却在未通知卖方的情况下,将整批货物运往其他国家进行处置,有违商业领域追

---

❶ 湖北省高级人民法院,(2019)鄂民申1800号民事裁定书。

求成本最小化及经济利益最大化的运行规则,亦与当事人之前的交易常态不符。

成本最小化和收益最大化是最基本的经济学思维。在该案中,法官将商事活动中的全面履行义务具体化为追求交易各方的成本最小化、收益最大化,进而判定上海锐矿公司违反诚实信用原则,体现了商事裁判的经济效益价值导向。

(2)运用边际成本概念。在马哲与北京胜古房地产开发有限责任公司(以下简称胜古公司)商品房销售合同纠纷案❶中,争议焦点是胜古公司是否有催告马哲纳税的合同附随义务,这一问题决定了判断哪一方是违约主体。需要具体化的一般条款是《合同法》(已失效)第 60 条。法官首先依据诚实信用原则和交易习惯,论证了催告纳税是胜古公司的附随义务,又运用边际成本的经济学基本概念,加强了论证,对应原文如下:

> 购房人虽系相关办证税费缴纳主体,但胜古公司作为房地产开发商亦应遵循诚实信用原则,参考交易习惯,根据商品房销售合同的性质、目的履行通知、协助义务。此类义务从属附随于房屋出售方交付房屋、转移权属登记等主合同义务,辅助保障后者履行利益的充分实现,以确保购房人的合同目的能够获得最大程度的满足。且以降低办证边际成本、提高效率而论,长期以来开发商通知、催告购房人完善办证手续并协助产权过户系商品房交易沿袭至今的商业惯例,胜古公司作为专业开发商必然谙熟房产证办理之规范流程,而不应对自身的附随义务懈怠忽视。

边际成本是微观经济学的基本概念。在该案的情境中,开发商与购房人相比,熟谙房产证办理之规范流程,就办证而言的边际成本大大低于购房人,具有明显的比较优势。法官运用"边际成本"概念,将合同义务的诚实信用履行解释为提升经济效率、降低交易成本,较好发挥了经济分析的作用。

---

❶ 北京市第三中级人民法院,(2014)三中民终字第 13744 号民事判决书。

第二，公平原则具体化。这会体现在法官运用提升交易效率的经济思维分析合同条款是否显失公平。在张国良与北京誉满家科技发展有限公司(以下简称誉满家公司)、浙江天猫网络有限公司买卖合同纠纷案❶中，争议焦点是案中的网购合同是否依法成立并合法有效，被告誉满家公司以该合同内容显失公平主张合同可撤销的抗辩能否成立。法官在进行常理分析后，又从交易效率的角度进行了经济分析，原文如下：

> 电子交易应以维护交易的效率、交易的安全作为法的价值取向，这有利于经营者秉承谨慎、诚信的经营理念，对其发布的产品要约信息负责。如果允许经营者以显失公平等事由撤销合同，将危害交易的安全与稳定，最终损害的是不特定消费者的利益。因此，从法律的经济学分析方法来看，此类交易产生的错误成本施加于经营者，应更为有效率。

该案中，法官将显失公平解释为交易成本的错误分配，这充分体现了经济效率与公平观念是可以统一的，如孙国华教授所言，"总的看，人们倾向于把对社会的衣、食、住、行最有效益的观念和措施认为是正义的、公平的"❷。在新型法律关系面前，进行抽象的道德价值判断难以达成共识，而以效率价值为导向的经济分析则能形成更有说服力的论证。

第三，过错责任原则具体化。法官会运用社会成本效益分析方法和逆向选择概念进行分析。

(1)运用社会成本效益分析方法。在段延等与中华联合财产保险股份有限公司北京分公司等机动车交通事故责任纠纷案❸中，争议焦点之一是各方当事人对事故发生的过错如何，这决定了如何划分赔偿责任。需要具体化的条款是《侵权责任法》(已失效)第24条，即"受害人和行为人对损害的发生都没有过错，可以根据实际情况，由双方分担损失"。法官首先运用体

---

❶ 广东省东莞市第一人民法院，(2015)东一法东民二初字第588号民事判决书。
❷ 冯玉军：《法经济学范式》，清华大学出版社2009年版，序言第1页。
❸ 北京市第三中级人民法院，(2018)京03民终1728号民事判决书。

系解释得出将被告方承担的赔偿责任范围扩大至其保险公司应当承担的赔偿责任限额的结论,又运用经济分析补充论证,原文如下:

> 法律的经济分析表明:最有效率的预防水平,就是能够使事故的伤害成本与预防成本之和(即侵权行为的社会成本)最小化的预防水平;在此水平之下,预防措施的边际成本与边际收益相等,社会效益达到最大化。本案中……无论由王某一方还是由焦铁成一方承担损害后果,均难以达到指引行为人对未来可能发生的侵权损失投入合理预防成本的司法目标。鉴于在双方均无过错的情况下,交通事故仍然发生且造成人员伤亡严重后果实属小概率事件……由保险公司在保险责任限额内承担损害赔偿责任,即属发挥保险社会功能之必然要求。

在该案的法律推理过程中,法官运用了事故伤害成本与预防成本、边际成本与边际收益、社会成本与社会效益等法经济学基本概念,这些分析方法是法经济学的基本思维❶。该案的裁判文书中对法经济学基本原理的阐述,是经济分析运用于中国法官裁判的有力例证。

(2)运用逆向选择概念。在徐祯弘与平安银行股份有限公司北京丰台支行(以下简称平安银行丰台支行)财产损害赔偿纠纷案❷中,争议焦点是平安银行丰台支行不适当地推介案涉理财产品对于徐祯弘的经济损失的发生是否存在过错。法官运用信息不对称、逆向选择等经济学概念论证了平安银行丰台支行存在过错,原文如下:

> 随着金融衍生品的专业性和复杂性不断提升,投资者在信息方面处于明显劣势地位。信息的严重不对称容易诱发逆向选择和道德风险,导致金融市场发生失灵,使投资者利益蒙受不应有的损失。为有效保障投资者权益,金融机构负有适当性义务。所谓"适当性义务",是指金融机

---

❶ 参见〔美〕理查德·波斯纳:《法律的经济分析(第七版)》(中文第二版),蒋兆康译,法律出版社2012年版,第10—13页。
❷ 北京市第二中级人民法院,(2018)京02民终7731号民事判决书。

构在推介理财产品时,应主动了解客户的风险偏好、风险认知、承受能力,评估客户的财务状况,提供合适的产品由客户选择,并揭示相关风险,保证将适合的产品销售给适合的投资者。

逆向选择是源于信息经济学的一个概念,是指市场的某一方如果能够利用多于另一方的信息使自己受益而使另一方受损,则倾向与对方签订协议进行交易。逆向选择导致优质品的价格被低估而退出市场交易,结果只有劣质品成交,进而导致交易的停止,即"劣币驱逐良币"❶。在该案中,即指金融机构利用自身的信息优势,倾向与投资者签订高风险协议的情况。法官运用逆向选择这一经济学概念,将金融机构的适当性义务解释为了解客户、提供合适产品并揭示相关风险从而维护金融市场高效安全运行的义务,进而判定被告对徐祯弘的经济损失的发生存在过错。上述论证过程是法教义学运用常理分析较难完成的。

第四,具体适用表见代理制度。法官会运用预防成本概念进行分析。在梁冰与张富英、佛山市南海圣城仓储有限公司(以下简称圣城公司)普通破产债权确认纠纷案❷中,争议焦点是梁冰借给张富英的一笔借款是否因张富英构成表见代理而归属为对圣城公司的债权。需要具体化的是相对人"有理由"相信行为人有代理权。法官首先依据证据论证了张富英不构成表见代理,之后又运用预防成本的分析方式增强了论证,原文如下:

> 表见代理的功能实际上是一种利益和风险的平衡,故应考虑相对人和被代理人的风险控制能力。本案在代理权表象明显不足,梁冰可以采取远低于圣城公司预防成本的措施进行核实,进而避免发生争议的情况下,梁冰的不作为理应承担相应的法律后果。

表见代理案件中关于是否"有理由"相信行为人有代理权的判断被认为

---

❶ 林毅夫、潘士远:《信息不对称、逆向选择与经济发展》,载《世界经济》2006 年第 1 期。

❷ 广东省佛山市南海区人民法院,(2017)粤 0605 民初 14908 号民事判决书。

是审判实务中的一个难点。❶本案中,法官运用经济分析,提升了判断的说服力和有效性。本案也可说明,预防成本这一从侵权法的经济分析中发展出来的概念,也可被运用于其他法律问题的分析当中,可见经济思维对分析法律问题而言具有广泛性。

第五,具体化著作权侵权赔偿规定。法官会运用沉淀成本概念辅助确定侵权赔偿金额。在吕勤峰诉杭州阿里巴巴广告有限公司、绍兴柯桥玛丽娜纺织品有限公司著作权权属、侵权纠纷案❷中,美术作品《纷纷扬扬》的著作权人吕勤峰起诉绍兴柯桥玛丽娜纺织品有限公司未经许可生产、销售侵犯原告美术作品著作权的窗帘布料,被告杭州阿里巴巴广告有限公司帮助侵权,请求两被告共同赔偿。裁判结果是绍兴柯桥玛丽娜纺织品有限公司停止侵权并承担赔偿责任,杭州阿里巴巴广告有限公司不承担连带责任。当时具体化依据的一般条款是《著作权法》第49条(现第54条)。在确定赔偿金额时,法官运用了沉淀成本这一经济学概念,原文如下:

> 本院认为,受市场欢迎的、被侵权的一个花型背后往往沉淀了数以百计无人问津的花型,故前者的保护也应考虑创作的沉淀成本,适才能发扬知识产权法律鼓励创新的精神。综上,本院对本案的损害赔偿数额酌情予以确定为1.7万元(含合理费用)。

该案中,法官从加强知识产权保护的角度,认为在确定赔偿金额时应考虑创作的沉淀成本,确定了较高的赔偿金额。沉淀成本这一经济学概念使法官超出一般人的思维而正确认识到作品创作的真实成本,进而得出更合理的判决结果。

第六,社会公共利益原则具体化。法官会运用外部性理论进行分析。在

---

❶ 参见杨代雄:《表见代理的特别构成要件》,载《法学》2013年第2期;杨芳:《〈合同法〉第49条(表见代理规则)评注》,载《法学家》2017年第6期。

❷ 浙江省绍兴市柯桥区人民法院,(2018)浙0603民初832号民事判决书。

陈新辉、阎振岭委托理财合同纠纷案❶中,争议焦点是陈新辉与阎振岭签订的《期货投资委托管理协议书》中所约定的保底条款是否属于无效条款。需要具体化的是《合同法》(已失效)第 52 条第 4 项中的"社会公共利益"。法官运用负外部性理论分析了该条款对社会公共利益的损害,原文如下:

> 案涉《期货投资委托管理协议书》属委托理财合同,如果允许当中约定保证委托人本金不亏损并获得固定收益的保底条款的大量存在,将产生整个证券市场风险放大的负外部性效应,淡化市场各类投资主体对证券市场的风险意识,影响正常生产、经营活动,容易滋生证券市场泡沫。

该案中,法官借助负外部性理论,将损害社会公共利益解释为危害证券市场的高效正常运转,得出了案涉条款损害社会公共利益的结论。负外部性理论是公共福利经济学的重要理论。负外部性指一个主体的行为对旁观者的福利的无补偿的消极影响。❷ 但值得注意的是,在我国《民法典》中,没有关于社会公共利益原则的明文表述,只有不得违背公序良俗原则的表述。

(二) 法律漏洞的填补

法律漏洞是指法律对其规整范围中的特定案件类型缺乏适当的规则的情况。❸ 填补法律漏洞的方法主要有类推适用、目的性限缩及目的性扩张。我们通过检索阅读发现,为填补法律漏洞给出理由,也是法官运用经济分析的重要类型,不过此类型的案例略少于对一般条款进行具体化的案例。本文选取 4 个具体案例进行分析,涉及两种法律漏洞填补方法。

第一,类推适用。法官会运用公共福利经济学理论、成本优势概念进行

---

❶ 广东省佛山市中级人民法院,(2017)粤 06 民终 724 号民事判决书。

❷ 参见〔美〕曼昆:《经济学原理(第 7 版):微观经济学分册》,梁小民、梁砾译,北京大学出版社 2015 年版,第 211 页。

❸ 参见〔德〕卡尔·拉伦茨:《法学方法论》,陈爱娥译,商务印书馆 2003 年版,第 249 页。

类推适用。

(1)运用公共福利经济学理论。在蔡晨杰、姚猛网络侵权责任纠纷案❶中,由杭州市余杭区人民检察院担任公益诉讼起诉人,杭州互联网法院审理。主要案情是被告在新冠疫情暴发期间销售伪劣口罩,侵害了众多不特定消费者的合法权益,构成对消费领域社会公共利益的侵害。该案中,法官在分析是否可对被告参照适用《消费者权益保护法》第55条第1款规定的3倍惩罚性赔偿时,运用了正外部性和负外部性的经济学理论,原文如下:

> 公共卫生安全作为一种公益性最强的公共产品,直接关系到社会每一个个体的健康权益与健康公平,提供、保障公共卫生安全具有正外部性,而侵害公共卫生安全则具有负外部性,一正一负间更加剧了市场机制的失灵,确有必要通过惩罚性赔偿制度使侵害公共卫生安全的负外部性内部化,对危害公共卫生安全的行为人给予经济上的惩罚、威慑。

该案发生于2020年,当时,规定检察机关在检察公益诉讼案件中可以提出惩罚性赔偿诉讼请求的司法解释尚未发布,对被告适用惩罚性赔偿没有直接的法律依据,只能类推适用《消费者权益保护法》中的有关规定。法官运用公共福利经济学理论,论证了涉案行为对公共利益造成的危害。其中,外部性的内部化是指通过改变激励,使人们考虑到自己行为的外部效应。❷ 常理上,面对被告的相同行为时,私益诉讼可以请求惩罚性赔偿,公益诉讼也应该可以请求惩罚性赔偿。但是,要想给出有说服力的法律推理过程而完成法律漏洞的填补存在难度。该案中,法官借助经济学理论给出有说服力的法律推理过程也成了检察公益诉讼惩罚性赔偿制度的先声。

(2)运用成本优势概念。在郑州农村商业银行股份有限公司沟赵支行、

---

❶ 杭州互联网法院,(2020)浙0192民初1147号民事判决书。
❷ 参见〔美〕曼昆:《经济学原理(第7版):微观经济学分册》,梁小民、梁砾译,北京大学出版社2015年版,第214页。

李玉民金融借款合同纠纷案❶中,争议焦点是贷款人与银行在《最高额个人贷款合同》中约定的"逾期贷款罚息超过一年期贷款市场报价利率的四倍"是否有效,即当时施行的针对民间借贷的 4 倍利率的规定是否应适用于商业银行。法官先使用体系解释和目的解释论证了该约定无效,之后又运用经济分析补充论证,原文如下:

> 商业银行作为金融体系中重要的组成部分,相比于民间借贷的自然人,享有更大的成本优势,在借款人违反合同约定时也享有更加优厚、便捷的实现债权的保障……如若允许金融借款法律关系中约定的利息、复利、罚息及其他费用等的总额超过国家对民间借贷法律关系中关于利率的保护上限,则可能造成民间借贷的供求远远超出金融借款的供求。

从法律解释方法来看,金融机构利率标准对民间借贷利率的约束可以被解释为"举重以明轻",民间借贷的利率当然普遍要小于金融机构。但是该案中法律规范之间的关系较为复杂,于是法官运用了成本优势这一概念进行了补充论证。成本优势是一个管理经济学概念,描述的是市场活动参与者基于低成本所产生的相对优势❷。法官运用成本优势的概念,分析了逾期贷款罚息不应高于民间借贷利率规定的正当性,增强了对类推适用结果的论证。

第二,目的性扩张。例如,法院运用"预防成本"概念论证将"知道"目的性扩张为"应当知道"。在苹果公司(APPLE INC.)与北京中文在线数字出版股份有限公司等侵害信息网络传播权纠纷案❸(以下简称"苹果公司案")中,作家温瑞安的 26 部作品被他人非法盗用后以名为"温瑞安武侠系列全集(简繁)"的应用程序(售价 10.99 美元)上传到苹果公司的 App Store 中销售,这些作品的信息网络传播权由北京中文在线数字出版股份有限公司所有。该案的争议焦点之一是苹果公司是否应当承担连带的侵权法律责任。

---

❶ 河南省郑州市中级人民法院,(2020)豫 01 民终 15876 号民事判决书。
❷ 参见王赋:《技术创新与成本优势》,载《中国经济问题》2001 年第 5 期。
❸ 北京市高级人民法院,(2015)高民(知)终字第 3536 号民事判决书。

当时仅有的裁判依据是《侵权责任法》(已失效)第 36 条第 3 款,即"网络服务提供者知道网络用户利用其网络服务侵害他人民事权益,未采取必要措施的,与该网络用户承担连带责任"。该案中,法官运用预防成本的经济学概念将"知道"目的性扩张为"应当知道",并具体化了"应当知道"的内涵和"必要措施"的程度,原文如下:

> 如果涉案应用程序商店经营者只需要以较低的成本即可以预防和制止其中的应用程序侵害他人合法权益,而且涉案应用程序商店的经营者承担该预防成本对应于其从涉案程序的公开传播中获得的收益是合理的,则涉案应用程序商店经营者应当承担这样的成本以预防和制止相应侵权行为,否则……应当依法承担连带责任。

预防成本的概念来自重要的法经济学原理——汉德公式。汉德公式的基本含义是,通过将预防事故的成本与事故造成的损失(反过来说也就是该成本能够产生的收益)进行比较,来确定被告是否尽到合理注意的义务。❶该案中,法官运用预防成本的概念,将网络平台的主观过错状态从"知道"扩大到"应当知道",论证了应用程序商店的经营者应当承担较高的合理注意义务、采取有效的必要措施,落实了加强知识产权保护、规范网络平台监管的司法政策。值得一提的是,在 2018 年(本案之后),我国颁布了《电子商务法》,其第 38 条第 1 款规定,"电子商务平台经营者知道或者应当知道平台内经营者销售的商品或者提供的服务不符合保障人身、财产安全的要求,或者有其他侵害消费者合法权益行为,未采取必要措施的,依法与该平台内经营者承担连带责任"。这一规定将"知道"和"应当知道"同时明确为电子商务平台责任的主观状态,但学界对如何具体化"应当知道"的内涵仍有较大争

---

❶ 参见冯玉军主编:《新编法经济学:原理·图解·案例》,法律出版社 2018 年版,第 295 页。

议。❶本案中,经济分析的运用或可为讨论这一问题提供思路。这也从一个角度说明,运用经济分析得出的答案可以符合立法者的立法目的且适应社会需要。

无独有偶,由上海市第一中级人民法院审理的上海全土豆网络科技有限公司诉上海观视文化传播有限公司著作权权属、侵权纠纷案❷与上述"苹果公司案"的争议焦点同为网络平台是否应当承担侵权连带责任,法官同样运用预防成本的经济学概念论证了"应当知道"也是网络平台的主观过错状态。该案的主要案情是电视剧《凤穿牡丹》的著作权人因该电视剧被多名不同的"播客"非法上传到土豆网上,所以起诉上海全土豆网络科技有限公司承担著作权侵权连带责任。

与"苹果公司案"不同的是,该案法官在进行法律推理时,先运用了体系解释和反对解释的教义学分析方法,之后才运用经济分析补充论证。由于该案发生于2009年,《侵权责任法》(已失效)尚未实施,故网络平台的侵权责任没有直接的法律依据,只能通过对2010年的《著作权法》(已失效)、《民法通则》(已失效)、彼时的《信息网络传播权保护条例》进行体系解释来认定网络平台的责任。在推理过程中,法官首先通过体系解释,认定彼时的《信息网络传播权保护条例》第22条规定的免责条件应当被解释为当时《著作权法》第47条第1项规定的例外,之后又通过反对解释,得出故意和过失均能导致提供信息存储空间的网络服务提供者不能免除赔偿责任的结论,再结合案情判定土豆网应当承担连带责任。而后,法官又运用"预防成本"概念进行经济分析,增强了裁判结果的说服力。教义学分析与经济分析并行,尤其是借助彼时的《信息网络传播权保护条例》第22条第3款进行体系解释,比"苹果公司案"的推理过程更充分,说明经济分析可以补充法教义学分析,从而更好地进行法律论证。

---

❶ 参见尹志强、马俊骥:《网络平台经营者"应当知道"要件之重新检视》,载《华东政法大学学报》2020年第6期。

❷ 上海市第一中级人民法院,(2009)沪一中民五(知)终字第20号民事判决书。

(三)进一步结论

第一,通过检索和人工阅读我们发现,法官说理运用经济分析的方法主要是成本收益分析和公共福利经济分析。共有 648 个案例使用了成本收益分析的经济学概念,具体有机会成本、代理成本、分割成本、预防成本、沉没成本、识别成本、边际成本、成本优势、边际收益等;有 60 个案例使用了公共福利经济分析的概念,具体有负外部性、正外部性、外部性内部化等。

相比之下,与博弈论相关的经济学概念,如帕累托最优、非合作博弈、纳什均衡、囚徒困境、卡尔多-希克斯效率等在裁判文书的说理中出现较少;与供给需求分析相关的经济学概念,如影子价格、效用曲线、激励信息、生产函数等,出现得也较少。这可能是因为,与成本收益分析和公共福利经济分析相比,博弈论和供给需求分析的经济学理论化程度更高,法官对此了解更少。但如果拉长时间,和十多年前相比,法官对于法律经济学关键词的运用已经有很大进步。毕竟,国内的法律经济学教材的出现也不过是最近十多年的事情。

第二,法官说理运用经济分析,往往能够增强对法教义学模糊问题的论证。在法教义学分析过程中,有两类问题属于模糊问题:一是被归为"常识""事理"的问题;❶二是现有法教义学理论争论不休的问题。就第一类问题来说,作为法理存在样态之一的事理,必须为教义学分析所遵循。❷ 但教义学分析总是将"常识""事理"一笔带过,难以进行精细论证。"常识"或"事理"是人类社会经过数万年演化的理性选择的结果,而经济学是研究人们理性选

---

❶ 如前述案例中涉及的过错认定、诚信履行、适当性义务、公共利益等。

❷ 如黄茂荣认为,"在事理上,必须取向于法律所规范之客体的性质,以一方面求其合于正法之要求,另一方面不与生活脱节"。参见黄茂荣:《法学方法与现代民法》(第五版),法律出版社 2007 年版,第 478 页。

择的科学。❶ 因而,运用经济分析可以给出精细的、具说服力的理由。❷ 就第二类问题来说,当针对同一问题的不同教义学分析观点都能自圆其说,难以区分优劣时,❸经济分析的价值判断能帮助法官作出决断,并提升裁判论证水平。这能为法官带来使当事人服判息诉、当事人乃至社会公众的较高评价、高质量完成工作的自我满足感等收益。

　　第三,法官说理运用的经济分析,还可以被用来分析新型法律关系。例如,有关网络购物、网络平台责任、金融机构责任、房地产开发商责任的新型法律关系。桑本谦指出,在面临新型法律关系时,法教义学是防御性的,在新要件、新概念、新教义、新措辞出现之前,无分析工具可用。❹在这种情况下,如果单纯依靠教义分析,论证可能会陷入苦思冥想的困境,并可能出现堆砌论据、循环论证等问题。而法律经济分析却能用一以贯之的简单分析工具,对新型法律关系进行有效分析。在这个意义上,张巍认为,经济学对司法实践的贡献是"只能提供可靠的事实,而非思维方式"❺。这一观点值得商榷。

　　当今中国较受关注的新型法律关系主要在经济领域,这就更适合经济分析发挥作用。以前述案例分析中涉及的网络平台和金融机构为例,这些市场

---

❶ 参见〔美〕曼昆:《经济学原理(第7版):微观经济学分册》,梁小民、梁砾译,北京大学出版社2015年版,第3页。

❷ 在对经济分析较为排斥的德国法学界,也有学者认为,即使从德国视角来看,经济学认识不过是对常识的另一种表述,但其为解决法律问题仍可以发挥三个作用:简化、明朗化、深化。Klöhn, Minderheitenschutz im Personengesellschaftsrecht. Rechtsokonomische Grundlagen und Perspektiven, AcP 2016, 283. 转引自卜元石:《德国法学与当代中国》,北京大学出版社2021年版,第88页。

❸ 参见车浩:《法教义学与社会科学——以刑法学为例的展开》,载《中国法律评论》2021年第5期。

❹ 参见桑本谦:《"法律人思维"是怎样形成的——一个生态竞争的视角》,载苏力主编:《法律和社会科学》第13卷第1辑,法律出版社2014年版,第1页。

❺ 张巍:《法经济学与中国司法实践——法律人思维的一个脚注》,载苏力主编:《法律和社会科学》第14卷第1辑,法律出版社2015年版,第276页。

主体对经济社会的意义明显不同于传统的自然人、企业等市场主体,其对社会的功能呈现公共性,其对经济的影响呈现系统性。❶当面对与这些市场主体相关的法律问题时,以传统市场主体为主要对象的民法教义学分析的论证能力将有所不足。"将价值判断固定在概念与规范之中"的法教义学分析对复杂经济问题的论证能力有限。❷这就需要运用经济分析进行补充论证。此外,针对网络平台、金融机构等市场主体的法律规范,还存在概念界限宽泛、立法层级低、相关法律规定散乱的问题,给法教义学分析带来障碍,但给经济分析留出了空间。例如,《电子商务法》第38条第2款在规定电子商务平台未尽到适当性义务而对消费者造成损害的责任时,仅表述为"依法承担相应的责任",为今后的法律适用与解释留下了空间。❸

简言之,法官说理运用经济分析几乎不存在于法律解释方案明确的领域。

此外,上文分析的个案中有超过一半是在进行教义分析得出结论后,用经济分析增强论证,发挥"锦上添花"的作用,单独使用经济分析的较少。这说明了在中国法官作出的裁判中,经济分析主要发挥探索工具的功能和补充论证的作用,而法教义学居于主体地位。这一发现验证了部分论者关于法经济学以及社科法学无法取代法教义学主体地位的结论。❹ 但应当注意的是,由于法官说理的经济分析至少有模糊论证和新型法律关系两类运用情形,法官运用经济分析并非如学者所言"不易采用"。❺

---

❶ 参见刘权:《网络平台的公共性及其实现——以电商平台的法律规制为视角》,载《法学研究》2020年第2期;曹兴权、凌文君:《金融机构适当性义务的司法适用》,载《湖北社会科学》2019年第8期。

❷ 詹巍:《论商事裁判的法律经济学分析进路》,载《东方法学》2016年第4期。

❸ 参见姚海放:《网络平台经营者民事责任配置研究——以连带责任法理为基础》,载《中国人民大学学报》2019年第6期。

❹ 参见车浩:《法教义学与社会科学——以刑法学为例的展开》,载《中国法律评论》2021年第5期。

❺ 参见张巍:《法经济学与中国司法实践——法律人思维的一个脚注》,载苏力主编:《法律和社会科学》第14卷第1辑,法律出版社2015年版,第249页。

[四] 法官运用经济分析说理的激励与约束

法官能够在裁判说理中运用经济分析,既有激励机制也有约束机制。结合前述分析,这里分别展开叙述。

(一) 法官运用经济分析说理的激励机制

波斯纳提出法官行为的劳动力市场理论,认为分析法官的行为应当从分析其工作的成本和收益的激励和约束入手,其中成本包括用于工作的时间、工作带来的风险、上级和公众的批评等,收益包括工资收入、职位晋升、自我满足感等。❶ 根据这一理论,中国法官之所以在裁判中运用经济分析,是因为其在特定案件中发挥了降低工作成本、提高工作效率、提升工作收益的作用。

目前来看,展示自身理论水平是法官运用经济分析的重要原因。中国法院具有法官人数多、科层化程度高的特点。在这样的体制中,如能从众多同事中脱颖而出,则是法官工作的重大收益。在裁判文书中展示自身较高的理论水平,是引起上级和社会公众注意从而脱颖而出的一条路径。而法律经济学属于前沿的法学理论,能在裁判文书中使用法律经济分析,是说明该法官具有较高的理论水平的重要论据。而就检索结果来说,能够运用经济分析进行说理的法官并不算多,因此,这可以为法官带来更多回报,包括获得更多奖励或荣誉,如审判业务专家,乃至职务晋升。

以刑事案件"陈诗雨盗窃案"❷为例。该案中,被告人使用朋友的手机支付宝账户绑定的银行卡为自己购买了两部手机。针对辩护律师提出的被告

---

❶ 参见〔美〕李·爱泼斯坦、〔美〕威廉·M. 兰德斯、〔美〕理查德·A. 波斯纳:《法官如何行为:理性选择的理论和经验研究》,黄韬译,法律出版社 2017 年版,第 27—28、44—46 页。

❷ 北京市朝阳区人民法院,(2018)京 0105 刑初 300 号刑事判决书。

人构成诈骗罪的辩护观点,该案主办法官刘砺兵运用经济分析指出:"关于辩护人所提定性之争议,若以刑法教义学驳之,无非围绕盗窃罪与诈骗罪的犯罪构成要件循环论证,本院试以经济分析的方式,分配相关方的责任与风险,并基于此作出定性判断。"由该案裁判文书改写的案例分析报告之后被刊登在最高人民法院主办的《人民司法》杂志上。❶ 刘砺兵法官被评为"审判业务专家",并被宣传报道。❷ 此为运用经济分析给法官带来收益的一个例证。

(二)法官运用经济分析说理的约束

法官运用经济分析也受到诸多约束,主要体现在以下三个方面:

第一,"依法裁判"的制度约束。英美法系中拥有"造法"权力的法官可以使用经济分析来创造新的法律规则,实现资源的优化配置,从而创造出新的社会收益。但中国法官显然没有"造法"的权力,"依法裁判"是中国法官在进行司法判决时必须遵守的要求。这就导致了对法官运用经济分析创造新的社会收益的限制。虽然在中国的法律体系中,法官也享有一定的自由裁量权,如进行一般条款的具体化等情况,但总体而言,法官运用经济分析的空间有限。

中国法官虽然因受到"依法裁判"的约束在裁判文书说理中较少运用经济分析方法,但是这不代表中国法官在面对案件时真的很少使用经济分析思维。事实上,经济分析思维更适合被运用于调解。各方进行合作,创造出合作剩余,是现代经济学视角下社会收益的产生途径。❸ 法经济学的经典模

---

❶ 参见刘砺兵:《盗用他人信息注册支付宝并消费的行为定性》,载《人民司法》2019年第11期。

❷ 《北京审判业务专家 | 刘砺兵:"砺兵"十五载,刃乃若秋霜》,载微信公众号"京法网事"2021年2月2日,https://mp.weixin.qq.com/s/jEEByVIqoW8eLtqbpOU4JA。

❸ 参见〔美〕罗伯特·考特、〔美〕托马斯·尤伦:《法和经济学(第六版)》,史晋川、董雪兵等译,史晋川审校,格致出版社、上海三联书店、上海人民出版社2012年版,第67—69页。

型,其实是将法律规定看作给定的外部条件,在法律确定的情况下,探究是否存在经济效率更高的纠纷解决方案,如科斯在其名文《社会成本问题》中对各种纠纷解决方案的描述。❶ 因此,虽然中国法官在裁判文书中较少运用经济分析方法,但很可能在调解案件中较多运用了经济分析方法。也就是说,其在纠纷解决过程中运用经济分析思路的空间并非特别小。因此,不能低估了经济分析在纠纷解决总体格局中的价值。

第二,"可行性不足"的理论约束。在诸多的法学理论流派当中,有很多观点对通过经济分析得出的结论是否具有可行性存在质疑。❷ 一方面,是对能否在技术上对成本和收益进行正确的评估和测算存在质疑;另一方面,有观点认为,法经济学研究经常采用假想的社会规划者的视角,而非法官的视角,因此对将其直接适用于司法裁判的可行性存在疑问。❸ 从中国的制度条件和社会环境来看,运用经济分析能否做出正确裁判存在更多疑问。波斯纳曾指出,中国社会的法治观念尚属薄弱,公务员化的法官群体对实际社会情况的了解也较少,这导致中国法官运用经济分析得出正确的裁判结果存在更多的困难。❹

中国法学界和法律实务界对"效率违约"理论的质疑是反映经济分析可行性存疑的一个较好例证。"效率违约"理论是法经济学的经典理论,其含义是:如果一方当事人的违约收益将超出他方履约的预期收益,并且对预期收益的损害赔偿是有限的,这种情况下即存在对违约的当然激励。❺ 但

---

❶ 参见〔美〕罗纳德·哈里·科斯:《企业、市场与法律》,盛洪、陈郁译校,格致出版社、上海三联书店、上海人民出版社2009年版,第96—152页。

❷ 参见〔美〕布赖恩·比克斯:《法理学:理论与语境(第四版)》,邱昭继译,法律出版社2008年版,第253—255页。

❸ See Conor Clarke and Alex Kozinski, *Does Law and Economics Help Decide Cases?*, 48 European Journal of Law and Economics 89 (2019).

❹ 参见〔美〕理查德·A.波斯纳:《法律经济学与法律实用主义》,陈铭宇译,载《北大法律评论》编辑委员会编:《北大法律评论》第14卷第1辑,北京大学出版社2013年版。

❺ 参见〔美〕理查德·波斯纳:《法律的经济分析(第七版)》,蒋兆康译,法律出版社2012年版,第169页。

是，中国法学理论界和实务界都有人对"效率违约"理论持拒绝态度。❶ 有的法官直接在裁判文书中指出，效率违约理论有悖诚实信用原则，不能得到法院采纳。❷ 当然，也有学者指出，人们对效率违约理论存在误解。❸ 这说明对这一理论的争论的确存在。

第三，"知识不足"的个人能力约束。在中国，很多法律实务人员缺乏经济学知识训练。❹ 这导致他们即使想在审判工作中运用经济分析，也没有能力熟练地运用。相比之下，法教义学的功能之一就是为法官提供现成的裁判方案，保证法官在面对相同案件时做出相同的处理，在面临类似案件时，从已有教义进行推理，降低思考成本。❺ 近些年，法教义学在中国有了较快的发展，对于大部分案件，教义学都能给出正确的裁决方案，法官在进行教义分析时，所花费的成本较低。❻当然，能力不足的情况并非中国独有，即使在法律经济分析较发达的美国，"即便对大部分非常聪明的法律人而言，将经济学原理与具体的法律问题联系起来仍然相当困难"❼。在特定案件中，经济分析具备效率优势，但是在大部分常规案件中，法教义学的分析成本则更低。

[五] 法官运用经济分析说理的未来

尽管目前法官说理运用经济分析的案件数量非常少，法官受到的制度约束可能还大于激励机制，但这并不意味着法官说理运用经济分析的前景注定

---

❶ 参见孙良国、赵梓晴：《效率违约理论的价值冲突》，载《东北师大学报（哲学社会科学版）》2019年第5期。

❷ 参见北京市通州区人民法院，(2016)京0112民初3040号民事判决书。

❸ 参见熊丙万：《中国民法学的效率意识》，载《中国法学》2018年第5期。

❹ 参见吴锦宇：《浅析法律经济学在大陆法系的研究障碍》，载《制度经济学研究》2007年第3期。

❺ 参见白斌：《论法教义学：源流、特征及其功能》，载《环球法律评论》2010年第3期。

❻ 参见卜元石：《德国法学与当代中国》，北京大学出版社2021年版，第19—21页。

❼ 〔美〕理查德·波斯纳：《法律的经济分析（第七版）》，蒋兆康译，法律出版社2012年版，第3页。

暗淡。这要取决于以下几个影响因素的变化。

第一,更新和更复杂的社会需求。正如学者指出,当今的社会生产和交易结构变得越来越专业化、规模化、复杂化和网络化,影响生产和交易之经济效应的因素更多;当中国社会越来越多地出现其他市场经济国家未曾发生的或缺乏成熟法治经验的活动时(如大量平台经济形态),那些希望通过引入比较法域的教义学说来改进中国经济活动效率的做法就很难像以往一样奏效。❶ 相比之下,经济分析能弥补法教义学的不足,能够帮助法官提升作出适当裁决的效率,降低诉讼成本,降低社会成本,促进资源配置效率。

第二,司法改革带来的组织需求。中国的审判专门化建设包括专门法院和专门法庭对经济分析有更多的知识需求。为了应对知识经济、互联网革命和金融法治的时代要求,中国近年来先后设立了知识产权法院、互联网法院、金融法院等专门法院或具有专门性质的地方人民法院,以及破产法庭、环境法庭等专门法庭,审判专门化得到较高程度的发展。审判专门化能对某类特殊案件的审理产生规模效益,降低案件审理的边际成本,从而产生社会效益。如前所述,网络著作权侵权纠纷等知识产权纠纷案件、网络购物纠纷、网络平台责任等涉互联网案件和委托理财合同纠纷等金融案件本来就是法官运用经济分析的重点领域。在这些领域的审判专门化得到提升以后,法官对于这些新型案件的经济分析的需求会更多。

第三,法学院的知识供给。如果法官在大学期间学习过法律经济学知识,那么其将来在工作中运用经济分析的成本就会降低。虽然目前法学院的法律经济学教育较以前有了较大发展,但远没有达到普及的程度,甚至也不是所有的名校法学院都能够开设法律经济学课程。因为法律经济学的教授成本较高,需要高等数学的知识、较为深入的微观经济学和宏观经济学知识,甚至计量经济学和统计学的思维。这需要法学和经济学两个学科的共同投入。法律经济学教育能否扩大规模,取决于学术体制的竞争程度。从美国法律经济

---

❶ 参见熊丙万:《中国民法学的效率意识》,载《中国法学》2018 年第 5 期。

学发展的经验来看,竞争强度高的学术体制会促进法律经济学教育的发展,促进学术研究范式和人才培养模式的创新。这也被认为是导致法律经济学在美国和欧洲大陆发展高低程度不同的重要因素。❶ 中国各大法学院如果通过学术竞争追求卓越,就会把发展法律经济学作为一项重要的学科建设任务。

第四,司法竞争市场的知识供给。中国法官运用经济分析说理在很大程度上也取决于当事人的知识供给。特别是在民商事案件的裁判过程中,因采取的是对抗制的诉讼模式,当事人为了胜诉,更有动力寻找对自己有利的知识增强论证。当事人通过律师或经济学专家进行经济分析,这种现象更为普遍。不论是否能作为证据使用,双方当事人都会将相关经济分析资料提供给法官,旨在说服法官。这就形成了司法知识竞争市场,❷ 也就为法官运用经济分析说理提供了重要的知识来源。

总的来说,中国法官运用经济分析说理已经初具规模,其运用领域主要是一般条款的具体化和法律漏洞的填补。主要运用的分析思维是成本效益分析和公共福利经济分析。经济分析能够增强对法教义学模糊问题的论证和用于分析新型法律关系。但法官运用经济分析的程度要受到制度、理论和能力的多重约束,因此,需要面对社会需求优化供给,使理论界和实务界实现更好的合作。这样,经济分析才能在法教义学的基础上进行迭代,形成新型的司法裁判知识体系。

附表 1　用于检索的法律经济分析基本概念简表

序号	概念名称	序号	概念名称	序号	概念名称
1	机会成本	26	边际效率	51	效率曲线
2	风险分配	27	科斯定理	52	效用曲线

---

❶ See Nuno Garoupa and Thomas S. Ulen, *The Market for Legal Innovation: Law and Economics in Europe and the United States*, 59 Alabama Law Review 1555 (2008).

❷ 参见侯猛:《最高法院司法知识体系再生产——以最高法院规制经济的司法过程为例》,载《北大法律评论》编辑委员会编:《北大法律评论》第 6 卷第 1 辑,法律出版社 2005 年版。

(续表)

序号	概念名称	序号	概念名称	序号	概念名称
3	理性选择	28	纳什均衡	53	显示偏好
4	代理成本	29	霍布斯定理	54	弹性理论
5	逆向选择	30	波斯纳定理	55	威慑模型
6	分割成本	31	卡尔多-希克斯效率	56	威慑成本
7	预防成本	32	阿罗不可能	57	威慑水平
8	沉没成本	33	不完全信息	58	边际威慑力
9	识别成本	34	代际分析	59	威慑理论
10	边际成本	35	影子价格	60	预期惩罚
11	成本优势	36	价格刺激	61	惩罚函数
12	负外部性	37	价格理论	62	静态博弈
13	有限理性	38	生产函数	63	多方博弈
14	沉淀成本	39	效用函数	64	无差别曲线
15	正外部性	40	预防函数	65	期望效用
16	效率违约	41	时滞现象	66	代理博弈
17	福利最大化	42	路径依赖	67	激励信息
18	边际收益	43	单峰偏好	68	负值诉讼
19	外部性内部化	44	囚徒困境	69	边际社会成本
20	汉德公式	45	规制俘获	70	边际社会收益
21	帕累托最优	46	集体行动成本	71	履行差错
22	博弈论	47	产权配置	72	惩罚性乘数
23	非合作博弈	48	成本曲线	73	边际惩罚
24	边际效益	49	收益曲线		
25	边际概率	50	效益曲线		

行贿惩处为何"严而不厉":
以 1995—2022 年裁判文书为研究样本

李智伟*

摘　要：市场化程度对腐败类型有显著影响,市场经济的崛起加强了官员与企业、个人之间的互动,为受贿、行贿等行为提供了更多机会。改革开放以来,中国的腐败类型经历了从自体型腐败向交易型腐败的结构性转变,对行贿犯罪的惩处也呈现从"严打"到"严而不厉"的政策变化。本文对中国1995—2022 年行贿犯罪的 227 份刑事一审裁判文书进行编码,并建立典型案例库,结合访谈资料,从行贿犯罪的主体、对象、量刑等方面构建了近 30 年中国行贿犯罪的基本情况和整体性特征。同时,结合俘获理论进一步探讨了行贿犯罪在不同的社会发展阶段,呈现显著的差异性特征。研究认为,1995—2003 年,由于法治体系尚未完善,执法也相对不严苛,经济体制变革过程中存在的不确定性滋生了行贿犯罪。2004—2012 年,中国的经济腾飞创造了更多商机,但同时也带来了更多的竞争和压力,促使官员和企业更积极地采取行贿手段来保持他们的地位和利益。2013—2022 年,党和国家开展纪检监察体制改革,通过完善反腐败规范体系建设加大腐败治理力度,减少了行贿的机会。

关键词：行贿犯罪　犯罪特征　犯罪成因　交易型腐败　俘获理论

---

* 李智伟,中国政法大学刑事司法学院博士研究生。本文系国家社会科学基金重大项目"中国特色国家监察学学科体系构建"(项目批准号:19ZDA134)的阶段性研究成果。

[一] 问题的提出

党的十八大以来,中国政府持之以恒正风肃纪,开展了史无前例的反腐败斗争,找到了自我革命这一跳出治乱兴衰历史周期率的第二个答案,反腐败斗争取得压倒性胜利并得到全面巩固。❶ 随着反腐败斗争的不断深入,腐败形势也在不断演化。❷ 研究表明,市场化程度会显著影响腐败类型的差异,❸伴随经济体制改革的不断深入,中国的腐败类型正经历明显的结构性转变,从改革开放初期以贪污、挪用等的自体型腐败为主,向近年来以受贿、行贿为主的交易型腐败转变。有学者提出,贿赂行为并非零散无序的行为集合,而是遵循特定规则和惯例的过程。可以视这些规则和惯例为一种非正式交换机制,促使腐败得以进行,有如一种替代市场的存在。❹ 改革开放初期,中国社会面临翻天覆地的变革,政府官员以滥用职权为手段,通过贪污、挪用公款等方式快速获取个人私利,侵占公共财产。然而,随着中国社会经济的迅速发展和市场化的推进,腐败形式也发生了深刻的演变。市场经济的崛起加强了政府与企业、个人之间的互动,为受贿、行贿等行为提供了更多机会。交易型腐败强调双方之间的交易关系,官员以行政权力为交换筹码,与企业或个人进行利益交换,以追求个人私利。这种类型的腐败凸显腐败行为中的利益交易性质,不仅有损公共利益,还破坏了社会的公正与公平。

在我国现行法律体系中,行贿罪与受贿罪、对有影响力的人行贿罪与利

---

❶ 参见习近平:《全面从严治党探索出依靠党的自我革命跳出历史周期率的成功路径》,载《求是》2023年第3期。

❷ 参见习近平:《全面从严治党探索出依靠党的自我革命跳出历史周期率的成功路径》,载《求是》2023年第3期。

❸ 参见李辉、杨肖光:《市场化与腐败类型的地区差异——基于职务犯罪起诉书数据的多层分析》,载《公共行政评论》2019年第3期。

❹ 参见李玲:《"关系运作"究竟"运作"了什么——解读"关系"与腐败的关系》,载苏力主编:《法律和社会科学》第9卷,法律出版社2012年版,第28页。

用影响力受贿罪、对单位行贿罪与单位受贿罪、对非国家工作人员行贿罪与非国家工作人员受贿罪等罪名的设置都呈现一种对称的结构,彰显贿赂犯罪的"对合"关系(见图1)。

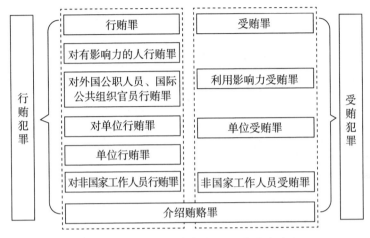

图1 我国现行法律中有关行贿、受贿的罪名

行贿罪和受贿罪之间存在紧密的相互关系,常常构成贿赂犯罪中的上下游。行贿人不择手段"围猎"党员干部,是当前腐败增量仍有发生的重要原因,成为掣肘实现中国式现代化的突出的国家治理问题。作为交易型腐败的一体两面,现阶段,学者基于实证研究揭示了刑事政策和司法惩处"两张皮"的现象。❶ 具体表现为:行贿犯罪化程度较低;刑罚处罚过于宽松;更多地强调罪后处罚,轻视罪前预防,由此呈现"严而不厉"的现象。❷

---

❶ 参见钱文杰:《行贿罪量刑的实证检验与反思》,载苏力主编:《法律和社会科学》第17卷第2辑,法律出版社2019年版,第53—57页。

❷ "严而不厉"指的是,在行贿犯罪治理过程中,尽管中国的法律规定了严格的惩处标准,但在实践中,由于一些复杂的历史和社会因素,行贿犯罪的实际执行和惩处通常是相对宽松的。我国刑法学泰斗储槐植教授基于对"严打"的反思,借鉴国际法治程度较高的国家的经验,总结提出了刑事法网严密而刑罚轻宽的"严而不厉"思想,深刻影响了我国刑事政策的发展。参见刘仁文:《论行贿与受贿的并重惩处》,载《中国刑事法杂志》2022年第3期。

[二] 文献回顾

通过对文献的梳理,学界有关行贿犯罪的相关研究主要展现了以下特征:

一是研究时间分布呈现阶段性与发展性。数据显示,行贿犯罪的研究从1992年陆续出现。1992年最高人民检察院发布了《关于加强贪污贿赂犯罪预防工作的通知》(已失效),文件中针对当时经济犯罪中较为严重的贪污和贿赂问题进行了严密部署,要求各地"围绕惩治贪污贿赂犯罪开展工作",并在当年的工作报告中明确了五类检察机关查办行贿罪案的重点。此外,最高人民法院在工作报告中通报了走私分子向海关行贿百万余元的典型案例。这一政策背景,在当时极大地推动了学界对行贿问题的关注。可见,行贿犯罪研究是伴随着"贿赂问题"走入研究者的视野中的。行贿犯罪研究进入2000年后呈现快速发展趋势。2001年,最高人民检察院与最高人民法院在工作报告中分别以较大篇幅通报了行贿犯罪的数据与典型案例,最高人民检察院更是在下一年度的工作安排中提及"进一步加大打击行贿犯罪的力度",随后历年"两高"的工作报告中均有相关表述。2005年,最高人民检察院会同建设部、交通部、水利部,在五个省开展工程建设领域行贿犯罪档案查询试点,为遏制贿赂犯罪进行了有益探索。❶ 这都体现在2003—2006年行贿犯罪研究的数量大幅度增长上,2006年以全年40篇发文量达到最高峰。随后数年由于关于行贿打击的政策趋于常态化,学界的研究热度也有所下降,但仍处于关注高位。2007年与2008年中共中央纪律检查委员会(以下简称"中纪委")在年度工作报告中提出"既要严厉惩处受贿行为,又要严厉惩处行贿行为",体现出当时对行贿犯罪的打击力度进一步提升,学界的关

---

❶ 参见贾春旺:《最高人民检察院工作报告》,载《中华人民共和国最高人民检察院公报》2005年Z1期。

注热度也有所上升,并且发文量在 2009 年达到 26 篇。伴随党的十八大以来的强力反腐政策,2012 年后有关行贿犯罪问题的研究再次形成一波热潮。2021 年以来,中纪委会同有关单位制定《关于进一步推进受贿行贿一起查的意见》,明确提出重点查处多次行贿、巨额行贿、向多人行贿等行为。❶ 行贿犯罪问题的研究将在未来一段时期内获得更多学者的关注。

二是研究议题聚焦腐败与犯罪行为。本文对中国知网 1992—2022 年核心期刊 420 篇有关"行贿犯罪"的论文摘要进行词云统计(见图 2),高频词主要有"腐败行为""企业""受贿""犯罪""官员""立法""规定""影响"等。

图 2　行贿犯罪研究词云统计

这实际反映出,学界自 20 世纪 90 年代以来对于"行贿犯罪"问题的关注始终是置于党和国家的腐败治理的政策背景和框架里的,所以将其视为"腐败行为"的重要类型之一予以分析。首先,与之紧密相关的是从法学视角将其视为一种"犯罪行为"。腐败在我国是一个较为宽泛的概念,不仅包含违法犯罪行为,还包含各种违反党纪的行为。❷ 因此,行贿犯罪不只是一种犯罪行为,其更凸显中国本土特色的"政法"双重属性特征。其次,关键词统计

---

❶ 参见《中央纪委国家监委会同有关单位联合印发〈关于进一步推进受贿行贿一起查的意见〉》,载中央纪委国家监委官网,https://www.ccdi.gov.cn/toutiao/202109/t20210908_249687.html,https://www.ccdi.gov.cn/toutiao/202109/t20210908_249687.html,访问日期:2023 年 3 月 15 日。

❷ 参见程文浩:《预防腐败》,清华大学出版社 2011 年版,第 3—4 页。

还反映出"行贿犯罪"研究还聚焦于其行为主体,即企业和政府。行贿犯罪的发生不是由单一主体决定的,这种对合性特征非常明显。最后,关键词统计还显示出围绕"行贿犯罪"的研究还关注相关立法工作和政策规定层面的研究和推动,建立一种规范化、法治化的行贿犯罪治理模式是学术研究关注的内容。

三是关注行贿犯罪的成因研究。"行贿犯罪如何发生"是学界探讨的重要议题。对于腐败的成因及其治理,学界有两种流派。一种主张制度的重要性,另一种主张文化的重要性。作为腐败行为中的一种类型,行贿的成因也有制度与文化之争。已有研究表明,制度主义认为行贿的产生是由于制度供给不足所存在的缺陷或漏洞而使得行贿行为无法得到有效规制和约束。文化主义则认为腐败的社会习俗可以超越制度边界。信念和习俗也可以形塑政府反腐败的程度、类型及结果。在此视野下,行贿的产生更多是一种社会文化使然,文化、习俗等非正式因素会使行贿的产生成为一种潜移默化的习俗。

总的来说,行贿犯罪是一个非常复杂和多面性的问题。当前学界对于行贿犯罪的研究展现了多重面向,主要围绕其政经性、社会性和司法性展开。同时,针对行贿犯罪的成因,基于行贿发生的根源、社会因素和个体层面展开探讨。但对于行贿犯罪的阶段性特征,学术界目前尚未有深入的分析。

[三] 样本的选取与分析框架

目前学界聚焦于中国腐败问题的实证研究,主要通过案例来探究政治精英的腐败行为,❶而这种研究存在着数据获取困难和样本偏差等问题。近年

---

❶ 参见李辉:《腐败的两幅面孔:基于7000个司法裁判文书数据的描述分析》,载《理论与改革》2017年第5期。

来,随着裁判文书全面公开,司法大数据兴起,为了解决这些问题,对腐败案件细节披露信息较多的裁判文书成为学界的重要研究资料。❶ 相比以往的研究方法,司法裁判文书数据具有以下几个优势:一是数据的覆盖面非常广,可以涵盖全国所有行政区域的案例。二是司法裁判文书数据非常系统,可以涵盖所有类型的、与腐败相关的职务犯罪。最重要的是,这种数据由国家司法机关发布,具有权威性和真实性,比新闻报道等其他来源更加可信。❷ 但值得关注的是,也有学者的研究揭示,"很多时候,法律只是判决的工具,而非判决的依据"❸。因此,最终的裁判结果可能会出现与刑事政策乃至立法的原意产生偏差的状况。结合多重因素考量,本文基于公开裁判文书建立了包括 227 宗行贿犯罪案例的裁判文书数据库,并充分结合访谈资料,旨在通过定性和定量相结合的方式,解释行贿犯罪为何会产生与刑事政策和司法制裁相偏离的情况。

(一) 总体数据与抽样情况

1. 数据概况

通过最高人民检察院历年工作报告中的数据,可以窥探我国惩治交易型

---

❶ 参见侯猛:《实证"包装"法学?——法律的实证研究在中国》,载《中国法律评论》2020 年第 4 期。

❷ 2023 年以来,有关"裁判文书上网比例大幅削减"的言论甚嚣尘上。笔者通过比较刑事案件公报一审审结案件数量(万件)与网上一审公开文书数量(份):2018 年为 75.87%;2019 年为 75.14%;2020 年为 75.96%;2021 年为 33.45%;2022 年为 8.32%,数据直观显示了裁判文书上网确实存在波动下降。与此同时,笔者分别与最高人民法院、安徽、江苏、浙江、广东、四川等地多位不同层级法院的法官进行访谈,得出的结论均指向 2022 年及以前刑事案件的公开比例均较高,部分江苏省区一级的基层法院能够达到 90% 以上。而自 2023 年以来,确实因为各种复杂因素,裁判文书公开上网的比例断崖式缩减,处于近乎"不公开"的状态。但基于本研究的时间跨度为 1995—2022 年,因此,笔者认为本文数据库收纳的相关案例是可以真实反映行贿犯罪惩处的实际状况的。

❸ 李学尧、刘庄:《矫饰的技术:司法说理与判决中的偏见》,载《中国法律评论》2022 年第 2 期。

腐败犯罪的具体情况(见表1)。2008—2012年，❶我国检察机关起诉受贿犯罪55816人、起诉行贿犯罪19930人，受贿犯罪与行贿犯罪受起诉的比例约为2.8∶1；2013—2017年，我国检察机关起诉受贿犯罪59593人、起诉行贿犯罪37277人，受贿犯罪与行贿犯罪受起诉的比例约为1.6∶1。我国2013—2017年查办受贿犯罪、行贿犯罪人数较前五年分别上升6.7%和87%。2018—2022年全国检察机关起诉行贿犯罪14000人，法院审结行贿犯罪案件1.2万件、查办1.3万人，不起诉率自2018年以来持续下降。

表1　纪委监委、检察院、法院工作报告中的贿赂犯罪人数

单位：人

年份	纪委监委	检察院		法院
类别	行贿	受贿	行贿	行贿
2008—2012年	—	55816❷	19930	—
2013年	—	12415	5669	—
2014年	—	14062	7817	2394
2015年	—	13210	8217	2495

---

❶　我国最高人民检察院将其历年工作报告刊载官网，最早的一篇是1980年9月2日时任最高人民检察院检察长黄火青在第五届全国人民代表大会第三次会议上所作的工作报告。历年工作报告中，2010年3月11日时任最高检察长曹建明在第十一届全国人民代表大会第三次会议上，首次披露了2009年行贿犯罪人数为3194人；并于2013年3月10日在第十二届全国人民代表大会第一次会议上，披露过去五年间(即2008—2012年)的行贿犯罪人数:"加大惩治行贿犯罪力度，对19003名行贿人依法追究刑事责任"。参见最高人民检察院网站工作报告板块:https://www.spp.gov.cn/spp/gzbg/index.shtml，访问日期:2023年9月25日。

❷　由于当届工作报告中并未明确披露，此处根据最高人民检察院时任检察长曹建明在向第十三届全国人民代表大会常务委员会第一次会议作2013年以来反贪污贿赂工作情况报告时表示:"严肃查办国家工作人员索贿受贿犯罪59593人，严肃查办行贿犯罪37277人，较前五年分别上升6.7%和87%"，推算出2008—2012年间受贿人数为55816人。参见最高人民检察院网站:https://www.spp.gov.cn/spp/gzbg/201803/t20180325_372171.shtml，访问日期:2023年9月25日。

(续表)

年份	纪委监委	检察院		法院
2016 年	—	10472	7537	2862
2013—2017 年	—	59593	37277	13000
2018 年	—	—	—	2466
2019 年	—	—	—	—
2020 年	—		2304	—
2021 年	5006	9083	2689	—
2018—2022 年	63000	—	14000	12000

从上述报告和表格传递的信息，可以发现2013年以来检察机关查办的行贿犯罪人员的数量基本处于直线上升的趋势。2018年后由监察机关主要负责查处贿赂犯罪，相关数据未予公布，❶但从2020年至今的最新公开数据显示，行贿犯罪查办人数相较2013—2017年有较大幅度的减少。

中国裁判文书网的相关案件数据也展示了这一情况。本文统计了2012—2022年受贿罪、行贿罪刑事一审判决书的逐年分省情况。数据显示，2012年以来，全国行贿犯罪的判决人数不断攀升。2012年全国仅判决107人，到2014年达到了2052人，并持续上涨到2017年的2893人。随后这一数据持续下降。此外，本文统计了受贿罪和行贿罪判决人数的对比。2012年时受贿罪人数与行贿罪人数的比例约为4.32∶1，在2012—2022年这一比值呈现较大的波动性，最大值出现于2020年，比例为4.37∶1，最小值出现于2015年，比例为2.06∶1，2022年比例为2.12∶1，近年这一比值同比维持在较低水平。

2. 抽样情况

首先，选取中国裁判文书网、北大法宝网收集裁判文书。笔者根据《中华人民共和国刑法》中涉及行贿犯罪的七宗罪名为案由，检索刑事案件一审

---

❶ 纪检监察机关仅公布2021年和党的十九大以来(即2018—2022年)的数据。

图3 受贿罪和行贿罪判决人数的对比

判决书,可以检索到的最早关于行贿犯罪的公开裁判文书为1995年的判决书。❶ 并分别以2012年党的十八大召开提出"全面推进反腐败工作"和2017年党的十九大召开提出"行受贿一起查"的反腐败要求为时间分界,获得1995年至2012年党的十八大召开以前的12年时间里行贿犯罪的法院裁判文书535份;2013年至2017年党的十八大期间的5年时间里行贿犯罪的法院裁判文书45736份;2017年党的十九大至2022年行贿犯罪的法院裁判文书4983份,其中2017年判决的行贿犯罪案件量达到峰值(13995起)。

在中国裁判文书网分别检索行贿罪、介绍贿赂罪、单位行贿罪、对单位行贿罪、对有影响力的人行贿罪、对非国家工作人员行贿罪,结合罪名结构、区域分布、时间分布,有目的地抽取约占1%的案例,获得了2003—2022年的28个省级行政区的199起案件的一审程序刑事判决书,作为典型案例库的抽样案例。然后,在北大法宝网以同样的检索条件,获取了1995—2021年15个省级行政区的中纪委、最高检、最高法面向社会公布的典型案例6起、公报案例1起、经典案例18起、优秀案例3起。随后建立典型案例数据库。包括时间跨度从1995年到2022年的28个省级行政区的抽样案例、典型案例、公

---

❶ 此处笔者分别在中国裁判文书网、北大法宝网设置检索条件;案由为行贿犯罪的七宗罪名(即行贿罪;单位行贿罪;对非国家工作人员行贿罪;介绍贿赂罪;对单位行贿罪;对有影响力的人行贿罪;对外国公职人员、国际公共组织官员行贿罪);案件类型为刑事案件;审判程序为刑事一审;文书类型为判决书。最早的裁判文书为北大法宝网平台检索出的:高伦山行贿案,四川省绵阳市涪城区人民法院,(1995)涪法刑初字第2号刑事判决书。

报案例、经典案例和优秀案例，共计227起。此外，前往实务部门走访调研以及与一线办案人员进行深度访谈，共计访谈了8人。

3. 数据编码

典型案例数据库的构建采取了简易编码法，通过人工读取裁判文书中的关键内容，并予以标记和编码。数据库编码了量刑、主体、对象和其他关键数据(见表2)。

表2 典型案例库编码表

类型	指标	测量方式
量刑	涉案金额	判决书中法院认定的腐败金额
	非法获利	判决书中法院认定的非法牟利金额
	罚金	判决书中法院认定的罚款金额
	罪名	判决书中法院认定的罪名
	刑期	判决书中法院认定的刑期
主体	行贿人年龄	单位:岁
	行贿人性别	依次为:女性、男性
	行贿人地区	判决书中法院认定的行贿犯罪地区
对象	受贿人数	判决书中法院认定的受贿人数
	受贿人身份	判决书中法院认定的受贿人职务
	受贿领域	判决书中法院认定的受行贿牟利所在领域
	贿赂事项	判决书中法院认定的贿赂事项
其他	潜伏期	首次腐败行为的发生到腐败行为被发现之间的时间段。❶
	行贿次数	判决书中法院认定的行贿犯罪次数
	行贿地点	判决书中法院认定的行贿地点
	特殊日期	判决书中法院认定的行贿特殊日期

---

❶ 参见过勇:《从腐败潜伏期看当前中国的腐败形势》，载胡鞍钢主编:《国情报告 第九卷 2006年(上)》，党建读物出版社、社会科学文献出版社2012年版，第165页。

量刑数据包括:涉案金额、非法获利、罚金、罪名、刑期等。涉案金额、非法获利金额和罚金均为判决书中事实认定的数据,通过人工读取的方式编码,单位为万元;判决书中法院认定的罪名,分别包括:行贿罪、单位行贿罪、对非国家工作人员行贿罪、介绍贿赂罪、对单位行贿罪、对有影响力的人行贿罪、对外国公职人员国际公共组织官员行贿罪;刑期分为免予刑事处罚、缓刑、有期徒刑和无期徒刑四类,有期徒刑的单位为年。

行贿的主体数据包括:行贿人年龄、行贿人性别、行贿人地区等。行贿人的年龄以判决书中当事人信息板块根据裁判年份减去出生年份的方式计算获得,单位为年;行贿人的性别分为男和女;行贿人地区以省级行政区为单位编码。

行贿的对象数据包括:受贿人数、受贿人身份、受贿领域、贿赂事项等。判决书中法院认定的受贿人身份包括:"一把手"、副职、现管、身边人,"一把手"是指一级政府领导班子的负责人。❶ 副职根据"一把手"的定义类推,是指一级政府领导班子的副职。现管源自中国俗语"县官不如现管",此处指的是各级政府和国有企业中掌握一定权力或承担一定行政审批职能的非领导职务的一线办事人员。身边人、"一把手"和副职身边的司机、秘书、情妇等是特殊性质层级较低的人员;受贿领域指判决书中法院认定的受贿牟利所在领域,主要包括行政审批、执法司法、教育医疗、国有企业、能源资源、文体传媒、民营经济、养老社保、生态环保;判决书中法院认定的贿赂事项主要包括工程招投标、干预司法、医药购销、金融保险、房地产权落户、教育、粮食购销、农业、人事调整等。

其他数据包括:行贿次数、潜伏期、行贿地点与特殊日期等。行贿次数根据裁判文书中事实认定的部分,通过人工编码计算得出。其中,法律文本中的"多次"是指三次及以上;潜伏期是指从腐败分子开始作案到被发现期间

---

❶ 参见任建明:《"一把手腐败"的治理难题——怎样合理制衡"一把手"的绝对权力》,载《国家治理》2014年第12期。

的时间跨度,由被留置调查的年份减去首次行贿的年份获得。行贿地点与特殊日期均根据裁判文书中的信息进行特殊标记获取。

(二)核心概念与分析框架

1. 核心概念

俘获理论(Capture Theory)是一种政治经济学理论,认为政府官员可以通过掌握信息和资源来对私人企业进行"俘获",使企业服从政府的意志。该理论最早在 1971 年,由美国著名的经济学者 George J. Stigler 在《经济规制理论》一文中提出。该理论主张政府与私营企业之间存在着相互依存的关系,政府官员掌握着政治和经济资源,而私营企业需要与政府官员建立关系,才能够在市场竞争中获得优势。❶ 俘获理论指出,政府官员可以利用信息不对称和行政手段等方式,要求企业行贿并接受政府的安排,企业为了获得政府资源和支持,也会采取行贿等手段来满足政府的要求。这样的行为使政府和企业之间的关系越来越密切,政府官员会利用政治和经济资源来维护自己的权力和利益,而私营企业则通过与政府建立关系来获取经济利益和政治特权。俘获理论在解释腐败问题,尤其是行贿犯罪方面有着广泛的应用。俘获理论认为,行贿犯罪通常是由利益集团或组织掌控政府产生的。具体来说,俘获理论认为政府是由各种利益集团和组织掌控的。这些利益集团和组织通过各种方式影响政府的决策,从而获得自己的私利。在这个过程中,政府的权力被捕获或控制,成为这些利益集团或组织的工具。行贿犯罪通常是一种利益集团或组织捕获政府的方式。行贿犯罪被分为直接行贿和间接行贿。直接行贿是指向公共官员直接提供财物或服务,以获得政治、经济等方面的私人利益。间接行贿则是通过第三方向公共官员提供财物或服务,以达到同样的目的。行贿犯罪的背后通常存在着强大的利益集团或组织。这些

---

❶ See G. J. Stigler, *The Theory of Economic Regulation*, 2 Bell Journal of Economics and Management Science 3 (1971).

利益集团或组织利用政府的权力和资源,通过行贿等手段来获取更多的私利。同时,政府也被这些利益集团或组织掌控,无法有效地打击行贿犯罪。

2. 分析框架

现有研究普遍认为,中国的腐败问题与经济转轨进程关联密切,尤其是以行贿、受贿为代表的交易型腐败。❶ 本研究数据库的时间跨度为 1995—2022 年,历经从改革开放初期,到社会主义市场经济体制不断深化和完善,伴随了行政体制改革和经济体制转轨这一过程。本文的研究思路是通过对裁判文书的文本进行分析,建立行贿犯罪的典型案例库,并分别围绕确立和建设社会主义市场经济体制时期(1992—2003 年)、完善社会主义市场经济体制时期(2003—2012 年)、加快完善社会主义市场经济体制时期(2012 年至今)三个不同历史时期的背景,❷结合中国行贿犯罪呈现的具体特征,探讨其不同历史阶段的成因,并给出完善治理的对策。

俘获理论关注的是政府官员和私人企业之间的关系,主张政府官员可以通过掌握信息和资源,对私人企业进行"俘获",使企业服从政府的意志。在这个过程中,企业可能会通过行贿等手段来获取政府官员的支持和资源。因此,本文通过俘获理论来阐述不同时代背景下的中国行贿犯罪成因。

[四] 特征分析:基于样本数据的初步考察

(一)行贿犯罪的整体性特征

通过对裁判文书的编码和访谈,从行贿犯罪的主体、对象、量刑和其他特征构建了行贿犯罪的整体性特征(见表 3)。

---

❶ Kilkon Ko 和 Cuifen Weng 研究发现,随着中国三十年来快速的经济和行政体制改革,腐败发生了结构性的变化,交易型腐败在不断加剧。See Kilkon Ko and Cuifen Weng, *Structural Changes in Chinese Corruption*, 211 The China Quarterly 718 (2012).

❷ 参见王健:《市场导向经济体制改革的六个发展阶段》,载《人民论坛》2018 年第 33 期。

表3 行贿犯罪的整体性特征

指标		整体性特征
行贿主体	行贿人地区	东部:126宗(55.50%) 中部:58宗(25.56%) 西部:43宗(18.94%)
	行贿人身份	民营企业家:118人(51.98%) 工作人员:35人(15.42%) 企业高管:27人(11.89%) 公务员:18人(7.93%) 无业:14人(6.17%) 农民:11人(4.85%) 未知:4人(1.76%)
行贿对象	受贿人数	1人:141宗(62.11%) 2人:40宗(17.62%) 3人及以上:34宗(14.98%) 未知:12宗(5.29%)
	受贿人身份	现管:94人次(37.60%) 一把手:96人次(38.40%) 副职:57人次(22.80%) 身边人:3人次(1.20%)
	受贿领域	行政审批:98宗(43.17%) 执法司法:40宗(17.62%) 教育医疗:37宗(16.30%) 国有企业:25宗(11.01%) 能源资源:16宗(7.05%) 文体传媒:4宗(1.76%) 民营经济:3宗(1.32%) 养老社保:3宗(1.32%) 生态环保:1宗(0.44%)
	受贿行业	工程建设:66宗(29.07%) 政法:41宗(18.06%) 医药购销:26宗(11.45%) 金融保险:19宗(8.37%) 房地产:14宗(6.17%) 教育:11宗(4.85%) 粮食购销:6宗(2.64%) 农业:6宗(2.64%) 人事调整:6宗(2.64%) 未知:32宗(14.10%)

(续表)

指标	整体性特征
涉案金额	3万元及以下:13人次(5.73%) 3万—50万元(含):135人次(59.47%) 50万—100万元(含):29人次(12.77%) 100万—500万元(含):35人次(15.42%) 500万元以上:15人次(6.61%)
非法获利	3万元及以下:1人次(2.38%) 3万—50万元(含):12人次(28.57%) 50万—100万元(含):7人次(16.67%) 100万—500万元(含):7人次(16.67%) 500万元以上:15人次(35.71%)
刑期	三年及以下:59宗(25.99%) 三年以上(含无期):34宗(14.98%) 缓刑:117宗(51.54%) 免予刑事处罚:17宗(7.49%)

据表3数据可知,行贿人多集中于东部地区,多为民营企业家,显示了地域和身份上的明显倾向。此外,行贿活动主要集中在行政审批、执法司法等领域,尤其以工程建设和政法为主要行贿领域,反映了腐败的领域特征。大多数行贿金额集中在3万—50万元,但非法获利方面以500万元以上为主,突显了经济利益巨大。在刑罚方面,多数案件判缓刑,显示了司法倾向采取相对宽松的刑罚。这些特征凸显了行贿犯罪的区域分布、行贿领域、经济动机和刑罚水平等重要方面。以下为针对行贿犯罪整体性特征的详细分析:

一是犯罪黑数巨大。从行贿犯罪的数量上来看,虽然学界一直认为其犯罪黑数巨大,但并没有明确的数据作为支撑,通过对比中央纪委国家监委、最高人民检察院、最高人民法院的历年工作报告,梳理行贿犯罪从监察调查到移送司法程序的人数变化,可见一斑。首先,受贿和行贿同属交易型腐败的一体两面,但从最高人民检察院审查起诉的受贿人、行贿人的人数对比来看,2008—2012年接近3∶1,到2013—2017年的1.6∶1,再到2021年攀升至3.4∶1,二者之间始终存在巨大的差额。其次,通过对比2021年中央纪委国家监委和最高人民检察院的数据,仅有略超过一半的行贿人被调查后移送检察院审查起诉;通过对比 2014—2017 年最高人民检察院和最高人民法院的数据,仅有不到 1/3 的行贿人会被法院最终宣判。

二是时空分布不均。本文发现我国行贿犯罪的案发时间呈现典型的分布不均状态,总体呈现增长趋势。2014—2020 年呈现明显的快速增长态势,并于 2017 年达到峰值(4236 宗案件),这与最高人民检察院的工作报告中的数据相对应(见图 4)。

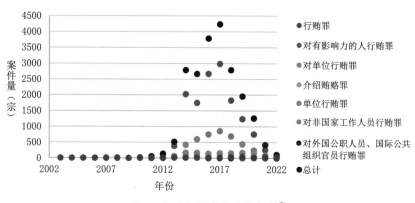

图 4 行贿犯罪案发时间分布❶

典型案例的初次行贿时间整体零散分布于 1991—2020 年,2005—2012 年处于初次行贿的高发期,并于 2012 年达到峰值后逐年下降。到 2020 年时,已与 1991—2002 年的初次行贿水平相当;案发时间分布不均。案发时间整体位于 1993—2019 年,相比初次行贿的曲线图出现了明显的滞后性,并于 2009 年和 2013—2017 年达到了案发高峰期,2017 年后案发量逐年降低(见图 5)。

从行贿犯罪的空间分布来看,我国的行贿犯罪分布地域较广。既普遍出现在广东、江苏、浙江等我国经济较为发达的东部沿海地区,也普遍出现在安徽、河南、四川等人口稠密的法治社会欠发达地区。但不同的区域初次发现

---

❶ 根据中国裁判文书网的公开裁判文书数据统计。

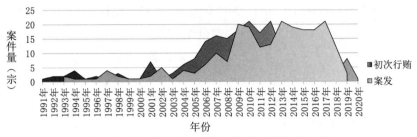

图 5 初次行贿与案发时间分布(典型案例数据库)

行贿犯罪案例的时间有所差异,这也与社会、经济发展的进程具有较强的关联性。在中国经济社会转型的大背景下,经济和社会因素对犯罪率的影响非常重要。有关城市化对犯罪率的影响的研究,学者们提出了三种不同的观点,根据这些观点,对犯罪率的影响可以被分为积极和消极的两类。第一种观点认为,城市化和犯罪率同步增长,也就是说,随着城市化的发展,犯罪率也会增加。❶ 第二种观点则认为,城市化的发展可以降低城市犯罪率,这种观点强调城市化发展对犯罪率的积极影响。❷ 除此之外,还有一些研究认为,城市化与犯罪率之间没有必然的联系,也就是说,城市化发展对犯罪率的影响并不明显,二者相互独立。案例库的统计数据同样显示出了行贿犯罪率在不同地区存在较大的差异性(见表4)。

表 4 行贿犯罪分省案件量统计

省份	最早年份	最晚年份	跨度(年)	案件量(宗)	省份	最早年份	最晚年份	跨度(年)	案件量(宗)
广东省	2008	2022	14	24	上海市	2012	2022	10	7
浙江省	2000	2022	22	21	广西壮族自治区	2001	2022	21	6

---

❶ 参见〔美〕路易丝·谢利:《犯罪与现代化——工业化与城市化对犯罪的影响》,何秉松译,中信出版社 2002 年版,第 37 页。

❷ 参见郭涛、阎耀军:《城市化与犯罪率非线性动态关系实证研究》,载《统计与信息论坛》2014 年第 4 期。

(续表)

省份	最早年份	最晚年份	跨度（年）	案件量（宗）	省份	最早年份	最晚年份	跨度（年）	案件量（宗）
北京市	2010	2022	12	19	陕西省	2008	2016	8	6
江苏省	1997	2022	25	15	黑龙江省	2015	2021	6	4
河南省	2011	2022	11	14	吉林省	2005	2022	17	4
安徽省	2005	2022	17	13	江西省	2000	2021	21	4
山东省	2000	2020	20	12	重庆市	2012	2021	9	4
四川省	1995	2022	27	10	甘肃省	2009	2022	13	3
云南省	2013	2022	9	10	贵州省	2015	2019	4	3
辽宁省	2014	2022	8	9	海南省	2000	2014	14	2
河北省	2010	2015	5	8	内蒙古自治区	2016	2018	2	2
湖北省	2014	2019	5	8	山西省	2016	2018	2	2
福建省	2012	2019	7	7	天津市	2020	2022	2	2
湖南省	2013	2022	9	7	新疆维吾尔自治区	2016	2016	0	1

不同地区的经济环境和社会文化背景差异较大,可能会影响行贿犯罪案件的发生。例如,一些发展较快的地区存在较大的商业机会和激烈的竞争,可能导致相关人员为了获取商业利益而涉及行贿犯罪。此外,由于一些贫困地区可能缺乏经济资源和机会,相关人员更容易参与贪污行为。

三是金额悬殊。从行贿犯罪的涉案金额上来看,在不同的领域、行业中,行贿人在涉案金额方面展现了较大的差异性。总体来说,随着时间的推移,行贿金额在不断上涨,在经济发达地区、热门行业领域,行贿的价位也水涨船高,呈现显著的权钱交易和市场化特征。有研究表明,行贿者基于其成本与收益的计算,往往会考虑付给行贿对象的钱财、行贿需要耗费的时间与精力以及由此带来的机会成本和行贿后受到的处罚这几项成本因素。❶ 在典型案例库中,案均行贿金额最高的省级行政区是安徽省,达到588.97 万元;案均行贿金额最低的省级行政区是甘肃省,仅为 8.43 万元。案均行贿金额较大,达到百万元以上的有安徽省(588.97 万元)、上海市(338.21 万元)、北京市(254.75 万元)、广东省(212.25 万元)、重庆市(211 万元)、江西省(142.25 万元)、吉林省(136.63 万元)、广西壮族自治区(116.87 万元)、湖北省(105.63 万元)。

(二)行贿犯罪的新发展趋势

同时,通过纵向比较,也能发现关于行贿犯罪的演化和新的发展趋势:

一是"一把手"是当前主要围猎对象。数据显示,行贿人的主要围猎对象在 2013—2022 年为"一把手",而 1995—2003 年为副职,2004—2012 年为现管。同时,行贿人的围猎对象人数在逐年减少,由 1995—2003 年的 2.89 万人逐年减少至 2013—2022 年的 1.57 万人。一些行贿者会选择长期经营和围猎党政机关"一把手",因为他们有更大的权力和影响力,可以为行贿者提供更多的利益和机会。这可能是因为"一把手"通常掌握着机关或单位的最高权力,能够直接或间接地影响重要决策,从而对机关或单位的利益产生巨大影响。这也在一定程度上从侧面表明,近年来"一把手"权力的进一步集中,缺乏更有效的监督和制约。

二是行贿犯罪潜伏期的逆增长趋势。腐败"潜伏期"是指从首次发生腐败行为到腐败行为被发现之间的时间跨度。❷ 值得关注的是,伴随着反腐败治理进程的不断深入,行贿犯罪的"潜伏期"却呈现了逆增长的迹象。根据行贿犯罪被发现的时间统计,1995—1997 年,典型案例库中有 2 个案例的平均潜伏期为 0.5 年,最短潜伏期为 0 年,最长潜伏期为 1 年;1998—2002

---

❶ 参见郑利平:《腐败成因的经济理性与预期效用的论析》,载《中国社会科学》2001 年第 1 期。

❷ 参见过勇:《从腐败潜伏期看当前中国的腐败形势》,载胡鞍钢主编:《国情报告 第九卷 2006 年(上)》,党建读物出版社、社会科学文献出版社 2012 年版,第 68 页。

年,典型案例库中有 8 个案例的平均潜伏期为 2.75 年,其中潜伏期最短为 1 年,潜伏期最长为 5 年;2003—2007 年,典型案例库中有 7 个案例的平均潜伏期为 3.86 年,潜伏期最短为 1 年,潜伏期最长为 7 年;2008—2012 年,典型案例库中有 26 个案例的平均潜伏期为 3.23 年,潜伏期最短为 1 年,潜伏期最长为 9 年;2013—2017 年,典型案例库中有 69 个案例的平均潜伏期为 3.51 年,潜伏期最短为 0 年,潜伏期最长为 13 年;2018—2022 年,典型案例库中有 115 个案例的平均潜伏期为 4.57 年,潜伏期最短为 0 年,潜伏期最长为 14 年。

总体来看,中国行贿犯罪的潜伏期在不断延长,这表明在我国,发生行贿犯罪的行为后,被纪检监察机关调查并移送司法审判的过程在不断延长。突出表现为最长潜伏期从 1995—1997 年的 1 年逐年延长,到 2018—2022 年已长达 14 年,这意味着有的行贿人在初次行贿犯罪的 14 年后才受到法律的惩处。一方面,伴随经济社会的发展,行贿犯罪的方式、手段也在不断更新,提高了行贿犯罪行为被发现和追究责任的难度;另一方面,监察体制改革后,随着检察院调查职务犯罪的职能大部分被转隶到监委,办案理念和办案程序也发生了一系列新的变化。

> 我们还有个不成文的规矩,有时候我们缺案源了,会把之前办理的受贿案件中领导不认识、不熟悉的行贿人作为新的线索突破口,去获取更多的受贿案件信息。所以说,一般来说行贿的人更多都是被牵连出来的,很少会有那种主动被发现的。
>
> 以前检察院办案子,行贿和受贿的办案框架是一样的,他们采取分组办案的模式,现在大家都是聚在一起围着一个办公的地方转。现在最大的区别是行贿人是掌握在自己手里的,所以大家会产生一种心理:既然这个人还掌握在自己手里,那么我们慢一点也无所谓,先晾在一边,等后续有其他办案需要再抓过来也是可以的。❶

---

❶ 访谈 J01。访谈时间:2021 年 11 月 21 日。

与此同时,最短潜伏期的数据则较为稳定地在 0—1 年,于 1998—2002 年这一时间段延长到 1 年后保持稳定,直至 2013—2017 年这一时间段后又缩短为 0 年并持续至今(见表 5)。最短潜伏期年限的缩短说明伴随"受贿行贿一起查"等政策的实施,我国发现行贿犯罪并移送司法审判的能力在不断提高。

表 5　行贿犯罪潜伏期

年份	样本数（份）	最长潜伏期（年）	最短潜伏期（年）	平均潜伏期（年）
1995—1997 年	2	1	0	0.5
1998—2002 年	8	5	1	2.75
2003—2007 年	7	8	1	3.86
2008—2012 年	26	9	1	3.23
2013—2017 年	69	13	0	3.51
2018—2022 年	115	14	0	4.57
平均		6	2.83	3.97

三是行贿犯罪量刑呈轻罪化趋势。研究犯罪刑罚的特征,包括刑期和罚金等,尤其在腐败犯罪领域是非常重要的,原因如下:①起到威慑作用。犯罪刑罚是制约犯罪的一种手段,刑期和罚金等量刑标准的高低会影响犯罪的威慑效果,因此,研究犯罪刑罚的特征可以更好地了解刑期和罚金等量刑标准的制定原则和实践,进而更好地发挥威慑作用。②维护公平正义。犯罪刑罚是法律对犯罪行为的惩罚,量刑标准的合理性和公正性是维护公平正义的重要方面。研究犯罪刑罚的特征可以更好地了解不同类型的犯罪的特征和罪责程度,从而制定更加公正合理的刑罚政策。③防止滥用职权。在腐败犯罪领域,研究犯罪刑罚的特征可以更好地了解腐败行为的严重程度和性质,从而在刑事审判中加强对滥用职权行为的打击,保证公正审判。根据典型案例库的数据,我国行贿犯罪的刑罚多为缓刑和免予刑事处罚,很少判罚实刑和重罪。

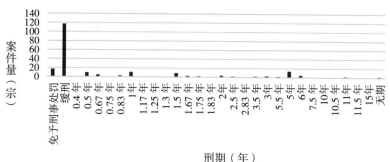

图 6 行贿犯罪的量刑结构

根据典型案例数据库(见图6),我国行贿犯罪的平均刑期为1.01年。对行贿犯罪很少判罚实刑和重罪。根据法律规定,对于行贿犯罪,司法机关通常会依据情节轻重、具体表现、社会危害性等因素量刑。在某些情况下,对量刑较轻的犯罪行为,司法机关可能会给予缓刑和免予刑事处罚的处理。行贿犯罪刑期整体偏轻的司法实践也与我们的访谈内容相对应:

> 行贿案件一般会在解除留置后取保候审,不会判实刑的,这是一条不成文的"规矩"。我不知道别的地方是怎么操作的。以我们这里为例,一个行贿的老板会贡献很多受贿的线索,相当于对他网开一面,会让他受到刑事追究,但是一般不会判处实刑。刑事追究集中在罚款和缓刑两类。❶

可以发现:行贿犯罪的刑期整体偏轻。缓刑和免予刑事处罚占近60%,而重刑犯(指10年以上有期徒刑)占比仅3.08%;执行"受贿行贿一起查"刑事政策以来,并没有显著影响和改变行贿犯罪刑期使其整体偏轻的特征。

四是特殊群体成为围猎的新焦点。在国家治理过程中,由于正式编制人员的数量受到严格限制,一批并不具有"体制内身份"的非正式身份人员走到

---

❶ 访谈J01,访谈时间:2021年11月21日。

社会治理的台前,成为推动国家治理现代化进程的重要力量。俗话说"县官不如现管",这些人往往不具备领导身份、不享有公共权力,但因为领导的"身边人",或者直接承担了行政审批的工作,从而成为行贿人的新"围猎"对象。

五是行贿犯罪罚金的数额显著上涨。2017年10月,党的十九大首次提出要"坚持受贿行贿一起查,坚决防止党内形成利益集团"。司法数据表明,2018年至今司法机关对于行贿人的罚金确实越来越重了,除了需要追回被行贿所得的财物,同时也会给予一定比例的罚金,通过加大经济处罚力度,似乎是对"受贿行贿一起查"政策的响应。

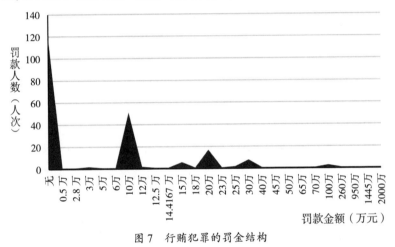

图7 行贿犯罪的罚金结构

根据典型案例数据库(见图7),我国行贿犯罪的平均罚金为20.30万元。近年来,司法机关对于行贿人的罚金越来越重,这似乎成为对于"受贿行贿一起查"政策的响应。这是因为,对于行贿犯罪,除依法惩处犯罪分子外,还需要追回行贿所得的财物,同时也需要加大对行贿行为的打击力度。因此,在处理行贿犯罪案件时,除采取传统的量刑手段外,司法机关还会通过罚金等方式对行贿人进行经济惩罚。

需要注意的是,以上特征是针对典型案例的总体情况,具体情况可能因地区、案件性质、法官裁判等而有所不同。

[五] 成因探讨:基于拓展个案的理论指向

通过对社会政治和经济发展不同阶段的行贿判决书进行数据分析,本文发现了行贿犯罪在不同时期呈现阶段性差异(见表6)。

表6 不同时期行贿犯罪特征比较

	阶段	1995—2003年	2004—2012年	2013—2022年
	涉及省份(个)	11	25	28
平均	潜伏期(年)	2.11	3.33	4.14
	年龄(岁)	40.63	45.18	47.72
	行贿次数(次)	3.38	4.30	4.34
	受贿人数(人)	2.89	1.89	1.57
	涉案金额(万元)	57.48	31.87	130.23
	非法获利(万元)	2700.00	46.65	1771.36
	罚金(万元)	1.82	—	29.47
	刑期(年)	5.14	0.76	1.03
核心	行贿人(占比)	民营企业家(45.45%)	民营企业家(43.75%)	民营企业家(55.00%)
	受贿人(占比)	副职(46.15%)	现管(48.48%)	一把手(37.79%)
	行贿领域(占比)	行政审批(45.45%)	行政审批(59.38%)	行政审批(40.22%)
	行贿事项(占比)	干预司法(40%)	工程招投标(33.33%)	工程招投标(34.18%)

行贿犯罪作为交易型腐败的组成部分,与社会的政治和经济发展状况密切关联。因此,在不同的社会发展阶段,其呈现了差异性的特征。有学者的研究表明,20世纪80年代,在中国由计划经济到市场经济转变的过程中,由于计划经济的遗留和国有企业的垄断,政府决定和引导了市场价格,并完全

控制金融体系,创造了猖獗的腐败环境,并在20世纪90年代有所加剧。❶此外,行政改革对控制行政腐败产生了积极影响,从20世纪90年代末期到21世纪前十年,贪污、挪用等自体型腐败的数量快速下降,受贿、行贿等交易型腐败的数量快速上涨。❷由于连续的制度建设和行政改革,解释中国腐败问题的原因自20世纪90年代末已经发生了变化。因此,本文在典型案例数据库的基础上,将其二次划分为A库(确立和建设社会主义市场经济体制时期)、B库(完善社会主义市场经济体制时期)和C库(加快完善社会主义市场经济体制时期),根据不同的政治和经济发展背景,探寻行贿犯罪的阶段性特征及其成因(见表7)。

表7 不同历史阶段案例库构成情况

指标	A库	B库	C库
发展阶段	确立和建设社会主义市场经济体制时期	完善社会主义市场经济体制时期	加快完善社会主义市场经济体制时期
涉及时间	1992—2003年	2004—2012年	2013—2022年
涉及区域(个)	7	14	28
案例数量(件)	11	32	184

(一)1992—2003年的行贿犯罪成因

在1992年,中国中央政府提出了建立和发展"社会主义市场经济体制"的理念,这标志着中国经济体制改革进入了一个新阶段。❸ 在这一时期,经

---

❶ 参见胡鞍钢主编:《中国:挑战腐败》,浙江人民出版社2001年版,第19—22页。

❷ Kilkon Ko 和 Cuifen Weng 通过统计历年数据,发现中国的贪污和挪用等自体型腐败案件,从1998年到2007年涉案官员人数分别减少了34.5%和56%,而交易型腐败在这一期间快速上涨了102%。研究认为,自2005年以来贿赂已经成为中国最常见和最严重的腐败形式。See Kilkon Ko and Cuifen Weng, *Structural Changes in Chinese Corruption*, 211 The China Quarterly 718 (2012).

❸ 参见王健:《市场导向经济体制改革的六个发展阶段》,载《人民论坛》2018年第33期。

济体制改革的实践趋向从微观层面向宏观层面转变。从 1994 年开始,中国政府先后进行了财税体制改革、金融体制改革以及对外经济体制改革等一系列重大改革。这些改革旨在深化市场经济改革,提高经济运行效率,为经济可持续发展奠定基础。在这个阶段,行贿主体主要来自东部地区,多为民营企业家和企业高管,这表明在中国改革开放初期经济活跃区域和企业阶层的行贿活动较为突出。行贿领域主要集中在行政审批和执法司法领域,可能与当时经济体制改革、市场开放和行政审批制度有关。涉案金额以 3 万—50 万元为主,可能反映了当时腐败行为规模相对较小,或者部分案件受限于财务能力。

(二)2004—2012 年的行贿犯罪成因

2002 年 10 月,中国共产党召开的第十六次全国代表大会宣布,我国初步建立了社会主义市场经济体制,但该体制的框架仍然不完善。针对这一问题,2003 年召开的党的十六届三中全会通过了《中共中央关于完善社会主义市场经济体制若干问题的决定》,标志着中国经济体制改革进入了完善社会主义市场经济体制的新阶段。❶ 这一决定旨在加强市场机制的作用,完善宏观调控体系,推进财税体制改革和金融体制改革等,进一步深化经济体制改革,为中国经济持续稳定发展打下坚实基础。在这个阶段,东部地区仍然是行贿主体的重要来源地,但中部和西部的比例也有所增加,表明中国改革发展逐渐向中西部地区扩展。行贿人身份多为民营企业家,表明民营企业在行贿中起到重要作用。行贿领域以行政审批为主,可能反映了当时中国市场经济的快速发展带来的频繁的审批需求。涉案金额以 3 万—50 万元为主,可能反映了行贿金额普遍较为稳定。

---

❶ 参见王健:《市场导向经济体制改革的六个发展阶段》,载《人民论坛》2018 年第 33 期。

(三) 2013—2022 年的行贿犯罪成因

自党的十八大以来,习近平总书记在全面深化改革方面提出了一系列重要思想、论断和举措,特别是在经济体制改革方面,强调政府与市场的关系必须得到妥善处理,使市场在资源配置中发挥决定性作用,同时更好地发挥政府的作用。❶ 党的十九大报告指出,中国特色社会主义已经进入新时代,并且我国社会主要矛盾已经发生转变,这更需要我们加快完善社会主义市场经济体制。因此,我们需要在实践中不断探索,坚持市场化、法治化、国际化的改革方向,推进经济体制改革,加强政府和市场的有效合作,为中国经济的可持续发展提供坚实的保障。在这个阶段,行贿主体中民营企业家仍然占据主导地位,但从地区分布看,东部地区的比例有所下降,中西部地区的比例有增加,显示中国改革发展逐渐向中西部地区倾斜。行贿领域以行政审批为主,但教育领域、医疗领域也显著增加,可能反映了中国社会对教育、医疗等公共服务领域腐败的关注和监管增强。涉案金额中 3 万—50 万元仍然占主导,但 500 万元以上的案件比例有所上升,可能反映了一些行贿活动金额较大。刑期上以缓刑为主,可能反映了中国司法对行贿犯罪的宽刑调整,注重社会和谐稳定。

综上所述,不同时期的社会政治和经济发展阶段在行贿犯罪的成因上产生了不同影响。从无法通过合法途径获利、经济增长压力、监管强化,到法治建设和舆论压力,这些因素在不同阶段交织影响着行贿犯罪的发展。

阶段 1(1992—2003 年):在改革开放初期,中国实施了相对严厉的刑事政策以遏制腐败。行贿主体主要来自东部地区,可能是因为东部经济相对发达,市场竞争激烈,企业家和企业高管更容易沉溺于腐败行为。行贿人多为民营企业家,可能是受到市场竞争的压力和诱因的影响。行贿领域主要集中

---

❶ 参见王健:《市场导向经济体制改革的六个发展阶段》,载《人民论坛》2018 年第 33 期。

在行政审批和执法司法，可能是因为在改革初期这些领域的腐败问题尤为突出。刑期较严格，强调了法律严惩的原则，符合"严"的刑事政策。

阶段2(2004—2012年)：这一时期中国的市场经济不断发展，改革逐步深入。行贿主体的地域分布较为平衡，可能与改革向内陆地区延伸有关。行贿人的身份多样化，包括民营企业家、工作人员、企业高管等，反映了市场经济多元化的影响。行贿领域逐渐扩展至教育、医疗等领域，可能是因为社会对公共服务领域腐败问题的关注增加。刑期偏向缓刑，可能是为了维护社会稳定，强调了"不厉"的刑事政策。

阶段3(2013—2022年)：这一时期中国经济逐渐向中西部地区转移，改革全面深化，加强了腐败治理。行贿主体仍以东部地区的民营企业家为主，但中西部地区的行贿活动明显增加，这可能与政府政策引导、市场发展有关。行贿领域以行政审批为主，但教育领域、医疗领域的行贿明显增多，可能是社会加强了对公共服务领域的腐败问题的关注。刑期仍以缓刑为主，强调了法律刑罚与社会和谐的协调，符合"严而不厉"的刑事政策。

［六］结论与讨论

反腐败斗争基于复杂的政治、经济、社会、文化属性，其治理和完善需要依靠长期的、系统的努力和付出。我国行贿惩处呈现"严而不厉"现象主要由以下因素导致：

一是我国的腐败治理理念以"官员"为中心。政府和社会都将视角聚焦在了以公职人员为主体的受贿人身上，并已然在司法实践的潜移默化下形成"查处腐败官员以铲除腐败"的治理理念。而对于以非公职人员身份为主体的行贿人，政府和社会并没有投入过多关注。

二是职务犯罪重口供，与行贿人达成"辩诉交易"。职务犯罪具有很强的隐蔽性，缺乏犯罪场域和物证，与普通的刑事犯罪相比具有显著差异，这一突出特征为犯罪行为的证明带来较大挑战。因此，在司法实践中办案人员为了获得案件的突破口,往往会与行贿人达成"辩诉交易",通过轻缓量刑等承诺,换取其言辞证据。

三是"以经济为中心"的地方干部考核指挥棒。在压力型体制下,经济发展仍然在一定时期内是上级对下级政府考核的重要指标,而行贿人多为民营企业家或者在地方具有一定"声望"的人,对区域的经济发展作出了一定贡献。地方党政领导可能会对纪委监委施加一定的压力,以维护"营商环境"。

四是纪委监委追求"办案数据"的考核。一些地方纪委监委为了更科学、合理地展现最近一段时期内的反腐成效,会刻意追求数据结构上的好看。

《联合国反腐败公约》第 20 条将私营部门的腐败行为纳入规制范畴,美国、新加坡、我国香港地区等也建立了相应的私营部门反腐败法律规制和运行体系。但在我国的刑事立法和司法实践中,民营企业内部的腐败犯罪问题没有受到应有的重视,缺乏从刑事立法与司法角度及犯罪预防层面的系统研究,仍是一个"被遗忘的角落"。因此,针对当前我国行贿犯罪的现实情况,要寻求腐败治理从"强治标—弱治本"阶段向"强治本—弱治标"阶段的转型,❶必须转变治理理念,从国家、企业和公民等多个层面系统施策,建立起国家回应治理和企业自我监管相结合的"严而不厉"的治理体系,构建"国家—企业"协同型非公领域腐败犯罪治理模式,进一步深化我国反腐败斗争、构建中国特色反腐败治理体系。

---

❶ 中国腐败治理大致可以分为三个阶段:一是治标阶段,仅注重单个腐败打击;二是"强治标—弱治本"阶段,以群体化、运动化的方式对腐败进行集中式打击,以减少腐败存量,遏制腐败增量;三是"强治本—弱治标"阶段,以解决环境型、系统性腐败。目前我国仍处于第二阶段。参见刘艳红:《中国反腐败立法的战略转型及其体系化构建》,载《中国法学》2016 年第 4 期。

网络开设赌场：罪量标准的实证检验与体系重构

张 印[*]

摘　要：《刑法修正案(十一)》将开设赌场罪的法定升格刑起点提升至5年有期徒刑，在网络开设赌场占据主导地位的当下，应对其罪量标准进行实证检验与系统修正。通过考察开设赌场罪的历史沿革，可知其法定刑的变迁依据在于法益侵害之程度及类型。实证分析表明，实施方式与开设赌场罪量刑具有显著相关性，网络开设赌场相较于传统开设赌场量刑更为轻缓，司法适用面临考量要素单一、综合衡量标准模糊、证据数量差异显著的困境。基于预防必要性和证据查证难度的双重考量，应创制罪量标准的二元区分模式。网络开设赌场情节严重的认定应采取"参赌人数+赌资或获利数额"的综合认定标准，以轻重罪适用比例节点的涉案数额确定数额标准，入罪门槛则可与传统开设赌场罪保持一致，采取单一制标准并依据GDP发展状况更新其数额标准，由此贯彻罪责刑相适应原则。

关键词：网络开设赌场　罪量要素　量刑偏好　综合认定标准

---

[*] 张印(1998—)，男，河南南阳人，北京师范大学法学院博士研究生，研究方向：刑法学。本文系2024年最高人民检察院检察应用理论研究课题"网络赌博法律适用问题研究"，2024年北京师范大学法学院学术型研究生专项科研基金课题"网络赌博犯罪的罪量标准与司法认定"的阶段性研究成果。

[一] 问题的提出

赌博犯罪败坏社会风气、妨害社会管理秩序,同时往往诱发各类刑事犯罪。近年来,互联网黑灰产业与赌博犯罪深度融合,网络开设赌场呈现高发态势。数据显示,2021 年前三季度全国检察机关共起诉开设赌场罪被告人 63238 人,与 2018 年至 2020 年 3 年同期平均办案数相比上升 45.71%,且网络赌博成为主要犯罪形式。❶《中华人民共和国刑法修正案(十一)》[以下简称《刑法修正案(十一)》]将开设赌场罪的法定刑升格期限从 3 年有期徒刑提高至 5 年有期徒刑,表明立法机关严厉打击赌博犯罪的态度和决心。

针对开设赌场的刑事治理,学界多从网络赌博的犯罪学特征、赌博犯罪与娱乐行为的区分、网络赌博的共犯认定等方面进行相应研究,偏重入罪出罪的理论分析。❷ 然而,在网络开设赌场成为主要途径和开设赌场罪的法定升格刑提高的背景下,2010 年"两高一部"发布的《关于办理网络赌博犯罪案件适用法律若干问题的意见》(以下简称"意见")中关于开设赌场罪"情节严重"罪量类型的设定是否合理,罪量数额能否适应犯罪形态的新变化、新趋势,网络开设赌场和传统开设赌场的罪量标准应否存在差异,司法实践如何把握其罪量要素等,均成为值得深入研究的课题。因而,本文拟对网络开设赌场犯罪的司法裁量进行实证检

---

❶ 参见张璁:《遏制开设赌场犯罪高发态势》,载《人民日报》2021 年 11 月 30 日,第 12 版。
❷ 姜涛指出网络犯罪具有隐蔽性更强、监控难度更大、犯罪来势更猛、危害后果更重等特征,并提出将"利用网络"开设赌场和聚众赌博纳入刑法体系、提高赌博罪的法定刑等完善规制网络赌博犯罪的初步立法构想。参见姜涛:《论网络赌博罪的认定及其立法建构》,载《河北法学》2006 年第 5 期。潘祥均等针对利用网络实施赌博犯罪疑难案例,就接受投注的理解、投放广告的把握、获得分红的定性和网络开设赌场的共犯认定等问题进行探讨,参见杨洪广、潘祥均、朱建华等:《利用网络实施赌博犯罪如何适用法律》,载《人民检察》2014 年第 6 期。陈纯柱认为网络赌博犯罪存在罪责刑不相适应、赌博行为不为罪、网络公司纵容、虚拟货币处境尴尬等处罚困境,提出明确网络赌博犯罪的法律性质、将严重网络赌博行为纳入犯罪范畴等规范建议,参见陈纯柱:《网络赌博的处罚困境与治理路径》,载《探索》2019 年第 2 期。

验,基于法益理论对其罪量标准的设定和司法运行状况予以反思,以期重构网络开设赌场犯罪的罪量体系,实现赌博犯罪治理的中国式现代化。

[二] 开设赌场罪的历史沿革: 基于法益视角的考察

开设赌场罪脱胎于赌博罪,其后历经独立化发展的阶段。立足于法益视角对其历史沿革加以考察,有助于明晰开设赌场罪独立成罪和量刑变迁所承载的法益保护价值,并据此对其罪量标准的设定予以反思与重构。

(一)聚众赌博与开设赌场的分离

我国封建社会时期的历代封建统治者将赌博视为危害统治的行为,故而在法典中多设置惩罚赌博行为的条款,如《唐律》规定"诸博戏赌财物者各杖一百(举博为例余戏皆是)赌饮食者不坐";《元律》规定"诸赌博钱物杖七十七,钱物没官。有官罢见任期余后杂职内叙,开博房之家,罪也如之,再犯加徒一年。应捕故纵,杖四十七,受财者同罪,赌饮食者不坐";其后的明清律中亦有类似规定,"凡赌博财物者杖八十,摊场财物入官,其开张赌房之人同罪,职官加一等,若赌饮食者勿论"❶。清末是我国历朝赌博最为繁盛的阶段,赌博方式和种类繁多,赌风愈演愈烈,官方明确规定禁赌时段、禁赌地点、禁赌对象,其禁赌法令不可谓不严。❷ 新中国成立后对于赌博持明令禁止的态度,取缔赌局、赌场,禁止赌博活动。1979 年《中华人民共和国刑法》(以下简称 1979 年《刑法》)第 168 条规定,"以营利为目的,聚众赌博或者以赌博为业的,处三年以下有期徒刑、拘役或者管制,可以并处罚金"。该条款尚未将开设赌场的行为单独列举,而 1997 年《刑法》第 303 条将"开设赌场"与"聚众赌博"相并列,且赌博罪的附加刑罚金由选科制变为并科制。

---

❶ 章惠萍:《论我国赌博行为的刑法规制》,载《法学评论》2006 年第 3 期。
❷ 参见魏晓错:《从〈申报〉看清末的赌博与禁赌》,载《贵州社会科学》2021 年第 9 期。

聚众赌博与开设赌场缘何分离？对此可从二者的概念区分加以考察。有学者质疑二者并列规定的科学性，认为聚众赌博亦可能是以开设赌场的形式聚众，因而存在外延的交叉混同。❶有学者基于建立微信群组织他人赌博构成聚众赌博抑或开设赌场的争议问题，认为赌场的"场"的重心并不一定在于空间性，而在于赌博活动的聚集性，将赌博微信群认定为赌场的司法实践体现出赌博的场所性在网络时代愈加微弱，二者的界限更加模糊乃至消失。❷ 多数学者则从解释论角度对二者的差异进行归纳，认为开设赌场中的"赌场"是指由行为人所控制，具有一定的连续性和稳定性，专门用于赌博活动，并在一定范围内为他人知晓的地方。❸

从概念内涵的关系来看，开设赌场涵盖于聚众赌博的范畴中，二者应为包容关系，此亦开设赌场从聚众赌博行为模式分离之原因。但无论是支配说、作用说、持续时间说抑或综合说，均强调开设赌场相较于聚众赌博而言，具有更深的法益侵害性。赌博犯罪侵犯的法益在于，"非因勤劳等其他正当之原因，意欲仅凭偶然之情事以侥幸获得财物而相互竞争，显然，会使国民产生懒惰浪费之弊习，并有害于作为健康且文化之基础的勤劳美风"❹。开设赌场的规模性、组织性和不特定性等特征，均实质性地加剧了上述法益侵害之程度。即使从立法层面主张无被害人犯罪的非犯罪化，亦不能否认开设赌场对规制赌博的行为规范构造的冲击与破坏。职是之故，聚众赌博与开设赌场的分离，是刑事立法将法益侵害程度更深的开设赌场与总括型的聚众

---

❶ 参见杜国强、胡学相：《赌博罪的司法困境及出路》，载《法律适用》2007 年第 11 期。

❷ 参见刘艳红：《网络犯罪的法教义学研究》，中国人民大学出版社 2021 年版，第 129—130 页。

❸ 参见邱利军、廖慧兰：《开设赌场犯罪的认定及相关问题研究——以〈刑法修正案（六）〉和"两高"关于赌博罪司法解释为视角》，载《人民检察》2007 年第 6 期；李永红等：《利用微信"抢红包"聚赌行为如何处理》，载《人民检察》2016 年第 10 期；罗开卷、赵拥军：《组织他人抢发微信红包并抽头营利的应以开设赌场罪论处》，载《中国检察官》2016 年第 18 期。

❹ 〔日〕西田典之：《日本刑法各论（第 6 版）》，王昭武、刘明祥译，法律出版社 2013 年版，第 413 页。

赌博并驾齐驱,以凸显其独立性。

(二)开设赌场罪的设立及法定刑的设置

2006年《刑法修正案(六)》将开设赌场行为单独成罪,并将法定最高刑提升至10年有期徒刑。2010年"意见"则对网络开设赌场的罪量标准加以设定,为其司法适用提供明确的法律依据。

《关于〈中华人民共和国刑法修正案(六)(草案)〉的说明》强调修改开设赌场犯罪的法定刑是根据公安部门的意见,旨在"加重对开设赌场犯罪的处罚",即基于其打击惩处的必要性而对其法定刑予以调整。而就法益保护的妥当性而言,其亦具有正当性理据。

其一,就犯罪本质而言,源自德、日的法益侵害学说逐渐取代源自苏俄的社会危害性理论,逐渐掌握学界的主流话语权。❶ 法益具有刑事政策机能、违法性评价机能、解释论机能和分类机能,兼具指导立法和深化教义学发展之功用。❷ 法益的违法性评价机能不仅涉及入罪出罪的质性判断,同时能够进行衡量刑事责任程度的量化判断,由此实现与刑罚裁量的衔接。质言之,依据行为违法性推论其法益侵害之严重程度,进而配置对应的法律后果。开设赌场的规模性、稳定性等行为特征决定其刑事可责性更强。

其二,就刑罚的正当化根据而言,介于报应刑论和预防刑论之间的并合主义具有弥补单一理论缺陷之特征,且预防目的愈加彰显其显著价值。❸ 德

---

❶ 参见陈璇:《法益概念与刑事立法正当性检验》,载《比较法研究》2020年第3期。从世界范围来看,德日法益侵害说、英美法系的危害原则和中俄的社会危害性理论是各自主流的犯罪本质学说。将社会危害性理解为法益侵害性,具有理论可行性和实践可操作性,因而亦可作实质等同理解。参见李文吉:《我国刑法中犯罪本质的法益侵害性阐释》,载《长白学刊》2021年第3期。

❷ 参见张明楷:《法益初论》(修订版),中国政法大学出版社2003年版,第197页。

❸ 有学者立足于规范化的制度实践,指出刑罚并合主义正面临危机,即刑事立法和司法愈加肯定预防目的的刑罚价值。刘艳红:《企业合规不起诉改革的刑法教义学根基》,载《中国刑事法杂志》2022年第1期。

国学者罗克辛甚至认为,刑罚的目的只能是预防性的。由于刑法是一种社会治理和社会控制的机能,它也就只能谋求社会的目标。❶ 开设赌场行为的规模性决定暴利性,行为人对于赌场的维持和运行具有实质控制力,因而具有高度的一般预防和特殊预防之必要性。

其三,赌博犯罪的法律控制源于家长主义,具有深刻的哲学底蕴。家长主义可分为强家长主义和软家长主义,以国家介入民众行为的程度为衡量标准。前者强调国家"为了他们好"而将己见强加于人,后者则将国家的干涉行为限定在行为人心智不成熟的情形下。❷ 学界普遍接受软家长主义,具体到赌博犯罪的法律控制,即强调国家权力介入的差序格局,亦即法律控制的合理边界应当确定在边际收益与边际控制成本恰好相等的位置上。❸ 恰如贝卡里亚所提的"刑罚与犯罪相对称"原则,❹不同的赌博行为模式对应的法律控制手段亦应有所区别。2014年"两高一部"发布的《关于办理利用赌博机开设赌场案件适用法律若干问题的意见》(以下简称"利用赌博机开设赌场意见")对受雇佣为赌场从事接送参赌人员、望风看场、发牌坐庄、兑换筹码等活动的人员一般予以出罪处理,❺即依据行为类型和社会危害性进行差异化处理。至于赌博犯罪内部的聚众赌博与开设赌场,亦应依据其法益侵害之差异,设置相应的法定刑梯度,以保持刑罚的边际威慑力。

---

❶ 参见〔德〕克劳斯·罗克辛:《刑事政策与刑法体系(第二版)》,蔡桂生译,中国人民大学出版社2011年版,第76页。

❷ 参见罗翔:《论淫秽物品犯罪的惩罚根据与认定标准——走出法益理论一元论的独断》,载《浙江工商大学学报》2021年第6期。

❸ 参见桑本谦:《法律控制的成本分析——以对通奸和黄色短信的法律控制为例》,载《现代法学》2007年第5期。

❹ 参见〔意〕切萨雷·贝卡里亚:《论犯罪与刑罚》,黄风译,北京大学出版社2008年版,第17页。

❺ 《关于办理利用赌博机开设赌场案件适用法律若干问题的意见》规定,对受雇佣为赌场从事接送参赌人员、望风看场、发牌坐庄、兑换筹码等活动的人员,除参与赌场利润分成或者领取高额固定工资的以外,一般不追究刑事责任,可由公安机关依法给予治安管理处罚。对设置游戏机,单次换取少量奖品的娱乐活动,不以违法犯罪论处。

其四,从刑事立法体系看,同样作为无被害人犯罪且基于家长主义指引下的淫秽物品犯罪和毒品犯罪,其刑罚威慑力度明显较强,如制作、复制、出版、贩卖、传播淫秽物品牟利罪的法定最高刑为无期徒刑,走私、贩卖、运输、制造毒品罪的法定最高刑为死刑,而如若将赌博犯罪的法定最高刑仅设置为3年有期徒刑,法益保护力度明显不足。即使认为,毒品犯罪除秩序法益外,民众的身体健康亦属于其保护范畴,淫秽物品犯罪除社会善良风俗外,亦对正常的性行为观念产生影响,但上述犯罪的作用对象与赌博参与者类似,亦应受自我答责原则之影响,行为人因被害人承诺均得以减损违法性。

(三)《刑法修正案(十一)》对开设赌场罪法定刑的调整:网络开设赌场的特殊性及其惩治

《刑法修正案(十一)》将开设赌场罪的法定升格刑调整为5年有期徒刑,旨在进一步加大对开设赌场行为的惩治力度。相关司法解释以赌资数额、获利数额、参赌人数等作为加重处罚情节,❶表明上述要素体现其法益侵害之程度。实质上,应从法益变迁视角审视其法定升格刑的变化,亦即开设赌场罪正由自然犯向法定犯渐变。一方面,从2017—2021年近5年的裁判文书数量来看,开设赌场罪的判决书数量依次为962份、4716份、10407份、11286份、6611份,整体呈现急剧上升态势,及至2020年达到顶峰。❷ 2021年前三季度全国检察机关起诉涉国(境)外犯罪(涉外犯罪、涉港澳犯罪)13329人,其中开设赌场罪1376人,占比10.32%,仅次于偷越国(边)境罪,居第二位。❸(见图1)在此背景下,赌博犯罪尤其是网络赌博犯罪逐渐升级为非传统国家安全的突出问题,应从总体国家安全观的高度把握立法对开设赌场

---

❶ 参见《关于办理网络赌博犯罪案件适用法律若干问题的意见》。

❷ 以"标题:开设赌场罪、案由:开设赌场罪、案件类型:刑事案件、文书类型:判决书"为检索条件,在北大法宝数据库进行裁判案例检索,共检索出40831份裁判文书。

❸ 参见吴鹏瑶、薛永利:《开设赌场犯罪高发,检察机关依法严惩!》,载中华人民共和国最高人民检察院2021年11月29日,https://www.spp.gov.cn/zdgz/202111/t20211129_536946.shtml。

行为规制的变化。

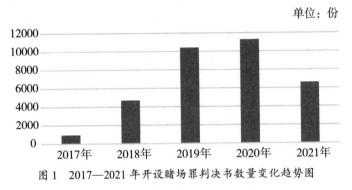

图1 2017—2021年开设赌场罪判决书数量变化趋势图

另外,我国司法实践对开设赌场的惩治无法满足打击日益猖獗的赌博犯罪尤其是网络赌博之需要。以"开设赌场罪"裁判文书为统计范围,以"有期徒刑刑期"为统计变量引入单变量频次分析在法意大数据检索平台进行检索,在50678份有效样本中,判处3年以下有期徒刑的有42590份,占比约84.04%;判处5年以下有期徒刑的有50124份,占比约高达98.91%,见图2。可以发现,司法裁判在认定开设赌场行为属于"情节严重"的基础上,倾向在3—5年有期徒刑幅度内量刑,而极少判处被告人5年以上有期徒刑。但相较于传统开设赌场,网络开设赌场更加快捷、方便,赌资数额往往很大,其社会危害性也更为严重。网络赌博导致大量资金非法外流,严重破坏经济秩序,影响社会和谐稳定。但在规范层面,网络开设赌场与传统开设赌场并未有明确区分,开设赌场的实施方式如何影响量刑,亟待进一步考察。但基于上述数据,可以明确的是,在司法实践中开设赌场罪的法定最高刑为10年有期徒刑的量刑规定被基本架空,对开设赌场罪的司法惩治力度尤其是对通过网络开设赌场的惩治力度明显偏弱,亟须立法予以回应,此即刑事政策作用于刑事立法的模式。刑事政策包括犯罪预防和犯罪抑止,这与刑法实现一般预防与特殊预防的目的具有契合之处。然而,"人们在按照符合实证原理之规则对社会失范行为进行目的性处理的同时,也受到更为严格意义上的司法方法的限制,这种司法方法便是对犯罪前提进行成体系的、概念化的加工和安排"❶。尽管刑事司法受到方法论制约和司法惯性偏好的影响,但基于具有事实属性的犯罪现象,继而对其社会危害性加以价值判断,进而选择犯罪治理的具体策略,以实现犯罪学——刑法哲学——刑事政策学——刑法学的一体化建构和互动式变迁,经由刑事政策指引下的刑法学便具备功能主义特征。《刑法修正案(十一)》对开设赌场罪法定刑的调整,即属于上述立法模式运作规律的典型例证。

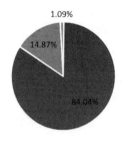

■ 三年以下有期徒刑(含三年)　■ 三年-五年有期徒刑(含五年)
■ 五年以上有期徒刑

图2　开设赌场罪刑期比例分布图

由此,在3年以上有期徒刑使用率偏低的实践背景下,通过提升法定升格刑期限的方式增强对开设赌场罪尤其是对通过网络方式开设赌场的威慑效果,亦与国际社会惩治赌博犯罪的立法实践吻合。

[三] 不同实施方式下开设赌场罪刑事处遇的实证检验

网络开设赌场相较于传统开设赌场,有其行为模式的独有特性,但立法

---

❶ 〔德〕克劳斯·罗克辛:《刑事政策与刑法体系(第二版)》,蔡桂生译,中国人民大学出版社2011年版,第4页。

并未以网络方式实施抑或传统方式实施为区分标准设置独立罪名。在此情形下应对司法实践中二者的定罪量刑差异进行实证检验,以提取不同实施方式下开设赌场的罪量要素考量模式。

(一) 传统开设赌场与网络开设赌场罪量标准迥异

从法规范层面审视传统开设赌场与网络开设赌场的罪量标准,可以发现二者之间存在量刑梯度设定的断裂。2005 年最高人民法院、最高人民检察院《关于办理赌博刑事案件具体应用法律若干问题的解释》(以下简称"赌博案件解释")对聚众赌博的入罪门槛予以设定,并规定利用网络开设赌场的情形。而"意见"进一步细化了网络开设赌场的行为方式,并规定"情节严重"的认定标准。然而,在单独设立开设赌场罪后,传统型开设赌场的"情节严重"标准和利用网络开设赌场的入罪门槛均不得而知,由此形成法律空白,导致司法适用的争议。即使是传统型开设赌场的入罪门槛,仍以聚众赌博的入罪标准为参照,其理据在于开设赌场属于聚众赌博的范畴,如若不进行上述推理,则可能走向将开设赌场罪认定为行为犯的极端。在彭某某等开设赌场案中,法院认定被告人彭某某等人为他人赌博提供场地、赌具,采用"撬棒"的方式进行赌博,并从中抽头渔利,情节严重,构成开设赌场罪。该案争议焦点在于彭某某等人是否构成"情节严重"。有观点认为其开设赌场的场数少、时间跨度短、每人分得的抽头渔利较少,在相关法律没有明确规定的情况下,可以不认定其构成"情节严重"。反对观点认为其抽头渔利达到 16 万元,还有 4 万元未分的抽头渔利,数额巨大,应认定为"情节严重"。❶ 再如在苏某某、吴某某等开设赌场案中,被告人苏某某、吴某某等开设实体赌场,以猜纽扣数量的形式赌博,赌客按照下注比例认定输赢,赌场对赢钱的赌客按 5% 的比例"抽水",非法获利约 50 万元,一审法院认定其构成开设赌场罪"情节严重",而上诉中辩护人提出"苏某某所涉嫌的开设赌场罪,属普通

---

❶ 重庆市第一中级人民法院,(2016)渝 01 刑终 4 号刑事裁定书。

传统型的开设赌场犯罪,并非在网上开设赌场,不能将'情节严重'类推适用于本案"的辩护意见。❶ 上述争议的本质在于传统型开设赌场"情节严重"的标准是否应当参照网络开设赌场的罪量标准,体现出不同行为模式下"情节严重"的认定标准存在规范空白,进而招致争议。

为检验司法实践中实施方式对开设赌场罪的量刑影响,笔者随机抽取100份2019—2021年开设赌场罪的裁判文书,提取与定罪量刑有关的核心要素,利用线性回归方程进行开设赌场实施方式与量刑的关联性检验。具体设计如下:

(1)数据来源:随机抽取2019—2021年50份网络开设赌场犯罪的判决书和50份传统型开设赌场犯罪的判决书。法律适用:统一适用《刑法修正案(十一)》之前的刑法。统计范围:统计主犯量刑,每个案件仅统计一人,即判处刑罚最重的被告人,以最大限度排除区分主从犯对量刑的影响。

(2)变量设计:共4个自变量,即实施方式、赌资数额、参赌人数、获利数额,因变量为量刑。依据"赌博案件解释""意见""利用赌博机开设赌场意见",赌资数额、参赌人数和获利数额是反映开设赌场罪情节的核心指标,能够体现其法益侵害程度,至于"招募下级代理""招揽未成年人参与网络赌博"等,笔者在筛选案例时已排除相应情形,进行无关变量的控制。

(3)分析工具:网络型开设赌场罪=1,传统型开设赌场罪=2,参赌人数若未说明则填0,赌资数额和获利数额以元为单位,量刑以月为单位。数据获取:参赌人数存在较大程度缺失,无法将其纳入自变量范围进行关联性检验。因而以"实施方式、赌资数额、获利数额"为自变量,以量刑为因变量,进行线性回归分析。

(4)结论及分析。由表1、表2可知,$R^2=0.593$,表明自变量对因变量有59.3%的说明解释能力,符合相关要求。自变量实施方式$B=20.804$,$Sig=0.001$,表明其对量刑有显著的正向影响关系,亦即同等条件下传统型开设赌场的量刑相较于网络型开设赌场数值更大。

同时,自变量赌资数额和获利数额的Sig值分别为0.024和0.000,表明

---

❶ 广西壮族自治区防城港市中级人民法院,(2022)桂06刑终60号刑事判决书。

二变量对量刑亦有显著的正向影响关系,与司法解释的规定和常理相符。值得注意的是,自变量实施方式、赌资数额和获利数额的标准化系数分别为0.600、0.353 和 0.727,说明实施方式对量刑的影响仅次于获利数额,其在司法实践中对量刑的影响不容忽视。此外,VIF 数值分别为 1.277、1.093 和 1.177,均小于 10,说明自变量之间不存在多重共线性问题。

表 1　网络开设赌场量刑影响因素回归分析结果

模型摘要[b]				
模型	R	R^2	调整后 R^2	标准估算的错误
1	0.770[a]	0.593	0.535	11.971
a. 预测变量:(常量),获利数额,赌资数额(元),实施方式				
b. 因变量:量刑				

表 2　网络开设赌场量刑影响因素回归分析结果

系数[a]								
模型		未标准化系数		标准化系数	t	显著性	共线性统计	
		B	标准错误	Beta			容差	VIF
1	(常量)	-3.941	9.528		-0.414	0.683		
	实施方式	20.804	5.450	0.600	3.817	0.001	0.783	1.277
	赌资数额	2.449E-7	0.000	0.353	2.423	0.024	0.915	1.093
	获利数额	1.910E-5	0.000	0.727	4.818	0.000	0.849	1.177
a. 因变量:量刑								

(二) 开设赌场罪司法裁判的考量要素及其困境

开设赌场罪的罪量因素集中体现为赌资数额、参赌人数和获利金额,前两者反映行为人的责任刑程度,后者则侧重一般预防目的的实现。但司法裁判对于罪量类型及数额标准的把握面临理论和实践的双重困境。

其一,个别要素达到司法解释规定的"情节严重"标准,并不意味着其他要素不应被纳入考量犯罪,而司法实践中罪量要素查证不全面的问题尤为突出。在前述随机抽样的 100 份裁判文书中,同时查证赌资数额、获利数额和参赌人数的裁判文书仅有 11 份,占比 11%,仅查证其中一项的为 41 份,占比达到 41%(见图 3)。问题最为严重的是对参赌人数的查证,100 份裁判文书中仅有 22 份载明参赌人数,且无一裁判仅依据参赌人数定罪量刑,证明司法实践忽视该要素的关键作用。至于是否有未成年用户参与赌博,更是鲜有裁判提及。

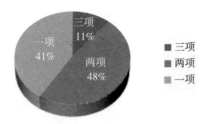

图 3　开设赌场罪证据种类数量情况

责任是实现罪刑法定原则的一道壁垒,也是实现罪刑均衡原则的重要衡量标准。❶ 量刑的精细化过程不仅要求正确选择法定量刑幅度,同时应对影响行为人责任刑和预防刑的要素进行全面考察,即使囿于有限的司法资源无法对法定和酌定量刑因素进行全方位考察,亦应对关键核心要素进行查证。司法解释将生产、销售假药罪中的生产、销售金额作为加重情节,虽能体现规模性特征,但仅考察数额难以反映药品管理秩序受侵害的程度。❷ 而在未成年人刑事司法领域中确立的社会调查制度,❸ 则属于对法定量刑因素以外的

---

❶ 参见何群:《论罪刑均衡的司法应对》,中国人民公安大学出版社 2016 年版,第 124—127 页。

❷ 参见魏昌东、尤广宇:《法益损害的"数额犯化"与量定标准重构》,载《国家检察官学院学报》2021 年第 3 期。

❸ 参见《刑事诉讼法》第 279 条:公安机关、人民检察院、人民法院办理未成年人刑事案件,根据情况可以对未成年犯罪嫌疑人、被告人的成长经历、犯罪原因、监护教育等情况进行调查。

影响未成年人刑事可责性的情况予以综合考量,值得借鉴。

其二,开设赌场罪综合衡量的标准模糊且区分度不高。在确定法定量刑幅度后,即使罪量要素均已查证属实,但对于如何确定宣告刑较为混乱,如在耿某某等开设赌场罪案中,被告人耿某某在 6 个赌博平台注册了 7 个账号,共设置 3644 个下级账号、有效投注 81791.2 万余元,个人违法所得 698.9 万元,而一审法院却对其宣告缓刑,检察机关以"参赌人数、赌资数额、违法获利分别达到开设赌场罪情节严重标准的 3644 倍、2726 倍和 232 倍,不属于犯罪情节较轻,原审判决适用法律错误,判处缓刑错误,且会导致共同犯罪中其他犯罪嫌疑人的量刑不均衡"为由提出抗诉,二审法院方才改判耿某某有期徒刑 3 年 6 个月。❶ 再如,在陈某某开设赌场罪一案中,陈某某在网络赌博平台"亚博体育"注册账号后担任代理,共发展下线会员 327 名,财务报表存款 1270011 元,抽头渔利 46627.39 元,一审法院据此认定陈某某构成开设赌场罪且属情节严重,判处有期徒刑 5 年,并处罚金 150000 元。被告人以量刑过重为由提起上诉,二审法院仅改判罚金数额,而对有期徒刑 5 年的刑期予以维持。❷ 由此可见,上述两案虽均达到情节严重的标准,但社会危害性差异显著,罪责刑不相适应的问题尤为明显。

其三,传统开设赌场相较于网络开设赌场,其赌资数额、获利数额和参赌人数的认定更为隐蔽,查证难度更大,司法实践以推定方式认定上述要素具有合理性,但亦面临有罪难究、罪责难配的隐忧。在前述随机抽样的 100 份裁判文书中,传统开设赌场犯罪的证据类型多集中在仅认定获利数额上,占比 46%,证据种类数量均值为 1.54。而网络开设赌场的证据类型则集中在"赌资数额+获利数额"的综合衡量上,占比 50%,证据种类数量均值为 1.86。经独立样本 T 检验,传统开设赌场的证据数量与网络开设赌场的证据数量存在显著性差异。在占某某、林某某等开设赌场罪案中,被告人经预谋,合股

---

❶ 山东省菏泽市中级人民法院,(2021)鲁 17 刑终 314 号刑事判决书。
❷ 广东省云浮市中级人民法院,(2021)粤 53 刑终 105 号刑事判决书。

在福安市附近的一处空地上,以"牌九"的形式开设赌场供人赌博。口供证实,该赌场共供人赌博5次,每次参赌人员有十几人不等,每次赌资超过2万余元,赌博时间从半个小时到一个多小时不等。至案发,该赌场非法获利共计14200元,法院据此认定被告人成立开设赌场罪,判处被告人占某某有期徒刑1年1个月。❶ 传统开设赌场的赌博次数、赌资数额和参赌人数等要素大多缺乏客观记录,多依赖行为人的供述,因而认定的数额往往较小,与实际情况的偏差明显。

表3 不同方式开设赌场证据种类数量的差异性检验

		独立样本T检验							
		莱文方差等同性检验		平均值等同性t检验					
		F	显著性	t	自由度	Sig.(双尾)	平均值差值	标准误差差值	差值95%置信区间
									下限 / 上限
量刑	假定等方差	2.137	.147	2.491	98	.014	.320	.128	.065 / .575
	不假定等方差			2.491	97.990	.014	.320	.128	.065 / .575

(三)二元区分制模式下的开设赌场罪罪量标准之证成

实证检验结果表明,开设赌场行为的实施方式与实体层面的刑罚裁量、程序层面的证据收集均有显著相关性。然而,实然的司法运作状态并不能为立法的应然设计提供正当性根据,应进一步探讨开设赌场罪罪量标准应否实行二元区分制。

有学者对我国网络犯罪发展与立法、司法及其理论应对进行历史梳理,提出网络在网络犯罪中的地位先后经历媒介、对象、工具、空间四个过

---

❶ 福建省宁德市中级人民法院,(2021)闽09刑终194号刑事判决书。

程,网络犯罪的客体存在软件、系统、财产、秩序四个阶段的变化。❶ 网络开设赌场犯罪将网络作为实施犯罪的空间,对信息网络安全管理秩序造成破坏,其亦属于公共秩序的组成部分,"积量构罪"式地导致社会管理秩序的破坏。❷针对网络空间犯罪的法律规制,学界形成二元罪量模式与一元罪量模式的对立。二元罪量模式基于信息时代新型法益的产生,主张既有的量刑标准难以适用,应独立设定网络犯罪的定罪量刑标准。❸ 甚至有观点认为应在传统刑法的基础上,制定专门的网络犯罪立法,对定罪量刑标准的设计采取不同的风格和策略。❹一元罪量模式则坚持统一的定罪量刑标准,认为在罪量相同的情况下仅依据实施空间之不同而产生量刑差异,有违罪责刑相适应的基本原则。

在信息技术环境下,犯罪纵向精细切割、横向分工细化,利益链条交错而成,形成复杂的网络犯罪生态,传统的罪刑规范适用于网络犯罪呈现碎片化的局面。❺ 尽管如此,我国尚未建立系统、专门的网络刑法体系,仅有规制对象型犯罪和工具型犯罪的相关罪名,前者以《刑法》第 285 条、第 286 条规定的非法侵入计算机信息系统罪,非法获取计算机信息系统数据、非法控制计算机信息系统罪等罪名为代表,后者以《刑法》第 286 条之一、第 287 条的拒不履行信息网络安全管理义务罪、非法利用信息网络罪、帮助信息网络犯罪活动罪为代表。从司法解释对于网络犯罪设定的罪量要素来看,网络犯罪独特的评价标准亦涵摄其中,如 2013 年"两高"《关于办理利用信息网络实施

---

❶ 参见于志刚、吴尚聪:《我国网络犯罪发展及其立法、司法、理论应对的历史梳理》,载《政治与法律》2018 年第 1 期。

❷ 参见皮勇:《论中国网络空间犯罪立法的本土化与国际化》,载《比较法研究》2020 年第 1 期。

❸ 参见郭旨龙:《信息时代犯罪定量标准的体系化实践》,载《上海政法学院学报(法治论丛)》2015 年第 1 期。

❹ 参见于志刚:《三网融合视野下刑事立法的调整方向》,载《法学论坛》2012 年第 4 期。

❺ 参见喻海松:《网络犯罪形态的碎片化与刑事治理的体系化》,载《法律科学》2022 年第 3 期。

诽谤等刑事案件适用法律若干问题的解释》将实际被点击数、浏览次数、被转发次数作为网络诽谤犯罪的罪量标准，体现出网络犯罪危害性程度的特有衡量模式。然而，相关司法解释并未明确在仅因实施空间不同而罪量因素相同的情况下的量刑差异问题，但在前述实证检验已然明晰实施方式对于量刑的显著性影响的情况下，并不能贸然得出量刑差异必然导致罪责刑不相适应的后果的结论。对于该原则的检验，仍应审视不同实施方式对行为人责任刑和预防刑的影响，进而明确其应承担的刑事责任的大小。

网络开设赌场具有网络犯罪的一般属性，以其手段的便利性、传播范围的广泛性和危害后果的不特定性而具有相较于传统开设赌场而言更为强烈的预防必要性。在《刑法修正案（六）》将开设赌场行为独立成罪之际取消"以营利为目的"的主观违法要素，恰恰说明开设赌场行为自身具有严重破坏社会管理秩序的类型化特征，而网络开设赌场无疑加剧了法益侵害的程度。应当承认，无论是主观违法要素，还是客观构成要件要素，均能够基于一般预防必要性而影响相应的法定刑幅度。譬如，传播淫秽物品牟利罪的法定最高刑为无期徒刑，而传播淫秽物品罪的法定最高刑仅为两年以下有期徒刑，二者的区别仅为是否具有牟利目的。❶然而，牟利目的对于淫秽物品犯罪保护的法益的重要性程度为何？合理的解释在于，不法利益的获取具有引诱、刺激一般公众从事此类犯罪的作用，同时激励行为人进一步扩大犯罪规模，因而其可责性程度较高。而开设赌场罪的设定则从主观违法要素转向对客观行为的重视，利用网络开设赌场的特殊预防必要性明显增加。

传统开设赌场的突出特点在于其证据查证均存在相当的难度。网络赌博赌资数额可以按照在计算机网络上投注或者赢取的点数乘以每一点实际

---

❶ 《刑法》第363条第1款规定："以牟利为目的，制作、复制、出版、贩卖、传播淫秽物品的，处三年以下有期徒刑、拘役或者管制，并处罚金；情节严重的，处三年以上十年以下有期徒刑，并处罚金；情节特别严重的，处十年以上有期徒刑或者无期徒刑，并处罚金或者没收财产。《刑法》第364条第1款规定："传播淫秽的书刊、影片、音像、图片或者其他淫秽物品，情节严重的，处二年以下有期徒刑、拘役或者管制。"

代表的金额认定,但在传统的现实赌场中,由于难以对赌局中的每一次投注记录进行准确计算,往往是按照在赌场起获的全部用于赌博的资金作为赌资计算,对于每一次赌局投注的赌资不进行累计。❶ 从法经济学视角来看,刑罚的威慑力是由刑罚的严厉程度、刑罚的确定性、刑罚的及时性共同决定的。在法益侵害程度和刑罚及时性确定的情形下,刑罚的严厉程度与其确定性成反比。❷ 换言之,当犯罪被追诉的可能性较高时,无须设定更为严厉的刑罚即可实现威慑效果。基于上述原理,刑事诉讼程序的限制影响刑事政策的选择,在罪刑法定原则的框架下作用于刑罚的裁量。上述原理在立法过程中亦有明确体现,譬如,帮助信息网络犯罪活动罪的设立既是对因果关系归责的实体因应,同时也是对追究犯罪程序困境的纾解,亦即信息网络犯罪的去中心化、链条化特征明显,有限的司法资源使公安机关难以在查处每一起案件时将上下游犯罪一网打尽,更难以准确认定每一笔款项的来源、中转、流向等。在难以查证被帮助行为是否构成犯罪的情形下,达到一定数额标准或具有特别严重后果情形,亦可以该罪追究行为人的刑事责任。❸

综合而言,尽管网络开设赌场和传统开设赌场均有从严惩治的理据,但论证进路和罪责基准明显不同。二者罪量的数额标准应基于其各自领域内的统计数据分别设定,以保持刑罚比例的合理性和均衡性。至于罪量标准中的法定刑升格条件,则应综合考量行为人的刑事责任和证据收集的可能性分别予以设定,以最大限度地确保罪责刑相适应原则的实现。

[四] 网络开设赌场罪量标准的反思与重构

网络开设赌场罪量标准的设定须建立在与传统开设赌场区分的基础

---

❶ 参见于志刚:《网络开设赌场犯罪的规律分析与制裁思路——基于100个随机案例的分析和思索》,载《法学》2015年第3期。

❷ 参见史晋川主编:《法经济学》,北京大学出版社2007年版,第382—384页。

❸ 参见阴建峰、张印:《竞合论视域下帮助信息网络犯罪活动罪的处罚界限》,载《宁波大学学报(人文科学版)》2022年第5期。

上，基于其类型化特征而予以特殊设定。拉德布鲁赫认为，除了正义，法律的理念不可能是其他理念。亚里士多德著名的正义学说将正义与平等相联系，其中分配正义已然成为公法领域的原则，即要求对不同的人在对待中的有比例的平等，质言之，应考虑过错与惩罚的适配问题，以实现法律的正义性❶。

(一) 传统罪量要素设定的弊端及类型化区分之提倡

从开设网络赌场的概念界定来看，司法解释根据网络赌博的犯罪学特征以行为模式为依据对其进行定义，整体可分为设立型、代理型和辅助型三类。❷司法解释即依据上述行为模式对"情节严重"标准予以分别设定，即针对设立型开设赌场，以"抽头渔利数额""赌资数额""参赌人数""违法所得数额"作为标准；针对代理型开设赌场，则将其招募下级代理的行为直接认定为"情节严重"；针对辅助型开设赌场，则以"违法所得数额"作为标准。此外，"招揽未成年人参与网络赌博"属于独立的法定刑升格条件。然而，上述区分存在交叉冗余，其合理性存疑。其一，仅依据违法所得数额认定"情节严重"的规定属于立法冗余。在建立赌博网站提供给他人组织赌博和参与赌博网站利润分成的情况下，如若忽视赌博网站本身的获利数额和参赌人数，而仅以行为人的利益获取作为罪量标准，则缺乏法益侵害考量。况且，如若违法所得数额达到 3 万元，则网络赌博网站的抽头渔利有较高概率在 3 万元以上，在抽头渔利数额与违法所得数额规定一致的情况下，则可直接依据查证的抽头渔利数额认定情节严重，行为人获利

---

❶ 参见〔德〕G. 拉德布鲁赫：《法哲学》，王朴译，法律出版社 2005 年版，第 32—33 页。
❷ 《关于办理网络赌博犯罪案件适用法律若干问题的解释》第 1 条规定："利用互联网、移动通讯终端等传输赌博视频、数据，组织赌博活动，具有下列情形之一的，属于刑法第三百零三条第二款规定的'开设赌场'行为：(一)建立赌博网站并接受投注的；(二)建立赌博网站并提供给他人组织赌博的；(三)为赌博网站担任代理并接受投注的；(四)参与赌博网站利润分成的……"

数额仅作为其个别化量刑依据❶即可。其二,担任赌博网站代理的行为与直接开设赌博网站的行为相比尚且较轻,但将其视为行为犯径行认定为情节严重而不受数额标准的限制,未免有罪刑倒挂之嫌。其三,招揽未成年人参与网络赌博构成情节严重表明对未成年人身心健康的特殊保护,但司法实践中鲜有查证赌客年龄的做法,且若仅有极少部分未成年人参与赌博,赌资获利微乎其微从而一概将其认定为情节严重,未必能够实现实质正义。

故此,应对网络开设赌场的罪量标准进行类型化重构。赌资数额和参赌人数作为社会管理秩序法益的核心指标,理应成为网络开设赌场的罪量要素。至于包括抽头渔利和违法所得数额在内的获利数额,尽管有观点认为,开设赌场罪"以营利为目的"的删除表明行为人主观上是否以营利为目的和客观上是否营利并不是认定其危害性的关键因素,❷但实质上该要素具有表征行为人预防必要性大小之功能。反对论者主张,司法解释在认定"情节严重"时将影响预防刑的情节作为责任要素进行评价,属于混淆违法与量刑责任、责任要素与量刑要素、影响责任刑的情节与影响预防刑的情节。❸但上述预防刑情节对于量刑的调节仍在法定幅度范围内进行,并未损害刑法的人权保障机能,因而不应认为"情节严重"的认定必然排除预防刑情节的考量。作为共同正犯的赌博网站的建立者和赌博网站的利润分成获得者,其自身的获利数额并不能独立表明整体共同犯罪的社会危害性程度,因而仍应关注赌博网站本身的整体获利情况。诚然,如若上述主体的自身获利数额达到赌博网站抽头渔利数额情节严重之标准,将其认定为情节严重则属必然结

---

❶ 普通法系国家虽然并未在刑法典中对量刑原则作出明确规定,但仍遵循量刑个别化原则。刑罚功能性是英美立国哲学功利主义的突出反映。获利数额作为衡量行为人可责性的重要指标,可作为其个别化量刑情节予以考量。参见皮勇、王刚、刘胜超等:《量刑原论》,武汉大学出版社2014年版,第80—81页。

❷ 参见于志刚:《网络开设赌场犯罪的规律分析与制裁思路——基于100个随机案例的分析和思索》,载《法学》2015年第3期。

❸ 参见陈洪兵:《"情节严重"司法解释的纰缪及规范性重构》,载《东方法学》2019年第4期。

果,并无争议;但如若对网络赌博犯罪情节严重的罪量类型进行系统调整,则不宜直接以其获利数额达到相应标准而径行认定其属于情节严重。至于是否招揽未成年人参与网络赌博等要素,应当严防"将罪责原则之行为刑法偷渡为行为人刑法",明确区分定罪要素和量刑因素,❶宜直接作为从重处罚的法定情形而不应单独将其作为法定刑升格条件。

(二)情节加重犯成立的综合认定标准

开设赌场罪的法定升格刑起点提升至 5 年有期徒刑,意味着一旦满足"情节严重"标准,即难有轻刑适用空间。如若认为以 3 年有期徒刑为界时司法实践可实现对主从犯量刑的相对均衡,在缓刑适用方面亦有较大裁量空间,则在刑法修正后司法裁量的弹性空间被大幅压缩,因而对情节严重的认定理应更为谨慎。

前已述及,传统开设赌场与网络开设赌场因罪责基准差异而应设定不同的罪量标准。就法定刑升格条件而言,网络开设赌场不受传统开设赌场证据收集难度的限制,在赌资数额、获利数额和参赌人数体现开设赌场犯罪核心法益侵害特征的情况下,应对网络开设赌场设定综合认定标准,以体现对核心情节的充分评价。诚如有学者指出的那样,"数额中心主义"的思维惯式,导致法益量化标准的偏差,有损罪刑法定原则与罪刑相适应原则。❷ 基于网络犯罪呈现的特征,应以量刑上的从轻处罚弥补事实上的不利认定,从法定刑升格的单一数量标准转向数量与情节的并合标准。❸

从法益侵害程度来看,阶层犯罪论体系中的"整体评价要素说"认为,"情节严重""情节恶劣"应对犯罪全部要素进行评价,从而证明法益侵害严

---

❶ 参见金鸿浩、杨迎泽:《网络诽谤犯罪"情节严重"的综合判断》,载《国家检察官学院学报》2022 年第 3 期。

❷ 参见魏昌东、尤广宇:《法益损害的"数额犯化"与量定标准重构》,载《国家检察官学院学报》2021 年第 3 期。

❸ 参见张平寿:《网络犯罪计量对象海量化的刑事规制》,载《政治与法律》2020 年第 1 期。

重程度的客观违法性。在没有满足构成要件所预想程度的违法性最低标准时不应入罪。❶ 如若赌资或获利数额达到数额标准，但参赌人数较少，则说明其传播范围有限，基于被害人自我答责的原理，同时受制于社会管理秩序尚未被严重破坏，在 5 年以下基础刑期幅度内量刑足以罚当其罪。同理，参赌人数众多但赌资和获利数额未达到情节严重的罪量标准，说明赌客的人均赌资数额较少，对于个体而言其危害性程度不大。因而，在决定是否对行为人适用法定升格刑条件时，应当采取参赌人数+赌资或获利数额的综合认定标准。就并合主义的模式设定而言，鉴于开设赌场的抽头渔利一般设定高低不等的抽成比例，赌资数额与获利数额具有一定关联性，无须要求二者数额均达到相应标准且查证属实，仅满足其中一项即可表明开设赌场侵犯法益的可责性程度。

从立法实践来看，《刑法》第 201 条逃税罪的成立条件和法定刑升格条件均为综合型标准，即同时应达到逃避缴纳税款的数额要求和占应纳数额的比例要求。❷ 关于淫秽电子信息犯罪的司法解释规定了单独的定罪量刑标准，❸但在网络语境下仅以淫秽物品数量认定行为人是否构成情节加重犯，可能导致罪责刑不相均衡的后果。❹ 2017 年"两高"作出的《关于利用网

---

❶ 参见张明楷：《犯罪构成体系与构成要件要素》，北京大学出版社 2010 年版，第 239 页；〔日〕大塚仁：《犯罪论的基本问题》，冯军译，中国政法大学出版社 1993 年版，第 314 页。

❷ 《刑法》第 201 条第 1 款规定："纳税人采取欺骗、隐瞒手段进行虚假纳税申报或者不申报，逃避缴纳税款数额较大并且占应纳税额百分之十以上的，处三年以下有期徒刑或者拘役，并处罚金；数额巨大并且占应纳税额百分之三十以上的，处三年以上七年以下有期徒刑，并处罚金。"

❸ 参见 2004 年的《最高人民法院、最高人民检察院关于办理利用互联网、移动通讯终端、声讯台制作、复制、出版、贩卖、传播淫秽电子信息刑事案件具体应用法律若干问题的解释》和 2010 年的《最高人民法院、最高人民检察院关于办理利用互联网、移动通讯终端、声讯台制作、复制、出版、贩卖、传播淫秽电子信息刑事案件具体应用法律若干问题的解释（二）》。

❹ 在严某某贩卖淫秽物品牟利案中，被告人严某某通过微信朋友圈、陌陌聊天系统向他人发送含淫秽视频的网络云盘广告信息，后向朱某某出售网络云盘账号和密码，并从中牟利 120 元。经鉴定，涉案网络云盘内含有淫秽视频 9256 部。一审法院认定严某某构成贩卖淫秽物品牟利罪，且属于情节特别严重，判处其有期徒刑 10 年，二审法院维持原判，后本案再审改判有期徒刑两年两个月。参见 2021 年江苏省高级人民法院发布的审判监督十大案例。

络云盘制作、复制、贩卖、传播淫秽电子信息牟利行为定罪量刑问题的批复》明确规定综合型的认定标准,即在认定是否构成情节严重或情节特别严重时不仅应单纯考虑制作、复制、贩卖、传播淫秽电子信息的数量,还应充分考虑传播范围、违法所得、行为人一贯表现及淫秽电子信息、传播对象是否涉及未成年人等情节。由此,司法解释的唯数量论倾向与实务中犯罪情节综合性的矛盾在一定程度上得以缓解。❶

从司法适用现状来看,相较于传统开设赌场,网络开设赌场的证据收集数量显著较高,且其类型较为丰富。司法的实现需要消耗必要的成本,理论上的最佳证明标准应当定位在边际证明成本与边际预期错判恰好相等的位置。❷ 传统开设赌场罪量要素的证明不涉及错判问题,但与罪责刑相适应原则的实现相关。如若认为传统开设赌场受制于证据收集困境而难以同时查实全部罪量类型,网络开设赌场以其电子记录的可追溯性而易于实现对开设赌场法益侵害的综合评价。因而对其苛以较为严格的证明标准亦可实现边际成本与边际损失的均衡。

就网络开设赌场罪的入罪门槛而言,不宜将该罪视为行为犯而取消定量标准。无论是在何种空间类型实施赌博犯罪,相应数额抑或参赌人数达到法定标准即可表明对于赌博犯罪法益的侵害达到值得刑法处罚的程度,而无须要求反映其法益侵害的全部要素均得到相当的满足。上述结论的得出是基于对法益保护、量刑均衡和证据收集的综合衡量。其一,如若对网络开设赌场的单一要素查证属实且达到罪量标准,再以其他要素未查证或难以查证为由否定其构成犯罪,难免会造成处罚漏洞。其二,在法定基础刑幅度内司法人员的裁量空间较大,即使难以对所有罪量要素查证属实,司法人员亦可根据罪量情节选择适当的刑罚,能够确保罪责刑相适应。其三,我国刑事立法实践中入罪

---

❶ 参见金鸿浩:《互联网时代传播淫秽物品罪的实务反思与规则重塑——基于对368份传播淫秽物品罪判决书的分析》,载《华东政法大学学报》2021年第6期。

❷ 参见〔美〕理查德·A. 波斯纳:《证据法的经济分析》,徐昕、徐昀译,中国法制出版社2001年版,第44页。

门槛多采取单一要素入罪制,譬如盗窃罪的入罪门槛不仅有数额较大,满足多次盗窃、入户盗窃、携带凶器盗窃、扒窃任一类型的,亦构成犯罪;故意毁坏财物罪的入罪门槛为数额较大或者有其他严重情节,二者择其一即可构成该罪。

可能的质疑在于,如若仅因证据问题而未能对网络开设赌场的参赌人数和相关数额查证属实,是否会形成处罚漏洞?诚然,网络开设赌场的证据收集具有统计学意义上的便利性,但不可否认个案难以完全查证的特殊情况,对此类情况可运用推定方式予以解决,亦即对于影响量刑情节的要素,仅须依据现有证据就能够合理推导出其达到相应罪量标准即可适用情节严重。况且,即使是在传统开设赌场犯罪中,亦须运用推定原则实现处罚的妥当性。一味追求实体真实而罔顾处罚标准的实质合理性,无异于因噎废食。

(三) 罪量要素数额标准的确定

罪量要素数额标准的确定是法定刑选择适用的核心问题,传统开设赌场罪情节严重数额标准的空缺和网络开设赌场罪入罪门槛数额标准的模糊严重制约了开设赌场罪罪量标准的明确性。

就网络开设赌场罪犯罪情节严重数额标准的设定,可供借鉴的思路为该罪实际判处重罪的比例与整体刑事犯罪的重罪比例的相当性程度。有学者对传统开设赌场罪情节严重的罪量数额进行研究,通过对重庆市法院审结的233件传统型开设赌场案的调研分析发现,违法所得在10万元以上的案件占比24.89%,此数据略高于妨害社会管理秩序罪中适用轻刑的比例,但鉴于开设赌场罪的社会危害性和从严打击的刑事政策,主张以10万元作为情节严重认定标准为宜。[1] 由于《刑法修正案(十一)》之前其法定升格刑起点恰为轻重罪的界分点3年有期徒刑,而其后调整为5年有期徒刑则是基于从严打击网络赌博犯罪之考量,且司法实践中针对开设赌场罪适用5年以上有期徒刑的仅占比1.09%,不宜以此比例作为数额标准。因此,仍以3年有期徒刑的适用比例

---

[1] 参见陈峰:《开设赌场罪情节严重的司法认定》,载《人民司法(案例)》2017年第20期。

为依据,可对网络开设赌场的赌资数额或获利数额进行整体排序,以该比例占比的节点数额确定罪量要素的数额标准。具体而言,《2021年全国法院司法统计公报》显示,全年生效判决人数1715922人,除去宣告无罪的894人和宣告不负刑事责任的86人,定罪人数共计1714942人。其中被判处3年以上有期徒刑、无期徒刑、死刑的人数为255531人,占比14.9%。具体到妨害社会管理秩序犯罪,其轻刑适用率为14.1%,二者基本持平。❶因而,能够以此比例节点在网络开设赌场涉案数额中确定相应数据,作为情节严重的数额标准。

综合而言,本文主张对网络型开设赌场与传统型开设赌场进行二元区分,并设定相同的单一入罪标准,但在情节严重的认定和量刑层面则进行差异化设定。具体如图4所示:

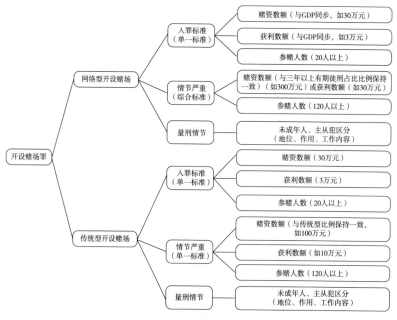

图4 开设赌场罪罪量标准模型图

---

❶ 《2021年全国法院司法统计公报》,载中华人民共和国最高人民法院公报,http://gongbao.court.gov.cn/Details/a6c42e26948d3545aea5419fa2beaa.html,访问日期:2022年12月1日。

对网络开设赌场犯罪的基础数额标准的确定,可与传统开设赌场犯罪保持一致。尽管其赌资和获利数额的均值相较于传统开设赌场较高,但基于其行为的特殊预防必要性,不宜对其制定单独的数额标准,且在入罪门槛无参考数额比例必要性的情况下,将其数额标准设定过高必然面临法律适用的平等性质疑,导致公众错误地认为立法对于网络开设赌场的容忍度更高。况且,我国立法实践尚未对利用网络犯罪与传统犯罪的定量标准进行差异化设置,即使是立法机关为打击电信网络诈骗活动而专门制定《反电信网络诈骗法》,其亦与传统诈骗的罪量标准相同。

现有开设赌场罪入罪的定量标准为 2005 年"两高"颁布的"赌博案件解释"中关于"聚众赌博"的认定标准,但抽头渔利 5000 元、赌资数额 5 万元的标准已经远远落后于经济社会发展水平,对其标准的修订应与我国 GDP 增长保持同步。国家统计局的数据显示,2005 年我国国内生产总值为 182321 亿元,2021 年为 1143670 亿元,后者是前者的 6.27 倍。❶ 因此,以现有标准的 6 倍确定入罪门槛具有相当的合理性,对于不满足数额标准的行为给予行政处罚亦可起到震慑效果,且可合理限缩刑事处罚范围,坚守刑法的谦抑性原则。

(四) 网络开设赌场共犯的罪量标准之衡量

网络开设赌场罪量标准的体系重塑有利于解决正犯定罪量刑的科学性难题。然而,网络开设赌场呈现多层级、多链条的网络化特征,犯罪集团呈现规模性,共犯与正犯司法处置之协调显得尤为关键。

如若认定行为人成立共犯,则应按照其所起的地位和作用区分主从

---

❶ 参见国家统计局:《中华人民共和国 2021 年国民经济和社会发展统计公报》,载国家统计局 2022 年 2 月 28 日, https://www.stats.gov.cn/sj/zxfb/202302/t20230203_1901393.html;参见中华人民共和国国家统计局:《中华人民共和国 2005 年国民经济和社会发展统计公报》,载国家统计局官网 2006 年 2 月 28 日, https://www.stats.gov.cn/sj/tjgb/ndtjgb/qgndtjgb/202302/t20230206_1901949.html。

犯,此时涉及罪量要素对主从犯认定的制约作用。无论认为我国的犯罪参与体系属于德日的区分制体系,抑或单一正犯体系,均应以我国《刑法》第 26 条和第 27 条之规定认定主犯和从犯。❶ 前文以直接正犯为对象探讨网络开设赌场的罪量标准,对于共同正犯、帮助犯和教唆犯而言,仍应依据其对犯罪的贡献确定犯罪地位。然而,网络开设赌场涉及的人数众多,层级复杂,在行为人对于赌资的投注和参赌人数的招揽具有实质作用力且分别达到相应罪量标准时,却将其认定为从犯从而获取减轻处罚的机会,将会导致共犯的认定成为行为人承担刑事责任的"避风港"。此即过度扩张对从犯的认定,进而可能使得刑事立法追求的从严惩治网络赌博犯罪的目的付诸东流。

在王某某开设赌场案中,被告人王某某在网络赌博平台注册账号后担任代理,发展多名下线会员参与投注赌博,其根据参赌人员输钱金额与发展活跃用户数量收取固定比例的佣金,仅下线会员何某累积的赌资即达到 3706999 元。一审认定王某某构成开设赌场罪且属情节严重,判处其有期徒刑 3 年 6 个月。二审法院在案件证据和事实未发生变动的情况下,认为综合考虑王某某发展的下线人数、赌资、非法获利及其在开设赌场中所起作用等情况,可依法认定其为从犯,应当减轻处罚,改判其有期徒刑两年。❷ 然而,将"为赌博网站担任代理并接受投注"的直接正犯认定为从犯,并不具有合理性。一方面,从犯的成立以主犯的存在为前提,上述案例中法院在未确定主犯的情况下径行认定被告人成立从犯,即使认为上游开设赌场的行为人是主犯,亦应对二者的作用、地位进行对比分析方能作出主从犯的区分。另一方面,不能认为在将犯罪集团的首要分子认定为主犯的情况下应尽可能认定其他人员为从犯。犯罪集团首要分子承担集团所犯全部罪行的刑事责任,而对于其他参与者而言,其仅就所参与的或者组织、指挥的

---

❶ 参见刘明祥:《我国刑法没有规定共同正犯——单一正犯体系的视角》,载《法学家》2022 年第 1 期。

❷ 参见广东省云浮市中级人民法院,(2021)粤 53 刑终 112 号刑事判决书。

全部犯罪承担责任，如若参与者对于其所实施的犯罪具有实质作用力，且达到情节严重的罪量标准，则不宜既认定其达到情节严重的条件，又以从犯对其减轻处罚。

故此，网络开设赌场罪量标准的设定对于共同犯罪整体而言具有拘束力，对于犯罪集团首要分子或共同犯罪中的主犯，应依据罪量标准认定其是否构成情节严重。对于其他参与者而言，如若其为开设赌场的直接正犯，应当考察其对所参与犯罪的实质作用力和应承担数额所对应的罪量程度，对于已达罪量标准的直接正犯不宜认定为从犯，以避免以共同犯罪逃避刑事责任，而对于从事辅助工作的帮助犯，则应综合其独立的定量标准和共同犯罪的定量标准，判断其是否构成情节严重，同时依据其地位和作用作出主从犯的区分。

[五] 结　语

开设赌场罪独立成罪和量刑变迁的发展历程，体现出立法者对其法益侵害认识程度的不断加深，其自身亦发生从自然犯向法定犯的渐变。实证数据反映出相较于传统开设赌场罪，同等条件下网络开设赌场量刑偏轻的司法偏好。究其原因可知，预防必要性之考量和证据收集难度等因素显著影响司法裁判的量刑选择。基于此，应以实施方式为区分依据实行开设赌场的二元罪量标准模式。对网络开设赌场罪情节严重的判断应采取"参赌人数+赌资或获利数额"的综合认定标准，以轻重罪比例节点的涉案数额确定数额标准，入罪门槛则可与传统开设赌场罪保持一致，采取单一制标准并以 GDP 发展状况更新其数额标准。

尽管本文采取实证研究方法对开设赌场罪的罪量要素考量和量刑偏好进行相关性检验，一定程度上深化了对其司法适用的规律性认识，并据以提出具有现实可行性的情节严重的综合认定标准，但对于达到法定升格刑条件后犯罪数额对量刑影响的边际效应递减缺乏有效的应对方案，仍端赖司法人员的自由裁量。且对于网络开设赌场罪量体系的重构标准能否扩展适用于电信网络诈骗等领域,尚未进行进一步验证和合理性证成。此外,轻罪时代背景下如何调和开设赌场罪法定升格刑的提高与"严而不厉"刑罚结构构建的关系,涉及法益保护与人权保障的二律背反难题,学界和实务界对此应进一步深化研究,在刑事一体化视野下实现赌博犯罪治理的帕累托最优。

规范性文件附带审查的实施效果

——基于裁判文书数据的量化评估

陈若凡　孙瑞佳[*]

摘　要：2015年5月1日起施行的《行政诉讼法》将规范性文件的附带审查纳入诉讼范围，强化了对行政权力的监督。借鉴公共政策评估相关技术与方法，运用断点回归方法对收集到的999份裁判文书进行实证分析，评估规范性文件附带审查的落实状况并剖析原因。研究发现，实践层面的附带审查在一定程度上得到了有效落地，人民权益得以维护。同时也存在一些值得关注的现象，如基层法院相较于更高层级的法院更容易支持原告的附带审查诉求，但其审查对象往往是更高层级的部门发布的规范性文件。此外，当前的审查标准体系在实践中在一定程度上处于空置地位，有待于后续细化与改进。继续推进附带审查，需要搭建良性的法院互动体系、削弱审查的文件级别偏好和构建学理性与实践性并重的审查标准。

关键词：附带审查　断点回归　法律评估　规范性文件

---

[*] 陈若凡，中国社会科学院大学政府管理学院党内法规学博士研究生；孙瑞佳，东南大学法学院硕士研究生。写作过程中，陈若凡负责本文的整体框架安排与技术分析，孙瑞佳负责撰写初稿。本文是研究阐释党的十九届六中全会精神国家社会科学基金重大项目"坚定对中国特色社会主义政治制度的自信研究"（项目批准号：22ZDA065）的阶段性成果。本文初稿于第八届"中国法律实证研究年会"进行汇报，感谢何海波、谢进杰、王建芹、柴宝勇、于晓虹、宋宝振、郑建君、黄建云、李熠、陆屹洲、王子涵等师友对本文写作提供的批评建议与宝贵支持。文责自负。

[一] 研究背景与研究内容

2014年第十二届全国人民代表大会常务委员会第十一次会议审议通过了《关于修改〈中华人民共和国行政诉讼法〉的决定》，修正后的《行政诉讼法》自2015年5月1日后实施，并增加一条作为第53条："公民、法人或者其他组织认为行政行为所依据的国务院部门和地方人民政府及其部门制定的规范性文件不合法，在对行政行为提起诉讼时，可以一并请求对该规范性文件进行审查。前款规定的规范性文件不含规章。"第53条的修改为对规范性文件进行附带审查提供了法律依据，是我国行政诉讼领域的一个里程碑式发展。从社会生活的角度来看，规范性文件直接影响人民日常生活的方方面面，但各地区、不同类型的行政机关出台的纷繁复杂的文件在适用过程中不可避免地存在内容不合理、与上位法相抵触等问题，对规范性文件进行审查、监督势在必行。从权力制衡的角度来看，附带审查有助于弥补由全国和地方各级人大主导的备案审查制和行政机关复议审查带来的不足，完善规范性文件的监督体系，实现对行政权力的约束。从程序设置的角度来看，《行政复议法》第7条已经明确规定在对具体行政行为提起复议时可一并提起对规定的审查，将附带审查写入《行政诉讼法》有利于与行政复议的程序衔接，保障权利救济的连贯性、系统性。

2022年党的二十大与2023年第十四届全国人民代表大会第一次会议相继成功召开，标志着我国迎来全面深化政法领域改革、推进法治政府建设继往开来的关键节点。回顾《行政诉讼法》中有关附带审查的相关规定，从裁判文书中透视附带审查制度的事实与情况，进而对其制度效益与治理效能进行评估，不仅有助于为行政诉讼领域进一步发展提供指引，也对政府推进依法行政工作有所助益。本文借鉴公共政策领域政策评估的相关技术与方法，对规范性文件附带审查制度的落实情况进行分析。在广义公共政策概念中，公共政策是实现公共目标、获得公共利益的途径，法律则是公共政策中的一种重要手段。❶"利益"是公共政策的核心要素,附带审查则通过审判裁决的方式对社会利益进行重新分配,并且保护了行政诉讼中处于弱势地位的人民群众的利益,有助于维护公平正义,增进社会整体效益,因此,附带审查可以被纳入广义公共政策的范畴,开展政策评估工作以探查其在实施过程中是否能够实现既定政策目标。由此,本文采用量化分析方法,运用裁判文书数据对规范性文件附带审查的实践情况进行实证评估,系统总结现行附带审查装置的运行现状,并为该领域下一步的改革提供建议。

[二] 文献综述与研究目的

(一) 概念界定:作为分析对象的规范性文件与附带审查

"规范性文件"一词虽然经常出现在党和国家的重大文件中,但是对于其概念及边界学界一直众说纷纭。广义定义者认为,规范性文件除了包括法律性质的文件,还包括因行政立法行为产生的行政规范;❷部分学者还将抽象行政行为与规范性文件之间画上等号。本文则使用规范性文件的狭义解释,即"除国务院的行政法规、决定、命令以及部门规章和地方政府规章外,由行政机关或者经法律、法规授权的具有管理公共事务职能的组织依照法定权限、程序制定并公开发布,涉及公民、法人和其他组织权利义务,具有普遍约束力,在一定期限内反复适用的公文"❸。狭义解释在司法实践中拥有更大的覆盖范围,更有助于研究设计的落实。规范性文件还有以下特点:第一,规范性文件的制定主体特定,排除了临时性机构、议事协调机构等不具备行政主体资格的组织。第二,规范性文件的内容特定,针对不特定的相对

---

❶ See Harold D. Lasswell and Myres S. McDougal, *Legal Education and Public Policy: Professional Training in the Public Interest*, 52 The Yale Law Journal 203 (1943).

❷ 参见李雅丽:《对"行政规范性文件"的附带性审查研究》,载《理论观察》2018年第5期。

❸ 《国务院办公厅关于加强行政规范性文件制定和监督管理工作的通知》。

人可以反复适用,一般情况下需要通过具体行政行为落实。这也是 2015 年《行政诉讼法》增设附带审查装置以弥补该领域相关缺陷的必要性。

附带审查,指人民法院在行政诉讼中,根据当事人的请求对作为行政行为依据的国务院部门和地方人民政府及其部门制定的规范性文件,在对行政行为进行合法性审查时一并对规范性文件进行审查的制度。❶ 附带审查需要公民、法人或其他组织向人民法院提起行政诉讼并要求对文件进行附带审查;人民法院受理后通过法庭调查、法庭辩论与书面审查相结合的办法推进。面对合法的文件,人民法院承认其效力;反之,法院拥有拒绝适用权,需要在裁判文书中做出对文件的结果性评述,应当向其制定机关提出意见,可以向有关机关抄送司法建议书。

附带审查需要满足主体、程序、时限和对象的要求。只有权利义务受到该规范性文件做出的行政行为影响的公民、法人或者其他组织才能提起附带审查。❷ 在提起附带审查的程序上,审查不能被单独提出,只能够通过依附具体行政行为的方式进行审查。最高人民法院《关于适用〈中华人民共和国行政诉讼法〉的解释》第 146 条规定:公民、法人或者其他组织请求人民法院一并审查行政诉讼法第 53 条规定的规范性文件,应当在第一审开庭审理前提出;有正当理由的,也可以在法庭调查中提出。如果原告提出对规章及以上的规范性文件进行审查或者提起的文件不被认为在规范性文件的范畴之内,人民法院不予受理。

(二)发展状况:国内外规范性文件的审查模式

从 1989 年《行政诉讼法》将抽象行政行为排除出受案范围到 2015 年《行政诉讼法》确立关于规范性文件的附带审查,规范性文件的审查主要经过了

---

❶ 参见程琥:《新〈行政诉讼法〉中规范性文件附带审查制度研究》,载《法律适用》2015 年第 7 期。

❷ 参见全国人大常委会法制工作委员会行政法室编著:《中华人民共和国行政诉讼法解读》,中国法制出版社 2014 年版,第 146 页。

三个阶段。第一个阶段是1989—2004年,在此期间,最高人民法院出台《关于审理行政案件适用法律规范问题的座谈会纪要》,各级人民法院对规范性文件进行"隐形审查";第二个阶段是2004—2014年,在此期间,最高人民法院出台了《关于当前形势下做好行政审判工作的若干意见》《关于裁判文书引用法律、法规等规范性法律文件的规定》等文件,给予各级人民法院一定的审查权,扩大各级人民法院对规范性文件的审查范围,但是通过文件赋予法院审查文件的权力的形式存在合法性劣势;第三个阶段是2015年5月1日的《行政诉讼法》实施之后,附带审查正式成为与全国和地方各级人大的备案审查和行政机关复议并列的主要救济途径之一。

域外国家和地区也延伸出关于规范性文件的司法审查制度,以法国为代表的大陆法系国家和以英国为代表的英美法系国家存在很大区别。法国采取专门法院审查制度,通过行政法院对行政条例、文件进行审查,其最高行政法院可以对条例的内容、程序等进行全面审查并且拥有宣告无效或撤销的权力,相对人也可以就条例单独提起行政诉讼。❶ 英国采取普通法院审查制度,受"议会至上"原则的影响,普通法院对议会权限内的条例无权审查,主要针对有"越权"嫌疑的条例以实现对权力膨胀的制约。❷ 当然,中国的法治化进程是从本国国情出发,走有中国特色的法治发展道路,建设有中国特色的社会主义法律体系。因此,在对条例、文件的审查过程中,既不适合对以大陆法系为代表的专门法院制进行"生搬硬套",也不适合仅将审查停留在"越权"范围。

(三)研究现状:附带审查的讨论热点

在2015年之前,学术界对"法院是否拥有规范性文件的审查权"和"如何审查规范性文件"的议题进行讨论。部分学者认为法院应当拥有对规范

---

❶ 参见张正钊主编:《外国行政法概论》,中国人民大学出版社1990年版,第17页。
❷ 参见沈岿:《解析行政规则对司法的约束力——以行政诉讼为论域》,载《中外法学》2006年第2期。

性文件的审查权,如郭百顺认为,规范性文件被纳入司法审查的范围是行政法治的必然要求,是司法审查发展的历史启示;❶胡锦光认为,在修订《行政诉讼法》时,应当改变受案范围,法院享有对部分行政法规和所有抽象行政行为的司法审查权;❷曾长隽认为,法院应当拥有对文件的审查权以维护公平正义,并对法院司法审查制度提出构想。❸ 也有学者提出了反对意见,杨海坤等认为,规范性文件不在法院审查的范围内,但是在审理案件时,人民法院却可以在裁判文书中进行引用。"只要法院能对其合法性加以审查,就能够作为法院审理行政案件的依据,否则,就没有资格和理由成为法院审判的依据"❹;邢鸿飞认为,现行体制中已经存在对规范性文件的监察制度,通过诉讼的方式去进行审查多此一举。❺ 一些学者还对如何审查提出自己的看法,如章剑生提出对规范性文件进行有限审查,即法院可以通过审查确定规范性文件是否合法,但不能直接撤销文件或者宣布文件无效。❻

2015年后,《行政诉讼法》确立了采取附带审查的司法审查方式,虽然《最高人民法院关于适用〈中华人民共和国行政诉讼法〉的解释》明确规定了5种附带审查的标准,即超越法定职权与授权、与上位法相抵触、无依据增加义务或减损合法权益、违反法定程序及其他,但是在司法实践中存在运用困难,构建切实可行的附带审查程序与标准成为新的讨论方向。有的学者主张在上述司法解释提出的5种标准的基础上进行变形,提出按照先后关系的

---

❶ 参见郭百顺:《抽象行政行为司法审查之实然状况与应然构造——兼论对行政规范性文件的司法监控》,载《行政法学研究》2012年第3期。
❷ 参见胡锦光:《论我国抽象行政行为的司法审查》,载《中国人民大学学报》2005年第5期。
❸ 参见曾长隽:《论我国抽象行政行为的司法审查及其制度构建》,载《中国行政管理》2005年第6期。
❹ 杨海坤、章志远主编:《行政诉讼法专题研究述评》,中国民主法制出版社2006年版,第300页。
❺ 参见邢鸿飞:《禁区还是误区——抽象行政行为司法审查的现状及出路》,载《河海大学学报(哲学社会科学版)》2008年第2期。
❻ 参见章剑生主编:《行政诉讼判决研究》,浙江大学出版社2010年版,第220页。

三级进行审查,分别进行权限审查、制定程序审查和实体内容审查,以排除超越文件或重大程序违法的现象;❶有的学者主张依据行政行为的合法性要件对标规范性文件,借鉴行政行为合法性的构成要件,进行形式性的有效性审查和权限合法、内容合法、程序合法三方面的合法性审查;❷有的学者则主张学习域外对条例审查的优秀经验,学习 Skidmore 尊重原则以满足对行政解释性文件的审查,采取"说服力"的标准。❸

除此以外,学者们还对规范性文件附带审查的实施对象与具体程序进行了整体性、宽领域、深层次的讨论。有的学者关注具有特殊意义的规范性文件,如王霁霞分析了传达高校校规的规范性文件的类型和审查路径,认为附带审查本身的复杂性加剧了校规审查的难度,提出了与学术、学位证相关校规的审查进路以形式审查和合目的性审查为主的主张;❹有的学者关注附带审查中的细节问题,如何海波关注附带审查的启动要件,提出法院应当依职权启动审查程序,由"不申不理"向"不申也理"转变;❺有的学者关注审查与其他法律制度的衔接,如张栋祥关注合宪性审查与附带审查的制度组合,提出明确合宪性审查的定位,实现我国法律规范性审查体系的良性运转。❻

而针对我国目前附带审查的发展状况和困境,不少研究者认为,附带审查制度还有很大的完善空间,存在审查标准不统一、地方法院采取规避策略、

---

❶ 参见高洁:《行政规范性文件附带审查路径构建》,载《中南民族大学学报(人文社会科学版)》2023 年第 2 期。

❷ 参见王红卫、廖希飞:《行政诉讼中规范性文件附带审查制度研究》,载《行政法学研究》2015 年第 6 期。

❸ 参见孙首灿:《论行政规范性文件的司法审查标准》,载《清华法学》2017 年第 2 期。

❹ 参见王霁霞:《高校校规司法审查的类型分析与进路重构——基于近 3 年 40 起高校教育行政诉讼案件的实证研究》,载《中国高教研究》2018 年第 9 期。

❺ 参见何海波:《论法院对规范性文件的附带审查》,载《中国法学》2021 年第 3 期。

❻ 参见张栋祥:《合宪性审查与法律规范审查体系的裂隙与衔接》,载《江西社会科学》2019 年第 4 期。

受限于行政权力等问题。有学者在调查中发现,地方法院在附带审查中采取规避策略,通过排除司法适用、以党政联合发文为借口等方式推脱审查职责,附带审查的落实情况不容乐观;❶也有学者认为附带审查存在审查随意、程序不明、标准不清、处理软弱等问题,多数法官不敢主动介入规范性文件的调查,即使介入调查,内容也有限,更加偏好用柔性手段来解决问题。❷

(四)研究目的:实践面向的实证评估研究

目前,关于附带审查的研究大多为基于解释学的法律规范研究,以"附带审查"为关键词进行搜索,高被引量文献中只有三篇以"实证"为题,这三篇所采取的方法也仅为田野调查或描述性统计。然而,严格从科学哲学角度出发,上述研究实质是基于调查发现和数据整理的经验研究(empiricism methods)。❸ 相比而言,实证研究(positivistic methods)更注重对于研究结论的确证,❹需要在研究设计中检验或说明证据对于结果的支持程度。

法律评估是指以法律实效为实证基础,对法律制定后的效力期待与法律实效的关系比例所做的定量和定性的分析和评判。❺ 而在实际操作中,评估过程是否蕴含量化方法,将会直接影响评估本身及其结果的合理性、公信力与

---

❶ 参见卢超:《规范性文件附带审查的司法困境及其枢纽功能》,载《比较法研究》2020年第3期。

❷ 参见黄学贤:《行政规范性文件司法审查的规则嬗变及其完善》,载《苏州大学学报(哲学社会科学版)》2017年第2期。

❸ 这一误解的出现,与法学领域的名词误用现象有关,中国法学学者们在翻译外来概念时将"legal positivism"翻译为法律实证主义,将"empirical legal research"翻译为法律实证研究,造成"实证法学"使用混淆的同时,并未给基于经验研究的法律研究提供对应外文名词。对这一情形的描述参见侯猛:《实证"包装"法学?——法律的实证研究在中国》,载《中国法律评论》2020年第4期。

❹ 参见〔美〕R.卡尔纳普:《科学哲学导论》,张华夏、李平译,中国社会科学出版社2020年版,第11页。

❺ 参见谢晖:《论法律实效》,载《学习与探索》2005年第1期。

执行力。❶ 由于政策与法律在广义上具有的包含关系,近年来,许多拥有政治学与公共管理学科背景的学者进入法律评估研究领域,❷使用公共政策评估的相关技术工具对立法后法律的实施情况进行量化分析,基于数据评估现况、分析走向、预测趋势,为深度认识法治发展提供了有益的参考依据。❸ 当前,现有的对于规范性文件附带审查的讨论多集中于法理层面,探讨附带审查制度本身的合理性问题,或是基于个案研究在某一情境下附带审查的实施效果,缺少从宏观层面考察该制度实施后的总体性效度。由此,本文借鉴公共政策评估方法,通过对裁判文书数据的量化分析评估规范性文件附带审查制度的实施情况,挖掘潜藏于裁决书中的规范性文件附带审查微观机制和宏观转型趋势,❹力求对其实践情况进行全面评估,为附带审查未来的发展提供建议。

[三] 研究设计与数据整理

(一) 研究方法及其适用性

断点回归(Regression Discontinuity Design, RDD)是本文构建研究模型所使用的核心技术,其最早作为一种可有效处理非实验情况下的处置效应的方

---

❶ 参见周祖成、杨惠琪:《法治如何定量——我国法治评估量化方法评析》,载《法学研究》2016年第3期。

❷ 如:陈天昊、邵建树、王雪纯:《检察行政公益诉讼制度的效果检验与完善路径——基于双重差分法的实证分析》,载《中外法学》2020年第5期;陈天昊、苏亦坡:《我国知识产权法院的治理实效与制度逻辑》,载《法学研究》2023年第1期;马超、于晓虹:《行政审判中比例原则的适用——基于公开裁判文书的实证研究》,载《山东大学学报(哲学社会科学版)》2022年第4期;孟天广、李熠:《立案登记制改革与行政纠纷解决司法化》,载《中国社会科学院大学学报》2022年第4期。

❸ 参见于晓虹:《计算法学:展开维度、发展趋向与视域前瞻》,载《现代法学》2020年第1期。

❹ 参见孟天广、李熠:《司法体制改革背景下行政诉讼制度的政治经济分析——基于司法大数据的分析》,载《南京社会科学》2021年第8期。

法被开发出来,是一种常用的因果推断研究方法。断点回归技术的核心计算逻辑决定其适用于法律法规评估研究,它的实质是一种研究非随机实验但接近随机实验数据的方法。在社会科学难以设计理想实验的自有困境下,使用断点回归对那些接近随机实验产生的观测数据进行因果推断无疑是一种既提升精确度又节约研究成本的好办法。❶ 具体解释为:个体是否受到某些特定事件的影响,取决于其某个可观测特征的值是否大于给定的临界值。将其作用于研究法律中,法律法规经常会设置决定其适用范围的阈值,断点回归利用上述阈值引起的研究对象的处理状态的差异来进行因果推断。❷ 一般情况下,个体案件如果受法律或政策的干预,那么就无法观测到其没有接受干预的情况;而在断点回归中,小于临界值的个体则可作为一个很好的控组来反映个体未接受干预的情况,特别是当变量连续时,临界值附近的样本之间存在的差别能够很好地反映法律效应与其他变量之间的因果联系,进而可以实施因果推断与法律评估。

(二)数据选取与统计说明

本文使用的裁判文书数据来自北大法宝数据库。由于2015年5月前附带审查还没有以立法的方式确立,本文选择与附带审查相关的上位概念"抽象行政行为"或"规范性文件"作为关键词,设置审结日期为"2010年5月1日—2015年5月1日",检索实施附带审查前的文书;以"附带审查"、"附带性审查"或"一并审查"作为关键词,审结日期设置为"2015年5月1日—2020年5月1日",收集2015年之后的文书。通过人工对裁判文书进行如下筛选:(1)剔除重复下载的裁判文书;(2)剔除裁判文书中出现"附带审查"或"抽象行政行为"等关键词但是与其无关或不是重点内容的文书;(3)剔除内

---

❶ See Guido W. Imbens and Thomas Lemieux, *Regression Discontinuity Designs: A Guide to Practice*, 142 Journal of Econometrics 615 (2008).

❷ 参见徐文鸣:《法学实证研究之反思:以因果性分析范式为视角》,载《比较法研究》2022年第2期。

容模糊、所需信息不全的裁判文书;(4)在有终局裁判的情况下,剔除非终局裁判文书;(5)剔除内容完全一致的裁判文书,最终得到999份符合条件的有效文书,并按照规则对筛选过的有效文书进行手动编码。

本文的配置变量为审判时间,其界定了裁判文书的发布日期范围,将2010年5月1日至2020年5月1日这10年间的时间均等地划分为10个连续的区间。结果变量为总体态度,即在实践中各方对附带审查制度的综合反映,具体而言,附带审查制度的有效实施依赖原告与法院双方的共同作用,分别考量原告对附带审查的态度与法院对附带审查的态度。原告层面按照其是否提起附带审查进行赋值,法院层面分为裁判文书未涉及附带审查、法院不支持附带审查及法院支持附带审查三类并赋值。通过将这两组数据相加,拟合出每份裁判文书在自下而上的原告层面与自上而下的法院层面对附带审查的总体态度。通过计算原告与法院两组数据间的Kappa值,得出k为0.42(>0.4)证明二者间具有一致性,从而支持本文的处理方式。

同时,本文将法院类型(自基层法院至最高人民法院)、审判程序(一审、二审与再审)、案件来源(东部、中部与西部)、文件层级(所涉规范性文件的级别)、文件类型(所涉规范性文件的管理领域,包括经济类、社会类与行政类)作为控制变量。依据上述编码规则对裁判文书的数据进行处理后,对所得到的数据进行描述性统计,以概括数据总体特征,统计结果如表1所示。

表1 主要变量描述性统计表

变量	均值	标准差	最小值	中位数	最大值
审判时间	7.279	1.878	1	7	10
总体态度	2.139	1.165	1	3	4
法院类型	2.208	0.870	1	2	4
审判程序	1.722	0.682	1	2	3
案件来源	1.676	0.751	1	2	3
文件层级	1.513	0.500	1	2	2

（续表）

变量	均值	标准差	最小值	中位数	最大值
文件类型	1.985	0.806	1	2	3

通过表 1 的数据可知：审判时间的均值为 7.279，中位数为 7，说明本文所收集的数据多为 2015 年 5 月 1 日后的数据；总体态度均值为 2.139，说明附带审查得到了一定程度的落实，但是效果有待后续进一步评估；法院类型的均值为 2.208，说明来自中级人民法院的裁判文书更多；审判程序均值为 1.722，说明所收集裁判文书多发布于一审后；案件来源的均值为 1.676，说明中东部地区裁判文书的数量更多；文件层级均值为 1.513，说明所涉及的规范性文件总体发布级别较高；文件类型均值为 1.985，说明涉及经济类规范性文件较多。

除上述变量外，本文还对附带审查的法院支持情况、不支持原因和审查的最终结果进行了统计。在 999 份裁判文书中，共有 492 份因原告没有提出附带审查而得不到法院支持。在原告提出附带审查的文书中，有 126 份裁判文书获得了法院对附带审查的支持，有 7 份裁判文书中表示法院在进行附带审查后发现了规范性文件的问题，其中的 4 份规范性文件与上位法相抵触，1 份规范性文件违反法定程序，2 份规范性文件违反其他内容。有 381 份裁判文书中虽然原告提出了附带审查但是并未获得法院支持，不支持原因如图 1 所示。

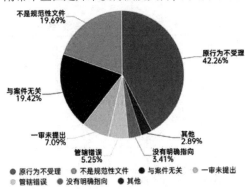

图 1　原告提出后法院不支持附带审查原因图

(三)模型设计与变量定义

本文采取的是时间断点回归研究方法,以 2015 年的《行政诉讼法》正式生效的 2015 年 5 月 1 日作为时间断点,2015 年 5 月 1 日至 2020 年 5 月 1 日的样本组成实验组,2010 年 5 月 1 日至 2015 年 5 月 1 日的样本组成控制组,通过两者的对比探究附带审查的落实状况。

定义裁判文书为 i,次数为 p,采用邱嘉平等的经验,[1]本文将计量模型设定如下:

$$Y_i = \alpha + \tau Xu + \beta_n \sum_{n=1}^{p}(X_i - 6)^n + \gamma control + \varepsilon_i$$

其中,α 为常数项,ε 为模型误差项,Y 表示作为结果变量的总体态度,X 表示作为配置变量的审判时间。将 2015 年 5 月 1 日作为分割实验组与控制组的断点,在编码表中赋值为 6,同时设置虚拟变量 Xu,在实验组取值为 1,在控制组取值为 0。β_n 和 τ 分别是配置变量 X 和虚拟变量 Xu 的系数,(Xu) 表示虚拟变量 Xu 的取值,当 $Xu=1$ 时,$(Xu)=1$,否则 $(Xu)=0$。γ 为控制变量 $control$ 的系数,将除去配置变量与结果变量外的所有统计变量作为模型的控制变量,排除其他相关因素的干扰。

[四] 实证结果与研究发现

(一)偏相关分析

研究首先对审判时间、法院类型、审判程序、案件来源、文件层级、文件类型等变量与作为结果变量的总体态度之间进行偏相关分析,初步寻找变量之间的内在联系。如表 2 所示,审判时间与总体态度呈显著的正向关系,审判

---

[1] See Murillo Campello et al., *Bankruptcy and the Cost of Organized Labor: Evidence from Union Elections*, 31 The Review of Financial Studies 980 (2017).

时间越靠后,附带审查的总体态度的值越高;法院类型与总体态度呈显著的负向关系,与最高人民法院相比,基层人民法院更容易做出附带审查的有利态度;审判程序与总体态度呈显著的正向关系,审判程序的值越高,获得支持的可能性越大;文件层级与总体态度呈显著的正向关系,文件层级越高,获得审查的支持性越大。而案件来源与总体态度视为呈负向关系但并不显著,文件类型和总体态度之间相关性微弱,因此,需要将法院类型、审判程序、案件来源和文件层级作为模型的控制变量。

表2 各变量与结果变量间偏相关关系

变量	偏相关系数	偏相关系数^2	显著性
审判时间	0.3674	0.1350	0.0000
法院类型	-0.1182	0.0140	0.0002
审判程序	0.0838	0.0070	0.0082
案件来源	-0.0574	0.0033	0.0703
文件层级	0.1022	0.0104	0.0013
文件类型	-0.0463	0.0021	0.1444

(二)基准回归结果

本文采取分区均值拟合中值平均分割法,设定区间分割数量为20,即断点左右各有10个区间,配置变量审判时间的取值范围为(0—10),每个区间的距离为0.5,由于本文收集断点前后各5年的裁判文书,因此以半年为1个区间,依据模型设置多项式次数为2次进行断点回归运算。图2为断点回归的非参数估计结果,横坐标为审判时间,纵坐标为总体态度,横坐标处为6的竖线表示2015年5月1日这一时间节点。根据图表观测,附带审查和总体态度的时间关系在2015年5月1日断点左右出现了明显的不连续性,在2015年5月1日前后,通过行政诉讼对规范性文件进行法律救济在图中出现了明显的断点,说明在附带审查制度实施后得到有效落实,影响了对规范性文件的法律救济,使之与附带审查制度颁布前的救济状况形成鲜明对比。

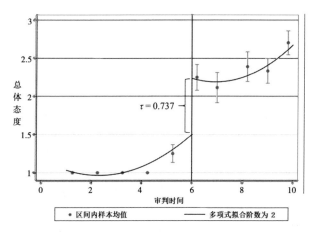

图 2 附带审查的总体态度与时间拟合关系图:值平均分割(20 个区间)

在通过拟合图观察到结果变量与配置变量的关系后,本文通过全局多项式回归的方法估计结果变量在断点处的跳跃程度。具体操作为使用接受配置边(右边)的多项式截距项减去未接受配置边(左边)的多项式截距项。

设置左边多项式的次数:

$p_l = k$

设置右边多项式的次数:

$p_r = k+w$

得出全局多项式回归模型为:

$Y_i = \alpha_{l0} + \tau Xu + \alpha_{l1}(x_i-6) + \alpha_{l2}(x_i-6)^2 + \cdots + \alpha_{lk}(x_i-6)^k + (\alpha_{r1}-\alpha_{l1})Xu(x_i-6) + (\alpha_{r2}-\alpha_{l2})Xu(x_i-6)^2 + \cdots + (\alpha_{rk}-\alpha_{lk})Xu(x_i-6)^k + \alpha_{r,k+1}Xu(x_i-6)^{k+1} + \cdots + \alpha_{r,k+w}Xu(x_i-6)^{k+w} + \varepsilon_i$

其中虚拟变量 Xu 的系数 τ 就是两边相减的截距差。由于本文的配置变量是审判时间,将回归次数降低有利于关注断点处的效应,优化模型的拟合结果,通过 2 次全局拟合得到回归结果,如表 3 所示。经过回归计算,总体态度与审判时间拟合的系数值 τ 为 0.737(截距长度标注在图 2 上),统计值为 1.9,可以得出结论,审判时间上刚好超过 2015 年 5 月 1 日的附带审查总体态度比时间上刚好在 2015 年 5 月 1 日之前的总体态度高 0.737。上述全局回归模型 p 值为 0.058,可以认定为显著,且拟合过程中有且仅有此项显著,可以认定对附带审查的总体态度在 2015 年 5 月 1 日断点处出现了明显变化。

表 3 全局拟合模型非参数估计结果

总体态度	系数	标准误	t	P>|t|	95% 的置信区间	
Xu	0.7374214	0.3887487	1.90	0.058	−0.0254418	1.500285
X1	0.2894673	0.4376157	0.66	0.508	−0.5692904	1.148225
X2	0.0392981	0.0898998	0.44	0.662	−0.1371173	0.215714
Xu_1	−0.3878486	0.4471341	−0.87	0.386	−1.265285	0.489588
Xu_2	0.0127725	0.0927428	0.14	0.890	−0.1692219	0.194767
_cons	1.498727	0.3817857	3.93	0.000	0.7495274	2.247926

(三)结果检验

1. 配置变量概率分布的连续性检验

本文通过配置变量概率分布的连续性检验排除配置变量的外生性,即验证附带审查总体态度在断点处的回归并非由于审判时间变量的外生性而引起。通过计算配置变量在断点处的密度函数,横轴为配置变量审判时间,纵轴为附带审查的总体态度在数据中出现的频率,中间线条代表审判时间在断点两侧的概率密度函数,左侧和右侧范围代表置信区间。在图 3 中可以发现,左右两侧的范围有重叠部分,说明断点两侧的概率密度函数不存在巨大差异,配置变量审判时间在断点两侧分布具有连续性。

2. 控制变量的连续性检验

断点回归需要满足控制变量的连续性检验。在本文中,控制变量的连续性检验要说明法院类型、审判程序、案件来源、文件层级等变量不受人为控制,在断点左右保持连续,以排除附带审查总体态度在断点处跳跃是由控制变量引起的可能性。图 4 显示,2010 年 5 月 1 日至 2020 年 5 月 1 日,法院类型、审判程序、案件来源、文件层级均保持连续性,在断点处没有明显跳跃,证明本文的回归结果排除了控制变量的干扰,具有一定的准确性。

规范性文件附带审查的实施效果

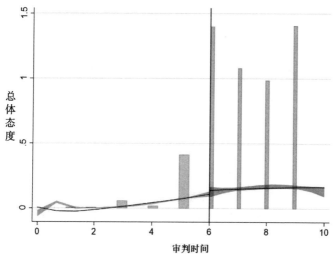

图 3 配置变量概率分布的连续性检验

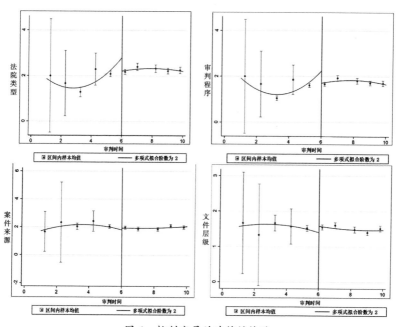

图 4 控制变量的连续性检验

[五] 规范性文件附带审查制度评估结论

通过使用断点回归对规范性文件附带审查制度的实践情况进行评估，发现附带审查制度出现后，2015年5月1日两侧的数据发生了明显的变化，说明附带审查在颁布后在一定程度上得到有效落实，这种落实主要表现在三个方面。首先，附带审查的使用次数上升，与2015年之前相比，更多的原告能够选择通过附带审查的途径来主张权利、约束权力，证明附带审查并非一纸空文，其越来越成为原告主张权利的重要途径。其次，法院对附带审查的支持上升，对规范性文件的监督机制进一步完善。数据表明，法院尤其是基层法院更多支持了原告进行附带审查的要求，更加积极地采取了行动，并且在审查过程中发现部分规范性文件确有问题，表现出法院在面对涉及附带审查的案件时，能够给予此类案件以正向回应，积极通过附带审查这种新方式来有效约束和监督行政权。这也为学者观察附带审查制度的实施状况提供了新视角，为目前学界的"法院对附带审查态度相对保守"的认知提供了一定的补充。最后，规范性文件的漏洞和错误通过附带审查被发现。数据表明，通过附带审查确实发现部分规范性文件与上位法相冲突、违反法定条件等问题，说明目前的附带审查政策已经实现了部分政策目标，履行其作为对行政权力外部监督的职责。此外，研究发现，非附带审查也在2015年5月1日后有明显的增加，这说明部分原告在提起诉讼之前认为法院认定的抽象行政行为和规范性文件之诉是具体行政行为之诉，也能从侧面上说明附带审查全局性地提升了人民的权利意识，推动了人民拿起法律武器捍卫自身合法利益。

基于文献回顾，能够得知当前法院对附带审查的总体态度仍较为保守，而从数据与具体案例中，可以看出在多数涉及附带审查的案件中，法院依然坚持底线思维，在坚持依法治国的原则下积极推进附带审查实施方式的创新。在法院不支持附带审查的理由中，"原行为不受理""不是规范性文件""与案件无关""一审未提出"成为四个主要理由，其中"原行为不受理"占比接近50%。这四种理由的出现与法律规定附带审查需要满足的事项相对应。"原行为不受理"对应提起附带审查要满足程序要求,即审查具有附带性、不能单独提出、必须依据具体行政行为,如果原行为没有受理,与原行为有附带关系的审查自然也只能不予受理;"不是规范性文件"对应附带审查的对象要求,不属于规范性文件的范围自然不能提起针对规范性文件的附带审查;"与案件无关"对应附带审查的主体要求,附带审查需要有权利义务关系受到文件影响才能提出,与案件无关的文件无法对案件的权利义务关系产生影响;"一审未提出"对应附带审查的时限要求,法律明确规定无特殊理由需要在一审前提出。由此看来,在司法实践中,法院拒绝附带审查的理由严格参照《行政诉讼法》,对于不符合法律规定的附带审查坚决拒绝。

同时,数据显示,不同类型的文件在附带审查中并没有被明显地区别对待。在2010年后,我国的经济稳中有进,与经济生活相关的规范性文件遂成为审查的重要部分。虽然经济类文件进入附带审查程序的数量多,但是在总体态度上并没有与社会类文件和行政类文件区分开来。这说明,法院在对规范性文件进行附带审查过程中的注意力并不侧重分配到某一类文件上,对涉及不同内容偏好的文件基本能"一视同仁"。值得注意的是,在行政权扩张的趋势下,附带审查并没有因为行政类规范性文件的出现而有态度偏向,没有在行政权的压力下消极对待行政类文件的审查,体现附带审查在权力制衡方面的必要性。

当然,附带审查得到了一定程度的落实,并不意味着对该制度的讨论要止步于此,基于实证评估的目的,本文列举当前附带审查制度在实践过程中值得进一步观察和讨论的几个问题,以期寻找该领域研究的新的理论增长点。

(一)基层法院在行政诉讼中对附带审查更为积极

根据上文偏相关关系可发现,法院层级与结果变量附带审查的总体态度呈显著负相关(系数为-0.1182),这说明进行行政诉讼的法院级别越低,在案件审理过程中越容易支持原告的附带审查诉求。由于总体态度是人民是否主动申请附带审查和法院是否支持审查的拟合,本文通过这两个层次来进行解释:从人民主动申请的角度来看,受审级限制,人民更容易向基层人民法院提出附带审查。与高级人民法院相比,基层人民法院离人民的生活更近,更有可能接受来自人民的诉求表达。从法院审查的角度来看,虽然部分研究认为在总体上法院对附带审查持保守态度,但在具体实践过程中,法院层级与附带审查之间存在一定的张力。这种张力可能受到两个因素的影响:第一个因素是法院的级别管辖。各法院就受理案件有明确的分工合作,大部分普通的第一审案件直接由基层人民法院管辖的可能性较大,只有具有重大影响力的第一审案件才可能被更高级别的人民法院管辖。这就导致数据所呈现的基层人民法院能够受理更多的与附带审查相关的案件,更加有可能在受理过程中表现出积极的态度。第二个因素是法院的权力结构。受两审终审制的影响,基层人民法院在行使自由裁量权时拥有更大的空间,面对附带审查中充满争议的问题,更加有底气作出积极的判决,即使这些积极是"失当的",也有可能被更高层级的法院纠正。与基层人民法院相反,最高人民法院是权威的化身,其"一言一行"都容易成为辐射各方的风向标,因此面对附带审查中的争议问题最高人民法院保持克制也就不难理解。

(二)县级以上部门发布的文件在附带审查中更容易被支持

各变量与结果变量间偏相关关系的评估结果显示,文件层级与附带审查的总体态度呈显著正相关(系数为0.1022),表明文件层级越高,附带审查的总体态度越积极。与县级及以下部门的规范性文件相比,县级以上的规范性文件拥有更强的影响力,对此一种可能的解释为,此类规范性文件能够管辖和实施的范围更广,对人民生活的影响是深刻且难以通过非讼方式改变的,拥有更高的权威性,由更高层级的政府通过更加严密的程序制定,是政府形象和权威的具象化。本文中的结果变量——附带审查的总体态度由原告和法院两方态度拟合而成,因此通过原告视角和法院视角分析原因有一定的合理性:在原告视角,如果人民群众想要对县级以上的规范性文件提出异议,行政诉讼中的附带审查是制度化的质疑方式。县级以上的规范性文件对原告生活的影响更为强烈,而其难以通过人情社会中的关系纽带去影响较高层级的文件制定方,也无法启动以地方各级人大和全国各级人大为主导的备案程序,这就导致他们在附带审查中体现出对较高级别文件有更多的审查诉求。在法院的视角,较高层级的规范性文件拥有更高的权威性,为了维护落实监督并维护政府公信力,法院更加愿意支持审查以及时排除对权利的侵害。这也说明面对近年来行政权保持膨胀的态势,司法行政化成为行政权扩张的重要表现,而法院作为司法权的实现者可以通过附带审查对行政权进行制约。

同时,本文也为上述现象的产生提供另一种基于政治学的解释逻辑。条块关系一直是研究中国政府政治的重要关注点,地方法院在条块路径上受到上级法院(条条关系)和地方党政机关(块块关系)的双重领导,而在此制度框架下,地方法院在块块层级也会深度卷入当地的政治生活,对地方政府产生一定程度的依附关系(尤其是财政方面的依附)。这也可能导致地方法院对地方政府的策略性服从现象,❶造成在面对本地政府出台的规范性文件时因碍于情面或利益关系选择"回避审查",转而审查虽然级别更高但权力距离更远的高级别规范性文件。当然,这一假说需要后续研究提供更多田野案例作为支持。

(三)附带审查的标准仍须修改和细化

最高人民法院《关于适用〈中华人民共和国行政诉讼法〉的解释》第148条规定的规范性文件在附带审查中不合法的情况包括超越法定授权、与上位

---

❶ 参见于晓虹:《策略性服从:我国法院如何推进行政诉讼》,载《清华法学》2014年第4期。

法抵触、无依据增加或减损权益、违反法定程序和其他。而在本次评估所统计的数据中,内含的规范性文件不合法的情况仅涉及与上位法相抵触和违反法定程序两种具体理由,超越法定授权和无根据增加或减损权益的情况并未出现。由此看来,最高人民法院所规定的 5 条标准难以概括规范性文件不合法的情况,在实践中存在概括范围偏差、概括效力不足的问题,对部分标准是否有实践意义、是否需要细化或扩充存在争议,这也和 2015 年后学界对附带审查标准的热议相印证。事实证明,当前附带审查标准在司法实践中的应用性不高,需要进一步修改和细化。

[六] 讨论与总结

本文通过 2010 年 5 月 1 日至 2020 年 5 月 1 日的裁判文书讨论了附带审查的具体事实和情况,运用断点回归这一统计方法对数据进行了处理和分析,发现在 2015 年 5 月 1 日实施的《行政诉讼法》确立了附带审查后,制度本身在一定程度上得到有效的落实,但是仍存在附带审查的法院层级落实不均衡、文件层级支持差异化和标准概括性不强等问题。本文虽然创新性地采用量化方法对规范性文件附带审查的实践情况进行评估,但研究仍存在一定客观局限性。第一,本文的裁判文书为人为筛选,在人为筛选的过程中可能存在一些遗漏或者不当,影响计量结果。第二,本文筛选裁判文书的标准为审结日期在 2010 年 5 月 1 日至 2020 年 5 月 1 日,然而案件的裁决需要经历一定的时间周期,裁判文书的审结日期具有一定的滞后性,这导致本文的数据可能会存在一定程度的偏移。

针对前述评估成果,本文为后续该领域的进一步发展供给对策与建议:

一是继续推进规范性文件附带审查的实施,推动法院积极参加附带审查,形成各级人民法院审查的良性互动。我国的附带审查已经初具成效,需要继续保持势头,防止僵化趋势。目前,我国附带审查存在的问题之一就是法院层级偏差,上至最高人民法院、下至基层人民法院的互动体系有待落实。

需要各级法院合理分工、各司其职、良性互动，有助于实现附带审查的效益最大化。最高人民法院就附带审查司法实践中出现的新现象、新问题要积极做出指导和协调，充分发挥其风向标的作用；高级人民法院和中级人民法院要做好承上启下的工作，保持自身判断，实现稳定器的作用；基层人民法院要坚持底线原则，把好第一道关，不可为了"第一案"而创造"第一案"和以绩效而非公平正义为导向。只有在各级法院的良性互动下，附带审查才能够在司法实践中得到更好落实。

二是打破文件层级影响，积极关注贴近人民生活的规范性文件。本文的数据显示，附带审查对层级较高的规范性文件容易表现出高关注度与高支持率。因而，在未来的行政诉讼过程中，法院也应对文件层级较低但与日常生活关系紧密的规范性文件予以密切关注。对于涉及具有争议的规范性文件的案件，应当加强普法教育，助力原告积极提起审查。总之，法院应当始终保持对全层级规范性文件进行附带审查的较高注意力分配，不应产生疏于审查或盲目追捧较高层级的文件的心理。

三是构建附带审查标准体系，实现该体系学理性和实践性的统一。附带审查标准是衡量法院能否支持原告诉求的重要依托，也是近年来该领域研究的重要理论增长点，而其在司法实践中也被验证确有问题，需要整改。构建新型附带审查标准体系势在必行。构建新型附带审查标准体系，既要考虑到附带审查作为行政法学的重要内容需要满足一定的学理性，也要考虑到人民群众在提起附带审查中可能遇到的现实问题，需要实现理论导向和实践导向的结合，厘清附带审查中合法性的边缘，确认是否要进行合理性的审查，兼顾标准"立得住"与"落得下"，构建学理性与实践性结合、合法性与合理性复合的审查体系。

四是推进法学参与交叉学科建设，拓宽中国特色法学自主知识体系的理论与方法边界。严格意义上讲，高度规范化的传统法学学科很难被算作一门科学，所追寻的各种法则背后有差异性的历史情景，其研究路径与追寻普遍规律的社会科学之间存在张力。在后学科时期，在面临随着日新月异的社会发展而产生的司法实践中的诸多新问题时,通过借鉴吸收政治学、社会学等相关学科的理论与方法,可以为研究法律法规提供新的视角与理论增长点,从多元视角呈现法律的经验事实,揭示司法实践的运行规律,及时创新或证伪相关司法理论。❶

---

❶ 参见左卫民:《如何展开中国司法的实证研究:方法争鸣与理论贡献》,载《东方法学》2022年第5期。

《法经济分析：方法论20讲》书评

法经济教义学的召唤

贺 剑*

引 言

张永健教授的新著《法经济分析：方法论20讲》（以下简称"本书"），❶是一本侧重民商法经济分析的简明教科书，极具风格和可读性。

全书分为三编：入门、总论、民商法各论。其中，第一编"入门"旨在铺陈法经济分析的价值，注重与传统的法学方法——法教义学的对比，从法教义学的"短板"引出法经济分析的长项。第二编"总论"具体展示法经济分析（而非经济分析）的主体内容。可以说，"入门""总论"两编，共同扮演通常的"总论"角色。第三编"民商法各论"并非常规的对民商法各分支经济分析的汇总，而是枚举相关领域的重要概念、规则，如制度成本、科斯定理、财产规则与补偿规则、代理人问题等。❷

本书是一本私法经济分析的简明教科书。本书的英文副标题"A Methodological Primer"（直译是："一本方法论入门书"），以及本书序言的第一句——"这是一本专为中国读者写的方法导论"，均可资印证。

教科书要做到简明，并不简单。要在简明之外还具备可读性和个人风

---

* 贺剑，北京大学法学院长聘副教授。

❶ 张永健：《法经济分析：方法论20讲》，北京大学出版社2023年版。以下引用本书时，均在正文中直接加注括号和页码，以节省篇幅。

❷ 根据难易程度，《法经济分析：方法论20讲》一书又将以上三编分为入门、进阶两部分，后者包括进阶总论（第二编）和民商法各论（第三编）。

格,更是难上加难。本书一一做到,至少得益于以下四方面因素:

第一,文字。张永健教授"对咀嚼数字与文字同样狂热"❶,本书浅白、活泼,具有鲜明的张氏印记。

第二,示例。这是本书反复强调的特色之一:书中用作示例的法条,都是中国的法律文本("序",页1);案例也基本如此。

第三,故事。本书中的三十多则张永健教授与诸多法经济学界名宿的交往故事,既是众多名家的"简笔画",描绘出"大教堂一景",更似金庸小说的主人公汇集武林众多顶尖资源的"升级打怪"过程。"这是本书最柔软的一块"。("序",页2)读来不仅有趣,更能从中受益。

例如,作者博士求学时的勤奋和曲折:"在那一周的考试开始前,我做了一大锅咖喱,分成14个冷冻盒,效仿范仲淹的故事,一天吃两盒,希望能最大化写考卷的时间。"(页464)"博士班二年级开始时,我无法顺利成为候选人;但在二年级结束之际,Been教授有一天突然说:'你应该可以准备毕业了。'"(页466)

又如,诸多名家做学问的态度、习惯。以下仅举两例:一是张永健教授曾向Posner法官的公子Eric Posner求教:"为何你可以如此多产?""Eric Posner说:'有些人拿到长聘后,爱上写小说,或者把喝各种红酒当成每天最重要的事。我没有别的嗜好,就是喜欢搞学术。读论文、写论文让我很快乐。如果你是这样的人,你就会多产。'"(页98)二是张永健教授的博士论文导师Vicki Been教授的教诲:

> 她一再又一再告诫我:要重视细节,但不要在论文中被细节束缚。好的论文、好的学术报告,要有大格局、大方向,理论要想得细致、实证要做得扎实。下苦功是应该的,但苦功不是论文的重点;论文如何推进了我们对人类社会的理解,才是重点。当我以初生之犊的勇气,挑剔前任

---

❶ 张永健:《物权法之经济分析:所有权》,北京大学出版社2019年版,扉页"作者介绍"。

论点的小瑕疵时,她总是说:"Give credits when credits are due."要对别人的论述采取 charitable reading(可以理解为"合宪性解释"……)。这不是教我成为乡愿,而是教我优雅地站在前人的肩膀上——我不应该践踏前人,但也不应该躲在前人背后,而没有望得更远。唯有在大的理论框架上突破前人,才是她期许我做的研究,而不是鸡蛋里挑骨头……上乘的写作,不是说某某论点是错的;而是清楚有力地呈现自己的论点,让读者自然明白他人的论点是错。谨遵她的教诲,我的论文不会去挑既有文献的小毛病,但不会随便放过与我论旨不同的文章。别人批评我的论文有误,若言之有物,我见善则拜;若无的放矢但无关宏旨,我就一笑置之。(页 467—468)❶

第四,积累。张永健教授虽然自谦,说原以为会在老年时——"头发灰白(或没有头发可供灰白)时"(页 497)——才会写一本谈论经济分析方法的书,但是,本书在其盛年时出版,绝非一朝一夕之功。在本书之前,张永健教授已经有相当厚重的积累:一是《物权法之经济分析:所有权》(繁体中文版为元照出版公司 2015 年版;简体中文版为北京大学出版社 2019 年版),以及该书的第二版(更名为《法经济分析:方法论与物权法应用》,元照出版公司 2022 年版);二是《社科民法释义学》(新学林出版股份有限公司 2020 年版)。借用流行的说法,《物权法之经济分析:所有权》(及其新版)、《社科民法释义学》和本书构成了张永健教授的"法经济分析三部曲"。而本书,正是其中的集大成者,深入浅出,厚积薄发。以下将以前述学术脉络为背景,评述本书的核心主张——"法经济教义学"的魅力、局限,最后引申作结。

---

❶ 与 Robert Ellickson 交流后的类似心得:"我日后总提醒自己:法学学术研究固然必须重视细节,但必须不被细节束缚,只有用更大的格局视野,把时间、距离拉开来,才能避免只见秋毫、不见舆薪。知道细节,不是为了获得冷知识,而是以细节为基础,回答大哉问。"

[一] 法经济教义学的魅力

顾名思义,法经济教义学是经济分析与法教义学的融合,且落脚点是教义学。本书的封面图片不涉及美国的风土人情,而选择了德国海德堡市的"哲学家小径"路标,或许也源于此。作为一种研究方法和治学路径,法经济教义学有何优点?又是否可行?这是本书着力回答的两个问题。后一问题属于法经济教义学的前提,以下先予分析。

(一) 前提:经济分析如何融入法教义学?

本书第11讲题为"法经济教义学",它是"全书的关键"(页223)。该讲旨在说明:经济分析可以借道四种经典的法律解释方法,影响法律解释,从而与法教义学融合为"法经济教义学"。相关实质分析,奠基于张永健教授和王鹏翔教授合撰的一篇大论文。❶ 我对该文有过评论,以下予以概述,并略作补充。

1. 文义解释

在文义解释层面,本书认为,经济分析有助于厘定诸多法律概念的文义内涵;退一步,即便这不属于文义解释,也属于目的解释(页227)。我赞同前述"退一步"的理解。理由在于,经济分析虽然有助于澄清特定法律概念(如"费用过高""应当知道")的内涵,但此种澄清,并非基于概念的语义(文义解释),而是基于经济效率的价值(目的解释)。简言之,经济分析与法教义学的融合,无从借道文义解释。

2. 历史解释

在历史解释层面,对本书的分析应予赞同:一旦立法史材料表明,特定规

---

❶ 参见王鹏翔、张永健:《论经济分析在法学方法之运用》,载《台大法学论丛》2019年第3期。

则旨在(全部或部分)追求经济效率价值,经济分析就有用武之地(页227—228)。但作为其前提,在我国法的语境下,何为适格的立法史材料不无疑问。全国人大常委会法工委相关负责人主编的(版本不同、内容相近的)"某某法释义"虽然是目前常用的历史解释意义上的立法史材料,但其实只能算是"半官方"而非官方材料。至于最高人民法院相关庭室或法官编写的"某某法理解与适用",则并非适格的立法史材料,因为法律的制定或起草主体是全国人大及其常务委员会,而非法院。此外,全国人大常委会法工委的"半官方"释义中具有学术探讨性质的、仅代表法工委的观点(而非立法者观点),可否被认定为历史解释意义上的"立法目的",也有讨论空间。❶

3. 目的解释

在目的解释层面,本书先以示例说明,如何基于(单一的)效率目的开展法律解释(页229—236)。进一步,本书重点讨论:在一项法律制度有不同目的且相互冲突时,如何基于效率目的,解决前述目的冲突/价值权衡问题(页236—241)。目的冲突问题涉及法经济教义学的局限或边界,下文第三节将予以详论。于此仅须指出,目的解释的另一项常规工作,在本书关于目的解释和经济分析的讨论中被遗漏了:如何确定一项制度的立法目的?更具体地说,如何确定一项制度的立法目的包含效率价值?

4. 体系解释

当然,本书并没有忽视前述立法目的的确定工作;只不过,将该项工作置于体系解释的范畴。基于内部体系、外部体系的区分,体系解释与经济分析的关联有两个维度,以下分别评述。

(1)在内部体系层面,本书认为,效率价值是所有法律体系的内在价值。它或者为一国法律所明文规定(如《民法典》第9条的"绿色原则"),或者可经由整体类推,从善意取得、表见代理等(各国法共有的)个别制度中归纳得

---

❶ 在共同担保人内部追偿权语境下的相关争议,参见贺剑:《担保人内部追偿权之向死而生:一个法律和经济分析》,载《中外法学》2021年第1期。

出。在后一场合,效率作为通行的内在价值,不仅是"归纳"的产物,更具有"证成"的功用,可以说明此种归纳的原理和正当性(页 243—248)。对此有两点说明:

其一,我仍然坚持此前的保留意见:视效率价值为法律体系的内在价值,并据此解释法律规范的做法,应属于目的解释,而非(内在)体系解释。

体系解释的"体系",仅指概念或规则体系(外部体系),以立法者的用语习惯、章节安排逻辑无矛盾为预设前提。体系解释倘若在定义上还包括前述"内在体系解释",那么,目的解释将被架空,逻辑上沦为体系解释的子类型。

本书将目的解释纳入(内在)体系解释的做法,还使其关于法律解释方法的行文顺序(文义、历史、目的、体系)明显有别于通常的法律解释方法排序(文义、体系、历史、目的)。通常做法的道理在于,文义解释、体系解释、历史解释都旨在探求立法者主观上赋予法条的意涵;而目的解释,则往往是在立法者的主观意图之外,赋予法条客观的意涵。

其二,界定立法目的或价值时,应警惕法教义学中的一些似是而非的流行说法,应作适当"转译",以洞悉真正的目的或价值冲突。

例如,一般认为,善意取得规则反映了所有权保护、交易安全两种目的或价值的权衡(页 240)。但是,两者实为不同(人群)的"利益",而非不同的价值。所有权保护代表了所有权人的利益,交易安全代表了不特定第三人的利益。在平衡不同人群利益的层面,或许可以从事利益权衡的工作。但在经济分析的语境下,前述两种冲突的利益,都可以被表述为单一的效率价值——所有权保护/所有权人的利益是指所有权人的各项成本、收益,交易安全/不特定第三人的利益是指这些人的成本、收益。换言之,在经济分析的语境下,在效率价值之下,善意取得制度背后的所有权保护与交易安全之权衡,并不涉及不同价值的冲突;它只涉及不同成本、收益项目的比较,却由共通的、单一的效率价值所决定。

当然,如果认为所有权保护、交易安全不仅有效率层面的意涵,还涉及个案公平或者分配考量,那么才有可能出现"效率 vs 公平"等真正的价值冲突。

除了所有权保护和交易安全,法教义学上其他流行的目的、价值或原则,如信赖保护、外观主义、行为自由、权益保障,也都更接近特定主体的"利益"。此种不同主体之利益权衡的"万金油"说理,如信赖保护与意思自治的平衡、行为自由与权益保障的平衡,是民法教义学上的经典说理,但注定只能得出两者应当兼顾、不可偏执一端之类的结论;至于兼顾或中庸的最佳点何在,谁也说不清楚。相比之下,将前述不同人群的利益化约为单一的、真正的价值(如效率),或者转译为不同的价值(如效率、公平)后,即便不能完美地解决问题,至少也可以呈现真正的价值冲突。

(2)在外部体系层面,本书认为,基于效率目的的经济分析虽然可能导致法律概念的不一致,但并不会妨碍或动摇以法律概念为核心的外部体系(概念体系);而且,它能够弥补概念的僵化或缺漏,具有补充外部体系的功能(页 241—243)。

这些分析都在理。但即使按照本书的概念界定,也仅涉及外部体系和经济分析的关联,而无关在(外在)体系解释中运用经济分析。外在体系解释,是指基于法律概念、法条章节等(外在)体系的无矛盾性,解释特定法律规范的含义。这是一个概念、逻辑的推演过程,经济分析没有介入余地。

综上,与本书观点不同,我认为,经济分析仅在历史解释、目的解释中有用武之地,而与文义解释、体系解释无关。

(二)法经济教义学的优势:取经济分析之长,补法教义学之短

1. 事实判断层面的互补

在本书看来,经济分析之所长,正是法教义学之所短。具体有两项:(1)事前观点;(2)行为理论。两者甚至可以被归结为一项:一项法律规则,未来会对哪些人的行为产生哪些影响?

事前观点关注一项规则对未来相关人群的整体影响,而非对现在或过去某个个人或个案的影响。而行为理论则旨在反映、预测人们的行为模式,在法律语境下,即研究人们在特定法律规则之下的行为模式。须强调,行为理

论并非与事前观点并驾齐驱,而实为事前观点的细化或延伸——法律对未来的影响,只可能借助人类行为这一媒介。事实上,与事前观点关心人们日后的行为进而与效率价值挂钩不同,事后观点(或个案视角)主要着眼于财富、损失或风险在特定人之间的分配,从而往往与个案公平等公平观念挂钩。

事前观点和行为理论都是关于人类行为模式这一事实问题的理论。判断事实问题,是经济分析/经济学作为事实科学的固有专长,也是法教义学/传统法学的"短板"——以法学方法论为代表,法学的(潜在)长项仅为法律规范的解释。因此,就事实判断问题而言,经济分析与法教义学泾渭分明,可以完美互补和共存;融合经济分析与法教义学的"法经济教义学",自然也就能取经济分析之长,补法教义学之短。

2. 作为分析框架的优势

除了提供坚实的事实判断,经济分析在价值判断层面,是否也能弥补法教义学的"短板"?本书的回答是肯定的。

本书认为,作为分析框架,经济分析(成本收益分析)远优于近年来在我国各部门法中流行的比例原则。后者通常包括目的正当性、适当性、必要性、狭义合比例性等审查步骤("子原则"),但"至多构成残缺的成本收益分析"(页282、291)。这主要源于必要性原则的缺陷:比例原则中的必要性,是指与替代方案相比,待选方案的成本或损害是否最小;这忽略了不同方案的收益比较。因此,必要性审查只能选出成本最小的方案,却无法选出收益(净收益)最大的方案。此外,虽跟比例原则自身的构造无关,但使用者容易陷入的偏颇与误区在于,"对私权减损之外各类成本收益因素选择性失明",在必要性审查和狭义比例性审查阶段,都是如此(页295—301)。

以上批评我完全赞同。但是,比例原则的支持者(如刘权教授)也尝试提出改进方案:应将必要性审查的最小损害解释为"相对最小损害"(=总成本/总收益),从而兼容成本与收益,扮演类似"净收益"的角色。本书则认为,该改进方案仍是少数观点,不代表对比例原则的主流认知。而且,该改进方案仍忽略了成本收益分析中的效率应当是"边际效率",而非数值意义上的总成本大于总收益(页297—299)。本书的这两点指摘未尽公允。在评判两种分析框架的高下时,理应由双方的高手对决,即"理想的比例原则 vs 理想的成本收益分析"。前述比例原则的改进方案的真正困境或许是"身份危机"——它与成本收益分析,是否实质上已是一回事?

[二] 法经济教义学的局限

作为分析框架,成本收益分析诚然优于比例原则。但是,相比传统法学中的利益衡量,或者大众观念中的"利弊相权""两害相权",成本收益分析是否能胜出?我不大确信。

如果效率能以金钱计价,则成本、收益仅指可以量化的社会成本、社会财富,因可以精准核算成本收益分析,而利弊相权失之笼统,成本收益分析自能胜出。

但若如本书所说,成本收益分析对应"福利"层面的成本和收益,则不仅能计算以金钱计价的社会财富、社会成本,还可计算无法以金钱度量的正义、平等、道德(狭义效率之外的)其他价值。我担心:成本收益分析与朴素的利弊相权恐无高低之分;两者更近于同一分析框架的不同标签。

这涉及本书(以及此前关联论著)在方法论层面最具创造性的观点——经济分析/成本收益分析还有两大功用,并对应两大分析框架:(1)作为效率、公平等不同(一阶)价值发生冲突时的后设方法;(2)作为文义解释、体系解释、历史解释、目的解释等不同法律解释方法发生冲突时的后设方法。截至目前,张永健教授一直提倡并致力于优化前述框架;❶我个人则始终对此抱有疑虑。

---

❶ 请依次参见王鹏翔、张永健:《论经济分析在法学方法之运用》,载《台大法学论丛》2019年第3期;张永健:《社科民法释义学》,新学林出版股份有限公司2020年版。

(一) 作为价值冲突的后设方法

先看第一种情形:经济分析作为(一阶)价值冲突时的后设方法。公平与效率之类的价值冲突,本书也称之为"目的竞合"。"目的竞合之权衡,仍可运用卡尔多—希克斯标准来选择最适合的解决方法"(页238),进而"追求二阶价值的极大化"(页239)。甚至,效率、公平等所有一阶价值都可以被转化为相同的二阶价值——"福利"(页201—220)。据此推论,所有价值冲突或目的竞合的终点,都是福利的最大化。

然而,根据一般观念,效率、公平、道德以及其他可与之相提并论的价值,倘若是不同的、彼此不可转换的(一阶)价值,那么,在逻辑上,它们就无从被转化为包括福利在内的任何(二阶)价值。一旦它们被强行转化为福利,不外乎两种结果:一是广义的福利实为狭义的效率,因而,公平、道德等其他价值,也都变相臣服效率;二是广义的福利只是松散的"乌合之众",被转化为福利的公平、道德、效率还是原来的公平、道德、效率,彼此依旧不可比较,"转化"有名无实。

当然,本书还隐隐提及另一种替代的比较路径:看机会成本。"实现、保护任何目的(或权利)都必然有机会成本。实现某个目的,通常也会对其目的之实现造成负面影响,或导致牺牲其他目的之负面效果;此时就不得不比较实现目的所带来的效益及其所造成的机会成本。"(页238)据此,即使公平、效率等价值彼此不可被转化、比较,但它们的实现都有机会成本;而机会成本是可以相互比较的。

以上替代思路,与卫生经济学惯用的思路相近,却也有不同。卫生经济学处理的经典情形是:每增加对甲领域的1万元投入,可以救3条人命;每增加对乙领域的1万元投入,可以救4条人命。如果预算或资源有限,应当如何投入资源?对于此类问题,成本收益分析是游刃有余的。其关键在于:前述场合的成本是金钱投入,原可相互比较;而其收益虽然不能以金钱量化,却是基本同质的,都是"救人一命"。

相比之下,在价值冲突、目的竞合的场合,机会成本虽然可以比较,但效率、公平、道德等不同价值对应不同类型的"收益",彼此却难以比较或换算。此类价值冲突、目的竞合,并非作为社会科学的经济分析之所长,当然,也不是作为规范科学的法教义学之所长。各种学科当然都能贡献自己的力量,但无力提供终极的解决方案。它是一个无解的学术问题,以及一个或许只能交由民主投票或权威拍板的政治问题。

(二)作为法律解释方法冲突的后设方法

就某一法律规范,如果文义解释、体系解释、历史解释、目的解释等不同法律解释方法得出的结论(解释选项)不尽相同,各解释方法或者相应结论之间有无优先次序或者权重?这是法学方法论迄今尚未解决的难题。

在此背景下,本书主张,经济分析可以作为不同法律解释方法冲突时的后设方法——"后设方法论的真正问题,不在于解释方法之间如何优先排序,而在于评价各个可能解释选项孰优孰劣。"(页250)而运用成本收益分析,就能够评估一项法律规范的各种可能解释选项的优劣,并找出最佳选项(页252—253)。

本书的切入点颇为独到,即绕开法律解释方法排序的一般规则,而寻求在个案中评价(不同解释方法所得出的)具体解释选项的优劣。评价的标尺,则是经济分析。不过,此种"后设方法"也可能存在硬伤。

首先,经济分析无力解决(一阶)价值冲突。因此,它也无力评价往往反映价值冲突的(关于个别规则的)各种可能解释选项的优劣。而且,以效率/福利意义上的经济分析评价各种可能的解释选项,实际是不当预设,任何法律规范的终极法律目的都是效率/福利。上文已述,如果福利是宽泛的"乌合之众",配套的经济分析就无从比较不同的价值,进而也可能无法评价不同解释选项的优劣;而如果福利是指狭义的效率,就不仅有使其他价值"臣服"效率之嫌,更错误预设了任何法律规范的终极目的都是狭义的效率。

其次,前述后设方法还将掏空现有的法律解释方法论。它实质上是以经济分析方法作为传统法律解释方法"之外"和"之上"的决定性方法。不论个别法律规范的法律目的是否为效率/福利,基于效率/福利的经济分析结论,都将成为法律解释的结论。而文义解释、体系解释、历史解释、目的解释方法的唯一意义,是作为隐身幕后的经济分析方法的"包装"——在个案中,任何传统解释方法的结论都有可能胜出,前提是,它们与经济分析的结论一致。

最后,在法学方法论中,经济分析就没有用武之地吗?也未必。我个人预判,在确立不同法律解释方法优先排序的一般规则时,经济分析将大有作为。法律解释方法是一个国家的司法机关"解码"立法机关所制定的规则的操作流程,它其实也是一项或一套法律规范。这套规范虽然通常处于法无明定的状态,❶但所关涉的却是一个国家的立法机关、司法机关的分工与合作问题,因而可能属于宪法范畴。在立法权、司法权的分工确定,且立法机关的做法、资源等不变的约束条件下,是否应当在文义解释之外,承认体系解释、历史解释或者目的解释?各种解释方法的权重应有多大?不同的规则将对应不同的成本收益。因此,自然会存在一套效率最优的法律解释方法。这正是经济分析对于任何国家的法律解释方法的意义所在。当然,如果立法权、司法权的分工以及立法机关的行为也都可以作为变量予以优化,那么通过经济分析还有望推导出最具有效率的立法、司法分工以及与之配套的最理想的法律解释方法论。

(三)价值冲突有解吗?

我比较悲观地认为,在学术层面,无论是经济分析、法教义学,还是法经济教义学,都无力解决价值冲突的难题。价值冲突的抉择,大概只能诉诸非学术的民主投票、权威拍板,或者个案层面的各方共情。无论是规则制定时的价值冲突,还是规则解释时的价值冲突,恐怕都是如此。

---

❶ 但也有例外。参见《关于深入推进社会主义核心价值观融入裁判文书释法说理的指导意见》第9条。

任何一种理论范式都有边界或者局限。法经济教义学也不例外。本章所述的法经济教义学无力作为价值冲突或法律解释方法冲突的后设方法,其根源在于,法学和经济学都无力解决价值冲突的难题。作为法学和经济学的融合,法经济教义学自身也难逃两者的固有局限。

[三] 结语:"新私法学"在中文世界的未来

法经济教义学无力回答价值冲突和法律解释冲突的终极难题,不能"包治百病"。但是,相比传统的在事实判断和分析框架方面都力有不逮的法教义学,却已有长足的进步。经济分析与法教义学的互补、融合,足以为私法学注入新的活力。正源于此,我非常赞同本书的判断:"法经济教义学才是中文法学未来之所系。"(页473)

(一)作为"新私法学"的法经济教义学

在学术谱系上,本书将法经济教义学的主张汇入美国的"新私法学"(New Private Law)思潮。后者的核心特征在于法学与社会科学并重,并落实为对一国现行法律规则的解释或改造。❶ 本书提倡的法经济教义学和张永健教授此前提出的"社科民法释义学"都属此列。

"新私法学"是美国法律学者在美国法律学术变迁的背景下提出的。它的前身包括此前的特定美国法经济学(不关注现行法解释,被称为"旧私法学")和更早的美国法教义学(被称为"超旧私法学")(页475)。所以,在美国的学术脉络中,新私法学主要是朝(此前的)法经济学喊话,立足点是更关注现行法解释,避免天马行空的法经济分析。

作为学术话语,美国的"新私法学"于2012年被首次提出,2020年以专

---

❶ 《法经济分析:方法论20讲》总结的新私法学的三个核心特征:(1)并用内在观点和外在观点;(2)认真看待私法学中的既有概念与部门分野;(3)扩展私法学的范畴到周边部门(页474)。

著、论文集的方式开宗立派(页473);❶它在中文世界的引介,则有赖于张永健教授,由本书("中文世界中的新私法学宣言",页476)以及2021年的一篇论文("序",页3)共同完成。

当然,作为学术实践,新私法学特别是法经济教义学在中文世界"已经存在三十年""最有代表性的莫过于苏永钦教授"(页476)。高山仰止,景行行止。苏永钦教授的系列私法学作品,惠及中文世界的几代中青年民法学者。我个人以前都是朦胧模仿、意会,看到"新私法学"的历史与旨趣,才算醍醐灌顶!

(二)中文世界"新私法学"的工作重心

包括法经济教义学在内,新私法学的旨趣是以社会科学滋养法教义学,促成法律规则的解释或反思。这一点,中美皆然。但是,在工作重心方面,中国和美国的情况又不尽相同。

在我国,经济分析也好,法教义学也罢,都处于补课阶段。因此,新私法学的工作更为繁重。其中,对于不同学科背景的学者,补课的重点自然有所不同。私法学者应当更注重经济分析,而经济分析的研究者则应更注重私法学。

1."狮子、蚂蚁和石头的故事"

空说无益,以下谨以桑本谦教授设计的一则知名案例"狮子、蚂蚁和石头的故事"作为说明。❷

---

❶ See e.g. Henry E. Smith, *Property as the Law of Things*, 125 Harvard Law Review 1691 (2012); Eric R. Claeys, *Exclusion and Private Law Theory: A Comment on Property as the Law of Things*, 125 Harvard Law Review 133 (2012); Andrew S. Gold et al. (eds.), *The Oxford Handbook of the New Private Law*, Oxford University Press, 2020.

❷ 参见桑本谦:《法律简史:人类制度文明的深层逻辑》,生活·读书·新知三联书店2022年版;此前版本,参见季卫东、舒国滢、徐爱国、桑本谦、陈景辉、聂鑫、马剑银:《中国需要什么样的法理学》,载《中国法律评论》2016年第3期;刘保玉、熊丙万、刘春梅、刘建功、詹巍、叶林、王志诚、刘凯湘、邓峰、李秀霞、高圣平、吴兆祥、李后龙、李志刚、方金刚、王朝辉、吴光荣、贺剑、方斯远、桑本谦:《灭失质物价值的司法认定:裁判依据与法理基础》,载《人民司法(应用)》2016年第34期。

甲以自己的一块玉石作质押,向乙借款 30 万元;乙不慎将玉石丢失。双方均认可玉石丢失,但就玉石的价值发生争执。出质人甲"狮子大开口",说玉石值 50 万元;质权人乙"蚂蚁小开口",说玉石值 1 万元。问:玉石丢失,乙应当赔甲多少钱? 选项包括:A. 50 万元;B. 1 万元;C. 30 万元;D. 25.5 万元。

2. 经济分析的回答

桑本谦教授的答案是 B。他的说理可作为经济分析的代表,以下简述。❶

(1)不选 A,是因为"错判规模不可控"——玉石价值不明,出质人对玉石价值的陈述如果一概被法官认可,则这次是 50 万元,下次或者换个出质人就可能是 500 万元,错判规模不可控。

(2)同理,D 也不可取。25.5 万元是出质人声称的玉石价值(50 万元)和质权人声称的玉石价值(1 万元)的中间值,也会受出质人"狮子大开口"的影响,错判规模同样不可控。

(3)为什么选 B? 一是有法律根据"谁主张,谁举证"。本案中,出质人要求赔偿玉石损失,应由出质人举证。出质人认为玉石值 50 万元,质权人认为玉石值 1 万元。1 万元是双方无争议的部分,剩余的 49 万元是争议额,应由出质人举证(而出质人并未完成举证,故应承担举证不能的风险)。二是法理根据。"如果其他条件无法比较,举证责任就应该被分配给证明成本较低的一方当事人。"出质人是玉石的所有人,能以较低成本证明玉石价值。狮子虽然难免会做冤大头,但"这是疑难裁判必须承受的错判风险;很多时候,法院就是要通过制造冤大头来减少未来冤大头的数量"。

法学的任何结论,更要讲常识。若如桑本谦教授所言,选项 C 真的是"主流意见""大家的道德直觉"❷(或者说常识),那么,偏离常识的结论,也

---

❶ 相关直接引用和转述,均参见桑本谦:《法律简史:人类制度文明的深层逻辑》,生活・读书・新知三联书店 2022 年版。

❷ 桑本谦:《法律简史:人类制度文明的深层逻辑》,生活・读书・新知三联书店 2022 年版。

需要更扎实的法教义学和经济分析的检验。以此与所有同道共勉。

(4) 为什么不选 C？C 是以债权数额(30 万元)推定质押物价值。虽然这是"主流意见""大家的道德直觉"❶(或者说常识)，但不一定合理，因为质押物价值低于债权数额"是很常见的"。

更重要的，C 选项的激励信号十分模糊，从审判管理的角度来看非常不合理：一是"一旦所有人承担举证责任的通用证据法规则遭到破坏，法律实施的系统性成本就会随之攀升。"二是"如此判决意味着将举证责任一分为二，如果质押物价值超出债权数额，'狮子'要就超额部分提供反证；如果质押物价值低于债权数额，'蚂蚁'要就差额部分提供反证。"而这存在操作性障碍——"蚂蚁"(质权人)根本没有举证能力，他永远无法证明质押物的真实价值。

进一步，C 选项的"激励效果是非常糟糕的，甚至是十分危险的"。如果以债权数额推定质押物价值，当债权数额低于质押物的价值时，质权人宁愿隐藏质押物，以试探出质人——如果出质人拿不出(质押物价值的)证据，质权人就占便宜了；相反，当债权数额高于质押物价值时，出质人宁愿隐匿证据，以试探质权人——如果质权人拿不出质押物，出质人就占便宜了。"如此判决的结果必然导致数量更多的疑案。"

3. 法教义学的回答

纯粹法教义学的分析大致如下。本案涉及举证责任的一个特殊问题：损失确定存在，但损失的数额无从证明或查明。

在确定存在损失但数额不明时，通常的举证责任规则无能为力。举证义务人(如本案的出质人甲)虽然无法证明损失的数额，但是，举证不能的后果却不能是举证义务人败诉，即将损失数额认定为零。因为举证义务人已经证明：损失确定存在，不为零！同理，假设质权人乙是举证义务人，其举证不能的后

---

❶ 桑本谦：《法律简史：人类制度文明的深层逻辑》，生活·读书·新知三联书店 2022年版。

果也应当是以无穷大的或者出质人甲主张的价值作为损失的数额。

对于前述举证责任规则面临的困境,我国法律并无明文规定予以处理。在教义学上,一方面,损失的数额无从证明或查明,因此任何数额,包括甲、乙声称的玉石价值,都有可能是"错"的;另一方面,损失又确定存在,法院如果予以否认,则确定是错的。在此场合,由法院承认损失进而酌定损失的数额,就成为迫不得已的选择。❶

据此,本案法院可以根据当事人所在行业、地域的交易习惯以及个案情况(如交易缘由、当事人关系等),酌定损失数额(玉石价值)。在真实案件中,多少会有个案的相关信息,法院可据此自由裁量。至于前述虚拟案件,法教义学学者可能会说,四个选项都错了;如果非要选择其一,大概只能选 C。因为通常而言(这是一个事实判断,可以证否),既然债权人都已经要求债务人提供担保,而不是纯粹相信债务人的信用,那么该担保也就不大可能是"意思意思"(非足额担保),而应当是足额担保。具体而言,质押物的价值至少等于且往往稍高于债权的本金数额——因为只有稍高于本金数额,才能够等额覆盖还款时的债权本金、利息、实现质权的费用以及潜在的违约责任。

4. 法经济教义学的回答

法经济教义学的结论与法教义学完全相同。但在说理方面,除了前述法

---

❶ 我国民诉法学理、实务(以及其他国家的法律规定)也大都赞同酌定说。参见谷佳杰:《论民事损害赔偿数额的确定》,西南政法大学 2012 年硕士学位论文;黄毅:《损害赔偿额之酌定:基于诉讼公平的考量》,载《法学论坛》2012 年第 4 期;王磊:《论损害额酌定制度》,载《法学杂志》2017 年第 6 期。另作为例证,《民法典》第 1182 条规定:"侵害他人人身权益造成财产损失的,按照被侵权人因此受到的损失或者侵权人因此获得的利益赔偿;被侵权人因此受到的损失以及侵权人因此获得的利益难以确定,被侵权人和侵权人就赔偿数额协商不一致,向人民法院提起诉讼的,由人民法院根据实际情况确定赔偿数额。"虽然该条的适用场景是人身侵权,但就确定存在损失而数额难以确定的情形,法院有权"根据实际情况确定赔偿数额"而言,道理却很可能是相通的。该条仍有可能被类推适用于财产侵权以及其他非侵权的场景。当然,由于我只能算民法和民诉法交叉研究的"票友",并不专研证据法,所以该分析也未必全面、确当,但大体可展示法教义学分析的面貌。

教义学分析,还会补充说明相应的经济理由(特别是激励机制)。❶ 这些经济理由,和上文评述的经济分析有较大不同。这是由经济分析或经济学作为事实科学的属性所决定的:任何个别的经济分析或经济学研究都有可能被证否或修正,此处的分析也不例外。

我认为,作为出发点,可将损失数额不明导致的法院错判(包括赔偿不足和超额赔偿两种情形)比作一起"事故"。而法院事后酌定损失数额的"酌定方案",正是效率意义上最优,即社会成本最小的事故防免方案。主要的成本收益变量及分析如下:

(1) "事故"本身的成本,即法院错判给相关当事人造成的收益损失。

其一,酌定方案可以最大限度地避免"损失数额不明"的情况出现,进而最大限度地降低错判事故发生的概率。道理在于,出质人、质权人事前都无法预知裁判的准确数额,因而都有动力留存关于质物价值的证据。此种"双边预防"相比仅激励出质人留存证据的"单边预防",更能避免损失数额事后不明。用经济分析(且法教义学也逐渐认可)的术语,这是一个具有良好激励效果的缺省规则或者任意性规定。借用桑本谦教授的比喻,则是"比起制造一个冤大头,制造两个冤大头更能减少未来冤大头的数量"。

其二,酌定方案之下,法院会尽可能基于个案信息酌定("估算")损失的数额。这种"估算"自然会出错,但相比让负有赔偿义务的质权人"蚂蚁小开口"、让有权获得赔偿的质权人"狮子大开口"或者作出其他投机行为,纵容人性阴暗面的规则,酌定规则出错的程度更轻微(不会太离谱),出错的概率也可能会相对较低(因为法院会尽力考虑可证明或查明的个案的现有信息)。这都有助于降低发生法院错判时的事故成本。

(2) 预防措施的成本。"双边预防"意味着双方当事人都须采取措施保

---

❶ 此前的相关讨论,参见刘保玉、熊丙万、刘春梅、刘建功、詹巍、叶林、王志诚、刘凯湘、邓峰、李秀霞、高圣平、吴兆祥、李后龙、李志刚、方金刚、王朝辉、吴光荣、贺剑、方斯远、桑本谦:《灭失质物价值的司法认定:裁判依据与法理基础》,载《人民司法(应用)》2016 年第 34 期。

存证据,看上去比仅让出质人采取措施的"单边预防"更"贵"。其实不然。在通常的担保交易中,质权人为了避免债权落空,原本就有充分的动力评估质押物的价值,以确定质押借款的风险系数。由此推论,"双边预防"比"单边预防"多出来的质权人评估质物价值以及固定证据的成本,并不是新增成本,而是质权人通常都会花费的成本。换句话说,即使设置"单边预防"的法律规则,质权人基于通常的担保交易需要(而不是自己搞丢质物且无法证明质物价值时的赔偿风险规避需要),依旧会支出与"双边预防"规则之下大体相近的估值和证据固定成本。因此,"双边预防"大体不会带来明显高于"单边预防"的事故预防成本。

综合考虑以上两方面成本,"双边预防"较"单边预防"更有效率。法教义学中流行的酌定规则,正是"事故"总成本最小化的方案。此种关联,也印证了本书所推崇的观点:"社科法学可以说是教义法学的基础,而教义法学可以说是社科法学的简写或速记。"(页499)❶当然,法教义学的另一"教义"是,有原则就有例外。至于何时原则、何时例外,法教义学力有不逮,而法经济教义学以及更包容的新私法学则很可能大放异彩。

---

❶ 语出熊秉元教授。类似说法,如"现行法本身是人们目前为止所达成的最低共识,是目前为止最周全的价值衡量的产物",参见许德风:《论法教义学与价值判断——以民法方法为重点》,载《中外法学》2008年第2期;"法律、法教义学就是价值判断的'口诀'",参见许德风:《法教义学的应用》,载《中外法学》2013年第5期。

法经济分析对民法规范功能与价值的重铸

汪 洋[*]

暑期带孩子去电影院看动画长片《长安三万里》,影片以唐代最有功名的诗人高适的视角,展示了最有才情的诗人李白一生的经历,囊括了同时代诸多文学巨匠,让我想起了斯蒂芬·茨威格所著的《人类群星闪耀时》这本书。同样在暑假,有幸第一时间拜读张永健教授在北京大学出版社出版的新著《法经济分析:方法论20讲》,该书从"何为法经济学"谈起,按照"入门""总论""民商法各论"的篇章安排,系统阐述了法经济学的研究方法,同时对法教义学的作用和局限性也进行了阐述。每每读到书中穿插的30余则张永健教授与世界上最知名的法经济分析的大家们研学交往的小故事,我便想起了《长安三万里》里文坛群星闪耀的画面。张永健教授自称"这是本书最柔软的一块",它让我们体悟到,法经济分析有多么理性的一面,法经济学人就有多么感性的一面。

张永健教授这本大作的定位是"专为中国读者写的方法导论",讨论的法律实例以及引用的规范都来自《民法典》等我国现行法以及相关法院判决,以期凸显法经济分析方法在我国的实用价值。也正是这一特点使其不同于美国法经济学教科书的中译本,本书必将成为我国本土最经典的法经济分析教科书。基于这样的定位和预设,笔者暂且省略夸赞之词,围绕本书第三部分进阶的"民商法各论",针对几个具体问题,结合自己过往的研究略陈

---

[*] 汪洋,清华大学法学院长聘副教授。

几点不成熟的想法,期许能为张永健教授再版修订,贡献斗升之水。

[一] 外部性与内部化:以见义勇为为例

张永健教授在第十六讲"科斯定理"章节,精彩地论证了在见义勇为的情境中,成本和效益的内部化以及外部化方式。见义勇为的内部效益是自我感觉良好,内部成本是自己救人可能受伤甚至死亡的危险,而外部化的方式是若见义勇为者不幸罹难,则被救助者须补偿见义勇为者的遗属并且支付报酬;外部成本则是因弄巧成拙反而害死了被救助者,内部化的方式则是见义勇为者若帮倒忙须负赔偿责任,外部效益是被救助者幸而脱险往后人生的快乐,内部化的方式则是要求被救助者必须在脱险后给付见义勇为者一笔报酬。如若没有法律介入,见义勇为者是否出手相救端赖其内部效益和内部成本的权衡。内部成本外部化与外部效益内部化,皆有助于增加见义勇为的行为;而外部成本内部化会减少见义勇为的行为。❶

我国法律上的见义勇为制度糅合了不同法文化的继受来源,譬如传统中国法文化的面向以及苏联社会主义民法将见义勇为义务化的面向。见义勇为在大陆法系长期被归为特殊无因管理,日本法将见义勇为定位为紧急无因管理,意大利学界通说和司法实践认为紧急救助行为的基础是社会连带主义,与无因管理的价值基础存在一致性。❷ 无因管理逐渐从物的照顾向人的保护扩张,"管理"一词不仅包括财产,而且包括对人的救助。❸ DCFR 更明确了救助关系产生的无因管理之债。《民法典》第 183—184 条规定的紧急救助行为符合无因管理的构成要件,也被称为紧急无因管理,作为特别情形规定在总则编,而第 979 条以下的普通无因管理被规定在分编,前者优先适用。

---

❶ 张永健:《法经济分析:方法论 20 讲》,北京大学出版社 2023 年版。
❷ Massimo Bianca, Diritto Civile, III. IL Contratto, Milano (2000).
❸ 肖俊:《意大利法中的私人救助研究——兼论见义勇为的债法基础建构》,载《华东政法大学学报》2014 年第 4 期。

下文通过对《民法典》第 183—184 条编纂史的观察,可以清晰展示出张永健教授在书中展示的成本和效益内部化及外部化思考路径在《民法典》中是如何得到体现的。

基于外部性与内部化的考虑,见义勇为与无因管理的法律效果存在大量差别,例如为了免除见义勇为者的后顾之忧,倡导乐于助人的良好社会风尚,增加危急情形下受助人得到救助的概率,对于施救人在责任方面予以特别照顾,其低于一般管理事务要求的注意义务。❶ 例如,《德国民法典》第 680 条、《日本民法》第 698 条、《瑞士债务法》第 420 条等均规定紧急救助中施救人仅承担故意或重大过失责任;还有一些立法例如 DCFR 第 5—2:102 条第 2 款、《瑞士债务法》第 402 条等,则在不改变注意标准的同时,于公平合理范围内减免紧急措施下造成的损失。

在《民法总则》编纂过程中,有的委员提出,为匡正社会风气,化解老人倒地无人敢扶等社会问题,需要强化对见义勇为的救助行为的鼓励和保护。建议对救助行为可能对受助人造成的损害,作出相应的免责规定。因此在草案三审稿第 187 条增加规定,"实施紧急救助行为造成受助人损害的,除有重大过失外,救助人不承担民事责任"。有人认为,为救助他人造成损害的,重大过失还要承担民事责任,与草案说明中关于弘扬社会主义核心价值观的规定相悖,而且"重大过失"在实际生活中不好界定,有的救助人不一定专业,不会救和有过失两者的关系很难说清楚,建议删除"除有重大过失外"。提交大会审议的民法总则草案进一步严格限制了救助人需要承担民事责任的条件,修改为"因自愿实施紧急救助行为造成受助人损害的,救助人不承担民事责任。但是救助人因重大过失造成受助人不应有的重大损害的,承担适当的民事责任"。在第十二届全国人大审议民法总则草案的过程中,一些代表提出,这一条草案中"但书"的规定不能完全消除救助人的后顾之忧,对救助人的保护不够彻底,不利于倡导培育见义勇为、乐于助人的良好社会风尚。民法总则最

---

❶ 黄薇主编:《中华人民共和国民法典合同编解读》,中国法制出版社 2020 年版。

终删除了本条后一句的规定,《民法典》第 184 条排除了紧急救助行为中管理人的故意或重大过失责任。❶ 这一立法抉择的实质,便在于通过立法排除见义勇为者外部成本内部化的可能,从而起到激励见义勇为行为的事前效果。

为了弘扬见义勇为,不同于无因管理,对救助者所受损害采取多元化的救济机制。当救助者遭受人身损害且不可归责于受益人时,救助者与加害人之间成立侵权关系,与受益人之间可能成立无因管理关系,并得依法主张国家救助。仅当救助者无法通过上述三种渠道获得救济时,方可依据《民法典》第 183 条请求受益人适当补偿。因此,国家救助和加害人的侵权损害赔偿、受益人的无因管理损害赔偿义务处于第一顺位,受益人的补偿义务处于第二顺位,避免给无辜的受益人造成不公平负担。对见义勇为者的完全赔偿,是侵权损害赔偿和社会保险、见义勇为专项基金等国家救助的任务。也有观点认为,救济顺序为侵权责任优先、受益人补偿随后、行政补偿再后,以行政补偿和社会保障等承担起对救助者兜底保护的功能。❷ 对救助者所受损害采取多元化的救济机制,在法经济分析层面的理由便是将见义勇为者的内部成本完全外部化,有助于增加见义勇为的行为。因此,观察《民法典》第 183—184 条的立法史,完全自觉或者不自觉地契合了法经济分析中外部性与内部化的相关原理。

[二] 复杂产权结构的成因及其功过:以典制为例

张永健教授在第十五讲"制度成本"章节,论及物权习惯、物权法定以及高额的信息成本问题时,在小故事里提及埃里克森教授对于典权盛行可能造成明清中国经济发展停滞不前的论断,并且详细论述了典权是否应当被承认为是一种习惯物权。张永健教授精辟地指出,在某一法域内,习惯的影响对

---

❶ 黄薇主编:《中华人民共和国民法典总则编解读》,中国法制出版社 2020 年版。
❷ 王雷:《见义勇为行为中的民法学问题研究》,载《法学家》2012 年第 5 期。

象越少,越可能被承认为财产权,习惯要求于影响对象的额外资讯越少,带来的收益相较于其要求的信息成本越高,越可能被承认有广泛拘束力。在逐一检验上述命题后,认为不应该在全国范围内承认典权作为习惯创设之新物权类型,但可以经过标准化之后进入实定法以降低其外部信息成本。❶

张永健教授在书中使用的术语是"典权",传统中国法中多称为"典制",又被称为"典卖",指有保留地出卖田土,在传统中国作为民间惯习一直存在。❷ 其法律构造被概括为自出典到绝卖或回赎的管业期间,典主支付给田主典价以换取对田土的使用和收益权,且地不起租、银不起利,因此典主无须缴纳地租。典主还有权自由转典,而田主在无法回赎时也可将田土绝卖给典主再获得一笔金钱。❸ 典主由于不用缴纳地租,可以获得最高经营收益;双方可以自由约定典期,即便期满,除非业主回赎或找绝,典制关系仍然存在,民间称为"一典千年活"。而且自由转典使得典制具有极强的流通性,且不存在税赋过割等负担,因此典制成为中长期佃业中最具经营收益和流通性的一种类型。典制与一田二主制的区别在于典制是从时间维度对地权的分割:以典期为界,在典期之前典主无条件管业;典期之后田主可以回赎土地,未回赎时由典主继续管业,由此构成"一业两主"的权益格局。

典制在传统社会承担着"以业质钱"的信贷融通功能以及作为经济要素的田土资源流通功能,分别满足田主和典主的需求,一方为了获取无息长期信贷而出典,另一方则是为了获取田土的管业收益。❹ "以业质钱"的成功关键在于地不生息、钱不起利,即作为孳息的地租与典价的利息对抵。典制体现为土地租金与资本利息的交换,或者说土地经营收益与放贷本金之间的交易。虽然典价高低与典期长短在实践中是正比关系,但是典制的精髓在于"息租对抵"这一微妙平衡,使典制对时间不敏感,典期可以自由约定或更

---

❶ 张永健:《法经济分析:方法论20讲》,北京大学出版社2023年版。
❷ 郭建:《中国财产法史稿》,中国政法大学出版社2005年版。
❸ 吴向红、吴向东:《无权所有:集权奴役社会的地权秩序》,法律出版社2015年版。
❹ 吴向红:《典之风俗与典之法律》,法律出版社2009年版。

改。在传统民间信贷环境中,典制通过"息租相抵"抑制了复利,摆脱了高利贷的危害,这是典制与押、抵等支付利息的借贷类型的本质差异,使典制成为民间信贷融通中最为温和与稳健的类型。

现代民法理论将典制重述成一种权利即典权,这是对典制内涵的严重误读。典权属于用益物权还是担保物权的争论持续至今,根源就在于典制无法被固化为欧陆民法体系中某一权利类型。典制的内涵是多元的,视具体语境而变化:典卖下的典为活卖之萌芽;附期限之典为金融信贷工具,是担保权益的鲜明体现;典主对土地的管业即占有使用,又属于用益权益的范畴;"老典一百年"的状态,可谓介于用益权人和业主之间。❶ 找贴等后续惯习虽然给人情世故的纠葛留下很大空间,但实质上是卖方基于经济上合理的理由譬如地价上涨、通货膨胀等,向买方寻求增加授信,通过找贴这一微妙的平衡机制,在更长的时间跨度上修正双方利益的不均衡,可视为土地交易分期付款的萌芽。

典制的扩散与保存家产一脉相传的民间传统伦理有着内在关联。典制设计为时间维度的弹性结构,目的便在于在不改变民间土地归属的前提下,通过新增管业地位满足私人间的融资需求。因此典制总是倾向宽松、灵活、允许延长和后滞的回赎期限,这一制度架构不是通常的买卖关系能够解释的。❷ 黄宗智认为,典制一方面体现了前商业逻辑的生存伦理,对那些无法以土地产出糊口的人给予特别照顾,通过出典土地济危解困、度过时艰,并且"不负出卖之名,而有出卖之实",顾全了农人"重孝而好名"的心态,维护了祖产的颜面;另一方面则体现了不断增长的商业化市场逻辑,如允许典主自由转典,以及允许田主在逾期无力回赎时延典或找价,直至绝卖土地。❸

---

❶ 郝维华:《清代财产权利的观念与实践》,法律出版社2011年版。
❷ 黄宗智和赵晓力都探讨过民间田宅交易的"非完全竞争性质",能够支撑这一习俗的,是典主对此事的观念和态度。黄宗智认为,在田宅交易中,价格只是要素之一,此外,家族关系、互惠原则、礼品道德等因素无不起着重要作用。参见黄宗智:《民事审判与民间调解:清代的表达与实践》,中国社会科学出版社1998年版。
❸ 黄宗智:《法典、习俗与司法实践:清代与民国的比较》,上海书店出版社2007年版。

笔者曾在论述我国明清时期传统地权秩序的文章中对典制有过非常正面的评价,❶并质疑了埃里克森教授对于典制增加交易成本、降低土地交易量和妨碍规模农业出现的指摘。这一问题关涉如何看待制度成本的复杂成因及其功过。新制度经济学的产权理论强调产权因素在经济史上的作用,认为明晰的产权才可能降低交易成本,乃是市场机制优良运作的关键。而产权结构的简明或复杂,与产权是否明晰,其实是两个问题。英美财产法中产权采线形结构,增加了时间维度上对地权的分割,比大陆法系物权体系更为复杂,但不同产权之间经由"对抗力"的比较确立了"更优的权利",同样达到了明晰产权的效果。因此,地权结构自身的复杂与简单并非重点,关键在于不同产权结构下交易成本的高低。典制这种以契约为工具的民间地权结构,虽然催生了不少民间纠纷,却灵活而高效地完成了各项资源要素的合理配置。民间地权秩序并非由国家直接建构和实施,而是以民间惯习风俗的形式存在,体现为哈耶克所谓理性主义进化论下的自生自发秩序,这就意味着地权结构虽然复杂,但依旧以经济效率为导向。

[三] 财产规则与补偿规则的适用:以相邻关系为例

民事立法的任务无非是确认主体的自由权利和构建有效的竞争秩序,前者是对主体赋权,后者则是对行为规制。张永健教授在第十八讲分析"卡—梅框架"下的财产规则与补偿规则时,创造性地提出了混合规则的概念,混合规则可以视为受限制的补偿规则,亦即补偿规则的适用有一定限度,限度之外回归财产规则。张永健教授通过对比相邻关系与地役权,认为相邻关系中的通行权是一种典型的混合规则,在相邻关系必要范围内适用补偿规则,而在范围外适用财产规则。❷

---

❶ 汪洋:《明清时期地权秩序的构造及其启示》,载《法学研究》2017 年第 5 期。
❷ 张永健:《法经济分析:方法论 20 讲》,北京大学出版社 2023 年版。

在法定的相邻关系与意定的地役权之间,还存在一个过渡的权利类型即公共役权,指的是为了满足公共利益的需要,基于法律规定或行政许可而强制设立的地役权,没有期限限制且不具有可转让性。比较法上的公共役权包括《法国民法典》第650条与《法国城乡规划法典》中的行政役权,《意大利民法典》第1032条以下规定的契约、判决以及行政行为三种设立方式的强制地役权(servitù coattive)、❶英美法中基于制定法与判决产生的法定地役权(statutory easement)、❷我国台湾地区以私有道路上"既成巷道"为代表的公用地役关系。❸ 我国《城乡规划法》《电力法》中已经出现了涉及公共役权的实质内容。❹ 为了预防公共役权对私权的过度侵害,应采取类型法定进行限制。❺ 意大利通说认为,强制地役权在设立层面的强制性特征并未排斥通过契约方式设立,相关条款内容仍具有可协商性。❻

公共役权对供役地权利人构成征收性质的侵害,已逾越权利人社会责任

---

❶ L. Bigliazzi Geri, U. Breccia, F. D. Busnelli, U. Natoli, Diritto Civile, 2, Diritti Reali, UTET (2007); Enrico Gabrielli, Commentario del Codice Civile, Libro III, artt.1032, a cura di Roberto Triola, UTET.

❷ 汪洋:《公共役权在我国土地空间开发中的运用:理论与实践》,载《江汉论坛》2019年第2期。

❸ 吴光明:《公用地役关系与补偿问题》,载《物权法之新思与新为——陈荣隆教授六秩华诞祝寿论文集》,(台湾)瑞兴图书股份有限公司2016年版。

❹ 如我国《石油天然气管道保护法》第14条规定:"管道通过集体所有的土地或者他人取得使用权的国有土地,影响土地使用的,管道企业应当按照管道建设时土地的用途给予补偿。"

❺ 意大利最高法院禁止对强制地役权作类推适用,Cfr. Cass.13 ottobre 1992, n.11130, rv.478877, in Codice civile annotato con la giurisprudenza, 10th ed., a cura di L. Ciafardini e F. Izzo, Simone, 2007.

❻ Enrico Gabrielli, Commentario del Codice Civile, Libro III, artt.1032, a cura di Roberto Triola, UTET.《法国城乡规划法典》第L.126-1条往下规定了行政役权中的公用地役权,涵盖保护文化遗产(如国家公园)、保障某些资源和设备正常使用(如水管、电网的铺设)、国防公用以及公共安全与卫生公用(如射击场边界隔离带)四种类型。参见李世м:《论架空输电线路途经他人土地的合法性与补偿问题——兼谈中国公用地役权的法律基础》,载《南阳师范学院学报》2012年第10期;赵自轩:《公共地役权在我国街区制改革中的运用及其实现路径探究》,载《政治与法律》2016年第8期。

所应忍受之范围,形成个人之特别牺牲,虽未完全消灭其所有权,但所有权人对土地权能之减损,与征收相比只有程度上的差别,故性质上构成准征收,包含在征收概念之内,由国家负赔偿责任。❶ 私人财产供公共使用,形同政府征收私人财产不付补偿费,其不妥当不言而喻,供役地权利人可以依"特别牺牲理论"获得补偿,在实现土地空间资源有效利用的同时,确保供役地权利人利益。❷ 例如,架设电力线路应给沿线土地所有权人补偿;若有损失则以损失数额为补偿基准,若无损失则参酌电力企业使用土地所得利益给付补偿金。补偿标准既不能"一刀切"地法定,否则将进一步不合理限缩供役地权利人的意思自治空间,也不能简单放任自由协商,否则高昂的协商成本甚至可能出现的僵局将抵消公共役权的制度优势。❸ 意大利以法院判决的形式设立强制地役权时,判决中需要明确确定补偿金数额。❹ 我国地下空间建设的市场化程度较低,公共役权造成的土地空间价值减损可参照建设用地使用权的出让价格或者地下设施的投资费用等因素,根据土地立体利用阻碍率估算出相应数值,作为对价或补偿基准。

运用"卡—梅框架"分析公共役权,从事后效率角度来看,如果只能以意思自治的协议方式设立公共役权,则会因一方退出磋商或单方提升价格,导致市场估价要么无处可找,要么与公共估价相比太过昂贵,由此增加的交易费用降低了物权重新配置的效率,因此自由交易不必要或不可能。如果采用补偿规则,无须供役地权利人同意,而是通过由集体分配决策客观定价的补

---

❶ 参见吴庚、陈淳文:《宪法理论与政府体制》(增订五版),2017 年自版;刘连泰等:《美国法上的管制性征收》,清华大学出版社 2017 年版;See Edward H. Rabin et al., *Fundamentals of Modern Property Law*, 7th ed., Foundation Press (2017).

❷ Cfr. M. Comporti, Servitù in diritto Privato, Voce in Enciclopedia del diritto, Vol.42 (1990);参见薛军:《地役权与居住权问题——评〈物权法草案〉第十四、十五章》,载《中外法学》2006 年第 1 期。

❸ 孙鹏、徐银波:《社会变迁与地役权的现代化》,载《现代法学》2013 年第 3 期。

❹ L. Bigliazzi Geri, U. Breccia, F. D. Busnelli and U. Natoli, *Diritto Civile 2: Diritti Reali*, Utet Giuridica (2008); Massimo Bianca, Diritto Civile, La proprietà, Milano (1999).

偿方式强制促成物权的重新配置,虽然有损物权人的意愿和私益,却能增进物权配置的整体效率,且预先化解了潜在纠纷。当然,为了保护供役地权利人的法益,在权利剥夺和补偿的顺序上,将不当得利和过失侵权中"先剥夺后补偿型"的补偿规则优化为"先补偿后剥夺型"的补偿规则,允许双方事后围绕基准价格再行谈判,通过意思自治约定预期的损害赔偿额的价格。

纵使公共役权符合效率,也不可能授权需役地权利人随心所欲利用供役地,否则利用的边际社会成本可能高于边际社会福利,甚至可能使总社会成本高于总社会利益。而地役权作为约定且有偿的土地空间利用方式,存在较为成熟完善的交易市场,并且土地空间在不同主体手中的潜在价值存在巨大差别,符合交易成本较低、估价成本较高的预设。因此,地役权适用财产规则,并将定价权人界定为供役地权利人更有效率。

最具争议的是法定无偿的相邻关系。传统理论把地役权定性为用益物权,而相邻关系从属于所有权权能的扩张与限制,事实上这种概念化的区分并无实益。若利益冲突发生在邻地权利人与己地权利人之间而不损及公共利益,则不构成禁止性规范,无须动用禁易规则。如果己地权利人希望在邻地获得相邻关系范围之外的法益,设立地役权即可;如果邻地权利人希望排除或限缩己地权利人在相邻关系范围内的法益,相邻关系范围内的赋权主体为己地权利人,定价权人为己地权利人,邻地权利人必须经其同意,行为模式仍为财产规则,若邻地权利人未经同意而排除己地权利人的法益,无法通过损害赔偿而正当化其后果,己地权利人有权主张恢复其在邻地享有的相邻关系法益。❶

笔者与本书略微不同的看法是,在相邻关系必要范围内的赋权主体为己地权利人,行为规制模式仍为财产规则。这一模式意味着己地权利人在邻地上正常行使相邻权不会生成规范意义上的特别牺牲或对价,否则进入公共役权或地役权的规制范围。若因己地权利人的不当行为造成损害,不再属于相

---

❶ 汪洋:《地下空间物权类型的再体系化——"卡—梅框架"视野下的建设用地使用权、地役权与相邻关系》,载《中外法学》2020年第5期。

邻关系涵摄范围,而构成侵权行为,适用"先剥夺后补偿型"的补偿规则填补损害。《民法典》第 296 条便删除了《物权法》第 92 条"造成损害应当予以赔偿"的规定,将损害赔偿问题交由侵权责任编调整。

传统的"卡—梅框架"把补偿规则当成改进型市场处理,一个未曾言明的假设是,为确保财产权利之强迫移转或使用有效率,强制性的权属转移的价格应当模仿或接近市场价格。用"价格"而非"罚金",在征收过程中参照市场价格补偿,都体现了模仿市场的潜在预设。但卡拉布雷西新近认为,❶很难界定补偿规则到底体现了"价格"、"处罚"或"评价"中的哪种情况,补偿规则可以作为执行集体分配决策或是实现某些社会—民主目标的独立工具,被用来模仿规制性法律的结果。比如巨额的惩罚性赔偿金体现了一种接近不可让渡性的集体决策,相反,不足以弥补损失的低额赔偿金则体现了鼓励某些导致权属改变的行为的集体决策。正如霍维茨所言,19 世纪的侵权法实际上是一种支持工业化的补贴。许多发展中国家常采用低定价的补偿规则,以刺激工业化和经济竞争性。"卡—梅框架"的规则分类,实质上是对国家权力介入程度的区分。❷ 一项法益受到财产规则保护的意义在于带来最小数量的国家干预,责任规则会涉及额外的国家干预以及集体分配决策。

[四] 任何财产权构架本质皆为混合财产权模式

张永健教授在第十七讲排他的光谱章节,从物权法的排他性入手,精彩地分析了共用、共决、半共用所产生的复杂的互动关系,伴随着资源的过度或低度使用,以及与之相关的公地悲剧和反公地悲剧等。❸ 这也让我想起了第

---

❶ 〔美〕圭多·卡拉布雷西:《法和经济学的未来》,郑戈译,中国政法大学出版社 2019 年版。

❷ 凌斌:《法律救济的规则选择:财产规则、责任规则与卡梅框架的法律经济学重构》,载《中国法学》2012 年第 6 期。

❸ 张永健:《法经济分析:方法论 20 讲》,北京大学出版社 2023 年版。

一个获得诺贝尔经济学奖的女性奥斯特罗姆在其著名的公共政策著作《公共事物的治理之道:集体行动制度的演进》中提出的另一个克服公地悲剧的集体解决方案。❶ 她提出"自筹资金的合约实施博弈",认为没有彻底的私有化,没有完全的政府权力的控制,公共资源的使用者可以通过自筹资金来制定并实施有效使用公共池塘资源的合约。奥斯特罗姆理论的中心问题便是,一群相互依存的人们,如何把自己组织起来,进行自主治理,并通过自主性的努力(并非由政府指挥),去克服"搭便车"等(市场失效的)问题,以实现持久性共同利益。

笔者认为,针对各种财产可以采用多种产权结构和所有制模式。第一种类型是不设立私法所有权,国家直接作为主权者进行规制;第二种类型是设立排他性的国家所有权,但为了协调经济,允许私人通过市场化方式利用;第三种模式是法律具体规定属于国家所有的情形,除此之外允许私人所有权存在;第四种模式是设立私人所有权,国家对其进行一般内容限制、管制型征收与征收,并通过税收工具参与分配。具体采用何种模式,须考虑诸多因素,不存在任何情形下皆正当的所有制架构,而是取决于管理成本、排除成本、总收益的比较、社会关联性程度、负外部性及执行成本等,结合比例原则具体展开。

以我国农村的土地制度为例。集体土地所有权糅合了公法层面的治理功能、生存保障功能以及私法层面的市场化私权功能,是具备三重功能属性的集合体,因此,分析集体土地所有权并对其进行改革的理论前提,是区分和厘清"集体土地所有权"所承载的这三重功能属性。集体土地从治理和生存保障工具逐渐转变为具备实体权利义务关系的私权规范,是伴随着国家公权力在乡村的逐步退却,以及农村集体组织自身的实体化而得以实现的。立法上通过区分以社会保障为主要功能的地权初始分配与市场化功能为主的自

---

❶ 〔美〕埃莉诺·奥斯特罗姆:《公共事物的治理之道:集体行动制度的演进》,余逊达、陈旭东译,上海译文出版社2012年版。

由流转两个阶段,将现有的农村集体经济组织改造为具有合作性质的私权范畴内自由结合而成的"民间集体"。❶ 如若不采取集体所有权模式,或者国家所有,但允许集体成员通过市场化方式利用,国家收取地租;或私人所有,但国家有权对私人在土地上的权利进行内容限制、管制型征收与征收,国家收取契税。无论是作为所有权人收取的地租,还是作为主权者收取的契税,实质上皆是国家参与了土地产出的分配。从这个角度来说,任何财产权构架从本质上皆为混合财产权模式。

[五] 结语:物权法四个维度的功能面向

通过对上述几个具体问题的分析,笔者认为,应当从四个维度去理解物权法的功能。

第一个维度是经济效率层面,从功利论的角度阐述产权结构的效率标准或者经济面向,这个维度在张永健教授的书中已经得到了系统呈现,笔者不再赘述。

第二个维度是个人自由层面,过往学说通常从道德论角度去证成私有财产的正当性,私法自治理念的规范表达为所有权神圣,人生来就有自由、财产安全和反抗压迫的权利,其中财产安全是个人自由的直接基础与重要内容。物权赋予个人独立的财产决策自由和市场退出自由。在财产规则与补偿规则之中也可以观察到财产权作为基本权利的面向,这要求财产的防御功能、存续保障优先于价值保障。比如在强制拆迁场景下,因为征收补偿协议的定价权人是被拆迁户,从而在达不成征收补偿协议的时候通过强拆,把问题转化为强拆之后的补偿问题,补偿价格的定价权人不再是被拆迁户,而是市场价格或者政府确定的补偿价格,相当于从财产规则滑坡到了补偿规则。

---

❶ 汪洋:《集体土地所有权的三重功能属性——基于罗马氏族与我国农村集体土地的比较分析》,载《比较法研究》2014年第2期。

第三个维度是社会关联性层面,物权法界定了群己关系。康德所言的"人人自由之并行"提出了社会共同生活的秩序原则,物权人在分散决定之同时,也应进行共同生活的协调,必须兼顾社会以保障每个人的自由得以实现。财产权固有的支配性和排他性以及资源的稀缺性,使其和人人可平均享有的人格权不同,任何财产一旦被确权,其他人就不可能在财产上享有相同权益,要享有权益就必须服从权利人的意志。税收的诞生就表征财产不再被局限于个人意志领域,而被视为必须负担社会义务的权利。正当性使财产服务多元价值,这一清单包括自由与效率、公平、社会福利和正义、人身安全和人类尊严等。这些价值不可通约,也无法通过普遍规范决定各价值间的先后优劣,只能通过阿列克西的竞争法则进行分量维度的权衡。财产权中的正义只可能是语境中的正义,是特定社会和法律关系中的正义,而不是抽象正义。

第四个维度是国家规制功能层面,处理的是国民关系。新制度经济学认为,理解制度结构有两个必不可少的工具,即国家理论和产权理论。❶ 国家理论之所以不可或缺,原因在于国家在宏观层面决定着产权结构并最终对产权结构的效率负责;而产权结构的效率则导致经济增长、停滞或衰退。产权理论则关注经济运行的制度基础,即财产权利结构。传统学术脉络中,霍布斯、洛克、卢梭等人从契约论视角解释国民关系,而马克思、曼瑟·奥尔森等人则转而采取暴力论或掠夺论的视角。❷ 诺斯则试图统合两者,提出了暴力潜能分配理论。诺斯认为,国家是一种在行使暴力上有比较利益的组织,产权的实质是排他的权力。国家有两个基本目标,一是统治阶层的利益最大化,二是全社会的总产出最大化,以增加国家税收。然而这两个目标之间存在持久的冲突,要使社会产出最大化,就要求国家提供最高效的产权制度;而确保统治阶层利益最大化的可能是一套低效的产权制度。这一冲突是社会

---

❶ 〔美〕道格拉斯·C.诺思:《经济史上的结构和变革》,厉以平译,商务印书馆1992年版。

❷ 参见曼瑟·奥尔森的《集体行动的逻辑》(1965年)、《国家的兴衰》(1982年)、《权力与繁荣》(2000年)等主要代表作。

经济不能实现持续增长的根源。❶

因此,物权法并非单纯的私权架构,其重要功能在于对社会上财产的多层次分配与有效控管,构建出社会财产基础秩序,以体现国家政治经济体制层面的考量与规制目的的影响。财产权与一个社会的政治经济状况及社会各阶层力量的博弈结果紧密相连,具有社会结构的形成功能,某种程度上是为财产归属与分配的政治性安排披上的"晚礼服"。

张永健教授在本书最后的临别赠言中提到,经济分析并非万能,但没有更好的替代方法。❷ 笔者完全赞同这一结论,产权结构就长期历史而言,便是内生于更为根本的经济和社会变量。法律史大致可以分为法律外史和法律内史,其中法律外史未来会是社科法学的大舞台,因为任何法律制度史的评判都不应脱离社会经济史的大背景。笔者不由憧憬,法经济分析这一"大杀器",若有一天介入法律史的研究,人类历史是否会有一种新的写法?

---

❶ 〔美〕道格拉斯·C.诺思:《经济史上的结构和变革》,厉以平译,商务印书馆1992年版。

❷ 张永健:《法经济分析:方法论20讲》,北京大学出版社2023年版。

走近法律的经济分析方法

熊丙万[*]

在比较长的一段时间内,法律的经济分析方法是一门既让人神往,又容易让人望而却步或者保持距离的法律分析技艺。之所以让人神往,是因为搞清楚一项法律制度及其替代方案将引起何种社会后果,不仅有助于在这个层面帮助法律人更好地理解和认识法律,也有助于我们在争议问题上更踏实或者更自信地对诸种制度方案作出评价、比较和选择。特别是经济分析方法如果用得好,可以帮助法律同行将其关于制度的社会经济效应的直觉性认识予以明朗化和精细化,提升认知和表达的境界,甚至不少时候能给他们以豁然开朗之感。对于法律同行来说,能够把道理讲透彻,自然是一件值得追求的开心事。当然,如果法律同行打心底认为,对法律制度的评价工作,完全不适合采用后果主义或者结果主义的思维方式,则另当别论。

容易让人望而却步或者保持距离的原因可能有多种:

一是根据朴素直觉误认为法律经济分析方法需要精深的经济学知识,甚至认为离不开复杂的数学模型或者高成本的量化实证数据。但很少有法律同行有这方面的知识背景或者有足够的精力来自我塑造这方面的背景知识。

二是未能理顺法律的经济分析方法与其他常见、常用的法律分析方法之间的关联关系,不太清楚经济分析方法可以帮助解决的法律问题的类型、属性和限度。受此影响,大量法律同行不愿意轻易宣称自己希望或者正在对法律

---

[*] 熊丙万,中国人民大学法学院教授。

制度展开经济分析,以免在分析方法层面遭遇直接的质问,尽管法律同行总会有意识或者无意识地观察和评价法律制度的社会经济效应问题。

三是因为经济分析方法本身的误传和误解,使这门分析方法在不少法律同行的眼中是可有可无的,甚至曾被有的同行认为是"旁门左道"。在过往的不少文献中,无论是出自法律经济分析方法之主动传播者的误传❶,还是出自该方法的被动受众的误读(如经济分析只关注效率但不关注公平、经济分析需将各种关于真善美的偏好简化甚至降格为庸俗的金钱),都影响了我国法律同行更好地走近法律经济分析方法,感受其方法魅力并发挥其方法优势。❷

在与不少法律学术同行和法科学生的一些交流中,有时甚至感受到:与讲清楚法律经济分析方法是什么相比,讲清楚法律经济分析方法不是什么、不解决什么类型的问题(以及这些问题应当通过什么其他专业工具来解决)更加重要。当然,常常也更不容易讲清楚!

很欣喜的是,永健教授的《法经济分析:方法论20讲》用简明的语言和易懂的实例,同时讲清楚了这两个面向的重大问题,是一本难得的好书! 全

---

❶ 例如,中国法律学者对经济学知识的认识多来源于波斯纳,常常将其视为法律经济学知识的权威。的确,波斯纳在法律经济学中扮演着重要的历史角色,特别是率先向法学界推介了经济学这门知识,并以身示范,坚持在司法审判和学术研究中予以运用。但与波斯纳在法理学上的洞见相比,经济学或者法律经济学是其明显的弱项。与大量"半路出家"的法律学者一样,波斯纳本人并没有接受过系统的经济学训练,从一开始就在一些关键问题上误解和误传了经济学知识,给法律学者树立了虚假标靶,使法律学者对经济学产生了深深的误解甚至直觉性抵触。例如,波斯纳早期关于社会财富最大化目标的误解。See Louis Kaplow and Steven Shavell, *Fairness versus Welfare*, Harvard University Press, 2002, p. 996;又如,波斯纳早期关于"零交易成本"的误解。See Oliver E. Williamson, *Evaluating Coase*, 8 Journal of Economic Perspectives 201 (1994). 实际上,自20世纪70年代以来,一大批受过职业经济学教育(有的同时受过法学教育)的毕业生涌入法学院,开创和讲授法律经济学,是法律经济学世界的中坚力量。See Richard A. Posner, *A Review of Steven Shavell's "Foundations of Economic Analysis of Law"*, 44 Journal of Economic Literature 405 (2006).

❷ 参见熊丙万:《中国民法学的效率意识》,载《中国法学》2018年第5期。

书有助于读者在轻松愉快的阅读体验中迈入法律经济学之门,为法律经济学在法律人思维中的融入、实验和运用别开新径。无论是法科学生还是法学研究者,本书都是值得其拥有与品读的佳作。

当然,如其他学友在评论中细致评论的那样,本书关于一些具体实例的经济分析的精度可能还有不同程度的优化空间。但是,这并不影响读者通过阅读本身来形成关于法律经济分析方法的整全认识。也可以说,围绕具体制度开展严肃的经济分析讨论,是对经济分析方法的最好实践方式。正是因为我们愿意围绕法律制度的行为激励效应和社会后果展开坦诚、系统、深入的讨论,我们才能够不断走近法律的经济分析这门技艺,去进一步明确其作用场域、作用条件和作用极限,从而不断形成对法律经济分析方法的新认识。

可以说,永健教授的这本书,是以极大的诚意来帮助读者更有效率、更加精准地理解法经济分析的方法,也能够满足读者阅读中的几乎所有期待:素材切近、文字晓畅、思辨深刻。这种学术性、思辨性和可读性,在很大程度上是建立在永健教授对如下四个关键问题的有效处理的基础上的:

第一,本书素材的具体和切近。这本书的问世与永健教授多年来坚持和专注于对中国具体法律制度的深入研究密不可分。整本书中有大量基于具体法律制度和司法案例的细致评述。这使这本书具有天然的亲切感,读起来毫不陌生。这也使进入法经济分析的阅读门槛大为降低。

第二,本书有明确的问题导向。永健教授在本书中反复说,好的方法应该能够用来解决实践问题,坚持从"实践是检验真理的唯一标准"这一准则出发来呈现法律分析方法的意义。❶ 我同样认为,能够经得住实践疑难问题的压力测试的分析方法方能被称为好方法。这本书对经济分析方法的呈现,恰好是在分析和解决诸多重大疑难问题的过程中实现的,如"电商刷单中反被下单"等学界同行共同讨论过的经典案例。通过对真实的疑难问题的解决测试经济分析方法的力量及限度,是本书的一大贡献。

---

❶ 张永健:《法经济分析:方法论20讲》,北京大学出版社2023年版,第105页。

第三，本书在一个整全的法学方法论视角下来清晰定位法律的经济分析方法。在中文法学的语境下，存在着多种既区别于又关联于经济分析的分析方法，特别是我们通常接触的以成文法为基础的一整套法律解释与适用方法。在法学教育中，初入法学院大门的大一新生就会开始有意识或无意识地接受很多法学的分析方法，尤其是以司法三段论为基础，以涵摄为核心的一套方法框架。应当说，在中文法学的语境下，推广和传播法律经济分析的知识，首先面临着如何认识和协调其与常见的法律分析方法的关系的问题。如果不能给经济分析方法一个准确的定位，那么，在既有法学知识和法学方法的前见下，再行学习经济分析方法就容易遭遇各种理解负担和困难。所以，永健教授在包括本书写作在内的长期学术研究中，以高度的方法论自觉专门探讨如下问题：如何在广义的法律人思维或广义的法学方法中定位法律的经济分析方法？特别是，如何处理经济分析与法教义学的关系问题？永健教授提出，作为"新私法学"主要范式的"社科法教义学"对廓清法教义学与法经济学的应然方法论定位、促进法学实现分析方法的科学化具有重要启发，给人以云开雾散之感。

第四，本书对经济分析的意涵进行了澄清。如前所述，在中文法律学术界，在较长的时间当中存在不少对于经济分析方法的误解。这些误解的成因是多方面的，既与早期经济学知识在进入法学院、进入法律学术群体时本身的扭曲传播有关，也与法律经济分析本身对制度的行为激励效应进行观察的专业化发展程度有关。但无论基于何种原因，这种误解是明显存在的：严重的误解会引发直接性的抵触，较轻的误解会导致一般性的怀疑，再轻微些的误解则会产生疏离感——学者可能明白经济分析的功用和效能，但是因为各种知识和运用上的担忧而敬而远之。

在此意义上，永健教授花了大量篇幅，来专门阐明经济分析方法不是什么，就格外重要。例如，本书澄清，经济分析不是只讲效率、不讲公平或其他价值目标，不是不关注基本权利的保护，不是一定要把所有的价值考量全都量化处理，不是一定需要复杂的数理统计和数学模型。凡此等等，能够帮助读者解除因为历史原因形成的关于法律经济分析方法的误解,让大家有更好的情感认知来走近经济分析这门技艺。

基于以上认识,我认为,从读者角度出发,《法经济分析:方法论20讲》非常值得推荐:每一个专题都有助于增进读者的认识,同时阅读体验和理解难度得到了作者细致的关照。我认为,这是一本有资格影响未来的书!

鉴于前述阅读体验,我现在尝试结合本书的具体内容,讨论本书的研究对未来的法学研究提供的一些启发,主要围绕法学方法论的自觉、效率意识的精细化以及效率价值在中国民法学研究中的具体定位来展开。

(1)关于法学方法论的自觉与效率意识的精细化。永健教授在书中写道:"如果读者对法律规范的大千世界有浓厚兴趣,本书帮你培养法经济分析的视角。原本若雾里看花,读完本书后应可洞若观火。"❶我认为,本书有助于更好地帮助法律人建立起方法论的自觉,同时反思传统思维习惯中的效率观念的精细化程度,以期实现"洞若观火"。结合我国自改革开放以来的民法制度与民法学发生史,可以就此做一定考察。

首先,法律问题的类型化是效率观念能够精细化的前提条件。在改革开放初期,民法学研究以对法条的粗放型注释为主,尚未进入"深挖专业槽"的阶段,有时甚至还受到"法学幼稚病"之苛责。从某种角度来说,所谓会面临的"幼稚"问题,很大程度上是因为法学家在评价法律问题时,往往需要把经济效率、文化历史、道德伦理、社会公平等许多维度的关切同时纳入法学的话语体系考虑。这就注定法律学术同行不容易做到对每个维度的问题都能够按照相应专业领域的标准做十分专业和精细的分析。相反,不少时候,法律同行对问题的维度意识是混沌的,对方法的掌握也是杂糅的。

在历史阶段的局限下,法学家难免在讨论中陷入"迷踪拳"式的分析思路,对问题的类型与应对方法的认识明确性不够高。可喜的是,我国大陆的法学研究在最近一二十年内经历着重大变化:学界逐渐走出了对朴素观念和

---

❶ 张永健:《法经济分析:方法论20讲》,北京大学出版社2023年版,第2页。

直觉的依靠,对法学方法的自觉性反思日益加深,同时对研究对象开始做类型化区分,强调不同问题类型所需要的分析方法并提升其分析精度。这就避免了学界同行在不同频道对话,以提升研究品质。

其次,随着学界的问题意识和方法自觉的形成,中国民法学的效率意识需要进一步精细化。在改革开放之初,民事法律制度的建构是在对经济效率的迫切追求下展开的。在20世纪80年代的民法学教科书中,关于提高经济效率、促进经济发展的关切体现得十分明显。但在彼时,从高度集中的计划经济体制下产生的需求,并不需要专业的经济学知识,即便根据朴素的生活直觉也可以得出有效率的规则或建议。因此,"当初的经济效率追求主要以一种潜意识的朴素形态继续存在"❶。时过境迁,今天无论是在民法典的编纂与司法解释的制定这样的规范制定过程中,还是在关于数据要素市场和数据产权等新型问题的处理中,都面临着昔日不可比拟的复杂性。❷

在民法问题的解决上,学界同行普遍存有经济效率的关切和意识,但是由于精确化和专业化程度参差不齐,有时出于对经济效率的关切,给出的反而是不经济的经济判断、不效率的效率建议;有时单纯基于朴素效率观念的学术辩论因为没有具体入微,仅浮于表面,反而造成各说各话,"关公战秦琼";有时即使双方都在经济效率的维度上展开对话,但由于在复杂场景和交往关系中,社会生产、流通的规则对生产、流通行为的激励评估的准确程度不足,也会使讨论不欢而散。

可以说,经济分析方法的重要功能之一在于能够帮助学术同行在复杂语境中抽丝剥茧:特定的制度安排在特定的时空背景下,会对哪些人群产生激励效应?会产生长期还是短期的激励效应?会产生多大强度的激励效应?会产生正面还是负面的激励效应?其适用空间是宽广的,但也对法经济分析的精细化和专业化程度提出了更高要求。从这个意义上讲,永健教授的这本

---

❶ 熊丙万:《中国民法学的效率意识》,载《中国法学》2018年第5期。

❷ 参见熊丙万、何娟:《数据确权:理路、方法与经济意义》,载《法学研究》2023年第3期。

书无疑是一部刚好能够满足我们当下所需的作品。

最后,需要特别提及的是,在我国大陆民法学界的经济效率意识从第一阶段的朴素观念转向第二阶段的深入发展之过程中,比例原则产生的影响不容忽视,作出过重大贡献。尽管比例原则相较于传统的经济分析,其精细化程度明显存在缺陷,但是它至少在一定程度上帮助学界同行规训过往的朴素的经济效率意识,避免浮于表面,各说各话。永健教授在本书中对比例原则的不足进行了系统论证,可期促进学界效率意识的精细化。

(2)关于中国民法学中的效率意识。法律人尤其是民商法学界的同行,在思考和评价法律问题的过程中自然会有诸多维度的关切,而经济效率的维度是其中最为重要的维度之一,甚至在永健教授看来,就私法领域而言不必再加上"之一"。❶ 倘若学界同行认真对待经济效率问题,认真观察和评价制度的激励效应及其后果,那一定有助于提升学术讨论在这一维度上的质效。

最后,就我在阅读本书的过程中遇到的小问题,也予以分享:如本书深刻意识到的那样,重视经济效率不意味着置其他价值追求于不顾。不过,对于其他价值与经济效率之间的关系,本书仍有进一步细化呈现的空间。例如,应当承认,的确存在需要从非经济的维度展开严格论证的价值面向和价值目标。特别是在涉及价值取向本身的正当性问题时,需要从政治哲学和道德哲学的层面开展严肃辩论。对于这些价值面向,经济分析应当保持其应有的定位。又如,某些涉及非经济性或者非效率性的价值目标,其是否与经济性或者效率性目标追求存在根本性冲突,也值得进一步展开评述。Louis Kaplow 和 Steven Shavell 两位老师在其长文《公平与福利》(*Fairness versus Welfare*)中特别谈到,对于法律职业者来说,在面对通过"教化"(teaching)形成的关于公平和正义的伦理观念时,应尽量避免直接赋予这些经教化而成的观

---

❶ 参见张永健:《法经济分析:方法论20讲》,北京大学出版社2023年版,第215、216页。

念以独立的评价权重,而是应当根据这些观念所对应的社会行为规则(如果被转化为法律,即成为法律规则),去评估该规则的行为激励效应以及对社会福利增减产生的影响。❶ 从这个视角去理解经济效率价值与通过教化形成的观念性规范,很可能会大幅缓解效率与其他价值取向之间的紧张关系。因为许多其他价值取向的背后同样蕴含着深刻的经济原理。再如,如果不同价值之间确实无法通约或通约难度过大,在面临价值冲突时如何在无法得到最优解的情况下取得次优解,无疑是深层次的重大哲学命题,值得在本书再版时予以延伸与拓展。

---

❶ Louis Kaplow and Steven Shavell, *Fairness versus Welfare*, Harvard University Press, 2002.

动物辩证法：教义学、法经济学与实用主义

张凇纶*

引论：新与旧的回旋曲

张永健教授所著的《法经济分析：方法论20讲》（以下简称"本书"）已由北京大学出版社出版。在愈发强调引证率和学术KPI的今日，撰写这样一本关于法学方法论的新著作，无疑是充满勇气和抱负的学术尝试。诚然，关于法学方法论的作品，国内外都不在少数，[1]但以经济分析为核心的法学方法论作品，即便不是屈指可数，似乎也是寥若晨星。诚然，如波斯纳的《法律的经济分析》、考特与尤伦的《法与经济学》以及波林斯基的《法与经济学导论》固然堪称珠玉在前，但和这些舶来品不同，本书的讨论不仅以中文写成，而且更接地气——它援引和针对的法律条文与案件，大都来自中国本土。诚然，晚近国人亦有优秀的经济分析作品，代表者如桑本谦教授的《法律简史》（难一些）和熊秉元教授的《法的经济解释》（简单一些）。但与前者做比，本

---

* 张凇纶，广东外语外贸大学土地法制研究院教授。

❶ 早年间苏力的《法治及其本土资源》（中国政法大学出版社2004年版），讨论的便是法学方法论。部门法中的作品亦不少见，如梁慧星教授所著的《民法方法论》（中国政法大学出版社1995年版）以及王泽鉴教授的《法律思维与民法实例》（中国政法大学出版社2001年版，该书新版更名为《民法思维》，北京大学出版社2022年版）。转观外国作品亦有大量被译介入中文世界，如〔德〕卡尔·拉伦茨：《法学方法论》，黄家镇译，商务印书馆2020年版；〔德〕托马斯·M.J.默勒斯：《法学方法论（第4版）》，杜志浩译，北京大学出版社2022年版，更加技术化和部门法化的讨论，如〔德〕迪特尔·梅迪库斯的《请求权基础》，陈卫佐等译，法律出版社2012年版。

书包含的"入门"部分与"进阶"部分对初学者自然更加友好;而与后者相较,本书包含的中国法律和援引的案例,对中国学生来说又无疑格外亲和。这些都使本书的写作别具一格:"方法论"、"经济分析"与"入门书"这三个领域,或许都算不上"处女地";但同时涵盖三个领域的本书,便是在旧领域中的新尝试。特别值得注意的是,这一首新旧之间的回旋曲,听众可以是中国大学中的法学本科生。

笔者并不是说本书只能是一本教材——尽管这在某种意义上或许是种褒奖;但正如塞万提斯所言,读者是为作者立法之人,在我的大会堂中,本书的面向就尤其令人寻味。特别是在卷首"本书无数学和经济图表"的宣示,以及穿插了30余则小故事的设置,似乎都在彰显其蕴含着经济分析方法论入门书的主旋律。这无疑对经济分析方法的推广具有战略意义:因为方法的关键很可能是(第一)印象胜过理性——令人崇拜的学者与教师所使用和推广的方法,很容易被学生(以及实务界)以追星的心态接受下来,碰巧永健教授就堪称一位明星般的学者。更重要的是,方法论恰恰在入门领域才有最大化的收益:对于"学术三观"已成者,方法论不仅难以说服对方,反而很容易成为后者的攻击目标,因为不存在包打天下的方法(法经济学亦然),总会在某些地方顾此失彼,于是错误便成为失当之证据。正如笔者在2017年所提出的构想:经济分析的推广需要更节约成本的策略,应该还要依靠后来人。[1] 永健教授当然不是"后来人"(他是我的前辈),但本书堪为知音:因为它所面向的,恰恰是作为后来人的本科生与初学者。

当然,笔者并不是说本书就是一本通俗读物——如果你这么想,那么在读到第四讲的行为理论之时,可能就会很痛苦。不过,本书一直在用浅明的话来讲大道理,这从来都是高手的风骨。正因如此,我也希望能东施效颦,用简单的意象来浅谈对本书的认知,这就是动物辩证法。之所以如此,是因为本书一开始就明

---

[1] 张淞纶:《傲慢与偏见:传统民法学与法经济学》,载《人大法律评论》2017年卷第1辑。

确指明了对话的对象,即目前在法学方法中执牛耳的法教义学(本书页2),这就有了应用和体现辩证法的可能与空间。本文的讨论也从这里开始。

[一] 泥鳅与鱼：尊卑还是先后？

法学是最喜欢讨论方法论的学科,这或许是因其缺乏独属的方法论。无论是教义学还是经济分析(以及社科法学),所有的"法学方法论"都来自其他学科的成果❶,法学不过是贯行拿来主义的既得利益者。既然法律的关键在于解决纠纷,那么最合理的方案无疑是实用主义的,也就是抽象地接受多种方法,在个案中选择适用。不过,数量的增加必然带来上下尊卑的问题：诸侯一多,谁执牛耳？一如期刊要分三六九等一样,法学的诸多方法势必也要排个座次。很明显,目前部门法中的方法论显学无疑是法教义学,而经济分析方法当然是下位者。

很有意思的是,经济分析可以揭示法教义学执牛耳的必然性：因为法教义学所内含的实证主义❷能够以最低成本促进法律共同体的塑造与凝固❸,同时还能为法学学科形成学术壁垒以便摆脱其他学科(如包括伦理

---

❶ 正如有学者所言,所谓的教义学也不过是社科法学之一种,参见谢晖：《论法学研究的两种视角——兼评"法教义学和社科法学"逻辑之非》,载《法学评论》2022年第1期。

❷ 雷磊教授认为,法教义学并不会预设实证主义的法概念论立场。参见雷磊：《法教义学：关于十组问题的思考》,载《社会科学研究》2021年第2期。但说有部门法教义学学者持非实证主义法概念论立场,并不能证明法教义学就不是实证主义的,因为立场和方法本来就不是一个层面的问题——坚信乒乓球比足球更伟大的足球运动员,他的职业仍然是足球运动员。况且雷磊教授在文中也说了,教义学在吸收法外因素之时要对后者进行教义化。但这种教义化本身就必然是实证主义的。从这个意义上讲,或许是由于实证主义名声不佳,导致要费力论证教义学并非预设实证主义,但,这又是何必呢？

❸ 包括司法、立法以及法学教育,讨论可参见〔德〕海因·克茨：《比较法学与法教义学》,夏昊晗译,载李昊、明辉主编：《北航法律评论》2015年第1辑,法律出版社2016年版,第35页；〔德〕罗尔夫·施蒂尔纳：《法教义学在进一步国际化的世纪之初的重要性》,李云琦译,载李昊等主编：《北航法律评论》2015年第1辑,法律出版社2016年版,第23页。

学与哲学)的影响❶。不过,作为主导者的法教义学也很容易造成功能性黏滞:即因为过度了解自己的工具而导致无法找到解决问题的新方法。❷ 在这种情况下,正如捕鱼者需要在众多鱼中放置若干泥鳅以便保持活性一样,或许经济分析方法就能起到这里泥鳅的作用:正如本书所指出的,法教义学在事前观点和行为理论上存在较为明显的"短板"(第三讲和第四讲),而经济分析恰好有助于弥补这样的"短板"。

更进一步讲,考虑到法律(包括法学以及裁判)的核心是论证和说理("说理义务"),目的是有说服力地解决问题。❸ 而这里的说服力(特别是法院的判决)必然主要针对非法律人。那么,法律的规定("请求权基础")及其对经济事实的"涵摄",都需要提供更加实质性的理由,特别是当想说服外行的时候。但法教义学本身是没有能力提供这个理由的:因为强调"融贯主义"的教义学意在搭建逻辑框架(也就是法律三段论),但往往容易忽视这里从前提到结论存在大量罅隙,需要当事人不断地进行跳跃,笔者将其称为价值跳跃(leap of value judgement)。换句话说,一切法律问题的所有实质性结论都必须借助(其他学科提供的)价值判断,否则很容易沦为单边主义和权力霸凌。这一点在疑难案件中的法续造中❹,在以限缩解释和扩张解释作为目的性限缩和类推适用的依据之时,体现得尤其明显。

我们用一个德国的案例来说明这一点:《德国民法典》(1900 年)第 656 条规定了"婚姻介绍居间合同"是自然债务,那么今日原告经营了"同性伴侣

---

❶ 法学与其他学科(广义的哲学)的勾连,以及法学的纯化,可参见杨代雄:《古典私权一般理论及其对民法体系构造的影响——民法体系的基因解码》,北京大学出版社 2009 年版,第 31、56 页。

❷ 这一概念源自格式塔心理学,参见〔美〕莫顿·亨特:《心理学的故事——源起与演变》,寒川子、张积模译,陕西师范大学出版社 2013 年版,第 342 页。

❸ 〔德〕托马斯·M.J.默勒斯:《法学方法论(第 4 版)》,杜志浩译,北京大学出版社 2022 年版,第 1、6、20、60 页。

❹ 可以说,法学上所说的疑难案件(排除现实中考虑"社会影响"的类案),其本质在于法律无明确规定而要(司法)进行法续造。

动物辩证法：教义学、法经济学与实用主义

及婚姻介绍所"并缔结合同,能否类推适用前述条文?❶ 德国法院认为此处是法律漏洞(这个判断本身就蕴含了价值跳跃)❷,当初立法者若能看到非婚同性伴侣关系,则会将其适用于第656条。这一结论的核心便是如下的价值跳跃,即认定并认可1900年时的法律认为婚姻居间合同"背俗",是"无比令人厌恶的东西",且今日依然如此,即(学者所言)"当时的目的至今仍得有效"。那么,这里就涉及一个实质性的问题:此类合同是否仍应被认定为背俗？笔者无意在此讨论这个颇具"地方性知识"色彩的问题,但我们应当注意,法律中的知识无法证实或证伪这个命题。

这或许就是教义学(鱼)需要经济分析(泥鳅)的根本原因:因为法律在给出最终判定之时,在几乎所有情况下都需要实质性的判断,因而也就必须不停地价值跳跃。法律在很多时候要面对的恰恰是经济分析所针对的对象——即人类行为,❸因此经济分析会为法律(教义学)提供一些非常重要的实质性依据(本书中有大量的范例,如页136对重复保险的分析)。这样看来,二者之间不应也未必是尊卑之别,而是先后之序:在教义学搭建好了法律体系之后,以经济分析作为价值跳跃的凭据,不仅可以避免得出事与愿违的错误结论,同时还可以据此考虑重返教义学起点,重新分析是否需要选择更优的法律框架。由此看来,泥鳅与鱼的辩证法或多或少有黑格尔的主奴辩证法的影子。❹ 如果记得本书的入门书取向,就不难看出这对于踏入法律之门

---

❶ 这一案件及其分析,参见〔德〕托马斯·M. J. 默勒斯:《法学方法论(第4版)》,杜志浩译,北京大学出版社2022年版,第284—285页。

❷ 因为这一结论的前提是,第656条所规定的"婚姻"不包含同性婚姻。请注意,笔者并不是说这个结论是错误的,但它不是单纯根据文义所能获得的信息,而是需要解释。解释的基础和本质就是价值跳跃。

❸ 经济分析常常被误解成单纯是成本收益分析和效率至上,但事实上,其所针对的是人类的行为,包括理性行为与非理性行为。正如加里·S. 贝克尔所言,其希望对各式各样的人类行为做出一种统一的解释。参见〔美〕加里·S. 贝克尔:《人类行为的经济分析》,王业宇、陈琪译,格致出版社、上海三联书店、上海人民出版社2015年版,第4页。

❹ 一如黑格尔的论述:"(它的)本质是为对方而生活或为对方而存在。"〔德〕黑格尔:《精神现象学(上卷)》,贺麟、王玖兴译,商务印书馆1979年版,第127页。

的学生而言是多么重要的启示:一如"功夫在诗外"的名句,本书非常有助于法科学生将眼界开阔到法律之外,从而利用经济分析方法来扬弃现有的法学(教义学)。这一点又指向了下一组动物,一组非常有名的辩证法。

[二] 狐狸与刺猬:广度与深度的双人舞

狐狸与刺猬的隐喻并非由以赛亚·伯林创造,却因后者而闻名于世。在援引了希腊诗人"狐狸多知,而刺猬有一大知"的残篇后,伯林将其衍射为两种不同的智识取向:一种是归系于某个单一的中心识见、一个多多少少连贯密合、条理分明的体系;另一种则是追逐许多目的,诸多目的之间互无关联甚至可能彼此矛盾。❶ 伟大学者的伟大之处之一,便在于能有预见性地提出可获得广泛应用的隐喻:很明显,教义学就很像强调深度的刺猬,而法经济学可能会更像倾向广度的狐狸——这并不是说法经济学是一门不够深入的学科,而是说法经济学在解释法律之时,会关注更为广阔的经验世界,不会局限于法律条文以及概念之中。

狐狸和刺猬谁是更好的法律人?这个问题不可一概而论。法律问题(纠纷)越需要被快速解决,刺猬就越比狐狸有效。这是借助国家权力之实证主义的先天优势。反过来,狐狸就会更加合适,因为它会更尊重和符合经济世界的一般认知与人类行为的一般规律。这也是我强调本书作为入门书的用意:学生们是有着更充分的时间的准法律人,也是应当更加共情普罗大众与芸芸众生的年轻人。在这个问题上,教义学习惯用权力精英(立法者)的思路为学生铺好现成的道路,容易使学生们陷入"知其然而不知其所以然"的窘境:因为法学中的"所以然"必定来自法律之外。不过反过来,法学生固然应当获取法律之外的大量信息与知识,但如果欠缺方法指引,那么知识就很容易成为杂乱无章的烩菜,在有限的时间下还会影响对法学知识

---

❶ 〔英〕以赛亚·伯林:《俄国思想家》,彭淮栋译,译林出版社2001年版,第25—26页。

(条文)的学习与领悟。❶

　　这就是法学中的狐狸与刺猬辩证法的根本症结:在深度与广度的双人舞中,法学学者与法学生应当如何保持自在与自为?这个宏大的问题(借用本书的说法就是"大哉问")当然是所有人都想解决,但或许永远无法解决的难题。不过,经济分析方法无疑对此会有相当大的助益。从应然的角度来讲,经济分析能够为这支双人舞提出一个相对集中的衡量标准(福利最大化)和操作方案(量化方法)。尽管同样存在可操作性的困境,❷但这至少可以作为一项指引,特别是在入门时,能够使学生在获取众多知识时,心中能有一种基本标准作为参考,而不至于将知识沦为学术鸡汤。而从实然的角度上,经济分析能够提出一个程序性的方案,这便是本书所提出的"后设方法"(页252—253)的精当之处:在考量各种(法)解释方法之后,评估这些选项所带来的后果,并以成本收益分析来做出选择。同样,作为操作流程而言,这还不够具体,但依然为狐狸与刺猬们指明了一个有益的前进方向。

　　更深一步,法律本身同样是经济世界中的知识。正如诺斯所指出的,制度是经济史的中心。❸ 这一洞见的核心在于:法律制度作为规则会存在于经济实践之中,而法律的运行本身就有成本,因而法律决策就要考虑法律的成本(与收益)问题。这就将教义学的"找法"以一种特异的方式融入经济分析:教义学中的"找法"是想明确(民商法的)请求权基础,但在经济分析的眼

---

❶　事实上,一个有趣的现象是,尽管法教义学(以及其他方法论)来自域外,但方法论天生就有拒斥比较法的基因。参见〔德〕托马斯·M. J. 默勒斯:《法学方法论(第4版)》,杜志浩译,北京大学出版社2022年版,第161页。这就使得法学方法蕴含着深度与广度的内在矛盾。

❷　尽管经济分析往往与量化分析以及数学密切相关,但对后者是否能够把握纷繁复杂的人类世界,一直不乏争议。如加尔布雷斯对数学模型就一直颇有微词,而是更重视政治经济学。参见郑英:《一位经济学家的传奇人生——加尔布雷斯述评》,载《开放时代》2006年第5期。《法经济分析:方法论20讲》则是放弃了一切数学公式,并且提出了对数理模型的谨慎性态度(页369),尽管冯永健教授本人非常熟稔量化分析。

❸　〔美〕道格拉斯·C. 诺思:《经济史上的结构和变革》,厉以平译,商务印书馆1992年版,第21页。

中,法律制度及其运行本身也应当被纳入成本与收益分析的框架。明确了这一点,对很多左右为难的法律问题,或许会开辟一条新路。譬如加工他人物品的归属,这个难题可以上溯至罗马法❶,一直难有定论。究其原因,或许在于既有的分析往往容易考虑一些难以明确的标准,如萨宾学派与普罗库勒学派就"加工之后的物品是否是原来的物"争议不休,但这无异于"公婆各说";而折中主义强调的"较大力量的决定性原则"同样是难以确定的问题,从而最终落入个案个决的局面。本书也讨论了这个问题(页81—83),它强调的是经济价值,并且希望区分善意和恶意。不过笔者希望不合时宜地表示异议:物的归属与因其引发的赔偿并不是同一项问题,而善意和恶意应当在后一问题上发挥作用。加工物的归属当然是一种单边判断,无论最终结果如何,它必将给当事人施加经济成本:加工主义的成本会落在所有权人的身上,而原物主义则反之。既然总会有成本,那么或许在抽象的层面上讲,这个成本就是无须考量的。这里重要的应当是法律成本:既然加工有可能会涉及(加工者的)知识产权以及劳动报酬等额外的法律制度,那么原物主义意味着更加复杂的法律关系以及利益精算。如果我们需要一个更为抽象的(而不是个案个决的)物权归属规则,那么加工主义就是更有效率的,因为届时法律只需要考察赔偿即可,无须再分析当事人关于物品的其他复杂的法律关系(权利),后者正是法律着力解决,因而也希望避免的情况。由此看来,经济分析不仅需要考虑市场,同时需要考虑法律本身。考虑到后者实际是教义学所强调的核心步骤,教义学和经济分析在这一层面从对手变成联手(foe to friend)或许也未可知。

　　法律制度(及其运行)本身蕴含着成本,这既是狐狸与刺猬辩证法的重要启示,同时也指向了我们接下来要讨论的,也是本书着力强调的事前观点

---

❶ 如萨宾学派和普罗库勒学派分别持原物主义和加工主义,而古典晚期发展出折中学派,以物是否能够回到初始材料作为决定性的标准,并为优士丁尼所接受。参见〔德〕马克斯·卡泽尔、〔德〕罗尔夫·克努特尔:《罗马私法》,田士永译,法律出版社2018年版,第274—276页。

与事后观点。按照本书所言,事前观点是法教义学的另一"短板"(页59),也是纵贯本书全文的核心思路。对这一问题的分析,仍然要从两种动物开始。

[三] 鳄鱼与家犬:瞻前的同时,还要顾后

事前观点的本质是经济学上的激励原理。在曼昆的经济学教材中,在开篇"经济学十大原理"中的原理四便是"人们会对激励做出反应",而激励的来源无疑包括政府决策。❶ 在广义层面上,法律当然也是政府决策中的一部分,我国尤其如此。在本书的多个问题中,事前观点都是其分析的基本逻辑与方法(如比例原则、财产规则与补偿规则、代理人问题等)。事实上,很多经济学理论的内核也都是事前观点,譬如著名的科斯定理(具体内容可见本书第十六讲)。笔者曾经指出,科斯正是用"正话反说"的方式证明了如下命题:由于交易成本无处不在,确立一项制度不仅仅是为既有的争端与纠纷画上一个句号,更将影响未来的财产关系,进而影响整个经济运行。❷ 因此,笔者与永健教授在这一点上可谓神交已久。

不断向前是自然科学的基本特质。据说在剑桥大学的蒙德实验室(The Mond Laboratory)门前刻有鳄鱼的浮雕,以纪念著名科学家卢瑟福,象征着永远向前的科学精神,因为鳄鱼从不回头。❸ 这一坊间传闻的真伪,自然无须深究;但鳄鱼确实堪为事前观点的贴切隐喻,因为科学关注未来,而法律同样应当关注未来:法律不仅是解决案件之后便可高枕无忧的解题技巧,还应关注规则制定后对未来经济与社会生活的影响。相比之下,家犬就是另一种意

---

❶ 〔美〕曼昆:《经济学原理(第6版):微观经济学分册》,梁小民、梁砾译,北京大学出版社2012年版,第7页。
❷ 孟勤国、张淞纶:《财产法的权力经济学》,载《法制与社会发展》2009年第5期。
❸ 《【物理科普】从"土豆"到"鳄鱼"的蜕变——卢瑟福》,载微信公众号"环球物理" 2016年12月5日,https://mp.weixin.qq.com/s?__biz=MzA5ODMwOTExNA==&mid= 2661900898&idx=1&sn=ff7eed071dc81b1a3cd8da3c6e7380a5&chksm=8bce4429bcb9cd3f5236e23fad5 61c69e44bd2895dc5eb017372d217c361fdfac4ce6d025152&scene=27。

象,据说其是因为担心主人的安危所以会频频回头。事前观点与事后观点在这两种动物的辩证法中得到了有趣的体现。不过,与鳄鱼和家犬的迥异有所不同,法学中的事前观点与事后观点其实并非水火不容。正如本书所言,采取事后观点的决定,如果是通过改变一般规范(解释)的方式为之,则通常会有事前效果(页60)。进一步讲,事前观点完全可以作为事后观点的延伸与反思:我们需要将教义学的结论(包括案例结果与条文分析)再向前走一步,考虑这一结果对当事人未来的行为的影响,嗣后再用其反推和矫正之前的结论。法律虽然秉持了鳄鱼的专注精进,却同样可以有着家犬的关怀与温情;瞻前的同时,也要顾后;用事后观点引导事前观点,同时再用后者来改进前者,在这个"否定之否定"的辩证法中,鳄鱼与家犬在实用主义的框架下实现了共生。

之所以强调事前观点,核心理由在于法律(包括条文和判决)会成为当事人进行成本收益分析的重要依据,会内化进当事人选择的考虑背景。这一结论实际源自并延伸着上一章的讨论。如果我们承认,大多数法律制度(特别是民法)与人们日常所秉持的经济逻辑同理,那么就应当承认即便是外行,也同样会将(非理论化的)法律纳入考量。一个实例便是本书在第67页讲述"见义不勇为":在湖北某危险水域常常有人溺水身亡,而此地农民会在岸边等待捞尸而不是救人,因为救人(见义勇为)无偿,但打捞尸体有偿(3万元的报酬)。这无疑是一个让人不安的实例,但单纯的道德谴责无疑作用甚微。本书的建议是将救人的无因管理解释为法定的有偿责任,并提高赔偿额度。不过此处的核心困境在于,除去救人的风险会更高(因为活人在水中挣扎会加大救助难度),救人是有可能失败的。如果失败,那么不仅难以获得报酬,还有可能惹上官司(过失致人死亡?)。相比之下,打捞尸体就要简单得多。此外,对于救人之后索取报酬的行为,对方会有反悔的可能,而此时当事人难以实现"留置"(甚至可能成了非法拘禁),但打捞尸体的对价相对而言就更容易通过私人途径而取得。也就是说,这个困境并非法律不承认无因管理所致,❶而在于法律关于合同以及责任的机制(及其所反映出来的"人心凉薄")就不利于鼓励救人,单纯提高报酬也是于事无补的。因此禁止性规则(划定禁泳区域)与明确风险自担或许才是更有效率的方案。这个分析实际恰恰是在"瞻前顾后":正如前述,它是将法律机制(而非单纯的规则)纳入了事前观点之后所得出的结果。

  正是在这种实用主义的氛围下,教义学与法经济学或许能够和解并携手并进。因此,某些制度的确是从事后视角提出对问题的解决方案,实际也在释放着权力的信号。这样一来,如果将这一信号纳入事前考察,就会看到其对于权利的保护以及秩序的维持会有相当大的正向作用。譬如本书举了一个例子(页395):如果考虑到预期,那么小区中诸如噪声之类的外部性实际是在较低的房价中获得补偿;而市场行为(如公寓规约或因信息披露而引发搬迁)则足以自主调节此种外部性,无须政府(法律)的介入。这一结论的困境在于:房价"较低"是一个比较性的指标,本就难以认定;而且在中国大多数地方,高房价的居住者也不一定有高素质(挪用刘德华在电影里的著名台词:"开好车的就一定是好人吗?");况且市场调节必然需要一定时间,但在此过程中发生的纠纷,没有法律规则就很难解决,而须知此类纠纷很可能会酿成极其严重的冲突。❷ 这里的症结就在于过分相信市场(教义学则是过分相信法律)导致未能在考虑法律的事后视角之前提下来提出事前的观点。更重要的是,由于外行有时会误解或片面地理解法律,仅以纯理性人来审视法律就注定是不全面的。诸如本书援引的 Fennell 的观点论证了恶意时效比

---

 ❶ 事实上,在1986年的《民法通则》第93条以及此后的《民通意见》第132条(均已失效)中,都对无因管理索要必要费用的请求权予以了支持。但法律的规定必然因变现过程的成本而影响当事人的实际行为。

 ❷ 如2023年9月15日消息,中国台湾高雄市一63岁男子因觉得楼上邻居小孩声音太吵起争执,持刀砍杀孩子父母两人后逃逸。参见新浪微博"梨视频"2023年9月17日,https://weibo.com/6004281123/4947002765870720? wm = 3333_2001&from = 10D9293010&sourcetype = weixin&s_trans = 1069027507_4947002765870720&s_channel = 4。此类情况在世界各地都屡见不鲜。

善意时效更应获得保护,因为恶意时效取得人的行为是成本收益分析后的理性决策,能够更好地配置资源(归于最能利用者之手)(页 343—344)。这个结论的主要问题并不在于反直觉或反道德,因为法律从来不惜反直觉或反道德。❶ 关键在于,由于当事人有可能片面地理解法律,如果更保护恶意时效取得(注意这个"更"字)有可能会输出"巧取豪夺也合法"的信号,而这种信号对国家治理而言明显是不利的。正是基于这种"瞻前顾后",某些直觉式的逻辑反而有可能是正确的。

[四] 代结论:为什么我总是重复同一个主旨

　　本书在临别赠言中写道:经济分析并非万能,但没有更好的替代方法(页 480)。这是一个既谦虚又"傲娇"的判定。笔者一直坚信,经济分析会成为法学方法论中的主导者,但这不是取代,而是扬弃。经济分析的前后左右,将是包括教义学、(其他)社科法学在内的诸多法学方法论。这种实用主义的进路,注定将成为未来法学的基本精神(前提是法学希望变得更好)。但实用主义是有一个前提的,就是对诸多方法都要进行精深研究与准确把握。正因如此,永健教授凭借其对经济分析的多年研究所奉献给初学者的这一本书,与笔者的志向可谓深度吻合。我深深地敬佩他的沉潜与专注。本部分的标题或许能表明永健教授(以及我)的心志,其来自莎士比亚的十四行诗;而答案同样来自这位伟人的伟大作品:"我专为奉献于你的那一部分,那是我的精粹,是我的精神。"愿以此文对永健教授表示敬意,也希望能为读者理解本书提供些许参考。

---

　　❶ 如德国式的物权行为理论,明显就是反直觉的;而日常道德无法得到法律保护的情况也屡见不鲜,如我国民法(典)对事实婚姻的拒斥。

长江后浪推前浪
——回应四位年轻民商法学者的书评

张永健*

前　言

本文回应四位年轻学者对拙著《法经济分析：方法论20讲》（以下简称"本书"）之书评。❶ 这四位学者，加上许可教授，在北京大学出版社与北大法宝的组织下，于2023年8月以线上线下混合的模式，由彭诚信院长主持，举办了新书论坛。❷ 随后，在侯猛教授的组织下，有了在《法律和社会科学》发表书评与回应的计划。为配合出版期程，四位评论人和我多次私下交换意见，务求能尽善尽美。由于本书出版时，北京大学出版社组织了两场新书论坛，一个关注本书对法理、法学方法论的贡献，另一个关注本书对民商法的影响；在《法律和社会科学》的这组书评，由四位民法学者执笔，因此多探讨具

---

* 张永健，美国康奈尔大学法学院Clarke讲席教授；Clarke东亚法中心主任，兼任北京大学法学院全球讲席教授（Global Faculty）。

❶ 贺剑：《法经济教义学的召唤》，载侯猛、刘庄主编：《法律和社会科学（第21卷第1辑）：法律数据科学》，北京大学出版社2024年版；张凇纶：《动物辩证法：教义学、法经济学与实用主义》，载侯猛、刘庄主编：《法律和社会科学（第21卷第1辑）：法律数据科学》，北京大学出版社2024年版；汪洋：《法经济分析对民法规范功能与价值的重铸》，载侯猛、刘庄主编：《法律和社会科学（第21卷第1辑）：法律数据科学》，北京大学出版社2024年版；熊丙万：《走近法律的经济分析方法》，载侯猛、刘庄主编：《法律和社会科学（第21卷第1辑）：法律数据科学》，北京大学出版社2024年版。

❷ 视频链接：http://qr71.cn/oaAEJW/qI63Smg。

体议题。

本文第二部分将指出书评者的一些特别到位的评论。术业有专攻,生也有涯,本书篇幅也有限,不可能长篇深入论述各个议题。这些评论都会在本书改版时引用。本文第三部分则进一步与书评者的某些观点商榷。

[一] 到位的评论

本书引用传统民法学说对善意取得议题的分析,用所有权保护与交易安全之冲突,说明价值冲突。

贺剑教授指出,此种冲突实为两群人的利益不同,而非效率、分配此种价值冲突。笔者认为洵属的论。

张凇纶教授对本书中"见义不勇为"的分析,增加了更细致的论述。这一点不减损经济分析的价值,反倒展示了好的经济分析需要对目标情境中的人际互动进行考虑的深刻理解。这就是为何许多商务律师其实(不自知)是经济分析的实践者,他们拟定交易策略、分析商业局势的根基,就是行为理论与事前观点。只不过,商务律师多半没有受过系统性的经济分析训练,所以不熟悉专业语汇。这也不是说法经济分析"卑之无甚高论",是象牙塔学者捡拾实务人士的牙慧。法经济分析的思考模式,让新进商务律所的新人快速进入状态,也可以在商务律所之外,给原本只能雾里看花和"吃瓜"的群众配备探照灯。此外,张凇纶教授对恶意时效取得的批评,我完全同意。我在书中介绍 Fennell 的观点,不是因为我赞同,而是因为我赞叹这样思维的可能。我在之前的中文文章和最近出版的英文专著中,详尽地反省 Fennell 的见解的问题。❶ 汪洋教授提到了我引述的 Ellickson 教授的见解,亦同。书中介绍

---

❶ 张永健:《社科民法释义学》,新学林出版股份有限公司 2020 年版;Yun-chien Chang, *Property Law: Comparative, Empirical, and Economic Analyses*, Cambridge University Press, 2023, pp. 149-150.

的观点(尤其是在小故事中的观点)不当然是我完全赞成的见解。但大学者之所以成其大,就是因为他们就算表达了错误观点,仍然发人深省。循着大学者的思路前进,能够开眼界。若再能跳出大学者的思路,作深刻的批评,就更上一层楼。

汪洋教授展示了经济分析思维其实"弥漫"于《民法典》第 183 条与第 184 条的立法过程。此种梳理对于这两条的历史解释(或主观目的解释)均甚有启示。

汪洋教授是典制的专家,他最后的结语非常深刻,值得照录:

"产权结构的简明或复杂,与产权是否明晰,其实是两个问题。英美财产法中产权采线形结构,增加了时间维度上对地权的分割,比大陆法系物权体系更为复杂,但不同产权之间经由'对抗力'的比较确立了'更优的权利',同样达到了产权明晰的效果。因此,地权结构自身的复杂与简单并非重点,关键在于不同产权结构下交易成本的高低。"

我对典制唯一能增添的一愚之见,是弱弱地问汪洋教授,典是否真的"是最具本土特色的民间惯习"?在编码世界各国的他物权时,我不得不从功能而非名称或起源分类各色物权。我在英文书和中文文章中指出❶,其实典、罗马法以降仍在许多国家采信的 antichresis、日本民法中的不动产质虽不完全相同,但在担保与用益的设计上仍有颇多共通处。

汪洋教授也大篇幅讨论了公共役权。多数读者比较熟悉我作为私法学者的一面。其实,我在研究所时专攻行政法,在美国攻读博士学位时做的研究是征收补偿,也有极强的公法面向。公共役权位于公法与私法"阴阳交界"之处,除了思考如何解决私人间的权利纠纷,更要探究国家与私人的分际:何种程度的国家干涉,构成对私有财产的过度限制与侵害?(这也就是汪洋教授提到的第三个、第四个维度。)在几年前出版的中文书中,我

---

❶ 张永健:《法实证研究方法论:实证比较法的五种取径》,载《月旦法学杂志》2022 年第 326 期;Yun-chien Chang, *Property Law: Comparative, Empirical, and Economic Analyses*, Cambridge University Press, 2023, pp. 79-81。

运用经济分析理论以及量化实证研究的思维,提出我自己的管制/规制征收(regulatory takings)理论,请读者参酌。❶

汪洋教授限于篇幅尚未完全展开的大论述——任何财产权架构本质皆为混合财产权模式——提到农村集体经济组织的改造方式,让我有机会为我进行中的两本书做广告。一本书是运用"资产分割"和"独立财产"的概念,进行跨部门的教义学研究,会整合已经发表的数篇论文❷,其中关于农村集体经济组织的文章主张以农村集体法人拥有农村土地之所有权;❸另一本书则以 Hohfeld 分析法理学的四组八个概念,重新梳理民法物、债的概念体系❹,其中关于农村集体经济组织的文章,主张农村耕地的产权结构其实是双层共有。❺

作为长期在一线推广法经济分析思维的年轻学者,熊丙万教授完全明白我写作本书的苦心。我始终坚持以中文下笔时,要写作中文读者关切的议题

---

❶ 张永健:《土地征收与管制之补偿:理论与实务》,元照出版公司 2020 年版,第 193—290 页。

❷ 张永健:《财产独立与资产分割之理论架构》,载《月旦民商法杂志》2015 年第 50 期;张永健:《大家的钱是谁的钱?——公寓大厦组织型态与公共基金所有权归属之立法论》,载《月旦法学杂志》2017 年第 269 期;张永健、吴从周:《逝者的公寓大厦——灵骨塔的契约与物权安排问题》,载《台大法学论丛》2019 年第 4 期;张永健、黄诗淳:《"遗产"的概念的定性与债权人保护——理论检讨与修法建议》,载《台北大学法学论丛》2019 年第 110 期;张永健:《继承标的之一般理论——〈民法典〉第 1122 条的法经济分析》,载《中外法商评论》2021 年第 1 期。

❸ 张永健:《资产分割理论下的法人与非法人组织——〈民法总则〉欠缺的视角》,载《中外法学》2018 年第 1 期。

❹ 张永健:《物权的关系本质——基于德国民法概念体系的检讨》,载《中外法学》2020 年第 3 期;张永健:《债的概念:解构与重构》,载《中外法学》2023 年第 1 期;张永健:《损害赔偿(之债)作为公因式?——大民法典理论下的反思》,载苏永钦教授七秩华诞祝寿论文集编辑委员会主编:《法学的想像(第一卷):大民法典——苏永钦教授七秩华诞祝寿论文集》,元照出版公司 2022 年版;张永健:《霍菲尔德分析法学对占有、信托概念的新界定》,载《经贸法律评论》2021 年第 6 期。

❺ 张永健:《农村耕地的产权结构——成员权、三权分置的反思》,载《南大法学》2020 年第 1 期。

和熟悉的素材。在学术生涯一开始,我写作具体问题的深入经济分析。而后,因为始终面对着方法论的质疑,我开始作更深入的方法论反省;此种反省可见于两个方面:

第一,法经济分析方法本身。一般经济学教材的经济学概念,不当然能直接照搬到法经济学。这不是因为世界上有两套经济学基础理论,而是因为一般经济学教材和法经济学有根本不同的预设:一般经济学教材谈论市场条件的外在转变如何影响人的行为,而法经济学时时想要透过法律人的力量(内在地)改变市场条件。因此,学子如果勤奋地修习微观经济学,并将所学直接用于分析法律,反而可能无所适从。例如,阅读了张五常教授和 Demsetz 教授的著作之后,信徒会认为考虑了现实世界中存在的交易成本之后,现实可能的效率都已经达成,因此没有无效率可言。而一旦拿走了效率与无效率的区别,法经济分析学者简直没法说话了。所以,好的教材应该立基于正统经济学,但应该帮读者作法经济学语境的转换。好的教材提出的分析框架,要让法学的读者可以直接用以分析具体法律问题。就这点而言,我大胆地认为,本书做得比许多知名的英文法经济分析教材还要成功。

第二,法经济分析与法教义学的关联。其实,普通法系的学者也做教义学研究(英国学者尤其明显),只是英美教义学的套路与德国教义学不同。不过,美国的法经济分析运动在过去 60 年的发展中,主要的论战对象从来就不是纯粹的教义学学者,而是法哲学家和其他抱持不同价值理念的学者。因此,美国的法经济分析学者从来不需要思考与回答法经济分析和教义学的关联为何。因此,中文读者即使在修习微观经济学之外,还阅读了大量英文的法经济分析教材与论文,仍然无法解决上述困惑。可以说,在德国与中国,没有解决教义学与经济分析的方法论关系,经济分析不可能在教义学占主流地位的国家茁壮成长。在中国,教义学与经济分析有两波知名论战❶，同中求异者居多。本书的目标则是异中求同。教义学和经济分析在方法论上属于不同层次，但并非没有交集。本书指出了法经济教义学的论证框架，并证立其正当性。我的希望是，日后再有经济分析不能见容于法学的批评，都必须先驳倒本书的论点。

  熊丙万教授也特别强调本书使用的本土资源。经济分析作为普世方法（在此意指既可以适用到任何部门法，也可以适用到任何国家），应该有俯拾即是的例子。外文翻译过来的经济分析教材，受限于作者设定的目标读者与作者本身欠缺中国法知识，容易让中文读者觉得隔靴搔痒。而许多外文教材囿于市场需求或既有体例，多半关注低年级基础课程（波斯纳法官的教材是知名例外）；这使不少部门法在教材中完全缺席。我虽然喜欢和各种部门法的学者合作，但毕竟所学非常有限，因此在本书中无法遍举所有中国的部门法条文或案例。受限于篇幅，即使用于举例的法律争议也不可能完整深入（波斯纳法官的教材中的一段话，往往是他一篇论文的结晶；本书的许多脚注也指引了读者阅读我和其他学者的长篇专论）。而我非常同意丙万教授说的："围绕具体制度开展严肃的经济分析讨论，是对经济分析方法的最好实践方式。"

---

❶ 相关文章，参见纪海龙：《法教义学与后果取向》，载苏永钦教授七秩华诞祝寿论文集编辑委员会主编：《法学的想像（第四卷）：社科法学——苏永钦教授七秩华诞祝寿论文集》，元照出版公司2022年版；陈兴良：《法学知识的演进与分化——以社科法学与法教义学为视角》，载苏永钦教授七秩华诞祝寿论文集编辑委员会主编：《法学的想像（第四卷）：社科法学——苏永钦教授七秩华诞祝寿论文集》，元照出版公司2022年版；卜元石：《法教义学的显性化与作为方法的法教义学》，载《南大法学》2020年第1期；戴昕：《"教义学启发式"思维的偏误与纠正——以法学中的"自杀研究"为例》，载《法商研究》2018年第5期；张淞纶：《作为教学方法的法教义学：反思与扬弃——以案例教学和请求权基础理论为对象》，载《法学评论》2018年第6期；王文宇等：《笔谈：法教义学，历久弥新？》，载《北大法律评论》编辑委员会编：《北大法律评论》第17卷第2辑，北京大学出版社2017年版；凌斌：《什么是法教义学：一个法哲学追问》，载《中外法学》2015年第1期。

[二] 再就教评论者之处

(一) 法律解释方法与经济分析

本书主张文义解释和体系解释也是经济分析进入法教义学的渠道,贺剑教授反对此点。本书并未主张所有的法条文字都可以用经济分析的概念解释其文义。但是,贺剑教授认为所有的法条文字都不可以用经济分析的概念解释其文义,倒是令笔者惊讶。以《反不正当竞争法》中频繁出现的"竞争"一词为例,竞争就是经济学概念,何谓"不正当竞争",乃至如何"反不正当竞争",如果不以经济学理解释竞争的意涵,就可能产生不良后果。当然,贺剑教授可能认为,以目的解释仍然可以引入经济学概念。但是,主流学说一贯坚持文义解释的优先性。因此,若有法院或行政机关以非经济学的方式解释"不正当竞争",并因此抗拒通过目的解释而来的经济分析,则不良后果仍可以产生。因此,笔者至少就经济分析作为文义解释的可能性,仍与贺剑教授看法不同。

至于体系解释是否能容纳经济分析,取决于体系解释自身设定的范畴;此点在德国法学方法论的文献中也没有定于一尊,也是相对而言较不重要的论点,在此不赘述。贺剑教授认为,文义、体系、历史、目的解释乃"通常的法律解释方法排序",并且认为前三者旨在探求立法者的主观意涵,而目的解释旨在赋予法条的客观意涵。此论点值得稍加说明。其一,这不是铁打的排序与分类方式。黄茂荣教授的方法论著作中,将文义解释与历史解释归类为"范围性因素",并将体系解释与目的解释归类为"内容性因素",就是另一种分类。❶ 其二,如同本书的主张,法律解释的四种(或更多种)取径,以及

---

❶ 参见黄茂荣:《法学方法与现代民法》(增订七版),植根法学丛书编辑室 2020 年版,第 618 页。此种分类方式在比较法方法论中的讨论,参见陈冠廷、张永健:《法律解释中的比较法论证:反省与重构》,载《台湾大学法学论丛》2024 年第 2 期。

其优先顺序,本非先验,而是基于后设的目的考虑而来。

(二)后设方法

本书主张经济分析可以作为后设方法解释价值冲突;贺剑教授始终没有被说服。此争议可以至少分为两个层次:第一,只要法律追求的价值不止一个,而且多元价值时常发生冲突,则若法学要有所贡献,就必须有一套后设方法论;第二,经济分析可以作为一种可能的后设方法。在第一个层次,贺剑教授乃至绝大多数论者,应该都会同意,法律追求多元价值,且时常无法两全。只不过,贺剑教授采取较悲观的基调,认为只能靠民主投票或当事人共情解决。也因为如此,不管本书或任何论者尝试提出后设方法,都会遭遇贺剑教授的质疑。在第二个层次,本书在福利经济学的范式下,提出自己的后设方法主张。许多传统法律学说(如基本权价值序列)也是做同一个层次的工作,但往往没有开诚布公地说明其学说在处理后设方法方面的问题,甚至常常没有细细解释其方法论与应然基础。如果读者因为本书的讨论而意识到法律解释的后设方法问题,本书就功德圆满了。

贺剑教授的另一个主张是,如果一阶价值彼此不同、不可转换,就不可能被转换为二阶价值;对此笔者敬表不同意见。笔者认为,只要承认多种一阶价值有冲突,并在权衡之后作出取舍,就必然存在位于一阶价值之上的二阶价值。福利是福利经济学给予二阶价值的标签,而且福利经济学尝试提出一套取舍一阶价值的方法。这当然不是唯一的方法,而把方法论说清楚的理论往往是很容易被攻击、凿空子的对象。每一个面对价值冲突且必须做决定的人,必然有某种二阶价值,只是不一定知道如何描述自己的价值函数,也不知道如何指涉自己的二阶价值。贺剑所说的解决方案之一——民主投票——其实正是要求每个投票者在内心进行二阶权衡,并在无须向任何人解释或披露其价值函数的前提下,以赞成或反对议案,或支持特定候选人的方式,输出其二阶价值决定。然后,在绝大多数的民主投票中,再以加总投票数的方式决定胜负。因此,民主投票也是一种二阶方法;只不过,因为每个投票者的价值函数是黑盒子,所以民主投票达成了何种二阶价值,难以名之。

(三)加工物的归属

张凇纶教授不赞成在加工物的归属问题中考虑加工人的善意与恶意。他认为加工物无论归属于谁,都会给当事人增加经济成本,而既然总会有成本,或许在抽象层面无须考虑这些成本。较真地说,经济成本有高有低,原所有权人的防范成本与加工人的确权成本若有系统差异,则不应忽略加工规则可能导致的成本差异。再者,在归属问题上排除恶意加工人的可能性,恰恰是因为恶意加工人的确权成本够低或为零(已经明知自己非所有权人的加工人,确权成本为零;而确权成本低于预期的社会确权收益的加工人,也会被认为是恶意,而其确权成本从经济分析角度够低)。由法院判断加工人是否恶意,固然不是免费;但判断加工人为恶意后可以因此无须考虑补偿问题,也是对社会成本的节省。笔者最近出版的英文新书用一章的篇幅讨论加工问题,请读者参考。❶

(四)质物的定价

贺剑教授挑战了桑本谦教授知名的玉石质押分析。笔者无意打"代理人战争",而留给桑本谦教授自行回应。不过,若由桑本谦教授的玉石质押案例出发,进一步细致化分析,应该注意(如本书反复强调的)法经济分析是条件式论述。此处的条件,可以是周边的法律规范,也可以是市场交易习惯。以玉石设质,可能发生在升斗小民之间的一般借款中,也可能发生在需钱孔急者与当铺之间。桑本谦教授原本设例中的出质人和质权人看起来是前者的语境。若在后者的语境,当铺作为质权人,有更专业的估价能力与保存单据的经验,所以采取和桑本谦教授不同的立场,转而课责于质权人(也就

---

❶ Yun-chien Chang, *Property Law: Comparative, Empirical, and Economic Analyses*, Cambridge University Press, 2023, pp. 309-334.

是,推定出质人的价值宣称正确,除非当铺能反证推翻),会诱使当铺保存估价证据。然而,当的法律关系中若容许流当、决卖,则当铺有压低估价的激励,所以对出质人不利。但以桑本谦教授的设例而言,只要双方事前已经同意了质物的价值,问题也就解决了。在升斗小民间的借贷,取决于其所处的法律体系是否允许"流质"的约定(中国民法不允许,但有些国家允许),分析也应该随之调整。而当出质人与质权人都不是以放贷或收质、出质为业,就不像在当铺情境那样能够依照防范成本的不同而选择课责对象。

再者,市场交易习惯也是重要考虑点。读者应该都能想象,在某些担保交易中,质权人会要求质物的价值高于债务额(如出质人看似完全没有还款能力);而在某些担保交易中,设质只是附带的保险(如出质人"跑得了和尚跑不了庙",有难以脱产的固定薪水或其他收入),因此质物的价值会低于债务额。

沿着这个思路,读者可能会倾向认同贺剑教授的建议:交由法官个案酌定。如果法官深富社会经验又熟读本书,自然可能会在个案中作出最佳判断。但此种建议的危险是:它可以适用到任何法律问题。碰到疑难问题,法学者永远可以双手一摊:相关因素太多了,分析不完,就交给法官个案处理吧! 而面对尝试提出"一刀切"规则的理论,单纯指出其在部分情境无法达成最优结果,也难谓完成了全部的论证工作。在本书和笔者今年出版的物权法英文著作中,笔者倡议"一般规范"(law)和"后设规范"(meta-law)的结合,也就是以追求效率的一般规范,尽量处理掉多数的纠纷;之后设规范兜底,弥补一般规范的有时而穷。限于篇幅与回应时间,本文无法提出完整的解决方案。但狮子与蚂蚁的战争,应该继续打下去。

(五)行为理论与当事人真意

四篇书评都赞成法学应该吸纳行为理论,也未对此提出额外修正或批评。笔者最近在研读判决时,有新的领悟,在此顺便就教于书评人与读者。民商法诉讼中,因为合同内容不完整(incomplete contract,当然源于正的制度成本),往往需要法院探求当事人真意。而上从跨国公司交易,下到升斗小民订立合同,可谓"天下熙熙皆为利来,天下攘攘皆为利往"。换言之,当事人的真意基本上就是赚钱获利,或有时抽象一点是获得效用。法院探求当事人真意当然要以诉讼当事人提出的证据为准,但在许多诉讼中,证据就是零散与残缺,需要法官进一步推敲。此时,有经济分析的行为理论在手,可帮助法官区辨律师在法庭上的说辞能在多大程度上反映理性经济人当下的决策过程,多大程度只是事后狡辩。了解市场的逻辑与运作规律,法官也才能真正理解某些约定的真正目的。因此,即使论者自己并不喜欢经济学,不喜欢铜臭味,不为五斗米折腰,仅仅是为了能真正探求(追求获利的)当事人的真意,都应该使用经济学的行为理论。

[三] 结 语

本书上市后,承蒙读者厚爱,用人民币"下架"了第一次印刷的数千本,使本书上市月余就再印。第二印时因时间紧迫,仅能修正些许错字,并增加引用在新书论坛中得知应引用却漏引的文献。新书论坛首播时有五万多位热情读者在线聆听,显示中国读者对方法论与法经济分析的热情、兴趣、好奇犹在。四位书评人可谓最热情、最认真的读者,也超越了单纯阅读,进而提出有洞见的批评。

孟子曰:"子路,人告之以有过,则喜。禹闻善言,则拜。大舜有大焉,善与人同,舍己从人,乐取于人以为善。自耕稼、陶、渔以至为帝,无非取于人者。取诸人以为善,是与人为善者也。故君子莫大乎与人为善。"依此标准立身行事,读毕这些书评,笔者喜不自胜;在新书论坛上也是不停下拜。"与人为善"是君子的最高境界,而学者最高远的追求,则是与同道一起打磨方法与理论,毅然抛弃自己不够深思熟虑的论点,不断去芜存菁,披沙拣金,以止于至善。我们距离终点还很远,但我很高兴跟这些书评人、读者结伴同行。

学科反思

破除数字迷信
——论社科法学的"伪科学性"

刘思达[*]

摘　要：回顾历史发现，自 20 世纪 90 年代到 21 世纪初，社科法学研究主要采取的是参与观察、访谈等质性研究方法，而自 2013 年始，社科法学发生了明显的"科学转向"。随着裁判文书上网及各种统计数据的出现，从事法律实证研究的学者们纷纷迷信各种统计数据和数字。而单纯依赖数据做研究的诸多问题往往被忽略。其一，统计数据公开并不完全；其二，依靠数据无法获知法律事实全貌和事件情境；其三，过度依赖数据会导致学术研究越来越依赖国家权力和资源，丧失独立性。因此，要破除对"数字"的迷信，一方面可以在研究方法上寻求突破，充分利用科技带来的新的研究方式和信息来源，线上视频和网络民族志是很好的方法；另一方面要讲好故事，处理好理论和描述的关系，做能够打动人心的研究。

关键词：社科法学　科学转向　统计数据　网络民族志　叙事

引　言

今天我讲的是一个比较有学术性的题目，叫"破除数字迷信——论社科

---

[*] 刘思达，香港大学法律学院教授。本文初稿为作者于 2023 年 11 月 3 日在云南大学法学院的演讲，后根据发表需要做了进一步修改。特别感谢徐清教授和云南大学师生的邀请和文字整理。

法学的'伪科学性'"。我为什么讲这个题目？是因为现在社科法学已经成为中国法学界的一个虽然不敢说是主流，但至少有自己一席之地的研究领域。这其实是比较晚近的事情，我上次在昆明开法社科年会是2013年，也是在同一个房间里做了讲座。当时社科法学在法学界还处于比较弱势的地位，我跟侯猛老师、陈柏峰老师等做社科法学研究的中青年学者差不多是一代人，那时这个领域还不叫"社科法学"，叫"法律和社会科学"。我经常跟他们开玩笑说，我们就这么"十几个人、七八条枪"，居然搞出了一个"法律和社会科学"。后来国内的同行们举办了多次跟法教义学的对话，就是为了确立社科法学在理论上和方法上的合法性，侯猛老师他们做了很多奠基性的工作。在十年之后，这种对话意义不大了，因为社科法学在国内已经是一个有"合法性"的领域了，各个主流法学期刊里经常会有法律实证研究的作品。这与十年前的状况相比，是很明显的进步。

但是，这几年我发现了一个新问题，就是今天想讲的"数字迷信"。为什么叫"数字迷信"❶？因为现在的社科法学做得越来越像"伪科学"了。我在北京大学法学院本科毕业后就去芝加哥大学读了社会学，所以我经常开玩笑，说我现在已经不太懂法律了，属于半个"法盲"，而且我也不是科学家，我是"伪科学家"。我和大学同学一般都自称"法盲"，和中学同学一般都自称"伪科学家"。我是人大附中数学实验班毕业的，我的绝大多数中学同学都学理工科，他们才是真正的科学家、工程师，而我是个彻头彻尾的"伪科学家"。当时我是半开玩笑地讲，但又过了十几年，我越来越觉得我的研究领域——不管叫"法律社会学"、"法律和社会科学"抑或"社科法学"——越来越像一门"伪科学"了。

为什么会有这个转变？这个转变大概发生在2013年，在昆明开完法社科年会之后的十年间，法律实证研究产生了一个很重要的转向。其实我在2016年的一篇文章里写过这个问题，叫《美国"法律与社会运动"的兴起与批判》，副标题是

---

❶ 本文讲的"数字迷信"，是指对统计数据、定量研究、大数据研究的迷信的统称。

"兼议中国社科法学的未来走向"。❶ 这篇文章的结论部分提了几点我当时观察到的社科法学可能出现的趋势,其中第一点就是社科法学很可能正在经历"科学转向"。2016 年我已经看到这个趋势了。

[一] 社科法学的"科学转向"

如果看一下中国法律社会学的历史,20 世纪 90 年代苏力做法治本土资源、送法下乡这些研究,用的都是质性研究方法,他用访谈、电影、历史文献来做研究。包括当时的青年学者强世功、赵晓力,他们做的关于调解和农村纠纷解决的研究用的也都是参与观察、访谈等民族志方法。❷ 后来"华中村治学派"传统下培养出的陈柏峰、董磊明、狄金华那一代,是社科法学的中坚力量,也都是做民族志研究的。比如陈柏峰老师的博士论文,出版后叫《乡村江湖——两湖平原"混混"研究》❸(以下简称《乡村江湖》),我认为这至今都是当代中国法律社会学研究水平最高的一本书,是这个领域的巅峰之作。但去读这本书的话,会发现它是纯粹的民族志研究,里面没有什么数字,是陈老师在一个村落里长时间参与观察而形成的研究。

所以直到大概 10 年前,社科法学的研究主流其实都是用质性方法,即访谈、参与观察、历史文献分析。这当然有很多原因,最直接的原因是最开始也没有什么数字可用,20 世纪 90 年代甚至到 21 世纪初都没有什么很好的统计数据。另外,还有一个原因是法学家们以前也不太"识数",让他们做复杂的统计分析也不现实。因为不少法学家在 20 岁

---

❶ 参见刘思达:《美国"法律与社会运动"的兴起与批判——兼议中国社科法学的未来走向》,载《交大法学》2016 年第 1 期。

❷ 参见强世功编:《调解、法制与现代性:中国调解制度研究》,中国法制出版社 2001 年版;强世功:《惩罚与法治——当代法治的兴起(1976—1981)》,法律出版社 2009 年版;赵晓力:《通过法律的治理:农村基层法院研究》,北京大学 1999 年博士学位论文。

❸ 参见陈柏峰:《乡村江湖——两湖平原"混混"研究》,中国政法大学出版社 2019 年版。

以后基本上不再学数学,让他们搞现在的所谓"数据法学""数字法学"也挺困难的。所以,从传统上看,我国的法律实证研究基本上以质性研究为主。但在过去十年社科法学发生了很明显的转变,就是所谓的"科学转向"。出现"科学转向"有如下一系列原因。

现在40多岁的、基本和我同龄的学者里面有一部分人真的开始用量化方法来做实证研究,而且做得不错。举个例子,上海交通大学的程金华教授在去耶鲁大学法学院读博士之前在香港科技大学学过社会科学,统计方法用得非常好,他回国之后做了一些非常有水平的定量研究。❶ 像程老师这样从事定量研究的海归法学家现在越来越多了。还有一些学者是本土培养的,近年来也开始用一些跟质性方法不同的方法来做法律实证研究,比如也是在上海交通大学任教的李学尧教授。他原来的研究兴趣跟我差不多,博士论文做的是法律职业研究,后来转向做法律认知科学研究,比如他做的认知流畅度对司法裁判的影响的研究,就是一个比较早的用实验方法做法律实证研究的例子。❷ 厦门大学的郭春镇教授也做过类似的法律认知科学的实验。❸ 另外,更早一辈的法学家里也有人转型做实证研究,比如四川大学的左卫民教授和他的学生们在过去十几年做了一系列关于法院和刑事司法的实证研究,主要采用统计方法,也做得很成功。❹

对于这些在当时的中国法学界还比较新的定量研究方法,我最初是非常欢迎的,因为这都是好的尝试。质性方法"一枝独秀"并不是法律社会学的

---

❶ 参见程金华:《四倍利率规则的司法实践与重构——利用实证研究解决规范问题的学术尝试》,载《中外法学》2015年第3期;程金华:《检察人员对分类管理改革的立场——以问卷调查为基础》,载《法学研究》2015年第4期。

❷ 参见李学尧、葛岩、何俊涛、秦裕林:《认知流畅度对司法裁判的影响》,载《中国社会科学》2014年第5期。

❸ 参见郭春镇:《感知的程序正义——主观程序正义及其建构》,载《法制与社会发展》2017年第2期。

❹ 参见左卫民、张潋瀚:《刑事辩护率:差异化及其经济因素分析——以四川省2015—2016年一审判决书为样本》,载《法学研究》2019年第3期;左卫民:《通过诉前调解控制"诉讼爆炸"——区域经验的实证研究》,载《清华法学》2020年第4期。

理想局面,方法多元一些比较好。我的观点一直很鲜明——方法是手段,不是目的,我们不是"为了方法而方法"。无论做什么研究,采用某种方法是因为要解释一个具体问题。有的问题可能用参与观察更好,有的问题可能用访谈更好,有的问题可能用问卷调查更好。方法本身并没有好坏之分,只是说不同的方法用在解决不同的问题上。吃饭用什么餐具就好比研究所采用的方法,方法和餐具一样。比如你喜欢用筷子,但是面前是一大块牛排,非让你拿筷子吃,那就很不方便。当然,你拿筷子夹牛排也可以吃,但面对一整块牛排,拿筷子吃肯定不会比用刀叉吃更方便。反之,如果面前放了一碗过桥米线,但非让你拿刀叉吃,也不是吃不了,但吃起来会很费劲,给你一双筷子吃米线,就会得心应手。所以筷子和刀叉这两种餐具本身并没有优劣之分,它们各有所长,是手段,不是目的。目的是让你把面前的食物更有效率地、更享受地吃下去。研究方法也是这样,最终要服务目的,用什么方法取决于具体要研究什么问题,有些问题可能用定量方法好,有些问题用质性方法好,不能一概而论。我一直都是这个立场。所以,我对这些定量方法的出现最初是持欢迎的态度,方法的多元化是好事。

　　但后来出现一些新的变化,最明显的就是各种"大数据"越来越多。最近几年用得最多的中国裁判文书网,就是在 2013 年 7 月 1 日开通的。裁判文书上网是革命性的突破,因为很多年来我们这些做法律实证研究的学者都处于一种"无米下锅"的状态。以前很多人选择访谈、参与观察这些质性方法,当然有方法上的偏好,但也有一个原因是量化数据的缺失。即使你的定量分析技术很好,也是"巧妇难为无米之炊"。但这个状况在过去 10 年有巨大的改变,现在的大数据、人工智能都很发达,各种数字到处都是,而且统计成本——无论是时间成本还是人力成本——都比以前小了很多,好多东西都自动化了。

　　举个不是法律研究领域的例子。我从小到大一直是球迷,小时候看足球赛,很多电视里的解说员都这么讲:里杰卡尔德把球横传给了古利特,古利特又直传给了范巴斯滕,范巴斯滕一脚劲射……他们都描述那些球场里正在发生的行为和事件。过去10年,不知道有没有人注意到,足球解说发生了非常明显的变化,各种数据用得非常多,比如说,"现在是这场比赛的第五个角球""这个球员得到了这个赛季的第七张黄牌"……这种东西在原来是不可能的,因为之前的科技水平达不到。但今天的现场解说,这些数据就摆在面前,随时可以看,就变得非常容易。法律领域也一样,数据在不到10年的时间里从"无米下锅"的状态变成"满街都是米"的状态。在裁判文书上网的这些年里,上过网的裁判文书加起来是9位数,这是上亿的数据资源。因此,法学家们最近10年一拥而上,做了大量所谓"数据法学"或者"数字法学"的研究,尤其依赖中国裁判文书网的数据。

[二] 科学转向后出现的问题

从"无米下锅"变成"有米下锅"之后,就产生了一系列问题。大多数法学家原来是"不识数"的,现在忽然有这么多数据、判决书出来,大家一窝蜂地上去"淘米",然后用这个米做饭,这就出现了很明显的问题。

第一,米没有那么容易淘。虽然上了网的裁判文书至少有1亿多份,但这是不完整的,因为不是每个裁判文书都上网。至今我们都不知道哪类裁判文书上网多,哪类裁判文书上网少。当然,国内外都有学者对此进行估算,但也只能粗略估算,比如,刑事案件中涉及个人隐私或者国家秘密、国家安全这些领域的裁判文书的上网比例肯定比普通民事案件低。但具体的上网比例是百分之几呢?而且这不只是百分之几的问题,裁判文书上了网的刑事案件和那些裁判文书没上网的刑事案件相比,案件类型到底有什么差异?对此我们都无法得知。所以从抽样来讲,把所有裁判文书上网的刑事案件作为样本能真正代表全国刑事案件的类型分布吗?很可能是不能的。在一些其他领域,样本的代表性也许就强很多,比如企业债务纠纷、知识产权纠纷这些民商事案件,没有太多私密性和敏感性,上网的比例会比刑事案件高一些。但即使如此,也不是百分之百,我们无法知道是百分之多少，也不知道那些上网的和没上网的案件类型是否有差异、差异有多大。我相信每个领域都是有差异的，但差异究竟是什么？判决书上网的标准到底是什么？什么样的案子不上网？直到现在我们也不知道。

还是拿米来作比喻，如果在你眼前放着一大堆多达9位数的米，要把这堆米淘干净，并没有那么简单。用中国裁判文书网做大数据研究，经历了几个阶段。第一个阶段是大家一窝蜂地扑上去，有多少案例都先下载下来，而后做初步的描述。我经常开玩笑说这是在"画大饼"，用这些数字做一个个饼状图，只能看出一些最基本的统计分布，并没有太多学术价值。我把这种做法叫作"画饼充饥"，因为不会分析，所以就画了好多"大饼"。基于中国裁判文书网的第一代研究几乎都是"画大饼"，直到现在还有很多人在"画大饼"，这是一种非常低级的定量研究。后来过了几年，一些认真对待中国裁判文书网数据的学者就意识到"画大饼"是不太行的，因为哪怕把所有上网的文书作为一个完整的数据库，它的代表性也还是有问题。与其这么做，还不如把研究范围更局限一点，就看某一个类型的案件，比如刑事案件里面的酒驾或贩毒，这样案件总数没有那么大、样本没有那么大，可能从几百万件、上千万件变成了几十万件或者几万件。几万的样本和几百万的样本相比，分析起来要容易很多，样本偏差也很可能更小。

另外，把全国数据放在一起也存在问题，因为全国各地法院判决书上网的比例也不一样。同样类型的案件，与其把全国数据都放在一起画几个柱状图或者饼状图，还不如看看云南省或者昆明市，甚至就研究昆明市某个基层法院的司法判决，也许分析出来的结果会更靠谱。对比那种好大喜功的，用几百万件、上千万件案件做出来的分析，这种针对某个地方、某个法院的小样本分析或许更科学一点。这是我讲的第一个问题，从"无米下锅"到"有米下锅"，"淘米"本身成为一个问题。这个问题到现在都没解决，有些人解决得好一点，还有些人根本没想过样本代表性的问题，就盲目地做了很多统计分析。

第二，即使假设米能淘得比较干净，现在国内外也有些学者的淘米水平比较高了,还有用这个米"煮什么饭"的问题。现在用大数据来做研究,不管是用几千份判决书,还是几百万份、几十万份、几万份,煮出来的基本是没有菜的白米饭。因为裁判文书无法反映案件全貌。一个案件从头到尾跟下来,最后反映在司法判决书上的那点信息只是这个案件的所有信息里非常小的一部分。我这些年在全国各地访谈过几百位律师,经常听人抱怨他们在法庭上慷慨激昂地辩护了半天,结果好多辩护意见都没能被司法判决写进去。中国裁判文书网出来之后,裁判文书公开了,法官还要认真写,原来的很多裁判文书比现在更短,有的甚至只有一两页。案件审理过程中发生的许多事情,并没有在判决书上体现出来。

20世纪最著名的社会学家之一戈夫曼(Erving Goffman)有一个关于人类活动的经典分类,就是所谓"前台"和"后台"。❶ 我们的司法活动也有"前台"和"后台",裁判文书可以说是"前台的前台",是把放在"前台"用司法程序公开出来的东西固化成文字。在庭审中发生的那些没写进裁判文书的事情也属于"前台",法院庭审虽然理论上是公开的,公民拿着身份证就可以进去听,但法院大门并没那么容易进。连庭审这个"前台"都不是完全公开的,那么"后台"发生的很多事情就更不知道了。比如律师、检察官、当事人跟法官是怎么沟通的,有没有人去法院门口静坐闹事……这些在司法过程中所发生的五花八门的事情,在裁判文书中都反映不出来。所以,做法律实证研究,不能把关注点只集中在裁判文书上。律师跟当事人之间的互动,法官如何解决纠纷、如何调解,当事人法律意识的形成等这些最经典的法律社会学问题,无法在裁判文书上体现出来。我为什么说只看大数据就像煮一锅白米饭?就是因为这些问题才是真正让一个研究有味道、有价值的东西(菜)。如果没有这些"菜",只有白米饭,大家不断地吃,吃了这么多年,饭的味道也没什么变化,还是索然无味。

---

❶ 参见〔美〕欧文·戈夫曼:《日常生活中的自我呈现(中译本第二版)》,冯钢译,北京大学出版社2022年版。

还有一个更深层次的问题,现在过于依赖数字,会让学术研究越来越依赖国家的权力和资源,这是一件令人担忧的事情。苏力老师在1998年发表了一篇很有名的文章,叫《法律社会学调查中的权力资源——一个社会学调查过程的反思》❶。当时中国的法律社会学还没有什么定量分析,量化方法用得很少,苏力老师在做田野调查之后有一些体会,他的观察和感觉非常敏锐。在这篇文章里,他指出作为研究者在做田野调查这种跟人打交道的研究时,在中国的语境下需要借助很多权力资源。其实在世界各国的语境下多多少少都会面临权力资源问题,但还是有差别。比如,尤伊克(Patricia Ewick)和西尔贝(Susan S. Silbey)关于公民法律意识的经典研究。❷ 她们在美国新泽西州随机抽样了一些社区,到社区里面敲陌生人的门,开了门就说,我们现在要做一个关于社区的研究,能不能跟你谈一谈。真的有很多人会跟她们谈,她们一共做了几百个访谈。但如果在中国的大多数地方去做这个事情,可能都不太容易实现,你去敲陌生人的门,人家可能会把你轰出去。这个方式不太可行,因为中国人办事要靠人情和关系,人情和关系里就包含了很多权力资源。比如,我如果要去一个地方访谈律师,应该通过谁找律师呢?举个更具体的例子,我现在刚刚开始做个新课题,是关于中国青年律师生存状况的调查。因为现在年轻律师面临很多困难和挑战,所以我想做个实证研究,深入了解他们的生存状况。假设我的目的是去访谈昆明的一些年轻律师,我有几种不同的方式。我请云南大学的老师给我介绍一些他们原来的学生,我去访谈他们,这是一种方式。另一种方式是,如果我认识一些昆明的资深律师,那我可以直接去找一位律所主任,请他给我介绍他所里的年轻律师。还有一种办法,假设我认识昆明市司法局的局长,或者律协会长,我请局长或者会长给我安排。但问题在于,采用这三种不同的路径,我见到的人会

---

❶ 苏力:《法律社会学调查中的权力资源——一个社会学调查过程的反思》,载《社会学研究》1998年第6期。

❷ See Patricia Ewick and Susan S. Silbey, *The Common Place of Law: Stories from Everyday Life*, The University of Chicago Press, 1998.

是不一样的,能得到的信息也不一样。

我在做博士论文的田野调查时,去了12个不同的省,做了200多个访谈,进入各个地方的途径是不同的,有的地方是通过私人关系自己找的,有的地方通过私人关系找不到,就只能通过老师或者领导这些比较正式的关系,那结果就不一样了。比如,我有一次去某县做访谈,同学的亲戚是那个县的政法委书记,所以接待我的两位律师特别热情。他们非常热情地跟我讲了两个小时,但这并不能保证他们讲的话都是真的。举个最明显的例子,那两位律师跟我讲,在他们事务所,如果当事人只是来咨询,不是案件代理,他们从来不对当事人收费,我当时觉得真好。当时访谈的地点是在律所二楼的会议室,访谈结束后我就问这两位律师,能不能带我参观一下事务所,他们说没问题。不过,我们刚从二楼下楼梯到一楼,我就看见门口有一张接待当事人的桌子,桌上挂着牌子,牌子上写着四个大字:咨询收费。所以说,为什么做研究一定要去当事人的工作场所,为什么我这么多年从来没有在线做过视频访谈,因为二者是不一样的。通过视频访谈很熟悉的人没什么问题,但访谈陌生人,由于对方和你之间没有最基本的信任关系,讲的话是真是假都无法判断。但如果到了对方的工作场所,就能看到很多通过视频看不到的东西,这些东西当然也是数字不能给我们的。

苏力老师的那篇文章讲的是在做法律社会学研究的过程中充满了权力关系和权力资源,作为研究者在进行田野调查时要思考这些问题:我是怎么接触到这些人的?我需要动用什么样的权力和资源?是什么人帮我打了个电话?而这个帮我介绍的人,他跟我的关系和他跟我的研究对象之间的关系,会对我和我的研究对象之间的信任和交流产生什么影响?这些都是非常重要的问题。那是苏力老师的一篇非常经典的文章,把这个问题第一次直接摆出来,而且讲得很透。

但二十几年之后的今天,在大数据研究兴起之后,我们正面临着新的权力资源问题。迄今为止,国内法学界对这个问题还没有好好反思过,但我这两年越来越觉得这是个非常重要的问题。在大数据兴起之后,我们做研究的方式就产生了变化,三年疫情期间最明显,在疫情期间想做访谈也没法做,在线也许可以做,但如果想去法院访谈,没有核酸检测报告就进不去,有核酸检测报告也不一定让进。所以在这种情况下,我们就更依赖这种坐在家里分析大数据的研究方式,甚至这几年涌现出越来越多的新概念,比如数据法学、数字法学、人工智能法学乃至元宇宙法学……我个人对这个趋势并不看好。套用姜文的电影《让子弹飞》里的一句很经典的台词:"酒要一口一口喝,路要一步一步走,步子迈得太大,容易扯着蛋。"我们几年间从数据法学到数字法学到人工智能法学再到元宇宙法学,就是步子迈得太大。为什么在这么短的时间内这些跟大数据相关的新概念层出不穷?这是跟国家宏观政策和社会发展需求直接相关的。目前我国的人工智能发展以及各种基于大数据的网络平台日新月异,有些方面已经甩欧美国家好几条街了。从国家的宏观政策来讲,当然要鼓励大数据、人工智能的发展,于是法学界也就一窝蜂地跟上,但跟上之后就产生了这个问题,不管叫数据法学还是数字法学,不管怎么搞,都要高度依赖国家体制提供的数据。

在二十年前甚至十几年前,我们还可以不经过官方渠道做社会科学问卷调查。比如我在芝加哥大学读书时的师兄米切尔森(Ethan Michelson),他在2000年做过两个关于中国律师的问卷调查,一个是北京的,另一个是全国性的。他一个"老外",还是个博士研究生,居然就做了这种全市、全国范围的问卷调查。现在你想做同样的事情就非常难了,我们现在绝大多数的问卷调查,或者大数据研究,几乎都需要依附国家体制才能做。假如我现在想做关于云南省律师的问卷调查,我不太可能不跟司法厅、律协打招呼,自己就做了。这是现在的实证研究所面临的非常大的问题,就是数据必须依附国家正式体制才可以拿到,这跟十几年前比差别是非常大的。无论是在苏力老师写《送法下乡:中国基层司法制度研究》时,还是在陈柏峰老师写《乡村江湖》时,抑或在我写《割据的逻辑:中国法律服务市场的生态分析》时,我们并不需要太多体制内的资源,做自己的研究就好了。

我做博士论文的田野调查花的钱并不多。我去了12个省,做了200多个访谈,一共只花了5万多元。当然那是2006年至2007年的物价,即使折算成现在的物价,最多也就十几万元。但现在随便一个大数据研究就要几百万元、上千万元砸进去,不知道这些钱是怎么被花掉的。社会科学的田野调查不需要花那么多钱,但现在做这种以大数据为依托的所谓数据法学、数字法学,浪费了大量国家资源,而且让法学研究者,无论是老师还是学生,开展研究所依托的材料和数据完全来源于体制内,这是非常大的一个问题。因为这些数据既然可以提供给你,也就可以拿走,就像水龙头一样,中国裁判文书网就是个很好的例子。水龙头说打开就打开了,上网的数据源源不断,但现在忽然说要关掉水龙头,明年可能就没有了,大家就又无米下锅了。那我们这些一拥而上搞数据法学的学者和学生怎么办?你看我就一点压力都没有,因为我至今都没迈出这一步。

这是一个更深层次的研究伦理问题,我们作为学者,在多大程度上应该保持我们的学术独立性,而不能让学术研究成为完全依附体制的一个工具。不管我们的政治立场怎么样,做学问必须保持学者的独立性,这个东西至关重要。我是研究职业社会学的,如果一个学者做学术研究没有独立性,那你的职业自主性就没有了,自主性没有了,你的职业地位也不会太高。这是社科法学近十年来的"科学转向"所引发的一个更深层次的问题。

[三] 如何破除数字(定量、数据)迷信

讲了这么多,好像都是在批评别人,那么,怎么能让社科法学研究"破除数字迷信",今后多做一些没有那么"伪科学"的研究?我主要想谈两个问题,一个是在方法论层面上怎么能做得更好,另一个是在叙事上怎么将故事讲得更好。

要从方法论上"破除数字迷信",就要先意识到一点,这点无论在中国法学界还是在美国法学界都有误区。我个人的观点是,法律实证研究在方法论上是兼容并包的,定量方法、质性方法都是法律实证研究方法。但美国法学界有些人的看法不一样,法律实证研究的英文叫"empirical legal studies",可他们界

定的"empirical legal studies"其实是以统计分析为基础的法律定量研究。像法律人类学研究或者像我这种用质性方法做的法律社会学研究，他们不认为是"empirical legal studies"。现在还有一本叫 Journal of Empirical Legal Studies 的不错的期刊，但如果我写了篇文章，用的是访谈这种质性数据，投给这个期刊，这篇文章大概都不会被送去评审，会被直接拒掉。他们就是方法论至上主义，可见这个问题不止中国有。但是这种倾向的背后体现了非常错误的假设，就是认为定量方法更科学，定量方法比质性方法科学，用问卷调查、回归分析做出来的研究就比用访谈、参与观察这些质性方法做出来的研究更科学。他们身上甚至还有一种伪科学的傲慢，觉得我的东西是先进的，而你的是落后的；我用了这些统计方法就"高大上"了、就比你先进了，我会统计就什么都可以研究，而你们这些做质性研究的人，是因为不会统计才去用那些更"原始"的方法。

但实际上并不是这样。现在国家的网络科技、人工智能、社交媒体非常发达，这些科技的进步并不只是带来了大数据，并不只是让做定量研究变得更容易，事实上让做质性研究也变得更容易了，而且出现了新的方法和可能性。举两个例子：

第一个例子是我在多伦多大学的学生李偲韬，他对我国的基层刑事司法非常感兴趣，但因为他要攻读博士学位，前几年一直在国外，后来虽然人已经回到国内，但疫情期间他也进不去法院，没法去做参与观察、旁听庭审。但李偲韬同学找到了一个办法，因为他是吉林长春人，他发现在前几年搞司法公开的时候，长春的基层法院有很多采用简易程序的庭审视频都会上线，上法院网站就可以看到。他就觉得这个很有意思，他虽然进不去法院，但哪怕身在国外，隔着几千公里、上万公里，也可以看这个视频。当然，看视频本身是不完美的，无法取代亲临其境。就好像大家为什么要在这个房间里听讲座，哪怕座位坐满了，这么多同学还要在地上坐着，在教室后面站着，就是因为身处同一个房间里的这种人与人之间的互动，是看视频永远不能取代的。但是在这种进不去法院的情况下退而求其次，看视频就成了非常好的办法了。

李偲韬在 Law & Society Review 发了一篇文章,这个是我们法律社会学领域在全世界范围内的"顶刊"。这篇文章叫"Face-Work in Chinese Routine Criminal Trials",翻译过来就是"中国日常刑事审判中的脸面问题"。[1] 他是怎么研究法官的脸面问题的呢?他选了长春某个基层法院的上了网的100多个视频,把这些视频从头到尾都看了不止一遍,还做了记录,花了很多时间。然后他从视频里观察法官和当事人、检察官、辩护律师之间的互动过程,看出了一些特别有意思的现象。李偲韬发现,法官在庭审中既有"脸"也有"面子",脸有两种,一种叫"法律脸",另一种叫"政治脸"。什么叫"法律脸"?就是说法官在庭审中要摆出一副法律的姿态。虽然刑事审判很多都是走程序,其实被告人早就认罪认罚了,结果会怎么样十有八九能猜得差不多,但法官还是要维系这张"法律脸",他会把程序从头到尾过一遍,有特定的说话方式和口吻,这些都是法官维护司法权威的重要方式。但"法律脸"有时候管用,有时候不管用,有的被告人会挑战法官的权威,会戳破法官的"法律脸",这时法官就要摆出一副"政治脸",给被告人做说教性的政治教育,这在庭审中也很常见。另外,他还发现,法官也有"面子"问题,庭审过程中很重要的一点是参与人都在有意无意地维护法官的面子。比如,法官有时说错了一句话,甚至把案情都给记错了,检察官和律师就会想办法帮助法官来保持住他的面子,这也是个很有意思的发现。

这篇文章的内容我不多讲了,大家可以想想这个研究是怎么做出来的,这个研究完全是通过高科技做出来的。视频的出现是非常晚近的事情,高科技给我们带来的并不只是大数据,并不只是多了好多"米",也多了不少其他类型的"数据"。比如说观察庭审,现在有了比以前多不知道多少倍的素材。和在现场的参与观察相比,视频有缺点但也有好处——你可以反复看一段视频,比如刚才我举的例子,法官说错话了,检察官和律师有什么反

---

[1] Sitao Li, *Face-Work in Chinese Routine Criminal Trials*, 57 Law & Society Review 254 (2023).

应,有视频的话你可以看 5 遍、10 遍,可以看出很多细微的东西,但在现场看的话,你可能就忽略过去了。你看了 5 遍之后,就发现某句话似乎是话中有话的,因为其实体制内的很多人,包括法官和检察官,他们说话是很有水平的,有时候他想告诉你一件事,但是又不能明说,他就会用非常委婉而有技术含量的方式告诉你。这种东西在庭审现场可能听了就过去了,但是去反复看 10 遍那个视频可能就会看出来。所以视频有视频的好处,它让我们可以深入细致地观察很多东西。原来我们也可以进法院做参与观察,就是拿纸笔记,可你用纸笔记或者录音,很多东西是记不下来的,比如人的表情。当然,目前我们的庭审视频的清晰度还没有那么高,还没有到那种可以把法官的脸色和面部表情都看得很清楚的程度,但还是能看出或听出他在笑、他生气了、他的语调提高了。这些都不是数字,也不是统计方法,但这也是高科技给我们的实证研究带来的全新的可能性。

所以做研究写文章时,可以考虑一下现在有什么新的研究方式和数据来源,像李偲韬同学用的这种视频观察,就是可以用的新方法。用这些东西来炒菜,做出来的研究的质量是不是会比拿几万个或者几百万个司法判决书"画饼充饥"或者"煮白米饭"的质量要更高一点呢?或者也可以把两者结合起来,"又有米饭又有炒菜",那这个研究或许就会更丰满一点。

第二个例子是关于网络民族志,这也是科技发展为法律社会学田野调查带来的一种新的可能性,我前几年和另一个学生王迪一起写过两篇关于这个问题的文章。❶ 传统的民族志是在线下做的,要到"田间地头"去做,比如去一个法院参与观察,那就需要在这个法院工作一段时间,参与法官们的日常生活;如果研究律师,那就要去一个律师事务所上班。但在现在的社会生活中,大家每天的日常生活都离不开网络。三年疫情期间我们可能有 90% 以

---

❶ See Di Wang and Sida Liu, *Doing Ethnography on Social Media: A Methodological Reflection on the Study of Online Groups in China*, 27 Qualitative Inquiry 947 (2021); Di Wang and Sida Liu, *Performing Artivism: Feminists, Lawyers, and Online Legal Mobilization in China*, 45 Law & Social Inquiry 1 (2020).

上的社会活动都是在网上完成的,即使现在放开了,没有那些防疫的限制,但每天跟自己的同学、朋友、亲戚、父母在线上互动的时间可能都比在线下多。这种网络上的社会互动已经成为我们日常生活的非常重要的组成部分,所以作为研究者,不管是研究律师、研究法官还是研究公民的法律意识,都不可能脱离网络。这就产生了一种新的研究方式:网络民族志。

网络民族志跟线下的民族志有很多相似之处,但也有些明显的差别。传统的民族志是到一个地方去做一段时间的田野调查,然后就回家了,可能一辈子再也不去这个地方,再也见不到这些研究对象。作为研究者,可以进得去田野,也可以出得来,传统的法律人类学家从田野出来之后就跟它隔离开了,这个是不难做到的。我在做博士论文研究时访谈了200多位律师,但后来我跟他们的联系就不多了。有些律师可能后来变成朋友,偶尔会有联系,但这种情况其实很少,绝大多数律师在我访谈一次后就跟他们再没有联系了。但是,现在这已经比较困难了,现在我要访谈一个律师,首先要加微信,不加微信是不太可能的,加了微信意味着他永远都是你的朋友,除非被屏蔽或拉黑。所以,作为网络民族志的研究者,进去了就出不来了。

比如说要研究某个法律职业群体,人家把你加进一个微信群,你在这个微信群里认识了很多法官、律师或者法学专业的学生,你跟他们在群里互动,甚至有的人你也线下访谈过。你在群里看到很多东西,可以成为你研究的数据和材料,等研究结束之后你当然可以退群,但是只要你退群了他们就找不到你了吗? 尤其是在实施网络实名制之后,你基本不太可能从这个世界上消失。所以这又回到苏力老师讲的权力资源问题,因为我们中国人的习惯是彼此互利互惠,我今天求你办事,以后你也会求我办事。可能我今天求了你,你10年都不找我,但10年之后你可能会找我办事,这是我们中国人的人之常情。但是现在,当你进入了田野之后,人家给你提供了很多东西,在你出来之后,忽然有一天,比如某位受访人找到我,说刘老师我有件事想请你帮忙,那我该怎么办? 这是非常现实的问题。

网络民族志在研究伦理上也是个巨大挑战。现在内地还没有社会科学研究的学术伦理审查制度,在很多国家和地区都有这个制度,中国香港特区也有。我正在做的关于青年律师生存状态的调查,也花了一个多月的时间走香港大学的学术伦理审查程序,因为作为社会科学研究者,要保证自己的研究不能对研究对象造成伤害,这是底线。这个东西说起来容易,但传统上的学术伦理审查有一系列非常死板的规定,比如受访人原则上是要匿名的,我肯定不能公布他的名字或者单位这些信息。所以,《割据的逻辑:中国法律服务市场的生态分析》那本书里面的所有访谈我都只写到省,比如这个受访人是黑龙江省的一名律师,连在哪个市我都不会写,因为我要充分保护他们的个人信息。另外,做访谈还要征得受访人的同意,理论上国外那种同意方式最标准,即每做一个访谈,就要给受访人一张纸,一个告知性的同意书,甚至有的还要他签字。这种方式在我们中国是不太能做到的,比如我要访谈一位律师,我上来先拿张纸,说这是我的访谈伦理规则,你给我签个字,那受访人早被吓跑了。所以,虽然不一定非要签一个书面的东西,但至少你要告知,要征得同意,不能说人家不同意你就去访谈或者去做参与观察。但是网络民族志就出现了一个新的挑战,比如我刚才举的例子,如果别人把我加进了一个微信群,群里的人我并不全都认识,甚至有的人用网名,我连他们是谁都不知道,那我怎么征得同意?如果不能征得同意的话,那我在微信群里观察到的这些东西能不能作为数据使用呢?按传统上的这种很僵化的社会科学学术伦理审查的标准,这个数据材料很可能没法用,因为你的研究对象并没有同意。

这就是现在网络民族志兴起之后给我们的实证研究带来的新问题,但与此同时,它也带来了许多新的机遇。我现在反思这个问题,越来越确信这一点。我们以后的民族志基本都会是线上线下结合的,纯线下的民族志很可能会越来越少。因为就像我刚才说的,现在人与人之间的互动有很大一部分在线上完成,不只是研究者和研究对象之间这样,普通人之间也是这样。这也是科技为社会科学研究尤其是质性研究提供的一种新的可能性。

简言之,我们要破除"数字迷信",不是破除了数字迷信就不做实证研究了,而是破除"数字迷信"能让我们拨云见日,拨开这些大数据的"乌云"之后可以看到，其实法律实证研究还有很多更好、更新、更明朗的可能性。新的科技、数据、人工智能甚至元宇宙都可能会给我们带来新的田野，给我们的访谈、参与观察和其他质性研究方法带来全新的应用空间。

在最后，讲一讲叙事的问题。社科法学为什么越来越像"伪科学"了？有一个重要原因，就是现在的文章越来越不会讲故事，这跟十几年前有非常大的差别。为什么陈柏峰老师的《乡村江湖》是本非常好的书？有很多原因。他从费孝通先生的《乡土中国》里关于中国乡土社会的理解中归纳出了四个原则，然后他这本书就从这四个原则中发展出了一个理论框架，再用这个理论框架来分析两湖平原的"混混"问题，理论上做得非常漂亮。但还有一点更重要，陈柏峰老师是华中村治学派出来的，他们华中村治研究里面最重要的两个字叫"深描"。什么叫深描？就是一定要很细致地讲故事，把这个故事讲好。甚至理论上并不用写得花里胡哨，但故事一定要讲好，要用故事来说服人，用故事来打动人。这种"深描"的写作方式在社会科学中非常重要，在历史学里用得更多，历史学家们都是在讲故事。其实不管是历史学家还是社会学家，即使是对那些做定量研究的社会学家而言，一流学者和二流学者之间最大的区别就是一流学者能讲出好故事来。有些二流学者的统计分析技术非常好，分析结果很复杂，可就是讲不出好故事来，所以文章也写不好，这是一个巨大的差距。

我在很多年前开会时碰到过一位历史学家，她打过一个特别好的比喻。她说，对历史学家而言，理论这个东西就像内裤一样，你永远都应该穿着，但你永远都不应该露出来。历史学家写东西从表面上看没什么理论，但并不是这些历史学家没有理论功底，人家理论功底都深着呢，比我们这些"伪科学家"深厚多了。但是他们不会讲一个大理论，因为理论就像内裤一样，藏在文字里面，让你看到的都是外面的衣服。所以我听完那句话就有一种醍醐灌顶的感觉，我研究了那么多年的社会学，原来整天都是把内裤套在脑袋上！我们这些"伪科学家"做的基本上是这个事情。但话又说回来，怎么才能把故事讲好，不那么"伪科学"？这就非常有学问了。我在芝加哥大学的导师阿伯特教授写过一本以方法论为主题的书叫《发现的方法》(*Methods of Discovery*)❶，他这本书就是教大家怎么写文章、怎么叙事。他认为社会科学基本上有三种叙事方式，第一种是因果式，第二种是分析式，第三种是叙述式。叙述式的叙事方式其实跟华中村治学派用的那种深描的方式非常像，就是讲故事，不需要扯那么多大理论，不需要把内裤套在脑袋上，就把这个故事讲好就行了。

法国社会学家拉图尔(Bruno Latour)说过一句话："只有坏的描述才需要解释，好的描述是不需要解释的。"我并不完全同意他这句话，对社会学而言解释还是很重要的，但他这话里有很深刻的道理。用深描的方式把文章写出来，如果真能写好的话，其实比那种因果式和分析式的写法都更高级。因为故事讲清楚了，就不需要再讲大理论，其实是把描述和解释的工作一起做完了，而且这种研究肯定是更能打动人心的。这也是现在的社科法学最缺的一点。前几年疫情期间，我给《中国法律评论》写过一篇文章，就是以新冠疫情为例讲法律社会学的三种叙事方式，我把这三种方式叫作数字、制度和人心。❷ 现在的研究缺得最多的就是人心。韦伯的《新教伦理与资本主义精神》里有句非常有名的话，叫"专家没有灵魂，纵欲者没有心肝"，现在的很多社科法学研究既没有灵魂也没有心肝。社会科学研究最终是关于人的，是人写的，也是写给人看的。如果一个研究从头到尾就煮了一锅白米饭，全是大数据，却根本没有人的感情，没有人的喜怒哀乐，那这个研究肯定不是最好的研究。最好的研究无论是用定量方法还是质性方法，最后写出来的文章应该是有人心的，是可以打动人的。

---

❶ Andrew Abbott, *Methods of Discovery: Heuristics for the Social Sciences*, W. W. Norton & Company, 2004.

❷ 参见刘思达：《浅谈法律社会学的三种叙事方式——以新冠肺炎疫情为例》，载《中国法律评论》2021年第2期。

法律实证研究的工具价值与理论意义：
一个评述

柯玉璇*

摘 要：在"法学为体，社科为用"的观念下，法律的实证研究旨在为法教义学发挥"事实发现"的工具性作用，在不被重视的情况下，实证研究存在理论薄弱和技术缺陷的问题。从学术史的角度来看，实证研究与经验研究一体同源，最初由法律经验研究统摄，经"实证转向"后得以发展繁荣。实证研究有着事实发现的作用，为更好发挥工具价值，首先应解决数据和研究技术的问题。在理论意义方面，法律实证研究被批评有着理论上幼稚等局限。实际上，法律的实证研究能够洞察社会事实，方法论上能从个别推导到一般、能够检验理论命题并进行理论发现。重构定性与定量的关系，需要二者的合作，实证研究应关注经验研究的问题意识。

关键词：法学研究方法　法学实证研究　法律定量研究　定性比较研究　假设检验思想

法律领域内，定量研究与定性研究同属于法的社会科学研究（也被称为"社科法学"）。中国的法律定量研究近年来逐渐成为一个热门领域。有学者将定量研究称为量化研究和法律实证研究，而将定性研究称为质性研究和

---

* 柯玉璇，中国人民大学法学院博士研究生。

经验研究。也有学者将法律实证研究同时用于指代量化研究和质性研究。❶ 本文依前者的习惯使用这些概念,在同一意义上使用定量研究、量化研究和实证研究等语词,其主要特点是利用统计学、计算机科学等工具对法律现象进行量化研究,以揭示法律规则、法律行为和法律决策的内在规律。

以往的研究倾向从实证研究在法学中的定位和作用的角度对实证研究进行讨论,但是这样的综述性论文是有局限性的,缺乏以实证研究的内部视角来审视研究的不足。本文的创新之处在于,指出了实证研究中数据来源和实证技术的问题,并提出了被广为忽视的实证研究的理论意义。本文先指出了实证研究的发展和价值,从实证研究的内部视角,试图综述国内法律领域实证研究的内部情况,旨在回答"如何做出更好的法律实证研究"的问题。

[一] 法律实证研究的功用与困境

(一) 法学为体,社科为用?

主流的法教义学研究很少涉及实证研究的因素,但这不代表实证研究对法教义学等法学研究毫无用处。法学的规范研究如果不借鉴来自社会科学视角的外部知识,会陷入自说自话、循环论证的谬误。许多法律规范的制定目的是调整社会关系,那么社会关系,尤其是社会本身,为何需要被调整、如何调整、调整的作用如何,都需要从超越法律规范本身的视角来研究。以法经济分析为例,成本和收益的确定需要对事实进行了解和认定。实证研究也能为涉及价值判断的复杂问题提供参考,因为进行价值判断的前提条件是对事实的认定达成共识。因此,包括经验研究和实证研究的法的社会科学研究对法学研究有着重要的参考作用,对法的社会科学研究结果的了解和掌握,是讨论法学问题、使法学成为一门政策科学的前置条件。

---

❶ 参见陈柏峰:《法律实证研究的兴起与分化》,载《中国法学》2018 年第 3 期。

法学实证研究具有工具性面向和理论性面向。实证研究的工具价值服务法学研究的主流教义学,前者为"用",后者为"体"。在工具性面向以外,实证研究的独特贡献在于其理论意义超越了"器用"。

工具性面向是指实证研究通过揭示"书本中的法"与"行动中的法"之间的差距,为规范性论证提供事实上的指引,这种作用是工具性的,是服务法学的规范研究的。王鹏翔、张永健通过指出经验面向的规范意义来回答法实证研究如何有助于解决法学问题。他们认为,法实证研究的研究对象属于法学关切的主题。法教义学的规范论证不能脱离经验事实,法律规范经常援引经验事实作为理由,因此法学具有经验面向,实证研究通过发现法学经验事实,为法学研究作出贡献。也就是说,实证研究通过发现"差异制造事实",即因果关系,经验研究为法学规范提供指引。❶ 程金华同样指出了法律规范需要具体事实:"法学研究面临着弥合'事实与规范'的鸿沟,法律的规范体来自对事实的观察和归纳。"❷ 张剑源指出了社会科学知识在发现和裁判司法案件时作为背景性事实的作用。❸

现有的研究虽然指出了实证研究的作用,但倾向认为实证研究属于规范研究的附属,相较于规范研究,实证研究只具有工具性的作用。这种以规范研究为"体"、以实证研究为"用"的视角是有局限性的,其忽略了实证研究本身的理论性面向。所谓理论性面向,即实证研究是否存在"事实发现"以外的理论意义,能否对社会科学的发展作出理论贡献。但这一面向常常被实证研究的学者忽视,想要引起法教义学领域的重视则更加困难。法律定量研究的理论面向更需要被深入讨论。实际上,作为独立的研究领域,实证研究存在着独特价值,能够基于其视角和方法作出理论性贡献。

---

❶ 参见王鹏翔、张永健:《经验面向的规范意义——论实证研究在法学中的角色》,载李昊、明辉主编:《北航法律评论》2016 年第 1 辑(总第 7 辑),法律出版社 2017 年版。

❷ 程金华:《事实的法律规范化——从农业社会到信息革命》,载《学术月刊》2021 年第 3 期。

❸ 参见张剑源:《发现看不见的事实:社会科学知识在司法实践中的运用》,载《法学家》2020 年第 4 期。

相对于定性研究,定量研究有着独特的价值。第一,量化研究的结论能够超越个案,得到更具一般性的结论。如果针对个案的经验研究是"解剖麻雀、以小见大"的话,那么量化研究就是基于大量个案研究的结论用样本去推断总体,从同案或者类案中发现规律。第二,定量研究具有可验证性和知识积累性,经由实证研究生产的是一种"可验证的司法理论"❶,格兰特在研究"单次当事人"和"重复性当事人"的博弈时,后者作为"强势者"在诉讼中有更大的优势这一命题被提出后得到许多研究的检验。❷ 第三,利用统计学方法的定量研究,能发现作用于社会层面的因果机制。对堕胎合法化与犯罪率的降低之间的关系,❸通过定性研究是不可能发现的,因为定性研究获得资料的方式是情境化的,无法获取整个社会层面的宏观数据并对看似没有关联的社会事实进行分析和统合。

(二)知识再生产的难题

针对定量研究的工具价值和理论意义,现有的研究存在两个问题,一是缺乏针对结论的理论分析(理论性问题);二是统计学知识还不够专业(专业性问题)。

理论性问题源于法律定量研究的方法定位,实证研究和经验研究之间的关系常常被忽视。法律实证研究将主要精力放在对话法教义学上,即为法教义学的论证提供经验事实。有学者认为法教义学与实证研究交集于法的有

---

❶ 左卫民:《如何展开中国司法的实证研究:方法争鸣与理论贡献》,载《东方法学》2022年第5期。

❷ See Marc Galanter, *Why the "Haves" Come Out Ahead: Speculations on the Limits of Legal Change*, 9 Law & Society Review 95 (1974). 中译版为〔美〕马克·格兰特:《为什么"强势者"优先:法律变革限度的推测》,彭小龙译,载冯玉军选编:《美国法律思想经典》,法律出版社2008年版,第131—177页。

❸ See John J. Donohue and Steven Levitt, *The Impact of Legalized Abortion on Crime*, 116 The Quarterly Journal of Economics 379 (2001).

效性,❶法律的实证研究在于验证法律实施的情况。因此,定量研究作为法学学科的边缘研究,其精力应当主要放在对事实的发现和结果的解读上。

在法的社会科学研究内部,定量的研究得不到重视,表现在二者之间缺乏对话,彼此之间没有分享共同的问题意识。法律的经验研究认为,由于法律规范和法律现象的特殊性,作为社会科学的研究对象,其不像人口、社会分层等问题那么客观,而其在很大程度上是规范性的,许多东西不好统计,比如法律意识、诉讼话语、职业伦理等,用质性方法来研究或许更合适。❷ 但是经验研究偏重发展本领域的问题意识和研究领域,忽略了法律实证研究在方法论上的优势,这种理论视野的单一造成了法律定量研究在理论上的薄弱。强世功将出现这个困境的原因归结为法律教育体制造成的隔离,法律实证研究者缺乏人文社科理论的系统训练,受制于专业壁垒,社会科学知识和方法主要基于个人兴趣摸索,因此在理论上难以进一步得到提升。❸

法教义学不关注法律定量研究技术的精确性和结论的稳健性,法律定量研究论文在篇幅上和内容上无须注意数据和方法上的问题,这就导致了研究存在专业性问题。针对专业性问题,刘思达认为原因是法学院的老师们大多"不识数",有些人虽然学了点统计方法,但也只是皮毛而已,真正能看懂也会做回归分析之类的复杂统计分析的人凤毛麟角,更不用说最近几年流行起来的"大数据"和计算社会科学方法了。❹ 法学院的本科教育中,相对其他社会科学学院,法学院是唯一不开设数学课作为必修课的学院。法学院教师的学生时代很少有统计学的学习经历,在高校任职的他们很难开出法学实证研究的课程,社会学系、经济学系的课程大多也不适应法学研究,这就造成了知识生产与再生产的困境。

定量研究知识生产的困境同样造成了定量研究与主流法学研究的壁

---

❶ 参见白建军:《论刑法教义学与实证研究》,载《法学研究》2021 年第 3 期。
❷ 参见刘思达:《法社会学信札》,第八封信,北京大学出版社 2024 年版。
❸ 参见强世功:《中国法律社会学的困境与出路》,载《文化纵横》2013 年第 5 期。
❹ 参见刘思达:《法社会学信札》,第八封信,北京大学出版社 2024 年版。

垒,主流研究不关注数据的处理和结论的稳健性,法学期刊等评价系统不重视实证研究的数据和方法技术,许多论文的数据来源和处理被外包给了专业的数据处理机构,这就导致了定量研究的作者不在乎模型的设定和结果是否可靠,他们的主要关注点在于研究的问题本身。对研究问题本身的过分关注冲淡了他们对研究过程和研究结果的关注。论文的读者大多是法学界的学者和学生,受限于知识领域,他们无法理解为何论文的作者要耗费巨大精力说明模型选择的前提、变量的设置、结果的解读和稳健性的检验,读者只会跳过这一部分关键的技术分析,直奔研究的结论。作者对统计方法的说明,对不关注统计技术的读者而言,是一种篇幅上的浪费。而这种解释和说明是论文的必备因素,直接关系到结论的可靠性,对假设前提和研究局限的说明能够对读者产生教学作用,也有助于精通统计学的读者发现论文中的谬误甚至错误,对定量研究水平的提高有积极作用。定量研究的发展不能仅仅局限于研究领域的拓宽和研究数量的增加,研究精细程度的提升至关重要,但最容易被忽视。

[二] 法律实证研究的学术史

法律实证研究是法律社会科学研究的一个子领域,同样受到社会科学界实证研究方法历史浪潮的影响。相较于具有更强理论传统和学术历史的法教义学,法律的社会科学研究十分年轻。法律的社会科学研究自 20 世纪 80 年代从法社会学研究兴起,在经历两三代人的努力之后,法社科研究走向繁荣和分化,实证研究方法开始得到应用。[1] 从学术史的角度来看,实证研究与经验研究一体同源,在诞生之初和发展壮大的过程中,曾一度具有相同的学科背景,因此也有着共同的学科方法。但是,这种统一性在后来的发展中

---

[1] 参见侯猛:《法的社会科学研究在中国:一个学术史的考察》,载《社会科学》2023 年第 3 期。

逐渐消失,演变至今成为独立的两种研究方法。简单来说,法律实证研究的发展可以分为两个阶段。

(一)法律经验研究统摄下的法律实证研究格局

在1979年和1990年前后,实证研究有两次浪潮,包括针对法律实践的政策研究、对习惯法的研究和田野调查,都未能传承下去。❶ 但这两次实证研究为定性研究的后续发展作了铺垫。

利用统计学对多个个案或者法律现象进行研究要等到苏力。2000年,苏力对上诉率的数据调查略显粗糙但开创了司法研究的先河。❷ 苏力对基层法院的研究在整体上属于经验研究,其中对部分事实的描述利用了最基本的统计概念,属于有数据元素的研究,并不能被完全归属于实证研究。这是在规范研究之外,使用数字进行现象说明的初步尝试。在此之前,法学论文中很少出现对数字的统计和呈现。

专业地使用定量技术进行法律实证研究的第一个中国学者是白建军,在1999年,他开始在犯罪学、刑法学领域进行实证研究,❸白建军在研究犯罪学及讲述研究方法时发展了对量化研究的兴趣并得以研究刑法和犯罪问题。❹ 他的开创性研究和对定量研究技术的熟练掌握与应用使他在当时的定量研究领域成为最有影响力的作者。经过多年深耕,针对法律定量研究的专门教材《法律实证研究方法》在2008年出版。❺ 北京大学的白建军、江溯先后开

---

❶ 参见陈柏峰:《法律实证研究的兴起与分化》,载《中国法学》2018年第3期。
❷ 参见苏力:《基层法官的司法素质——从民事一审判决上诉率透视》,载《法学》2000年第3期。
❸ 白建军在定量研究领域发表的第一篇论文是《刑事学体系的一个侧面:定量分析》,载《中外法学》1999年第5期。
❹ 参见侯猛、白建军、程金华:《对话白建军:在乎真相的法律实证》,载苏力主编:《法律和社会科学(第17卷第2辑)》,法律出版社2019年版,第294—326页。
❺ 2014年该书再版。

设了"法律实证分析"课程。❶

白建军带动了一批学者从事法律的定量研究。21世纪初,左卫民、王亚新分别在刑事诉讼和民事诉讼领域开展定量研究,左卫民至今仍在此领域有着持续性的产出,使定量研究成为西南地区法学研究的"名片"。程金华受到白建军的影响,在法律定量研究领域持续高产。

(二) 社会科学界的"实证转向"与法律实证研究的繁荣

定量研究相比定性研究存在特殊性。这种特殊性在不同学科中分布不平衡,呈现"法律实证研究"与"法律经验研究"的分野。❷ 如果考察法律定量研究的所有论文,则会发现实证研究的数量与质量明显上升。这种增长并不是在法律定量研究开创之后就立即产生的,而是在经过第一代学人的多年努力之后才得以获得学术界的广泛关注。在数量方面,赵骏统计了1990年至2013年法律实证研究论文的数量,论文数量呈明显增多的趋势。❸ 程金华统计了截至2015年法学核心期刊刊发的以"实证"为标题的文章及法学研究项目数,文章数量总体呈上升趋势,且在2004年以后有显著增长。法律实证研究成果的上升趋势,多年来形成了较大的知识市场。❹

由于定量研究的实用性和政策科学导向,率先使用定量方法的是部门法研究领域的学者。论文学科方面,刑法相关领域,尤其是犯罪学领域,有较强的实证研究传统。以前,刑事诉讼和刑事司法领域占据了实证论文的半壁江山,而当代实证研究在法学的各个领域都呈扩散趋势。❺ 法律实证研究被运用得最为广泛的领域是诉讼法学界,该领域有大量关于诉讼程序、非诉程序

---

❶ 参见侯猛:《实证"包装"法学?——法律的实证研究在中国》,载《中国法律评论》2020年第4期。

❷ 参见侯猛:《法的社会科学研究在中国:一个学术史的考察》,载《社会科学》2023年第3期。

❸ 参见赵骏:《中国法律实证研究的回归与超越》,载《政法论坛》2013年第2期。

❹ 参见程金华:《当代中国的法律实证研究》,载《中国法学》2015年第6期。

❺ 参见程金华:《当代中国的法律实证研究》,载《中国法学》2015年第6期。

的实证研究成果发表。❶ 在诉讼法与司法制度之外,实证研究论文广泛分布在刑法、民商法、地方法制等领域。❷ 各个部门法和法学理论领域的实证研究数量都有了显著增长。

这种繁荣不仅体现在数量和学科分布上,还体现在实证研究的质量上。早期大部分论文依托描述性统计对法学问题进行分析。有学者对描述性统计持否定性评价,认为描述性统计止步于事实发现,理论基础薄弱,❸无法作出统计推断,实证技术十分简单。需要注意的是,描述性研究基本可以胜任对经验现象的特征把握。❹ 描述性统计能够直观发现案件的比例、分布等基本情况,用于呈现事实。例如,检验腾讯公司是否是"南山必胜客"的研究,就必须运用描述性统计的方法呈现其诉讼情况。❺ 而且,高质量的论文会利用统计描述的结论进行理论命题的检验,或者检验法律规则在实践中的运行状况从而给出政策建议。❻ 因此,在现有研究中,描述性统计依然占主流地位,且在相当长的时期都有不容忽视的作用。

近年来,一部分论文依托较复杂的模型进行数据处理,利用的方法以多元线性回归为主,辅以 Logistic 模型。❼ 随着越来越多的接受过系统的社会科学训练和数据科学训练的学者进入学术界,个别学者的论文还开始使用在

---

❶ 参见陈柏峰:《法律实证研究的兴起与分化》,载《中国法学》2018 年第 3 期。
❷ 参见胡平仁、蔡要通:《部门法学领域的法律实证研究——基于文章和课题统计数据的实证分析》,载《学术论坛》2017 年第 6 期。
❸ 参见徐文鸣:《法学实证研究之反思:以因果性分析范式为视角》,载《比较法研究》2022 年第 2 期。
❹ 参见左卫民:《基于数据的实证研究》,载程金华、张永健选编:《法律实证研究:入门读本》,法律出版社 2020 年版,第 20 页。
❺ 参见陈杭平:《资本"俘获"地方司法了吗?——基于 2018—2020 年南山法院涉腾讯判决书的分析》,载《法制与社会发展》2023 年第 2 期。
❻ 参见徐文鸣:《法学实证研究之反思:以因果性分析范式为视角》,载《比较法研究》2022 年第 2 期。
❼ 参见白建军:《论刑法教义学与实证研究》,载《法学研究》2021 年第 3 期。

法学领域更加不常见的模型,如多层线性模型❶、聚类分析❷、分位数回归等方法。还有另一种路径是运用访谈、问卷调查❸甚至观察实验、设计实验等方式,但这方面的论文较少。

随着社会科学界中因果推断、因果推论话题的兴起,有学者强调,法学实证研究不应止步于从描述性统计到发现相关性,需要试图作出因果推论。❹常用的方法包括准自然实验、断点回归、双重差分、工具变量、配对分析模型、事件研究法等。中文期刊不仅出现了对这些方法的讨论,❺而且出现了对包括工具变量❻、双重差分❼等方法的应用。

(三)法律实证研究的事实发现与政策指导

实证研究通过实证发现的形式推进知识。❽ 针对事实的发现,无论是证实还是证否,都蕴含着实证研究在法学领域的独特贡献。从 1972 年美国诞

---

❶ 参见吴雨豪:《量刑自由裁量权的边界:集体经验、个体决策与偏差识别》,载《法学研究》2021 年第 6 期;吴雨豪、刘庄:《民意如何影响量刑?——以醉酒型危险驾驶罪为切入》,载《中国法律评论》2023 年第 1 期。

❷ 参见雷鑫洪:《方法论演进视野下的中国法律实证研究》,载《法学研究》2017 年第 4 期。

❸ 参见左卫民、刘帅:《监察案件提前介入:基于 356 份调查问卷的实证研究》,载《法学评论》2021 年第 5 期。

❹ 参见徐文鸣:《法学实证研究之反思:以因果性分析范式为视角》,载《比较法研究》2022 年第 2 期。

❺ 参见徐文鸣:《法学实证研究之反思:以因果性分析范式为视角》,载《比较法研究》2022 年第 2 期;张永健:《量化法律实证研究的因果革命》,载《中国法律评论》2019 年第 2 期。

❻ 参见刘庄:《司法信任与经济发展》,载苏力主编:《法律和社会科学(第 14 卷第 1 辑)》,法律出版社 2015 年版,第 227—290 页。

❼ 参见陈天昊、苏亦坡:《我国知识产权法院的治理实效与制度逻辑》,载《法学研究》2023 年第 1 期;左卫民:《通过诉前调解控制"诉讼爆炸"——区域经验的实证研究》,载《清华法学》2020 年第 4 期。

❽ 参见白建军:《法学研究中的实证发现——以刑事实证研究为例》,载《政治与法律》2019 年第 11 期。

生第一篇量化法律研究文章以来,❶中外的实证研究发现了许多新事实。通过实证研究可以发现,在犯罪学领域,许多常识性观念实际上都是谬误。❷国外的实证研究有许多经典之作,为解决因果倒置的问题,用选举周期作为工具变量证明警力与犯罪率的关系,❸证明堕胎合法化是犯罪率下降的重要原因,❹证明死刑无法震慑谋杀,❺以及通过醉驾研究刑罚与威慑力之间的关系。❻

目前国内的研究成果集中在刑法和司法领域,唐应茂等人的研究显示,在民商事执行过程中,由于债权人的诉讼和执行行为是非市场化的,进而导致即使在诉讼和执行成本不菲的情况下,依然存在高申请执行率和高中止执行率同时存在的"双高"现象。❼白建军对中国司法实践的研究显示,宣告刑的平均刑量低于法定刑中线,❽德国、奥地利的实证研究也发现相同的趋势,表明法定刑的下限是法官量刑的基本起点。❾ 法律动员的情况受到人们

---

❶ See Daniel E. Ho and Larry Kramer, *Introduction: The Empirical Revolution in Law*, 65 Stanford Law Review 1195 (2013); Robert L. Rabin, *Agency Criminal Referrals in the Federal System: An Empirical Study of Prosecutorial Discretion*, 24 Stanford Law Review 1036 (1972).

❷ 参见白建军:《论法律实证分析》,载《中国法学》2000 年第 4 期。

❸ See Steven D. Levitt, *Using Electoral Cycles in Police Hiring to Estimate the Effect of Police on Crime*, 87 The American Economic Review 270 (1997); Steven D. Levitt, *Using Electoral Cycles in Police Hiring to Estimate the Effects of Police on Crime: Reply*, 92 The American Economic Review 1244 (2002).

❹ See John J. Donohue III and Steven D. Levitt, *The Impact of Legalized Abortion on Crime*, 116 The Quarterly Journal of Economics 379 (2001).

❺ See John J. Donohue and Justin Wolfers, *Uses and Abuses of Empirical Evidence in the Death Penalty Debate*, 58 Stanford Law Review 791 (2005).

❻ See Benjamin Hansen, *Punishment and deterrence: Evidence from Drunk Driving*, 105 American Economic Review 1581 (2015).

❼ 参见唐应茂、盛柳刚:《民商事执行程序中的"双高现象"》,载苏力主编:《法律和社会科学》(第一卷),法律出版社 2006 年版,第 1—29 页。

❽ 参见白建军:《量刑基准实证研究》,载《法学研究》2008 年第 1 期。

❾ 参见白建军:《法学研究中的实证发现——以刑事实证研究为例》,载《政治与法律》2019 年第 11 期;〔德〕汉斯-约格·阿尔布莱希特:《重罪量刑——关于量刑确立与刑量阐释的比较性理论与实证研究》,熊琦等译,法律出版社 2017 年版,第 322—324、523 页。

的社会基层属性的影响,统治精英更愿意对纠纷采取行动。劳动阶级在面临纠纷时会诉诸政府,与之相反,中上层阶级动用法律解决纠纷的情况更多。❶中国民众并不偏好严刑峻法,犯罪以外的个人因素和社会因素反映了刑法偏好。❷ 地方的立法权和司法权体现了单一制中国的"联邦制色彩",在违纪解除劳动合同纠纷中,各个地方不同的法律规则会导致对公民/企业权利的差异性保护,具体体现在对劳动者(企业)有利的法律规则会导致对劳动者(企业)有利的司法裁判。❸ 以效率为导向的繁简分流改革虽在有限程度上提高了效率,但总体上难称显著,各项改革在效率的提高程度上参差不齐。❹ 程金华通过定量分析证实了法院系统"案多人少"问题日益突出。❺

事实发现能够避开道德原则争论的不确定性,使法学学术讨论聚焦于真实世界中的真实问题。此外,法律实证研究的工具价值也在于通过对事实的发现为政策分析提供指导。

有许多研究具有政策指导作用,帮助法律成为一种对策科学。比如,通过测算案件工作量为编制法官员额提供指导;❻死刑实际执行数量的明显减少并未导致犯罪率上升;❼"诉前调解"措施虽然可以减少诉讼案件的数量,但难以直接减少案件纠纷的发生,无法实现人民法院"诉源治理"

---

❶ 参见程金华、吴晓刚:《社会阶层与民事纠纷的解决——转型时期中国的社会分化与法治发展》,载《社会学研究》2010 年第 2 期。

❷ 参见白建军:《中国民众刑法偏好研究》,载《中国社会科学》2017 年第 1 期。

❸ 参见程金华、柯振兴:《中国法律权力的联邦制实践——以劳动合同法领域为例》,载《法学家》2018 年第 1 期。

❹ 参见左卫民:《效率 VS 权利? 民事程序繁简分流改革争论的实证审视》,载《现代法学》2022 年第 5 期。

❺ 参见程金华:《中国法院"案多人少"的实证评估与应对策略》,载《中国法学》2022 年第 6 期。

❻ 参见王静、李学尧、夏志阳:《如何编制法官员额——基于民事案件工作量的分类与测量》,载《法制与社会发展》2015 年第 2 期。

❼ 参见吴雨豪:《死刑威慑力实证研究——基于死刑复核权收回前后犯罪率的分析》,载《法商研究》2018 年第 4 期。

的预期目标;❶检察行政公益诉讼的试点实际上降低了试点地区部分污染物的排放量;❷在线诉讼仅作为配合疫情防控需要的权宜之计,当疫情趋于缓和时,在线诉讼的适用率便开始缩减;❸为应对"执行难"问题需要统计案件执行情况;❹民事诉讼繁简分流改革对简易程序的调整幅度不大、改革成效不太明显,改革空间有限;❺"案多人少"问题的部分原因在于法官同时承担了比较繁重的非审判工作任务;❻知识产权法院的设立显著促进了企业创新;❼认罪认罚从宽制度没有对醉驾案件带来显著性的影响;自首、坦白等情节发挥了显著从宽作用;❽司法研究的许多领域,如员额制改革的实际运行状况,❾必然且只能通过实证研究了解。

---

❶ 参见左卫民:《通过诉前调解控制"诉讼爆炸"——区域经验的实证研究》,载《清华法学》2020年第4期。

❷ 参见陈天昊、邵建树、王雪纯:《检察行政公益诉讼制度的效果检验与完善路径:基于双重差分法的实证分析》,载《中外法学》2020年第5期。

❸ 参见左卫民:《后疫情时代的在线诉讼:路向何方》,载《现代法学》2021年第6期。

❹ 参见左卫民:《中国"执行难"应对模式的实证研究:基于区域经验的分析》,载《中外法学》2022年第6期。

❺ 参见左卫民、靳栋:《民事简易程序改革实证研究》,载《中国法律评论》2022年第2期。

❻ 参见程金华:《中国法院"案多人少"的实证评估与应对策略》,载《中国法学》2022年第6期。

❼ 参见陈天昊、苏亦坡:《我国知识产权法院的治理实效与制度逻辑》,载《法学研究》2023年第1期。

❽ 参见贾志强:《程序简化带来量刑从宽了吗?——基于醉酒型危险驾驶案件的实证研究》,载《法学》2023年第8期。

❾ 参见左卫民:《员额法官遴选机制改革实证研究:以A省为样板》,载《中国法学》2020年第4期。

[三] 实证研究的工具价值：拓展实证技术

(一) 数据来源的匮乏与数据处理的粗糙

实证研究技术水平的提高，面临着数据和实证研究技术的困境。

首先，所有实证研究的研究者都面临着同一个问题，那就是数据来源问题。其他社会科学，如社会学与人口学，有大量的数据库作为研究的数据基础，中国家庭追踪调查(China Family Panel Studies, CFPS)就是一例。搭载于 CFPS 的大规模抽样调查的刑法偏好研究，可能是国内样本最大的问卷访谈项目。❶ CFPS 项目的调查对象在 35000 人以上，囊括了全国大部分省份、所有年龄段、受教育程度和大部分职业内容，如果没有 CFPS 团队多年来的人员培训和回访，从零开始建立一个法学专业的数据库耗费甚巨。

法学学科唯一可以利用的大样本公开材料是中国裁判文书网公布的判决书数据库。中国裁判文书网的诞生与发展，使丰富的全国性数据第一次制度性涌现，与既有实证研究所使用的数据在数量级、广泛性上大不相同。❷ 虽然上网的裁判文书数据并不完整，使基于判决书的研究成为抽样样本研究，但是一旦裁判文书不再公开，从公开途径获取超大样本的分析几乎不可能，收集数据更加困难。

其次，数据处理问题未得到研究者的重视。由于数据收集的困难和数据处理的复杂性，部分研究可能存在数据不准确或数据缺失的问题，数据的偏差和失实严重影响研究的准确性和可靠性。获取数据的方式有问卷调查、设计并实施实验、访谈、通过公开网络获取等。这些数据来源按类型可以分为

---

❶ 参见左卫民：《后疫情时代的在线诉讼：路向何方》，载《现代法学》2021 年第 6 期；白建军：《中国民众刑法偏好研究》，载《中国社会科学》2017 年第 1 期。

❷ 参见左卫民：《迈向大数据法律研究》，载《法学研究》2018 年第 4 期。

原始的客观数据、包含个人考量的主观数据和行为实验数据。❶ 这三种数据中,原始数据最为客观可靠,但收集数据本身无法避免局限和偏差。基于问卷的数据,主观成分大,结果失真的可能性很大,❷如白建军关于刑法偏好的研究基于受访者的主观感受就是一例。对后两种数据带有的主观倾向,作者应该作出说明。

基于数据来源的差异,研究者有义务指出数据来源和数据本身的缺陷,以及对研究结果的影响。但大部分作者都未提及数据结构的问题,也未提及数据的选取、代表性和数据清洗等。

最后,由于缺乏数据共享机制,研究者无法复刻研究结论,更加无法检验研究成果的准确性。已有的实证研究尽管数量越来越多,但是明显缺乏基于共同数据或者相似数据的证伪、批评、对话或者改进研究。❸ 出现上述情况的根本原因是没有建立数据共享机制。国外作者在发表论文时会同步公开数据文件和用于处理数据的代码,如 Stata 软件的 do file(记录处理数据和统计运算代码的文件)。后来的研究者可以选择利用作者的数据包检查数据处理和生成结论的代码,可以检验研究结果,甚至能够发现数据处理中的错误。没有数据共享机制,就无法检验作者使用的统计学工具和对结果的解释是否正确、科学,也不能完全排除学术不端,如操纵 p 值和其他研究结论的现象。

(二)实证研究技术仍须提升

已有研究成果显示法学实证领域的研究水平进步显著,要充分发挥实证

---

❶ 参见缪因知:《计量与案例:法律实证研究方法的细剖析》,载《北方法学》2014 年第 3 期。

❷ 参见缪因知:《计量与案例:法律实证研究方法的细剖析》,载《北方法学》2014 年第 3 期;侯猛:《实证"包装"法学?——法律的实证研究在中国》,载《中国法律评论》2020 年第 4 期。

❸ 参见程金华:《当代中国的法律实证研究》,载《中国法学》2015 年第 6 期。

研究的工具性面向仍然需要提高现有研究的技术水平。数据处理方法的复杂性也是研究者需要克服的另一大难题。数据本身存在的问题难以被克服，但数据处理方法可以通过技术学习不断精进。

如果说事实就在那里，等着被发现，那么描述性统计属于发现事实的手段。左卫民指出，法律实证研究是一种基于数据的研究，在选取研究对象、运用数据、阐释法律现象等方面已显著不同于社科法学。他认为，未来中国的法律实证研究，应当利用定量的比较优势，挖掘并利用各种数据，改变以描述性统计为主的现状，走出一条量化程度和规范化程度更高的实证研究路径。❶ 社会科学的实证研究，包括计量经济学、社会学、人口学和法学，都是以统计学为基础的。在描述性统计之外，有许多用于统计检验的方法，如检验两个变量之间是否存在统计学意义上显著的差别。更先进的统计分析方法，除常用的多元线性回归和 Logistic 回归外，还有 Logistic 族回归（包括序次 Logistic 回归和多分类 Logistic 回归）、Poisson 回归、负二项回归、路径分析、因子分析、中介分析、聚类分析、生存分析等。

白建军早在世纪之交就指出，从发现并提出问题，到建立理论假设、工作假设与实地观察、调查、收集资料，再到整理、统计、分析资料，最后解释分析结果，得出研究结论，实证分析是由相互联系的若干步骤构成的一个完整的过程。❷ 有学者称之为"洋八股"，❸似乎实证研究只需要聚焦分析的主题、提出假设、收集分析数据、生成结果、得出结论这几个步骤。

与其他环节相比，选择模型、运算数据和分析结果是技术要求最高也最容易出错的部分。量化研究的实际步骤比"八股"更加精细，实证研究技术在以下七个方面仍须提升：

第一，在变量处理方面缺乏说明。在数据清理和数据处理以后，通过数

---

❶ 参见左卫民：《一场新的范式革命？——解读中国法律实证研究》，载《清华法学》2017 年第 3 期。
❷ 参见白建军：《论法律实证分析》，载《中国法学》2000 年第 4 期。
❸ 参见彭玉生：《"洋八股"与社会科学规范》，载《社会学研究》2010 年第 2 期。

据的可视化(如残差图、变量分布图等)寻找数据分布规律,通过变量的数值分布选择合适的处理方法。一般来说,设定模型是"从大到小"的,一开始尽量囊括多个解释变量,通过逐步剔除不显著的变量来确定解释变量的个数。同时检验数据是否具有时间趋势、是否遗漏了高次项。❶ 在排除多重共线性、去掉极端值和错误值、生成虚拟变量之后,确定解释变量的个数和形式。

第二,在模型选择上,需要根据变量之间的关系和要研究的问题选择合适的回归模型。依托模型的数据处理,有的论文在方法上需要改进,比如加入权重回归和面板分析等。以 Logistic 族回归为例,使用多分类 Logistic 回归模型需要满足无关选项独立(IIA, independence of irrelevant alternatives)假定,使用序次 Logistic 回归模型需要满足平行回归假设。在选择模型时需要检验数据是否满足相应的假定,但许多论文并不汇报假设是否满足,如贺欣等人在计算当事人对法院判决的满意度时使用的序次 Logistic 模型并未汇报数据是否满足平行回归假设。❷

第三,现有研究忽略了可能存在的中介效应。有时自变量 X 对因变量 Y 产生影响,是自变量 X 通过中介变量 M 来影响因变量 Y,但是中介效应并未得到充分的认识。以刑法偏好的影响因素为例,研究结果显示,刑法偏好系数与人们直接经历过的(直接被害)或间接感受到的(间接被害)犯罪的危险无关,而与社会因素(如户口、相对收入和所在地区)有关。❸ 但作者并未排除中介效应的存在,即没有排除社会因素通过直接或间接被害对刑法偏好系数产生影响。

第四,异质性分析远远不够。旨在考察研究对象在样本的不同群体中是否存在区别的分析方式被称作异质性分析。一种异质性分析是将样本集按照

---

❶ 参见陈强编著:《计量经济学及 Stata 应用》,高等教育出版社 2015 年版,第九章模型设定与数据问题。

❷ 参见贺欣、冯晶、黄磊:《陌生感与程序正义:当事人对法院民事审判的态度》,载《中国政法大学学报》2023 年第 1 期。

❸ 参见左卫民:《后疫情时代的在线诉讼:路向何方》,载《现代法学》2021 年第 6 期;白建军:《中国民众刑法偏好研究》,载《中国社会科学》2017 年第 1 期。

不同特征分为不同的组,分别进行回归,考察结果之间是否存在差异;另一种异质性分析是在做完主回归分析以后,增设两个变量之间的交互项作为新的变量,再次用同样的回归方程进行回归,在结果中可以看到相对参照组的差异,这种异质性分析适合样本量不太大的情况。异质性分析是度量样本差异的一种方法。然而目前发表在法学核心期刊上的法律实证研究,包含异质性分析的寥寥无几。

第五,许多法学实证论文略过了稳健性检验。相比之下,在经济学期刊中,稳健性检验是定量研究论文中必不可少的部分,其他领域的国外期刊也是如此。在做回归分析时,要考虑异方差(个体数据之间的方差过大)、自相关等问题。早在 20 世纪,许多统计检验方法就被发明,并得以在其他学科广泛使用,但是在法学界很少看到关于这些统计检验的使用和汇报。

第六,在验证结论时,使用多个不同的统计方法计算结果,能有效避免偏差,而法律实证研究通常只采用一种方法进行运算。以著名的堕胎与犯罪率之间的关系的论文为例,作者在得出堕胎率与犯罪率呈反方向变化(考虑到滞后性)并具有较强显著性之后,另外补充研究了:堕胎合法化比较早的州与其他州的犯罪趋势情况、犯罪率变化的时间趋势、老年群体的逮捕率无显著变化等。[1] 这篇论文使用的模型十分简单,得出的结果具有非常强的说服力。如果没有进行稳健性检验,可能出现模型适用错误的情况。方法错误必然导致结论错误,这种类型的定量分析不仅毫无学术贡献,还会有损量化研究在法学研究中的声誉。

第七,汇报数据这一部分容易被忽视。汇报数据是定量分析的最后一步,一般需要汇报模型的解释力、显著性等问题,这是得出结论的关键。拟合优度 R^2 代表回归模型能够解释的总变异占因变量总变异的比例,p 值代表在多少显著性水平上结论具有统计学意义。有的模型解释十分容易出错,如

---

[1] See John J. Donohue III, Steven D. Levitt, *The Impact of Legalized Abortion on Crime*, 116 The Quarterly Journal of Economics 379 (2001).

Logistic 模型在解释指标时需要分清楚概率比和对数概率比。在得出结论之后,论文应当有单独的部分指出实证研究在数据和方法上的局限性。

[四] 实证研究的理论意义：洞察社会事实

(一)定性研究的批评:理论的幼稚

在法律社会科学研究内部,相比更能得到认可的定性研究,定量研究饱受诟病。法律实证研究被批评"缺乏宏大集中的问题意识和理论关怀"❶。与定性研究相比,法律定量研究在方法论上的差异导致了它的特殊性。程金华提到,法律实证研究存在研究选题乏味、理论应用不力、普遍性的数据不足与统计操作的随意性的问题。❷ 数据与操作的问题属于工具价值领域,理论应用是实证研究需要提升的另一层面。

侯猛强调了基于数据的定量分析需要对发现的事实进行因果关系解释和理论解释。❸ 实际上,这种理论上的阐发是大部分实证研究都不具备的。许多学者批评实证研究缺乏理论上的提炼和解释:当前中国法律实证研究在理论方法上储备有限,运用数据提炼理论的能力不足。在一些精心设计的实证研究中,尽管获取了大量有价值的数据信息,但是除数据堆积外,缺乏发人深省的问题揭示和理论思辨,❹也有学者指出,中国目前声称为实证研究的法学文献,绝大部分只能算调查报告,就事论事,几乎没有理论贡献,❺仅从

---

❶ 陈柏峰:《法律实证研究的兴起与分化》,载《中国法学》2018 年第 3 期。
❷ 参见程金华:《迈向科学的法律实证研究》,载《清华法学》2018 年第 4 期。
❸ 参见侯猛:《实证"包装"法学？——法律的实证研究在中国》,载《中国法律评论》2020 年第 4 期。
❹ 参见雷鑫洪:《方法论演进视野下的中国法律实证研究》,载《法学研究》2017 年第 4 期。
❺ 参见徐昕:《司法的实证研究:误区、方法与技术》,载《暨南学报(哲学社会科学版)》2009 年第 3 期;左卫民:《迈向大数据法律研究》,载《法学研究》2018 年第 4 期。

学术成果来看,当前部分甚至大部分的实证研究还仅仅停留在发现经验现象,并用描述性数据分析加以展示的阶段。❶ "缺乏更大的问题意识和理论关怀,变成在研究问题对象化之后的专业操作,许多研究往往是用经验数据或田野故事包装出来的、千篇一律的学术工业品。"❷

实证研究缺乏理论关怀的后果是其很难参与主流法学研究群体的对话。本来定量研究就由于专业性太强、话题太陌生而不被主流群体关注,不参与学术讨论使主流群体更难接受定量的方法论。没有批评和讨论,学术研究就无法进步,定量研究更容易陷入自说自话的恶性循环。如果无法在理论上提升研究水平,定量研究论文的数量提升就很容易被批评是在蹭热点、生产学术泡沫。能不能留下值得检验的或者有深远影响力的经典论文,是对现有定量研究的沉重拷问。

(二) 定性研究的批评:定量研究的局限性

尽管实证研究方法具有"事实发现"等诸多优点,但仍存在一定的局限性。例如,对某些复杂的社会现象可能难以通过简单的统计模型来准确描述。此外,对于某些特定问题,定性研究方法可能更为合适。有时,简单的模型无法解释复杂的现实世界,法律与社会的方方面面不可能全部被纳入具体的模型,像法律意识这样带有主观性的讯息很难被精确测量,遗漏变量的问题无法被彻底解决。

法律深深嵌入社会,有着复杂的内生性的问题,法律本身源于社会并在社会中运作,这种相互构成的关系给法实证研究带来严峻挑战。❸ 一些统计技术手段的发展能够识别解释变量之间的关联性和时间趋势带来的内

---

❶ 参见左卫民:《挑战与回应:关于法律实证研究的若干阐述》,载《中国法律评论》2018 年第 6 期。

❷ 强世功:《中国法律社会学的困境与出路》,载《文化纵横》2013 年第 5 期。

❸ 参见〔美〕帕特里夏·尤伊克、〔美〕苏珊·S. 西尔贝:《日常生活与法律》,陆益龙译,商务印书馆 2015 年版,第 65 页。

生性,❶但无法彻底解决内生性的问题。在因果推论方面,如对多因一果、共同因果、因果倒置的问题需要通过模型以外的因素来解释。在溯因分析和机制解释的层面上,个案研究强调的复杂性比纳入有限变量进行分析的定量研究更胜一筹。

定量研究的所有统计检验依托统计学的假设检验原理,即小概率事件不会发生的假设。假设检验本身存在系统性的误差,即"存伪""弃真"的概率,这两类错误发生的概率只能通过增加样本量来减少,而不会消失。

定性研究与定量研究两种方法孰优孰劣的讨论,更多的是一种意气之争,两种方法各有优劣。方法本身不能解决问题,需要针对问题去选择合适的方法。❷ 中国法律实践的同质性使定性研究在很大程度上能够具有代表性,并能给出具有较强说服力的解释。定性研究更注重把握细节、长期观察,在对具体事例进行抽丝剥茧的观察、访谈和调查中,能够发现事例中各因素的紧密联系甚至因果关系,对机制的解释更有优势。❸量化研究质量的提高离不开对细节的描述和案例分析,仍然需要对变量之间为什么存在具有显著性的数据关系加以解释,❹这需要定性研究的方法。

就实证研究的水平来看,许多学者认识到研究仍然存在一些不足。白建军早在 2000 年就指出许多实证研究的领域仍需要拓展,但是二十多年过去,立法、执法、司法、守法不同环节的实证分析,法律与社会之间的互动关系,对法律的信息形态,即成文法律、法律文化、法律载体、诉讼案件的层面进行实证分析,描述法律现象、解释法律的某种原因、预测某个法律现象或后果、评价某种法律实践的实际效果的四种类型法律的实证研究仍然不够。❺

---

❶ 参见陈强编著:《计量经济学及 Stata 应用》,高等教育出版社 2015 年版,第八章 自相关、第十三章 平稳时间序列。
❷ 参见苏力:《好的研究与实证研究》,载《法学》2013 年第 4 期。
❸ 参见侯猛:《法的社会科学研究在中国:一个学术史的考察》,载《社会科学》2023 年第 3 期。
❹ 参见唐应茂:《法律实证研究的受众问题》,载《法学》2013 年第 4 期。
❺ 参见白建军:《论法律实证分析》,载《中国法学》2000 年第 4 期。

中国法律实证研究应在交叉学科与传统部门法研究中拓展空间及受众群体进而实现与规范研究的良好互动。❶

(三) 回应一

1. 从个别到一般的推论

针对经验研究的一个有力的批评是经验研究能否以及如何从个别性和描述性中推演出一般性，❷作为样本的实证研究能否代表司法实践的整体？如何克服社会科学研究中以小见大的方法论难题？❸定性研究代表性的偏差也被批评为"错误法社会学"，即以揭示与批评法律实践中规范与事实的断裂与偏离为己任。❹ 即便作为"地方性知识"，中国法律实践的许多问题是同质性的，法律制度的统一性和司法实践的同质性，能够解释定性研究的说服力和代表性。以个案为素材的定性研究旨在揭示内在机理，从个案特征上升到理论上的代表性，但还是难以通过个案机制研究推论整体，难以克服个案研究代表性的局限性。

与经验研究相比，实证研究的目的是超越个案，通过样本的极大扩充进行统计推断，用大样本的特征推断估计总体特征，从而得到一般性的、整体性的、普遍性的结论。随着实证研究技术的不断更新，样本量的不断扩充，样本更加能够代表总体，在统计推断上也更加准确。定性与定量不仅仅是案例个数的区别，更重要的区别是条件分析，即纳入分析的变量。❺ 定量研究在从

---

❶ 参见赵骏：《中国法律实证研究的回归与超越》，载《政法论坛》2013年第2期。
❷ 参见彭小龙：《法实证研究中的"理论"问题》，载《法制与社会发展》2022年第4期。
❸ 参见左卫民：《如何展开中国司法的实证研究：方法争鸣与理论贡献》，载《东方法学》2022年第5期。
❹ 参见泮伟江：《超越"错误法社会学"：卢曼法社会学理论的贡献与启示》，载《中外法学》2019年第1期。
❺ 参见〔荷〕刘本：《比较研究与抽样》，载王启梁、张剑源主编：《法律的经验研究：方法与应用》（修订本），北京大学出版社2016年，第31页。

个别到一般的推论上更进一步,在纳入多个变量的同时进行客观分析。样本的扩展以及试图推断总体趋势的方法论使定量研究要比定性研究更加强调普遍性。与描述性统计不同,简单的统计推断、各种实证研究模型和因果推断的背后都离不开假设检验思想。

假设检验思想是解决从个别到一般推论的显著进步;假设检验的依据是小概率原理,即发生概率很小的随机事件在某一次特定试验中几乎不可能发生;假设检验是一种概率意义上的反证法。先假设原假设成立,然后看在原假设成立的前提下,是否导致不太可能发生的"小概率事件"在一次抽样的样本中出现。如果小概率事件竟然在一次抽样实验中被观测到,则说明原假设不可信,应拒绝原假设,接受"替代假设"。对于总体的分析,先作出假设并推定假设正确,根据对有限样本的分析,作出是否接受原假设的统计决策。对于概率小到什么程度才能算作"小概率事件",一般设定 10%、5% 和 1%,最常用的是 5%,这个设定的阈值又被称为显著性水平。

假设检验是从样本到总体推断的惊险一跃。定性研究中,对于给定的数据,其分布规律是客观的,是研究者的主观意愿难以左右的。定性研究对现象的解释,是通过样本的分布推断总体的情况。量化研究与质性研究最显著的不同在于后者的实证部分仅仅涉及对事实的发现,而前者得出的结论必然涉及对事实的推测。这种对事实的推测建立在总体的普遍性规律之上。采用客观数据作为材料的定量研究,能够消除极端值的影响,而且排除访谈、参与观察带来的偶然性的偏差。

因此,如果一部分质性研究是针对特殊性的研究,那么定量调查,一定是针对普遍性的研究。作为普遍性研究的定量研究是否就是同质性的研究?中国幅员辽阔,各地区、各部门法领域的法律实践千差万别,对注定是异质性的法律实践做出统一性描述的尝试注定是危险的。实证研究能够避免这种武断,它的灵活性在于能够针对大量的样本进行具有区分性的描述和推断,能够自由地通过分组选择研究范围,比如全样本、准全样本、局部全样本等,从而能够在追求普遍性的同时展现出差异性,这种方法论,在形式上和功能上都构成独立的理论意义。

2. 命题检验与理论发现

人们对定量研究在事实发现中的作用已逐渐达成共识。实证研究结果为法律规范提供事实依据，有时得出的意料之外的结论，能够辅助教义学修正对相关问题的认识和政策导向。

实证研究的工具性价值在于发现事实，通过事实进行政策指导。实证研究的理论意义在于对学术观念和理论命题进行证实或者证伪。实证研究可以对司法理论进行验证，对命题的检验能够带来知识的更替或者积累。陈杭平的论文就是一个生动的例子，在腾讯是否能够担当"南山必胜客"头衔的讨论上，作者发现腾讯在南山法院的胜诉率虽然很高但并不夸张，在实证结果之外，他运用格兰特的"重复性当事人"命题来解释腾讯的高胜诉率。❶ 检验现有命题的实证研究论文并不多见，能够被检验的命题也十分有限，定量研究的理论深度不能仅仅停留在检验法社会学理论层面。

实证研究不可替代性的理论意义在于能发现作用于社会层面的因果机制。定性分析在具体情境中获取资料，依靠研究者对经验问题的把握和对司法实践甚至人情世故的洞悉，对研究者本身的学术素养、理论直觉要求较高。实证研究同样强调研究者的"想象力"，研究者要对社会整体具有洞察力，从而发现超越个案的社会规律；对宏观数据资料进行获取和分析，从而发现社会运行的深层逻辑和社会层面的因果关系，堕胎合法化与犯罪率的降低之间的关系就是这样的例子，❷可是这种类型的研究还不够多。

许多研究者认为，法律实证研究仅可以验证理论假说的正确性，其自身难以生产法学理论。实际上，实证研究的贡献在于能够揭示规律和提炼司法

---

❶ 参见陈杭平：《资本"俘获"地方司法了吗？——基于2018—2020年南山法院涉腾讯判决书的分析》，载《法制与社会发展》2023年第2期。

❷ See John J. Donohue III and Steven D. Levitt, *The Impact of Legalized Abortion on Crime*, 116 The Quarterly Journal of Economics 379 (2001).

规律性的理论。对相关性和因果性的呈现也是一种理论解释。❶

　　研究者的理论视角还体现在对定量研究的主题、数据和方法的选择上。面对海量的信息,没有有效的理论视野,根本无法收集、处理数据,更难以选择合适的模型去分析数据。❷ 研究方法本身蕴含着特定的理论预设和观察视角,定量研究需要选择纳入考虑的变量,实际生活中的因素是无穷无尽的,研究者只能根据自身的理论假设和已经掌握的数据要素进行模型选择。

　　法实证研究在本质上仍是理论研究,既不能被简化为对实证资料的收集整理或者对经验的归纳概括,也不能被视为对关于法与社会的一般理论的套用,研究者的目光需要在学说资源、实证资料、问题意识之间往返流转,应在此过程中将塑造法的实际样态的观念价值、制度规范以及各种社会要素整合到一个具有融贯性的框架中。❸ 在这个意义上,定量研究必定不仅仅具有工具性价值。工具性价值的发展能够帮助定量研究走向技术化和科学化,理论性的面向使定量研究不会局限于事实发现和因果推断。

(四)重构定性与定量研究的关系

　　经验研究的优势在于"机制解释",实证研究的优势在于发现"普遍性规律"。能够同时掌握定性研究和定量研究的学者不多,结合定性和定量技术的研究也相应较少,但仍然存在结合两种方法的精彩研究。以定性研究见长的贺欣,在对"强势者优先"命题进行检验时,同时使用定量研究技术进行统计分析,使用 Logistics 模型得出在诉讼中"最强势的一方是政府和国企,最弱势的一方是农民"的结论。同时分析了这一命题背后的机制,即强弱当事

---

❶ 参见左卫民:《如何展开中国司法的实证研究:方法争鸣与理论贡献》,载《东方法学》2022 年第 5 期。
❷ 参见陈柏峰:《法律实证研究的兴起与分化》,载《中国法学》2018 年第 3 期。
❸ 参见彭小龙:《法实证研究中的"理论"问题》,载《法制与社会发展》2022 年第 4 期。

人除占有的司法资源不同,也有法律与法院的原因。❶ 唐应茂在两篇论文中分别使用了定性和定量的方法研究地方规则与特定金融行业的关系,经验研究认为,各地方"冲突型"规则与中央规则偏离程度的不同,是阿里巴巴小额贷款公司从浙江"迁"往重庆获得快速发展的重要因素;❷此外,其又以实证方法研究各省级行政区的地方规则以及其他因素对小额贷款行业发展的影响。❸前者解释内在机理和因果关系,后者得出了相关关系的普遍性结论。

现阶段,在法律实证研究无法彻底解决数据来源、实证技术上存在的问题的情况下,法律实证研究如果想要得到长足的发展,必然要加强和法律经验研究的关系。来自定性研究的批评认为,定量研究缺乏理论关怀,本身有着无法克服的局限性。然而,定量研究能够弥补定性研究在视野和方法上的不足,具体而言,通过从个别到一般的推论得出定性研究所不能得出的普遍性结论,能够检验定性研究提出的命题是否正确,能以整体的视角发现社会层面的因果机制。如果说法教义学的研究是从文本出发,那么法律的社会科学研究则是从事实出发,只有定性研究和定量研究结合得更加紧密,才能更好地发挥社会科学在研究法学问题时的优势。

定性研究和定量研究同属于法律的社会科学研究,在研究对象上具有一致性,都是旨在揭示"行动中的法"的规律。二者也有显著不同,经验研究通过对个案细节的深度挖掘找出"实践中的法"的运行规律,如贺欣对于家事审判的观察与研究发现离婚诉讼中存在不同的话语体系。❹ 这种细致的

---

❶ 参见贺欣、苏阳、叶艳:《法院能否在强弱当事人之间中立——以上海法院2724份裁判文书为样本》,载苏力主编:《法律和社会科学(第15卷第2辑)》,法律出版社2017年版,第57—86页。

❷ 参见唐应茂:《中央和地方关系视角下的金融监管——从阿里小贷谈起》,载《云南社会科学》2017年第5期。

❸ 参见唐应茂:《中央和地方关系视角下的金融监管——一个小额贷款行业的实证研究》,载《山东大学学报(哲学社会科学版)》2017年第6期。

❹ 参见贺欣、李洛云、冯煜清:《家事审判中的调解式话语与审判式话语》,载贺欣主编:《法律和社会科学(第18卷第1辑)》,法律出版社2020年版,第23—46页;贺欣、吴贵亨:《实用话语与两性不平等》,载侯猛、程金华主编:《法律和社会科学(第19卷第1辑)》,法律出版社2021年版,第105—144页。

机制分析不仅法教义学无法推演,实证研究也无法通过变量的增加来替代。在法的社会科学研究内部,经验研究运用的是调研、观察和访谈的方法,这种"深耕细作"的方式在解释机理方面更加具有深度和说服力。而实证研究虽然通过"大水漫灌"的"耕作方式"牺牲了个案研究的深度,但是依靠数量上的优势获得了具有普遍性的解释力。

法学研究不是象牙塔中纯粹的学术研究,学术研究必然要务实,也就是关注法律在社会中的运行。法律文本的规定是为了指导社会生活的方方面面,同时也为纠纷提供了普遍一致的解决方案。作为主流的法教义学,试图利用法解释学的方法应对社会生活中出现的疑难案件。但是这些案件的疑难的原因大多不是法律上的疑难,而是依法判决会导致显著的不公或者激化社会深层的矛盾。

在法教义学、法律经验研究和法律实证研究"三足鼎立"的格局之下,如果实证研究的主要精力放在提升统计学知识、专注于精进定量研究技术、为法教义学提供工具性服务上,那么这种努力必定是失败的,会与法教义学关注的核心问题渐行渐远。因为法教义学出于对法律权威的信仰和对法律秩序的考量,本身的目的不是检验法律的有效性,而是塑造统一的法秩序。在法律定量研究对法律实效性进行检验的过程中,定量技术的提升和结果的稳健性并不是现阶段法学学术研究评价体系的主要关注点。

法律定量研究的理想状态是展现工具性价值,并发挥独特的理论意义。因此,实证研究应向经验研究靠拢,研究后者关注的问题,从普遍性的角度给出事实发现和机制解释,弥补经验研究的不足。同属于法律的社会科学研究,无论是经验研究还是实证研究都远远不够,二者应发展共同的问题意识,这样才有助于法律社会科学研究的茁壮成长。具体而言,法律的定量研究应该更多地与定性研究进行对话和交流,关注定性研究提出的问题和命题,进行证实或者证伪,提升法律的社会科学研究水平,结合定性研究和定量研究的共同优势,才能更好地与法教义学对话。

[五] 超越实证研究

(一) 实证研究的交叉前沿

随着信息获取技术的发展,计算法学和大数据是法学领域近几年凸显的研究热点。计算法学通过计算机科学智能化处理大量法律数据,这种方法凭借更多的数据获取渠道、更大的数据规模、更丰富的分析工具从而有更多优势。❶ 法律大数据研究与实证研究的一个显著区别是样本的代表性。运用回归模型进行统计检验实际上是用样本推断整体,而大数据指的是"全样本数据",即相关的所有数据。❷ 法律大数据研究是把法律定量研究往前推进了一步。计算法学处于统计学、计算机技术与法学的交叉领域,涉及机器学习、法律人工智能和法律实证研究等多种知识。❸ 由于通过传统途径获取数据很难,计算法学在数据获取上的便利,运用计算机科学智能化处理大量数据❹,量化研究使用大样本会使结论更可信❺。但是,大数据分析不能只局限于数据量的扩大,更重要的是在研究对象上对更大范围的、复杂的宏观社会的考察。❻

有学者认为,量化研究的重心应当由事实发现和相关分析转向因果推论,使用技术性更强的因果推论模型才是量化研究迈向成熟的必由之路。❼但是,无论是运用量化研究,还是运用更加前沿的计算法学,对法律运行现象

---

❶ 参见周翔:《作为法学研究方法的大数据技术》,载《法学家》2021年第6期。
❷ 参见左卫民:《迈向大数据法律研究》,载《法学研究》2018年第4期。
❸ 参见左卫民:《中国计算法学的未来:审思与前瞻》,载《清华法学》2022年第3期。
❹ 参见邓矜婷、张建悦:《计算法学:作为一种新的法学研究方法》,载《法学》2019年第4期。
❺ 参见白建军:《大数据对法学研究的些许影响》,载《中外法学》2015年第1期。
❻ 参见侯猛编:《法学研究的格局流变》,法律出版社2017年版,第4页。
❼ 参见徐文鸣:《法学实证研究之反思:以因果性分析范式为视角》,载《比较法研究》2022年第2期。

的预测只能揭示法律现象之间的"相关性",难以发现法律实践的"因果律"❶。这也是法律量化研究面临的问题。

除计算法学外,法律定量研究越来越多地结合其他学科,与经济学、社会学、认知科学相结合的交叉学科是实证研究的新重点。具体地,李奋飞、刘庄等学者开始使用模拟实验的方法。李奋飞研究公众舆情与司法决策之间的关系❷,林喜芬使用大量问卷进行研究❸,唐应茂、李学尧分别与刘庄采用观察实验的方法研究庭审直播对审判的影响❹,采用行为实验的方式发现法官会基于当事人的品行进行价值判断,并通过说理掩盖实际的判决理由❺。近年来出现了跨学科的研究,李学尧❻、成凡❼、葛岩❽等在法律与认知科学领域的成果逐渐受到重视。

(二)定性比较研究

更好的研究是定性与定量的结合,有没有一种理论能够结合定性研究与定量研究的优点呢？查尔斯·拉金等作出了开拓性的尝试,他及他的合作者

---

❶ 参见左卫民:《中国计算法学的未来:审思与前瞻》,载《清华法学》2022年第3期。
❷ 参见李奋飞:《舆论场内的司法自治性研究:以李昌奎案的模拟实验分析为介质》,载《中国法学》2016年第1期。
❸ 参见林喜芬、董坤:《非法证据排除规则运行状况的实证研究——以557份律师调查问卷为样本》,载《交大法学》2016年第3期;单民、林喜芬:《实证视野下检察机关刑事法律监督权的改进与完善——以对500多位律师的调查问卷展开》,载《河北法学》2016年第9期。
❹ 参见唐应茂、刘庄:《庭审直播是否影响公正审判?——基于西部某法院的实验研究》,载《清华法学》2021年第5期。
❺ 参见李学尧、刘庄:《矫饰的技术:司法说理与判决中的偏见》,载《中国法律评论》2022年第2期。
❻ 参见李学尧、葛岩、何俊涛、秦裕林:《认知流畅度对司法裁判的影响》,载《中国社会科学》2014年第5期。
❼ 参见成凡:《法律认知和法律原则:情感、效率与公平》,载《交大法学》2020年第1期。
❽ 参见葛岩:《法学研究与认知—行为科学》,载《上海交通大学学报(哲学社会科学版)》2013年第4期。

在 1987 年开发的定性比较研究(Qualitative Comparative Analysis, QCA)技术基于布尔代数方法对案例开展逻辑化分析。这个理论相较回归模型等技术诞生得相当晚,拉金关于 QCA 方法的著作于 2017 年经翻译引入中国。❶ 具体研究方法分为清晰集(csQCA,也被称作 QCA)、多值集(mvQCA)和模糊集定性比较分析(fsQCA)等。

定性比较研究将研究对象视作条件变量不同组合方式的组态。❷ 每一个案例被拆分成多个条件变量的不同组合。以简单的清晰集 csQCA 为例,条件变量基于布尔代数被二分处理,在二进制的条件下,条件出现取值为 1,不出现取值为 0。在有限的条件变量的情况下,条件变量取值相同的案例被归为一类。因此,组态分析又属于一种类型学和分类学。基于条件变量的不同组合,会出现结果发生(取值为 1)或结果不发生(取值为 0)的结论,那么,相应的条件组合就能够被分解为结果的充分条件或者必要条件。

之所以能够超越定性研究和定量研究,是因为 QCA 方法既不是典型的个案研究,也不像定量研究那样追求样本量和统计的显著性。不再基于统计推断对一个或多个变量之间的关系作出相关性的推断,也不是通过观察一个或者少数几个案例并呈现其复杂细节。研究者需要定性研究的"经验质感"或参照定量研究的结果去选择条件变量并设置阈值,再用偏数学的布尔代数逻辑语句进行数据分析。

QCA 的优点在于其适用于小样本,由于关注结果产生的充分条件和必要条件,不易受到变量之间的内生性的影响,也不必满足作为特定模型适用前提的多种假设。给出因果关系的机制解释,仅仅需要 QCA 也是不够的。机制分析需要经验研究对细节的把握,QCA 将这些细节作为条件变量拆分

---

❶ 参见〔比〕伯努瓦·里豪克斯、〔美〕查尔斯·C. 拉金编著:《QCA 设计原理与应用:超越定性与定量研究的新方法》,杜运周、李永发等译,机械工业出版社 2017 年版,第 1—15 页。

❷ 参见杜运周、贾良定:《组态视角与定性比较分析(QCA):管理学研究的一条新道路》,载《管理世界》2017 年第 6 期。

并以此将案例分组,属于结合两种方法的有效尝试。

自 QCA 方法发明以来,政治学、公共管理等社会科学领域使用该方法的论文呈爆炸性增长,❶但在法学领域的运用较少。以笔者目前的阅读范围来看,暂未发现采用定性比较研究作为方法的国内法学期刊,但有硕士学位论文利用 QCA 从新闻传播的角度研究媒介审判案件(媒体对案件的报道有定性倾向)的例子,❷也有法学生利用定性比较分析方法,结合案例研究正当防卫的限度。❸ 总体而言,这一方法在法学领域的研究十分有限。

(三)实证研究与规范研究的关系

实证研究一方面为规范研究提供工具性作用,另一方面能够弥补法教义学研究视角的局限带来的不足。

第一,实证研究通过事实发现为规范性问题提供有力佐证。定性研究和定量研究同属于法律和社会科学研究领域,在与法教义学对话的过程中,首先要获得法教义学的认可。那么,法的社会科学研究如何能够服务法教义学的研究,便成为本领域首要的理论任务。规范是应对问题寻求解决方案的结果,社科法学通过经验事实对解决方案进行验证,得以应对不确定性情形下的问题来处理规范性问题。❹ 对法学事实的发现能够使实证研究称得上具有独特价值的研究方法。

第二,基于对实定法秩序的信仰,法教义学假定了实定法的合理性。❺

---

❶ 参见戴正、包国宪:《QCA 在中国公共管理研究中的应用:问题与改进》,载《公共管理评论》2023 年第 2 期。

❷ 参见武文斌:《媒介与司法的博弈——我国媒介审判现象研究》,吉林大学 2020 年新闻学硕士学位论文。

❸ 参见艾慧鑫:《防卫限度司法认定及其变迁实证研究》,湖南大学 2020 年法律硕士学位论文。

❹ 参见吴义龙:《社科法学如何处理规范性问题?——兼与雷磊教授商榷》,载《中外法学》2022 年第 6 期。

❺ 参见白建军:《论刑法教义学与实证研究》,载《法学研究》2021 年第 3 期。

法律是一种实践理性,法律规范隐藏于大量实定法文本中,实证研究力图测量法的有效性,法的实施同样是法教义学关注的问题。❶ 法教义学的解释学方法不要求对因果关系和社会因素相关性的分析,教义学通过对既有法律规则的信仰和各种方法论的推理方法,试图对于同案或者类案给出具有一致性的、可预期的解决方案。法律的社会科学研究则倒转了研究的视角,从法律运行的实然状态来描述法律,能够充分弥补法教义学的不足。实证研究给出的对策和建议,不是对法律教条的机械适用,而是旨在发现事实并解决问题。

[六] 结语:实证研究的工作重心

实证研究的推进一方面是使研究的技术手段更加精确,增加稳健性检验。统计学的许多小创新是针对模型适用性的修补,许多模型的假设、适用条件和检验正在不断推陈出新,量化研究使用的模型也应不断与时俱进。另一方面是针对结果的解释和阐发。法学毕竟是一门政策科学,实证研究的目的是推进法学研究的水平从而为司法建言献策。在检验法律实践效果的同时,还必须有溯因分析。量化研究的假设、数据和模型几个方面都要求有相应的理论视角,在这种视角下进行阐发能够提升量化研究的理论价值。技术上的准确性和理论上的说服力唇齿相依,不可偏废。

对统计学技术的追求不能舍本逐末,但在技术上和理论上同时提升研究水平,是法律量化研究的未来趋势。这两个方面的要求对于现在的量化研究水平而言有些过高了,毕竟,提升量化研究水平需要多方面共同发力,这是个相当长的学科建设过程,揠苗助长、急于求成的心态都无助于学术的正常发展。

---

❶ 参见白建军:《论刑法教义学与实证研究》,载《法学研究》2021 年第 3 期。

法律组织社会学在中国

——基于 CiteSpace 的可视化分析

吴剑峰[*]

摘　要：法律组织社会学是法学与组织社会学的交叉学科。通过 CiteSpace 软件对法律组织社会学在中国的发展脉络进行可视化分析后发现，中国法律组织社会学在 1997—2023 年经历了酝酿阶段、发展阶段和兴盛阶段的演进过程。通过分析法律组织社会学核心作者的相关研究，可以发现法律组织社会学有四条渐进路线：从法社会学向法律组织社会学渐进；从法经济学向法律组织社会学渐进；从法律管理学向法律组织社会学渐进；从诉讼法学向法律组织社会学渐进。法律组织社会学的主题可分为理论类主题和实践类主题。理论类主题主要以制度理论为主，以组织理论为辅。实践类主题包括司法研究、立法研究、执法研究、政法研究、社会治理、数字法治等，司法研究领域是法律组织社会学成果最多的领域。中国学者所使用的法律组织社会学理论包括：新制度主义；历史制度主义；制度环境与技术环境；制度逻辑与制度矛盾；组织结构；组织趋同化；组织激励；信息、决策与组织控制；等等。目前，法律组织社会学在中国已经出现勃兴的曙光。在未来，法律组织社会学很可能成为新的学术增长点，并可能被建构成一种新的学术流派。

关键词：组织社会学　法社会学　交叉学科　可视化分析

---

[*]　吴剑峰，南京师范大学法学院博士研究生。

[一] 问题缘起

20世纪60年代是美国法社会学的黄金时期,在众多研究机构和学术平台的推动下,"法律与社会"成为这一时期众多学者关注的领域,各种相关的学会和刊物开始创立。这场法律与社会运动在内部可分为两个学派,一是侧重科学性的威斯康星学派,二是侧重实践性的伯克利学派。威斯康星学派对行为科学情有独钟;而伯克利学派从制度主义视角出发,将法律看作嵌入社会中的制度,受到各种法律之外的社会因素的影响,并试图分析法律制度是如何影响个人、群体和组织的。伯克利学派的领导者是菲利普·塞尔兹尼克(Philip Selznick)。该学派的成员还有梅辛杰(Sheldon Messinger)、纳德(Laura Nader)、诺内特(Philippe Nonet)、卡林(Jerome Carlin)、斯科尔尼克(Jerome Skolnick)等学者。❶

伯克利学派领军人物塞尔兹尼克既是一位组织社会学学者,也是一位法社会学大师。他早期师承默顿专攻组织理论,并在哥伦比亚大学获得硕士学位和博士学位。1949年,他出版了《田纳西河流域管理局与草根组织:一个正式组织的社会学研究》(TVA and the Grass Roots: A Study in the Sociology of Formal Organization)。此后,他又陆续创作了《组织武器》(The Organizational Weapon)、《行政管理的领袖角色》(Leadership in Administration)等书。1952年,塞尔兹尼克加入加州大学伯克利分校,并于1961年担任法律与社会研究中心的创始主任。此后他开始转向法社会学研究,并著有《法律、社会和工业正义》(Law, Society, and Industrial Justice)等书。他和他的学生诺内特合著的《转变中的法律与社会:迈向回应型法》一书曾对中国法学界产生较大影响。❷ 安德鲁·科恩(Andrew

---

❶ 参见季卫东:《从边缘到中心:20世纪美国的"法与社会"研究运动》,载《北大法律评论》编辑委员会编:《北大法律评论》第2卷第2辑,法律出版社2000年版。

❷ 参见〔美〕P. 诺内特、〔美〕P. 塞尔兹尼克:《转变中的法律与社会:迈向回应型法》,张志铭译,中国政法大学出版社2004年版,第25页。

Cohen)对塞尔兹尼克有着高度评价,他认为:"塞尔兹尼克发展出一种新的学术方法改变了法社会学研究,因此备受赞誉。这种方法结合了关于法律目的和性质的传统法理学与社会科学中关于组织动力和组织约束的理解。"❶

其实,塞尔兹尼克所使用的新学术方法便是法律组织社会学的理论方法。法律组织社会学是法学与组织社会学的交叉学科。从乔基姆·J.萨维尔斯伯格(Joachim J. Savelsberg)、拉拉·L.克利夫兰(Lara L. Cleveland)所列出的法律与社会牛津参考书目来看,法律组织社会学包括新制度主义理论传统、组织化层级和组织研究主题等议题。❷

新制度主义原本是政治学、经济学和组织社会学中的一大传统理论。1996年,马克·C.舒尔曼(Mark C. Suchman)和劳伦·B.艾德曼(Lauren B. Edelman)共同发表了《法律理性神话:新制度主义和法律与社会传统》一文,首创性地提出将新制度主义同法律与社会运动的相关研究结合。该文详细论述了组织分析的新制度主义对法律与社会运动的贡献,以及法律与社会运动相关研究对新制度主义的贡献。❸ 2008年出版的《牛津法律与政治科学手册》(The Oxford Handbook of Law and Politics)强调了历史制度主义(新制度主义的一种研究范式)在公法领域的应用。❹ 2014年出版的《牛津立法研究手册》(The Oxford Handbook of Legislatvie Study)在导言中指出,西方立法研究经历

---

❶ See Andrew Cohen and Philip Selznick, Leading Scholar in Sociology and Law, Dies at 91, UC Berkeley News (16 June 2010), https://news.berkeley.edu/2010/06/16/selznick/.

❷ See Joachim J. Savelsberg and Lara L. Cleveland, *Law and Society*, Oxford Bibliography, https://www.oxfordbibliographies.com/display/document/obo-9780199756384/obo-9780199756384-0113.xml? rskey=KHnv3B&result=123,访问日期:2024年1月30日。该文全文须订阅后方可阅读。中文译文可参见《精选书单 | 牛津「法律与社会」参考书目全集》,载微信公众号"法理读书"2023年11月20日, https://mp.weixin.qq.com/s/baYZfSJi1erLyUoLSwSq0A。

❸ See Mark C. Suchman and Lauren B. Edelman, *Legal Rational Myths: The New Institutionalism and the Law and Society Tradition*, 21 Law & Social Inquiry 903 (1996).

❹ See Rogers Smith, *Historical Institutionalism and the Study of Law*, in Keith E. Whittington, R. Daniel Kelemen and Gregory A. Caldeira (eds.), *The Oxford Handbook of Law and Politics*, Oxford University Press, 2008, pp. 46-59.

了三个阶段:第一个阶段是从 19 世纪末至第二次世界大战结束期间,以旧制度主义为主要特征的立法研究;第二个阶段是 20 世纪 50—60 年代的立法研究,这一阶段的立法研究过于关注个人行为,而忽视了政治制度对立法的影响;第三个阶段是 20 世纪 80 年代中期以后,与新制度主义相结合的立法研究。❶ 这些材料说明新制度主义在美国法学界的应用起码有三十多年的时间。

在组织研究方面,法院、立法机构、执法机构等组织是法社会学长期关注的研究对象。史蒂文·瓦戈(Steven Vago)和史蒂文·E. 巴坎(Steven E. Barkan)的法社会学教科书《法律与社会》将"法律制度的组织结构"列为专门的一章,介绍了关于法院、立法机关和执法机构等法律组织的理论研究。❷ 法社会学者在讨论参与法律活动的具体人员时,也常注意到相应的组织背景,如威尔逊(James Q. Wilson)的研究将警察分为"警卫型"(watchman style)、"守法型"(legalistic style)和"服务型"(service style),并讨论了这些类型背后的那些组织背景。❸ 再如,赖斯(Albert J. Jr. Reiss)和博尔迪阿(David J. Bordua)在其执法组织研究中指出,警察的自由裁量在很大程度上源于现代警察工作所呈现出来的一般性组织结构。❹

组织化层级主要研究法律在组织环境中的作用,并试图解释为何现代社会的治理活动越来越多地采用组织形式。萨维尔斯伯格和克利夫兰认为法律与社会运动的组织化层级研究起源于制度主义。这些研究关注法律的结构和形式如何作为一种资源而被调动起来,以让组织获得专业管辖权或获得

---

❶ See Shane Martin, Thomas Saalfeld and Kaare W. Strøm (eds.), *Introduction*, in Shane Martin, Thomas Saalfeld and Kaare W. Strøm, *The Oxford Handbook of Legislative Studies*, Oxford University Press, 2014, p. 4.

❷ 参见〔美〕史蒂文·瓦戈、〔美〕史蒂文·巴坎:《法律与社会(第 12 版)》,邢朝国、梁坤译,中国人民大学出版社 2023 年版,第 64—94 页。

❸ See James Q. Wilson, *Varieties of Police Behavior: The Management of Law and Order in Eight Communities*, Harvard University Press, 1968, pp. 140-226.

❹ See Albert J. Reiss Jr. and David J. Bordua, *Environment and Organization: A Perspective on the Police*, in David J. Bordua, *The Police: Six Sociological Essays*, John Wiley & Sons, 1967, pp. 25-55.

管理活动的合法性。此外,这一领域的研究还聚焦讨论行动者(通常是负责管理和行政的专业人士)在实施法律的过程中如何解释法律。❶

由上可知,法律组织社会学在美国已经有了一定程度的发展。那么,法律组织社会学在中国的命运如何?总体而言,国内法学界对组织社会学的运用理论化程度不高,也未形成一个稳固的阵营。1993年,于慈珂提出:"组织学是一门新兴学科,综合研究各种组织问题,包括组织设置,所以组织学对司法机关设置也具有直接的指导意义。"❷事实上,只有少部分人从组织学的角度考虑法律问题。21世纪以来,在学术研究上,法学界逐渐出现了法学和组织学的交叉研究。同时,组织理论也越来越承认许多组织活动发生在法律的制度环境中,提倡"将国家引入组织场域并完善国家—组织场域理论"❸。2014年,张洪涛首次提出"法律组织学"的概念,❹但其并没有对法律组织学进行理论概括。近年来,陈柏峰、侯猛、周尚君等学者又重新提倡组织社会学与法学的交叉研究。❺相比法经济学、法人类学、法心理学等社科法学理论,法律组织社会学在中国仍处于起步阶段。基于法律组织社会学的理论意义和实践意义,对这一新兴交叉学科应做一个系统性梳理,以助其发展壮大。

---

❶ See Joachim J. Savelsberg and Lara L. Cleveland, Law and Society, Oxford Bibliography, https://www.oxfordbibliographies.com/display/document/obo-9780199756384/obo-9780199756384-0113.xml? rskey=KHnv3B&result=123,访问日期:2024年1月30日。该文全文需订阅后方可阅读。中文译文可参见《精选书单|牛津「法律与社会」参考书目全集》,载微信公众号"法理读书"2023年11月20日,https://mp.weixin.qq.com/s/baYZfSJi1erLyUoLSwSq0A。

❷ 于慈珂:《司法机关与司法机关组织法论纲》,载《现代法学》1993年第2期。

❸ 陈宗仕:《将国家和文化纳入组织分析——以组织社会学主流范式为参照的中文文献述评》,载《社会学评论》2020年第4期。

❹ 参见张洪涛:《中国法院压力之消解——一种法律组织学解读》,载《法学家》2014年第1期;张洪涛:《审判委员会法律组织学解读——兼与苏力教授商榷》,载《法学评论》2014年第5期。

❺ 参见陈柏峰:《事理、法理与社科法学》,载《武汉大学学报(哲学社会科学版)》2017年第1期;侯猛:《只讲科学性,不讲规范性?——立法的社会科学研究评述及追问》,载《中国法律评论》2021年第4期;周尚君:《从执法个案到一般理论:法学研究方法论反思》,载《政治与法律》2023年第1期。

本文主要利用中国知网的计量可视化分析和 CiteSpace 软件对法律组织社会学的中文文献进行统计，并总结法律组织社会学在中国所使用的具体理论，以此分析法律组织社会学在中国的发展情况和理论特点。

［二］法律组织社会学的文献计量分析

为全景展示法律组织社会学在中国的发展动态，本文立足计量社会科学的分析范式，引入 CiteSpace 信息可视化计量工具，对相关文献进行分类梳理。CiteSpace 的全称为 Citation Space，即"引文空间"，这是一款着眼于分析科学文献中蕴含的潜在知识，并在科学计量学（scientometric）、数据和信息可视化（data and information visualization）背景下逐渐发展起来的多元、分时、动态的引文可视化分析软件。❶ 通过 CiteSpace 得到的"科学知识图谱"能够清晰呈现特定知识领域在时间上的变化及在空间中的聚合规律，揭示出文献引用频次、关键词聚类、主题演变中所隐藏的知识变化和类型。

本文通过 CiteSpace 6.1.R6 的知识图谱功能对从中国知网获取到的文献进行可视化分析。具体步骤如下：第一，在中国知网的高级检索中设定时间范围为默认至 2023 年，检索范围限定为学术期刊，勾选"仅看有全文"和"中英文拓展"，来源类别选择"全部期刊"，检索栏中选择"全文""精确"，词频默认，并输入"组织社会学"进行检索。在学科中勾选"诉讼法与司法制度""行政法及地方法制""法理、法史""经济法""民商法""宪法"。选中全部文献后，再将检索范围限定为学术辑刊，时间范围为默认至 2023 年，在学科中分别勾选"诉讼法与司法制度""法理、法史""经济法""民商法""宪法""刑法"，并选中全部文献。第二，清洗完无关文献后，获得 496 篇有效文献，并导出为 Refworks 格式，再导入 CiteSpace。第三，在 CiteSpace 中将时间区间调

---

❶ 参见李杰、陈超美：《CiteSpace：科技文本挖掘及可视化（第三版）》，首都经济贸易大学出版社 2022 年版，第 2—3 页。

整为 1997—2023 年(有效文献中最早的为 1997 年),时间间隔设置为 1 年,Purning 中不勾选算法,分别对 Author、Institution、Keyword 进行运算,同时通过 CiteSpace 获得年度发文量数据。

需要注意的是,全文检索的查全率较高,但查准率较低。这意味着 496 篇文献中的大部分可能并不是法律组织社会学研究,只是因文字中有"组织社会学"的字符而被纳入。主题检索的查准率较高,但查全率较低,文献量少之又少。虽然全文中出现"组织社会学"不代表该文使用了组织社会学方法,但能说明该文作者对"组织社会学"有一定了解,这些文献可以成为法律组织社会学文献计量分析的背景性资料。❶ 因此本文采取"宁滥勿缺"的策略,将涉及组织社会学的法学文献尽量囊括在内。

(一)法律组织社会学的发展历程

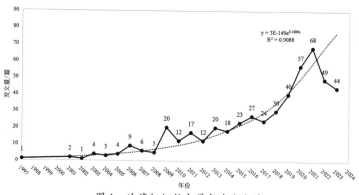

图 1 法律组织社会学年度发文量

法律组织社会学的研究趋势如图 1 所示。20 多年来,法律组织社会学

---

❶ 仅仅在文章中使用组织社会学一词,只代表作者使用了组织社会学的学说资源。只有作者将组织社会学作为分析框架,才可称得上法律组织社会学研究。学说资源与分析框架相区分的这一观点来源于彭小龙。他指出,仅仅使用学说资源并不代表该研究属于一种理论研究,只有使用学说资源背后的那套分析框架才可称得上该研究是一种理论研究。参见彭小龙:《法实证研究中的"理论"问题》,载《法制与社会发展》2022 年第 4 期。

的发展呈上升趋势,图 1 的 R 平方值接近 1,说明该上升趋势较为可靠。

法律组织社会学的研究趋势可分为三个阶段。第一阶段为酝酿阶段(1997—2008 年)。该阶段的大部分文献大多仅仅将组织社会学的部分理论作为自己论说的学说资源,即简单介绍组织社会学的某一理论或某位组织社会学家的话语以作为论据。尚不能称这些文献为法律组织社会学研究,因为研究者并没有将组织社会学作为自己的分析框架,但此时还是有少部分学者将组织社会学作为分析框架。如侯猛的《最高法院大法官因何知名》一文使用组织社会学的声誉机制理论阐释了最高法院大法官的声誉激励问题;❶王亚新的《程序·制度·组织——基层法院日常的程序运作与治理结构转型》一文较为明确地采用组织社会学中的新制度理论讨论法律程序问题。❷ 该时期可视为法律组织社会学的酝酿阶段。此外,法律组织社会学在这一时期得以出现或许应归功于周雪光的《组织社会学十讲》一书在 2003 年的出版以及法学界对于该书的引介。第二阶段为发展阶段(2009—2017 年)。在该阶段,有许多文献讨论司法管理问题,如李蓉的《司法的"官僚化"与"后官僚化"——现代化语境下的刑事审判权管理》❸;沈玮玮和赵晓耕的《难以辨识的法院庭审管理——以药家鑫案庭审发放意见表为中心》❹;杨知文的《法院组织管理与中国审判管理体制的建构》❺。在该阶段,组织结构、科层制、组织目标、组织控制等组织学概念被许多学者

---

❶ 参见侯猛:《最高法院大法官因何知名》,载《法学》2006 年第 4 期。
❷ 参见王亚新:《程序·制度·组织——基层法院日常的程序运作与治理结构转型》,载《中国社会科学》2004 年第 3 期。
❸ 参见李蓉:《司法的"官僚化"与"后官僚化"——现代化语境下的刑事审判权管理》,载《湘潭大学学报(哲学社会科学版)》2007 年第 5 期。
❹ 参见沈玮玮、赵晓耕:《难以辨识的法院庭审管理——以药家鑫案庭审发放意见表为中心》,载《北方法学》2012 年第 3 期。
❺ 参见杨知文:《法院组织管理与中国审判管理体制的建构》,载《河北法学》2014 年第 10 期。

使用。组织分析中的新制度理论被用于宪法学研究中。❶ 组织社会学中的组织生态理论被用于法学教育研究中。❷ 作为制度环境的党政体制和政法体制在此时得到了组织学意义上的阐释。❸ 徐清还将组织社会学作为标题中的内容,并用该理论分析了公检法三机关"共议格局"的性质与形成原因。❹ 将组织社会学作为分析框架的研究在这一阶段得到进一步凸显。法律组织社会学研究的主力军郭松、吴元元、丁轶、张洪涛等学者在该阶段发表了自己的作品。第三阶段为兴盛阶段(2018—2023 年)。在该阶段,使用组织社会学的法学文献越来越多,在 2021 年达到了 68 篇的峰值,2022 年和 2023 年虽有所下降,但每年仍有 40 篇以上的文献使用了组织社会学。将组织社会学直接作为主题的研究越来越多(将组织社会学作为标题或将其作为摘要和关键词的一部分),如郑智航的《党管政法的组织基础与实施机制——一种组织社会学的分析》❺;苏杭的《法院管理与法官策略二重作用下的司法决策——以组织社会学为分析视角》❻;缪若冰的《中国证监会的制度环境及法律影响——组织社会学的分析》❼;丁轶的《地方立法重复现象的组织社会学阐释》❽;姜永伟的《法治评估的科层式运作及其检视——一个组织

---

❶ 参见孙艳:《中国近现代宪法"神话"的社会学新制度主义分析》,载《齐鲁学刊》2009 年第 5 期。
❷ 参见刘子曦:《法治中国历程——组织生态学视角下的法学教育(1949—2012)》,载《社会学研究》2015 年第 3 期。
❸ 参见周尚君:《党管政法:党与政法关系的演进》,载《法学研究》2017 年第 1 期。
❹ 参见徐清:《刑事诉讼中公检法三机关间的"共议格局"——一种组织社会学解读》,载《山东大学学报(哲学社会科学版)》2017 年第 3 期。
❺ 参见郑智航:《党管政法的组织基础与实施机制——一种组织社会学的分析》,载《吉林大学社会科学学报》2019 年第 5 期。
❻ 参见苏杭:《法院管理与法官策略二重作用下的司法决策——以组织社会学为分析视角》,载《理论月刊》2019 年第 12 期。
❼ 参见缪若冰:《中国证监会的制度环境及法律影响——组织社会学的分析》,载《中外法学》2020 年第 1 期。
❽ 参见丁轶:《地方立法重复现象的组织社会学阐释》,载《地方立法研究》2020 年第 6 期。

社会学的分析》❶;张志文的《组织社会学视角下的普法策略分析》❷;吴剑峰的《制度与组织:一个综合性理论——兼论新制度主义对法社会学的意义》❸。可见,学者们在该阶段对法律组织社会学越来越具有理论自觉,一种新型的交叉学科研究方法正在中国发生。

(二)法律组织社会学的主要学者

作者共现分析能够识别出某领域的核心作者以及作者间合作强度。发文数量以节点大小呈现,作者合作的情况以连线呈现,发文时间早晚以颜色深浅呈现。根据普莱斯定律可计算核心作者范围,其公式为 $N = 0.749\sqrt{M_{max}}$。其中 M_{max} 为发文最多的作者的发文量,N 为核心作者发文量最小值,发文量高于 N 值的作者即该领域的核心作者。已知吴元元为发文最多作者,$M_{max}=9$,计算可得 $N=2.247$,因此发文量≥3篇的可视为核心作者。图2和表1显示,法律组织社会学的核心作者有:吴元元、郭松、丁轶、张洪涛、徐清、刘涛、陈柏峰、侯猛、卢超、于龙刚、张建、侯学宾、朱景文、戚建刚、王勇、佐藤孝弘、叶正国、唐士亚、肖仕卫、张洪松、宾凯等。此处仅介绍吴元元、郭松、丁轶和张洪涛四位高产核心作者的研究。

---

❶ 参见姜永伟:《法治评估的科层式运作及其检视——一个组织社会学的分析》,载《法学》2020年第2期。

❷ 参见张志文:《组织社会学视角下的普法策略分析》,载《法学论坛》2022年第5期。

❸ 参见吴剑峰:《制度与组织:一个综合性理论——兼论新制度主义对法社会学的意义》,载周尚君主编:《法律和政治科学》2021年第2辑,社会科学文献出版社2021年版,第196—228页。

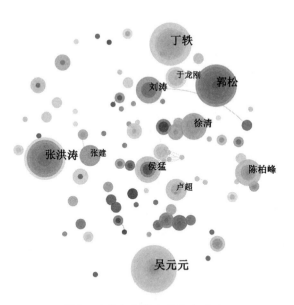

图 2　法律组织社会学作者图谱

表 1　法律组织社会学核心作者发文量

序号	作者	发文量
1	吴元元	9
2	郭松	8
3	丁轶	8
4	张洪涛	8
5	徐清	5
6	刘涛	5
7	陈柏峰	5
8	侯猛	5
9	卢超	4
10	于龙刚	4

（续表）

序号	作者	发文量
11	张建	4
12	侯学宾	3
13	朱景文	3
14	戚建刚	3
15	王勇	3
16	佐藤孝弘	3
17	叶正国	3
18	唐士亚	3
19	肖仕卫	3
20	张洪松	3
21	宾凯	3

吴元元主要在制度经济学框架内运用组织社会学，并大量使用组织社会学中关于声誉机制的理论。在组织社会学看来，声誉是一种重要的激励机制，但不同组织对声誉激励的敏感性具有差异。相比其他群体，知识共同体对声誉激励最为敏感。❶ 吴元元认为，司法共同体便是具有高度智识性的知识共同体，法官、人民调解员等主体对声誉激励有着较大的反应。❷ 此外，市场企业等组织也十分看重声誉，但在市场中，人们主要用商誉概念对应自然人的声誉概念。❸ 声誉机制如何对主体行动产生影响？在一篇讨论食品安

---

❶ 参见吴元元：《司法无言之知的转化机制及其优化——案例研究的知识社会学反思》，载《法学》2019年第9期。

❷ 参见吴元元：《基于声誉机制的法官激励制度构造》，载《法学》2018年第12期；吴元元：《人民调解制度的技艺实践考》，载《法学》2022年第9期；参见吴元元：《人民调解员的制度角色考》，载《中国法学》2021年第4期。

❸ 参见吴元元：《在所有与使用之间：商誉保护的制度逻辑——以广药集团与加多宝公司系列争讼为中心》，载《东方法学》2020年第2期。

全治理的文章中,吴元元认为,如果企业制售有毒有害食品的信息在消费者中迅捷高效地流动,形成强有力的声誉机制,那么来自声誉的惩罚将极大地作用于企业的无数个未来交易机会,进而决定企业及其品牌的存亡。于是,声誉机制创设的威慑深入地作用于企业利益结构的核心部分,企业因此被有效阻吓,放弃潜在的不法行为。❶ 基于声誉机制的威慑作用,行业协会能以"不良信息一律公开"的声誉罚机制规制市场企业。❷

郭松采用组织社会学中的新制度主义分析了刑事诉讼领域的各种问题。新制度主义认为主体的观念性要素是其功利主义式行动的前提,主体的理性是由制度构建的。在一项关于审查逮捕制度运作效率的研究中,郭松认为提高审查逮捕制度运作效率的有效做法是培育一种组织/制度文化,促使检察官形成审查批捕的效率意识。❸ 这种对组织/制度文化的强调正是新制度主义的主要命题。在一篇关于刑事司法绩效考评制度的文章中,郭松结合组织控制理论,指出中国刑事司法中的绩效考评制度是一种组织控制技术,它建构了一种组织成员的行为活动相对可察与受约束的制度环境。在该文中,他区分了组织理性和程序理性:程序理性立足于程序规则,目的是建构一套法治化的程序以规范程序的运作与司法人员的行为;组织理性着眼于组织内部的规章制度,推行独立于程序规则之外的制度规范来提高组织的效率、控制组织成员与实现组织目标。通过这种区分,郭松指出绩效考评制度可能无益于程序理性的实现,却有助于刑事司法机关内部运作的技术理性化。❹ 在新制度主义框架内,郭松提出刑事诉讼的制度逻辑是在该领域中稳定存在的制

---

❶ 参见吴元元:《信息基础、声誉机制与执法优化——食品安全治理的新视野》,载《中国社会科学》2012年第6期。

❷ 参见吴元元:《连坐、法团主义与法律治道变革——以行业协会为中心的观察》,载《法律科学(西北政法大学学报)》2020年第3期。

❸ 参见郭松:《审查逮捕制度运作效率研究——基于审查逮捕期限的实证分析》,载《中国刑事法杂志》2009年第2期。

❹ 参见郭松:《组织理性、程序理性与刑事司法绩效考评制度》,载《政法论坛》2013年第4期。

度安排与相应的行动机制,并具体分析了这种制度逻辑如何塑造刑事诉讼领域中相应主体的行为方式。❶ 这一对制度逻辑的理解后来还被其应用在关于法院督察机制的研究中,他认为法院督察机制的制度逻辑有控制逻辑、成本逻辑和科层逻辑三种。❷ 郭松还使用新制度主义中的组织场域概念分析审判管理的运行场域,认为在党的十八届三中全会召开之前的审判管理活动处于由司法逻辑与行政逻辑高度混同、法院组织高度行政化的科层结构与地方法院竞争性的关系结构所构成的复杂场域中。❸ 近年来,郭松将视野转向更为普遍的司法领域。在关于司法文件的研究中,郭松认为,司法系统政治科层制是司法文件运行所需的组织基础与体制结构,在此意义上,司法文件具有组织控制、信息沟通、利益表达、意识形态转换与规则创设五项功能。❹ 郭松将其功能主义的分析延伸至高级法院院长会议的研究中,认为高级法院院长会议的功能有工作部署、组织动员、信息沟通、组织控制等。❺

丁轶多在制度层面讨论问题,其研究涉及宪法学、立法学等领域。在对"运动式治理"的考察中,丁轶结合历史制度主义的路径依赖理论,指出运动式治理是 1978 年以前以群众运动为中心的"动员政治"或"斗争式运动"所遗留下来的制度遗产,这种路径依赖造成科层体制的组织危机和失败。❻ 在一篇宪法学文章中,丁轶借鉴组织社会学和契约经济学的思路对"两个积极

---

❶ 参见郭松:《中国刑事诉讼制度变迁的多重逻辑:一个分析框架》,载《法律科学(西北政法大学学报)》2011 年第 6 期。

❷ 参见郭松:《法院督查机制的实践逻辑与运行调适》,载《环球法律评论》2023 年第 5 期。

❸ 参见郭松:《审判管理进一步改革的制度资源与制度推进——基于既往实践与运行场域的分析》,载《法制与社会发展》2016 年第 6 期。

❹ 参见郭松:《司法文件的中国特色与实践考察》,载《环球法律评论》2018 年第 4 期。

❺ 参见郭松:《全国高级法院院长会议研究:基本架构、功能承载与长效发展》,载《政法论丛》2022 年第 5 期。

❻ 参见丁轶:《权利保障中的"组织失败"与"路径依赖"——对于"运动式治理"的法律社会学考察》,载《法学评论》2016 年第 2 期。

性"(中央和地方两个积极性)宪法条款的宪制意义及其实践价值进行了组织学意义上的剖析和揭示:中央集委托方和发包方两种身份于一体,在统一领导的同时不否认地方的灵活变通;地方则相应扮演了代理方和承包方两种角色,在发挥主动性和积极性时须以维护中央正式权威为前提;作为正式权威的中央政府掌握了名义上的剩余控制权,而作为实质权威的地方政府却掌握了事实上的剩余控制权。❶ 此后,丁轶还使用组织社会学的部分学说资源阐释了地方法治和区域法治等问题。❷ 他将组织社会学和法学进行深度融合的作品可见于立法学研究中。通过借鉴组织社会学理论,丁轶指出地方立法重复的原因在于组织受到环境强制、模仿学习、规范内化的影响。❸ 丁轶还注意到了当代中国立法过程中的隐性程序替代显性程序的现象,即立法规划、备案审查、司法解释等隐性程序替代或代表法律案提出、法律撤销、立法解释等显性程序。❹

张洪涛多从组织结构—功能视角展开研究,其研究主要在司法领域和习惯法领域。张洪涛认为,中国法院是以等级结构为主的组织结构,这造成所有进入法院之人的行为表现为垂直指向、纵向沟通和服从型互动。而中国法院改革的方向应将组织结构从等级结构改造为同等结构,将法院内与审判无关的等级结构因素从法院中分离。❺ 张洪涛还从行政的组织结构与功能角度来研究习惯在行政中的制度命运。他认为习惯能否制度化地进入国家法

---

❶ 参见丁轶:《等级体制下的契约化治理——重新认识中国宪法中的"两个积极性"》,载《中外法学》2017年第4期。
❷ 参见丁轶:《"区域法治"是否可能?——基于"承包型法治"视角的考察》,载《法治现代化研究》2018年第6期;丁轶:《党政体制塑造地方法治的逻辑与路径》,载《法商研究》2022年第6期。
❸ 参见丁轶:《地方立法重复现象的组织社会学阐释》,载《地方立法研究》2020年第6期。
❹ 参见丁轶:《当代中国立法过程中的隐性程序:组织学视角的考察》,载《法学家》2023年第5期。
❺ 参见张洪涛:《司法之所以为司法的组织结构依据——论中国法院改革的核心问题之所在》,载《现代法学》2010年第1期。

律是由立法者、司法者和行政者的行为取向和方式决定的，而这些人员的行为取向和方式与其所在的立法、司法和行政机关的组织结构与功能定位有紧密关联。❶ 从组织结构—功能角度出发，张洪涛认为调解的同等组织结构为充分、深入而成功的民意沟通提供了可能和技术保障。❷ 在组织结构—功能理论的基础上，张洪涛还提出了"法律组织学"这一概念。❸ 除了组织结构—功能理论，张洪涛还借鉴组织社会学社会网络学派的"结构洞"理论，分析了法官下乡面对村民等关系密切群体时所遭遇的结构洞差异。❹

以上四位学者展示了四条向法律组织社会学渐进的路线：第一条路线体现了从法社会学向法律组织社会学的渐进。学者们在法社会学的立场上，尝试用组织社会学的方法展开研究。在立法社会学领域，丁轶是主要代表，侯猛、周尚君等人在这一领域也作出了相关贡献。❺ 在司法社会学领域涉足的学者较多，主要代表者有张洪涛。在执法社会学领域，陈柏峰和于龙刚等人推进了法律组织社会学的相关研究。❻ 第二条路线体现了从法经济学向法律组织社会学的渐进。吴元元的研究展现了这种渐进。从其分析思路上来看，吴元元的研究主要遵循经济人假设，主张以功利主义为底色的主体面对声誉带来的惩罚和奖励会有不同反应。这种假设具有强烈的经济学色彩。

---

❶ 参见张洪涛：《习惯在行政中的制度命运——一种组织结构—功能分析的视角》，载《东南大学学报（哲学社会科学版）》2010年第4期。

❷ 参见张洪涛：《调解的技术合理性——一种中观的组织结构—功能论的解读》，载《法律科学（西北政法大学学报）》2013年第2期。

❸ 参见张洪涛：《中国法院压力之消解——一种法律组织学解读》，载《法学家》2014年第1期；张洪涛：《审判委员会法律组织学解读——兼与苏力教授商榷》，载《法学评论》2014年第5期。

❹ 参见张洪涛：《法律洞的司法跨越——关系密切群体法律治理的社会网络分析》，载《社会学研究》2011年第6期。

❺ 参见侯猛：《只讲科学性，不讲规范性？——立法的社会科学研究评述及追问》，载《中国法律评论》2021年第4期；周尚君：《中国立法体制的组织生成与制度逻辑》，载《学术月刊》2020年第11期。

❻ 参见陈柏峰：《党政体制如何塑造基层执法》，载《法学研究》2017年第4期；于龙刚：《乡村基层执法的生态塑造及优化路径》，载《法商研究》2023年第4期。

佐藤孝弘也在法经济学的基础上开展法律组织社会学研究。❶他们在法经济学的基础上，引入了法律组织社会学的相关理论。第三条路线体现从法律管理学向法律组织社会学的渐进。❷郭松的研究展现了法律组织社会学的这种渐进。其法律管理学的相关研究可见于《审判管理规制及转型研究》一书。❸此外，上文所介绍的法律组织社会学发展阶段（2009—2017年）的文献也大多属于法律管理学的范畴。他们在法律管理学的基础上，将视野扩展到了组织外部环境。第四条路线体现从诉讼法学向法律组织社会学的渐进。郭松研究的主要领域为刑事诉讼，其研究也展现了从诉讼法学向法律组织社会学的渐进过程。此外，徐清的相关研究也体现了这一渐进路线。❹他们运用组织社会学理论讨论了诉讼法学的具体问题。

　　四条路线的区分并不严谨，因为这四条路线存在着重叠、交叉关系。四条路线的区分仅在于说明：第一，法律组织社会学的发展需要建立在现有学术流派之上。法律组织社会学目前仍是一种十分薄弱的理论方法，许多学者只是运用组织社会学理论为自己的研究锦上添花，只有少部分学者将其作为一种分析框架。因此，未来法律组织社会学的发展或许应继续立足于现有学术理论，之后再着手独立出来，成为一个如同法经济学、法人类学、法心理学等具有一定规模和阵营的独立流派。第二，这四条路线的区分展示了法律组织社会学的三个特点。首先，诉讼法学和法社会学向法律组织社会学的渐进说明了研究内容正从实践分析向实践与理论相结

---

❶ 参见〔日〕佐藤孝弘：《公司法律制度的源泉问题研究——从制度经济学和制度社会学的视角分析》，载《甘肃政法学院学报》2011年第1期。
❷ 此处的法律管理学主要指司法领域的司法管理学研究。相关作品可参见公丕祥主编：《审判管理理论与实务》，法律出版社2010年版；梁三利：《法院管理：模式选择与制度构建》，中国法制出版社2008年版；高权：《审判管理学原理》，人民法院出版社2014年版。
❸ 参见郭松：《审判管理规制及转型研究》，北京大学出版社2023年版，第3—18页。
❹ 参见徐清：《刑事诉讼中公检法三机关间的"共议格局"——一种组织社会学解读》，载《山东大学学报（哲学社会科学版）》2017年第3期。

合的分析转变,法律组织社会学是一种以强烈理论色彩深入实践的理论范式。其次,法律管理学向法律组织社会学的渐进说明了研究范围正从组织内部向组织外部转变。法律管理学主要关注组织内部的结构特点与运作方式,法律组织社会学则关注组织与外部制度环境的互动过程。最后,法经济学向法律组织社会学的渐进说明了研究者正从行为视角向制度视角转变。法经济学的视角为行为视角,其前提为行为背后的功利主义动机;法律组织社会学的视角为制度视角,强调的是行为背后的各种制度性要素。

(三)法律组织社会学的研究机构

从图3和表2所呈现的机构发表情况上看,四川大学法学院是法律组织社会学的学术重镇,发文量排名第一,以郭松、左卫民、艾明、赵开年、彭昕等人为代表,研究主题主要涉及刑事司法领域。中南财经政法大学法学院也为法律组织社会学的发展做出很大贡献,发文量排名第二,以陈柏峰、于龙刚、梁永成、刘磊、刘杨等人为代表,研究主题涉及基层执法、基层治理等领域。吉林大学法学院也开展了许多关于法律组织社会学的研究,发文量排名第三,以苏杭、侯学斌、陈越瓯等人为代表,研究主题涉及法院管理等问题。中国人民大学法学院以侯猛等人为代表,发文量排名第四,但学者们没有统一的研究主题。中国社会科学院法学研究所和东南大学法学院的发文量排名并列第五。其中,中国社会科学院法学研究所以卢超、杨知文等人为代表,主要涉及行政诉讼领域;东南大学法学院以张洪涛、李可等人为代表,主要涉及法院管理、法院组织结构研究。上海交通大学凯原法学院的发文量排名第七,以谭俊等人为代表,研究主题较为分散。武汉大学法学院的发文量排名第八,以李慧敏、叶正国为代表,研究主题也较为分散。云南大学法学院和西南财经大学法学院的发文量排名并列第九。其中,云南大学法学院以徐清、甘霆浩为代表,主要涉及法院组织结构、执法等问题;西南财经大学法学院以吴元元、兰荣杰等人为代表,主要涉及司法、调解等领域。

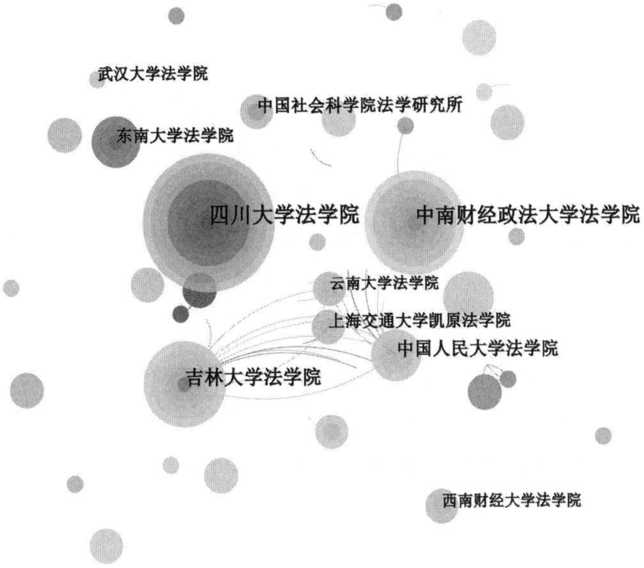

图 3 法律组织社会学机构发文量图谱

表 2 法律组织社会学机构发文量统计

序号	机构	发文量
1	四川大学法学院	22
2	中南财经政法大学法学院	20
3	吉林大学法学院	16
4	中国人民大学法学院	13
5	中国社会科学院法学研究所	11
6	东南大学法学院	11
7	上海交通大学凯原法学院	10
8	武汉大学法学院	9
9	云南大学法学院	8
10	西南财经大学法学院	8

(四) 法律组织社会学的研究主题

CiteSpace 可根据数据运算将共词关系明显的节点聚成一类,归纳各关键词节点的相似性,并生成关键词共现图谱和聚类图谱,以此准确描绘特定知识领域的研究主题。图 4 为法律组织社会学关键词共现图谱。在图 4 中,频次的高低以节点大小的形式呈现,按照频次从高到低排列分别有:合法性(频次 12);制度环境(频次 8);社会治理(频次 8);司法改革(频次 7);地方立法(频次 7);基层执法(频次 6);人工智能(频次 5);组织社会学(频次 5);乡村治理(频次 4);人民调解(频次 4);党的领导(频次 4);人民法院(频次 3);企业(频次 3);党政体制(频次 3);等等。图 5 为法律组织社会学关键词聚类图谱。法律组织社会学的关键词聚类有三项:#0 司法改革;#1 合法性;#2 人民调解。

图 4 法律组织社会学关键词共现图谱

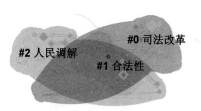

图 5　法律组织社会学关键词聚类图谱

在 CiteSpace 中,中心性(Centrality)是分析关键词重要程度的一个关键指标。中心性越大,说明该节点越重要。法律组织社会学的大部分关键词的中心性为 0,具有中心性的关键词为:合法性(中心性 0.02);司法改革(中心性 0.02);人民法院(中心性 0.02);制度环境(中心性 0.01);社会治理(中心性 0.01);组织社会学(中心性 0.01);人民调解(中心性 0.01);审判管理(中心性 0.01);功能(中心性 0.01)。

结合关键词共现图谱、聚类图谱和中心性可知,法律组织社会学在实践上比较关注司法改革、社会治理、人民调解等问题,在理论上比较关注合法性、制度环境、功能等理论。其中,合法性既是聚类之一,也是高频次关键词,中心性较高,说明合法性是法律组织社会学常用概念。司法改革既是聚类之一,也是高频次关键词,中心性较高,说明司法改革是法律组织社会学重点研究领域。人民调解虽是聚类之一,但关键词频次较低,中心性也较低,说明人民调解是法律组织社会学的次要研究领域。

表 3 为法律组织社会学关键词突现强度分布情况。关键词突现是指关键词在某一时期出现的频率急剧增加。关键词突现分析可以发现一定时期内受到学界特别关注的关键词。表 3 列出了 1997—2023 年间突现的关键词以及突现强度和时间。细线段代表关键词还未出现,细线段表示关键词开始出现,粗线段代表该关键词成为研究热点。从表 3 可以看出,制度环境、地方立法、社会治理、组织社会学、基层执法、党的领导、人工智能为法律组织社会学近年来所关注的主题。其中,制度环境的关键词突现强度为 3.12,位列第一,说明制度环境是近年来法律组织社会学最为热门的主题。司法改革这一主题长期受

到重点关注,其关键词突现的时间最长,其关键词突现强度为 3.07,仅次于制度环境。新制度主义、组织结构、司法责任制等关键词在 2016—2020 年活跃,但近年来这些关键词出现的频率已逐渐降低。

表 3　法律组织社会学关键词突现强度分布情况

序号	关键词	强度	开始年	结束年	1997—2023 年间关键词突现强度分布情况
1	制度环境	3.12	2019	2021	
2	司法改革	3.07	2015	2017	
3	地方立法	2.86	2020	2023	
4	社会治理	2.8	2019	2023	
5	组织社会学	2.67	2020	2021	
6	基层执法	2.61	2017	2020	
7	党的领导	2.54	2022	2023	
8	人工智能	2.03	2020	2023	
9	调解	1.95	2013	2013	
10	新制度主义	1.92	2019	2019	
11	组织结构	1.81	2020	2020	
12	司法责任制	1.76	2016	2017	

通过选取频次大于 2 的关键词,并加以归类可得出表 4。根据表 4 可知,法律组织社会学的主题可分为理论类主题和实践类主题。理论类主题主要以制度理论为主,以组织理论为辅。❶ 其中,制度理论涉及合法性、制度环境、新制度主义等关键词,组织理论涉及组织结构、决策、激励性等关键词。

---

❶ 此处的组织理论主要指管理学理论,仅关注组织结构、效益、激励等问题,而较少关注组织外部环境的问题;此处的制度理论主要指组织社会学中的制度理论,该理论关注组织与社会之间的关系,并特别强调制度对于组织的影响。当然,这种区分仅是一种简单区分,如今管理学理论也吸纳了很多制度理论的内容。

实践类主题主要集中在司法研究领域,涉及的关键词有司法改革、审判管理、司法责任制、智慧司法、执行难、法院组织结构等。社会治理领域位列第二,涉及的关键词有乡村治理、社会组织等。政法研究领域位列第三,涉及的关键词有党的领导、党政体制、党组。执法研究领域位列第四,涉及的关键词有基层执法、综合执法。立法研究领域与数字法治领域并列第五,各自涉及的关键词分别为地方立法和人工智能、智慧司法。

表4 法律组织社会学高频关键

类型	主题	关键词	总频次
理论类	制度理论	合法性、制度环境、制度、新制度主义	26
	组织理论	组织结构、组织、决策、激励性	9
	其他	组织社会学、功能、效率、系统理论、国家能力、优化路径、价值引领	18
实践类	司法研究	司法改革、审判管理、调解、司法责任制、人民法院、智慧司法、执行难、司法、法院组织结构、司法职业保障	29
	社会治理	社会治理、乡村治理、社会组织	15
	政法研究	党的领导、党政体制、党组	10
	执法研究	基层执法、综合执法	8
	立法研究	地方立法	7
	数字法治	人工智能、智慧司法	7
	其他	企业、人民调解❶、法律规制、创新人才、资本市场、法治评估、个人信息保护	17

---

❶ "人民调解"虽然在聚类、关键词频次和中心性上体现出其是法律组织社会学的次要研究领域,但从主题类型上考虑,"人民调解"所占比重较低,因此此处不将其单独列为一个主题。"人民调解"与"司法研究""社会治理"等领域均有密切联系,因此可以被列入这两个领域。但"人民调解"的频次为4,不管将其置入"司法研究"还是"社会治理",均不影响排名,因此为避免争议,本文将"人民调解"列入"其他"。

司法研究领域涉及的关键词总频次有 29 次,远远高于其他研究领域,这是一个值得分析的现象。相比西方司法所强调的法官独立(去组织性),中国司法实践强调组织性:第一,中国法律规定审判独立,行使审判权的是法院,而不是法官个人。第二,中国将不同阶段的司法权力分别配置给了不同司法组织执行。因此,公检法三机关如何相互配合成为一个重要问题。第三,中国的政法制度形塑了司法组织的科层结构,导致司法组织的科层化色彩较为浓厚。或许正是中国所特有的司法实践让学者们意识到组织问题是中国司法研究的重点问题,因此在司法研究领域开展了大量法律组织社会学研究。

制度理论的总频次也高达 26 次。这说明中国学者在法律组织社会学中特别关注了制度主义,这与"法律与社会运动"中伯克利学派的研究倾向一致。尽管不能说中国学者受到的是伯克利学派的启发,但也不能否认伯克利学派所代表的制度主义在中国的学术场域中仍有相当的生命力。

[三] 法律组织社会学所使用的理论

对于组织社会学如何在法学领域应用,一直未能有方法论意义上的说明。周尚君以一个微观的交通执法个案为例,提出执法个案的相关研究可以从组织学的分析路径入手。❶ 侯猛提倡在立法研究中引入制度—组织视角。❷ 这些方法论意义上的说明有助于法律组织社会学的理论发展,但其范围仅局限于特定研究领域。对此,本文从法律组织社会学中所使用的理论来总结法律组织社会学的理论特点。

---

❶ 参见周尚君:《从执法个案到一般理论:法学研究方法论反思》,载《政治与法律》2023 年第 1 期。

❷ 参见侯猛:《只讲科学性,不讲规范性?——立法的社会科学研究评述及追问》,载《中国法律评论》2021 年第 4 期。

(一)新制度主义

1977年,约翰·W.迈耶(John W. Meyer)和布利安·罗恩(Brian Rowan)在《美国社会学杂志》(American Journal of Sociology)发表《制度化的组织:作为神话与仪式的正式结构》❶,开创了组织社会学的新制度学派。1983年,迪马吉奥(Paul J. DiMaggio)和鲍威尔(Walter W. Powell)发表《关于"铁笼"的再思考:组织场域中的制度性同形与集体理性》一文❷,推动了新制度学派进一步发展。

在迈耶、罗恩、迪马吉奥、鲍威尔的开创性研究之后,组织社会学的新制度学派开始进行许多实证研究。但许多新制度主义学者所运用的制度概念均有不同。组织社会学学者理查德·斯科特(W. Richard Scott)所建立的理论框架能比较全面地概括组织社会学中新制度主义的内容。斯科特认为,制度要素包括规制性要素、规范性要素和文化—认知性要素,这些要素为社会生活提供各种资源,也为人们提供稳定性和意义,从而使人们得以展开各种活动。❸ 因此,新制度主义的"制度"不仅是法律制度,还是社会制度、文化制度等非法律制度,既包括正式制度,也包括非正式制度。其中,规制性要素强调明确的、外在的各种规制过程——规则设定、监督和奖惩活动——对组织行为的影响。规范性要素针对社会生活中规定性、价值评价性和义务责任性层面的规范对人们信念的影响。文化—认知性要素则强调人们关于社会实在性质的共同理解和认知框架对人们认知的影响。例如,我们之所以遵守文

---

❶ 参见〔美〕约翰·W.迈耶、〔美〕布利安·罗恩:《制度化的组织:作为神话与仪式的正式结构》,载〔美〕沃尔特·W.鲍威尔、〔美〕保罗·J.迪马吉奥主编:《组织分析的新制度主义》,姚伟译,上海人民出版社2008年版,第45—67页。

❷ 参见〔美〕保罗·J.迪马吉奥、〔美〕沃尔特·W.鲍威尔:《关于"铁笼"的再思考:组织场域中的制度性同形与集体理性》,载〔美〕沃尔特·W.鲍威尔、〔美〕保罗·J.迪马吉奥主编:《组织分析的新制度主义》,姚伟译,上海人民出版社2008年,第68—87页。

❸ 参见〔美〕W.理查德·斯科特:《制度与组织——思想观念、利益偏好与身份认同(第4版)》,姚伟等译,中国人民大学出版社2020年版,第58—59页。

化和惯例,是因为我们理所当然地认为这些文化和惯例是行动的自然方式,我们想不出也理解不了"异己"的文化和惯例。新制度主义之新在于它认识到了文化—认知性要素的存在。在新制度主义看来,人类在物理上和心理上都不是自由的,人类处在一个未察觉到的牢笼里,分析文化—认知性要素就是要看清那个束缚人类行为的牢笼。

目前,法经济学与新制度主义对话较多,但作为社会学重要理论的新制度主义与法社会学的交流较少。笔者曾撰文讨论组织分析的新制度主义对于法社会学意义之所在。从新制度主义对法律的关注、理论与实践的关系和理论自觉等方面来看,在法社会学内部推进新制度主义法学研究大有可为。❶ 在舒尔曼和艾德曼看来,新制度主义为法律与社会运动提供了一种新的对个体行动的认知。这种认知就是被视作当然的关于身份、能力和因果关系的要素,即文化—认知性制度要素。❷ 新制度主义的应用要点在于如何将文化—认知性制度要素与法律实施过程中各类主体的认知框架、心理状态、观念等因素结合起来。王亚新为新制度主义法学研究提供了一个范例。他以新制度主义为基本理论讨论了法院程序问题,目的在于用该理论回答不同法院的民事诉讼程序的差异性和同质性的原因。他认为,程序同质性的原因在于法官认知框架的同一而做出相同的程序操作,而程序差异性的原因则是法官的认知框架被打破或更新而产生各自不同的认知框架,进而做出不同程序操作。❸ 此外,孙艳也从新制度主义出发讨论了近现代以来的制宪过程,并认为该过程是一个现代社会中的宪法神话在人们心

---

❶ 参见吴剑峰:《制度与组织:一个综合性理论——兼论新制度主义对法社会学的意义》,载周尚君主编:《法律和政治科学》2021 年第 2 辑,社会科学文献出版社 2021 年版,第 196—228 页。

❷ 参见 Mark C. Suchman and Lauren B. Edelman, *Legal Rational Myths: The New Institutionalism and the Law and Society Tradition*, 21 Law & Social Inquiry 903 (1996).

❸ 参见王亚新:《程序·制度·组织——基层法院日常的程序运作与治理结构转型》,载《中国社会科学》2004 年第 3 期。

中确立起来的过程。❶

(二)历史制度主义

历史制度主义既是当代西方政治科学的主要分析范式之一,也是新制度主义内部的一个重要流派。正如斯科特所说:"制度主义者更为关注较长时期中发生的各种影响。"❷相比对组织此时此地的结构进行分析,历史制度主义更为关注历时性因素对组织和制度的影响。在历史制度主义看来,制度化是一种历时性过程,只关注组织在此时此地的结构与过程是无法观测到制度化过程的。相比理性选择理论简单的人性逐利假设,历史制度主义对历时性因素的关注揭示出了行动者试图将什么样的具体利益最大化,以及为什么重视一些目标而忽视另一些目标。历史制度主义的关键词是路径依赖、制度变迁和意外后果。路径依赖表明制度会随着时间推移而自我强化和稳定。在这一制度变迁过程中,若干微小事件经由偶然机会可能导致意外后果,形成无法逆转的制度形态。对于历史制度主义来说,分析的出发点在于任何政策或任何政府体系都源于组织在早期历史中作出的选择。最初的政策选择和由其衍生的制度化承认决定着后来的决策,因此政策存在"路径依赖",一旦走上了那条路,就会一直持续下去,直到某种强大力量干涉并使之从原来的方向转向。❸

在司法研究领域中,孙一桢用历史制度主义的理论框架分析了法院执行机构在中国改革开放以来的组织变迁过程。❹ 政法研究领域对历史制度主

---

❶ 参见孙艳:《中国近现代宪法"神话"的社会学新制度主义分析》,载《齐鲁学刊》2009年第5期。

❷ 〔美〕W. 理查德·斯科特:《制度与组织——思想观念、利益偏好与身份认同(第4版)》,姚伟等译,中国人民大学出版社2020年版,第267页。

❸ 参见〔美〕B. 盖伊·彼得斯:《政治科学中的制度理论:新制度主义(第二版)》,王向民、段红伟译,上海人民出版社2016年版,第19页。

❹ 参见孙一桢:《法院执行机构的组织变迁》,载侯猛、程金华主编:《法律和社会科学》第19卷第1辑,法律出版社2021年版,第345—376页。

义的运用则更加娴熟。该领域的学者集中分析了政法体制的制度变迁和政法机关的组织生成史。比如,他们认为,中央政法委经历了从宪法起草机构到政务院政治法律委员会,再到中央政法小组的组织演变过程。而政法制度之所以产生,是因为战争年代下党的"一元化领导"方式影响了后来的中国政治家在不同历史时期的政治决策,从而产生了具有中国特色的政法制度。"党管政法"思想是这种"路径依赖"的产物。"党管政法"思想源于战争年代党的"一元化领导"思想。根据战争年代党在"一元化领导"思想下设立"总前委"的经验,新中国根据不同情势,组建了政务院政治法律委员会、中央法律委员会、中央政法小组等组织。❶ "党管政法"思想逐渐在组织上定型。❷ "党管政法"思想是党与政法关系的思想体现,在不同历史阶段,党与政法的关系均有不同特点。❸ 这些研究展现了一种政法研究取向,即向历史深处探寻政法制度的形成原因。但这种研究不是以一种"历史惯性"的宏大叙事方式进行阐释,而是不断在组织更迭、人员变动、政策变化的微观层面梳理历史演变线索。

(三)制度环境与技术环境

组织社会学认为,组织在不同环境条件的多重压力下活动。具体而言,组织面对着两种不同环境:技术环境和制度环境。技术环境主要指包括设施、工具、工作程序和方法在内的结构化和职能化要素运转的环境,它要求组织按照最大化原则来进行生产。在技术环境中,组织主要考虑效率问题。制度环境要求组织内部的结构和制度符合社会公认的"合法性",采用在制

---

❶ 参见刘忠:《政法委的构成与运作》,载《环球法律评论》2017年第3期;刘忠:《"党管政法"思想的组织史生成(1949—1958)》,载《法学家》2013年第2期。

❷ 参见侯猛:《"党与政法"关系的展开——以政法委员会为研究中心》,载《法学家》2013年第2期。

❸ 参见周尚君:《党管政法:党与政法关系的演进》,载《法学研究》2017年第1期;郑智航:《党管政法的组织基础与实施机制———一种组织社会学的分析》,载《吉林大学社会科学学报》2019年第5期。

度环境中已被广为接受的组织形式和做法,而不管这些做法对组织的内部运作是否有效。这里的"合法性"不仅指符合法律规范,还指符合道德规范、市场规范、文化规范等制度性规范。❶ 事实上,将新制度主义的"合法性"译成"正当性"更为妥当。但本文依照通说仍使用"合法性"一词。组织通常要解决制度环境和技术环境之间的矛盾。尊重制度环境的合法性要求经常意味着要牺牲自身效益,而过于关注技术环境则会违背制度环境的合法性要求。组织经常与制度环境保持松散关联的"脱耦"关系,以缓和两种环境的矛盾。因此,我们常看到组织只是在表面遵守制度,假意向制度环境表示忠诚,但私底下常有背离制度的行为。❷

制度环境与技术环境理论在中国有很大的应用空间。许多学者的研究涉及政法体制或党政体制与各种法律组织运作的互动关系。在立法研究中,侯猛分析了党领导立法工作的制度格局,认为这一制度格局主要是由党领导立法的工作机构(如中国共产党中央全面依法治国委员会)和党在立法机关中设立的组织(如全国人大常委会党组)等所形塑的。❸ 在执法研究中,陈柏峰分析了党政体制如何通过条条、块块、政治伦理三个维度塑造基层执法。❹ 在司法研究中,郑智航分析了党政体制如何通过意识形态、政治动员和治官权塑造法院组织,提升法官的政治意识、奉献精神和职业技术。❺ 侯学宾和陈越瓯分析了人民法院运动式治理与政法场域的关系。他们的研究表明,受政法场域权力结构的影响,人民法院偏向服从资源分配的权威部

---

❶ 参见周雪光:《组织社会学十讲》,社会科学文献出版社2003年版,第77页。
❷ 参见〔美〕保罗·J.迪马吉奥、〔美〕沃尔特·W.鲍威尔:《关于"铁笼"的再思考:组织场域中的制度性同形与集体理性》,载〔美〕沃尔特·W.鲍威尔、〔美〕保罗·J.迪马吉奥主编:《组织分析的新制度主义》,姚伟译,上海人民出版社2008年,第58—63页。
❸ 参见侯猛:《党领导立法工作的制度格局》,载《北京行政学院学报》2023年第5期,第110—120页。
❹ 参见陈柏峰:《党政体制如何塑造基层执法》,载《法学研究》2017年第4期。
❺ 参见郑智航:《党政体制塑造司法的机制研究》,载《环球法律评论》2020年第6期。

门所带来的合法性压力,在资源欠缺以及对组织长期发展的战略考量的双重影响下,人民法院既"被动接受"也"主动迎合"了运动式治理。❶

(四)制度逻辑与制度矛盾

"制度矛盾"是指不同制度环境具有不同制度逻辑,身处多重制度环境中的行动者会遭遇制度逻辑冲突,❷如资本主义社会的制度逻辑强调人们活动的商品化和资本的积累;民主社会的制度逻辑强调平等与参与;家庭的制度逻辑强调无条件忠诚;宗教的制度逻辑强调认识论、来世论和道德规范。❸不同制度逻辑在具体实践中会相互冲突,如法院可能面临着法律制度逻辑和政治制度逻辑的矛盾,尊重法律规则可能会违背政治目的,而拥护政治可能意味着背弃法律。

将这一理论运用到司法领域,我们便可以发现法院和法官不仅处在法律环境之下,也处在行政环境之下。法律环境与行政环境是不同的制度环境,而不同的制度环境所具有的不同制度逻辑会导致组织行为相互冲突,进而影响司法改革的效果。方乐认为,法官责任制在实际推行中较为混乱,这是因为不同的组织任务影响了法院/法官对法官责任制度的认知,且组织实施机制的行政化逻辑也制约了法官责任制度运行的实际效果,该制度的功能事实上被阻滞了。❹ 制度矛盾理论也表明,组织的违法行为常常是由制度矛盾导致的。比如,近年来由地方政府主导实施的土地违法问题频繁出现。廖

---

❶ 参见侯学宾、陈越瓯:《人民法院的运动式治理偏好——基于人民法院解决"执行难"行动的分析》,载《吉林大学社会科学学报》2020年第6期。

❷ 参见〔美〕罗格尔·弗利南德、〔美〕罗伯特·R.阿尔弗德:《把社会因素重新纳入研究之中:符号、实践与制度矛盾》,载〔美〕沃尔特·W.鲍威尔、〔美〕保罗·J.迪马吉奥主编:《组织分析的新制度主义》,姚伟译,上海人民出版社2008年版,第252页。

❸ 参见〔美〕W.理查德·斯科特:《制度与组织——思想观念、利益偏好与身份认同(第4版)》,姚伟等译,中国人民大学出版社2020年版,第93页。

❹ 参见方乐:《法官责任制度的功能期待会落空吗?》,载《法制与社会发展》2020年第3期。

宏斌从组织学视角出发，认为土地违法是政府组织机构和制度环境互动后的产物，是政府制度设计中激励机制过度强化和组织间责约束机制不健全共同作用的结果。❶ 土地违法实际上是因政府激励机制与法律制度不匹配的矛盾而产生的。

(五)组织结构

所谓组织结构是指组织为达成其目的或功能而构建的分工协作体系。组织结构有利于组织功能的实现，一定的组织结构，只有具有一定的功能才有意义；而一定的功能，又必然依赖一定的组织结构才能产生。盛行于20世纪初期的古典管理学试图找到具有最高效率的管理方式和最佳组织结构，实现组织功能最大化。具体而言，组织结构包括复杂性、规范性和集权—分权程度三个方面。组织结构的复杂性是指组织结构各要素在横向、纵向和空间上的差异性，如部门差异性、上下级差异性和人员差异性；组织结构的规范性主要是指通过规则、标准等手段规范组织行为的程度；组织结构集权—分权程度主要是指组织决策权的分配情况，决策权在上层高度集中为集权，在下层分散为分权。❷

组织—结构理论为司法研究者探寻法院组织结构与司法实践之间的联系提供了许多灵感、启发和认知路径。比如，郑智航讨论了技术与组织结构互动的过程，他认为信息技术推进了新型审判组织的产生、对审级制度造成了影响、增强了上级司法监督的力量，技术同时也改变了诉讼规则，发展出在线诉讼。而中国司法组织的组织目标、考核机制和组织文化都对技术嵌入组织的方式产生了影响。❸

---

❶ 参见廖宏斌:《土地违法：一个政府行为的组织制度分析》，载《华中师范大学学报(人文社会科学版)》2017年第4期。

❷ 参见高晶、关涛、王雅林:《信息技术应用与组织结构变革的互动研究》，载《科学学与科学技术管理》2007年第10期。

❸ 参见郑智航:《"技术—组织"互动论视角下的中国智慧司法》，载《中国法学》2023年第3期。

在传统的组织—结构理论的视野下,组织行动是僵化的,组织与结构的变化过程是冻结起来的,组织与结构仿佛总是处于同一个状态下。情境理论反对这种静止的组织—结构理论,认为组织结构应当是灵活的、多元的,组织理论的目的在于寻求特定情境中最具适应性的组织结构,而不是一成不变的最佳组织结构,因此结构因素与情境因素的匹配或失配是关键。马超借鉴组织理论中的结构情境理论,分析法院三十余年来的立案实践,展示了组织与结构的变化过程,为组织—情境理论在法学研究上的使用提供了一个较好的模板。❶

(六)组织趋同化

组织趋同化理论旨在回答这一问题:为什么组织的形式在实践中存在这么多相似之处。在迪马吉奥和鲍威尔看来,组织趋同化的发生有三种机制:一是强制性同形,这种机制源于组织对强大外部行动者的服从,比如制造商服从政府命令而采用新型污染控制技术;二是模仿性同形,这种机制源于组织对其他组织的成功经验的复制,比如19世纪晚期日本政府对西方各种组织制度的学习和效仿以及20世纪末美国企业对日本企业管理模式的模仿;三是规范性同形,这种机制源于组织对专业人员的引进。当管理者和关键职员都来自同一所大学或者根据同样的特征或属性被筛选进组织内时,他们会倾向以相同方式看待问题,把同一种政策、程序和结构视为标准或具有合法性,并以相同方式进行决策,促成组织间同形。❷ 在周雪光看来,这种规范性同形产生于社会上的共享观念或共享思维方式。❸

中国的法律组织也存在这种趋同化现象。郑智航认为,中国的法院、检

---

❶ 参见马超:《结构如何影响司法实践?——以法院的立案实践为分析对象》,载《政法论坛》2020年第3期。

❷ 参见〔美〕保罗·J.迪马吉奥、〔美〕沃尔特·W.鲍威尔:《关于"铁笼"的再思考:组织场域中的制度性同形与集体理性》,载〔美〕沃尔特·W.鲍威尔、〔美〕保罗·J.迪马吉奥主编:《组织分析的新制度主义》,姚伟译,上海人民出版社2008年,第72—79页。

❸ 参见周雪光:《组织社会学十讲》,社会科学文献出版社2003年版,第88页。

察院和公安机关具有趋同化现象,其原因在于政法体制的形塑功能促使各个法律组织在组织行为和组织形态上趋于一致。❶ 地方立法组织也常常出现趋同化的行为。丁轶认为,由于当代中国地方立法者的组织年龄普遍偏小,并处于复杂的条块结构和法律市场中,他们往往优先回应制度环境的挑战,相对漠视技术环境的要求,力图在最大限度内追求组织合法性,从而在环境强制、模仿学习、规范内化等一系列机制的综合作用下,在立法中出现高度的"立法同形"。❷

(七)组织激励

激励是指使用物质或精神上的利益来促使雇员采取与组织目标一致的行为。组织的运作就是一个不断受到激励的过程。通过激励,组织成员能够尽心尽力地采取与组织目标一致的行为,这便是理想中的"激励相容"状态。一般来说,科层制组织的等级结构会诱发职员的晋升欲望,从而产生正激励,这是许多政府组织的特点。但组织内竞争过大,又会产生反激励。因此,许多高科技企业采用扁平化组织结构,试图消除这种过度竞争。除了晋升激励,组织内还存在报酬激励、荣誉激励、情感激励、价值激励等机制。组织经济学中的一个重要问题就是如何在"委托—代理"的结构中实现有效激励。

从法院对于外部组织的激励来看,法院可通过诉讼促使组织集中调动人力、组织、财政等行政资源执行判决。卢超便认为行政公益诉讼在实践中显现出组织激励和政策聚焦的制度潜能,使行政机关的"法定职责"能以运动式治理的模式履行。❸ 从法院对内部组织的激励来看,法院可以通过各种方

---

❶ 参见郑智航:《当下中国司法权运行的组织社会学分析》,载《浙江社会科学》2021年第9期。

❷ 参见丁轶:《地方立法重复现象的组织社会学阐释》,载《地方立法研究》2020年第6期。

❸ 参见卢超:《从司法过程到组织激励:行政公益诉讼的中国试验》,载《法商研究》2018年第5期。

式激励内部人员以实现制度环境所要求的组织目标。对此,张瑞认为法院党组作为党领导司法的重要组织形式,对法院进行价值引领发挥了重要作用。❶ 这种作用实际上是精神激励作用。

(八) 信息、决策与组织控制

在组织社会学看来,组织控制问题主要是一个信息问题。组织可以通过传递信息来控制其他主体。当信息传递出现问题时,无论是作为下级的组织整体还是某一组织成员,都可能会利用信息不对称与劳动分工和授权的分散化来满足自身偏好,并进而发展出迥异于上级的目标与机会主义行为。文书传递是信息传递的重要方式之一。郭松讨论了司法文书与信息传递和组织控制之间的关系,他认为司法文书是法院权力系统自上而下进行组织控制的信息传递方式。上下级法院之间虽然不是领导与被领导的关系,上级法院不能对下级法院进行直接组织控制,但上级法院可以用文书向下级法院传递组织意志,从而达到组织控制的效果。❷

此外,组织决策也与信息问题高度关联。信息是决策的基础,任何行动的有效做出,都必须立基于充分的信息;否则,决策者将会陷入高度信息不对称的困境,失去对交往对象行动的科学判断以及准确认识。法官所具有的专业知识便是一种信息,限制了法官决策。以运作闭合的角度来看,组织总是处于"无知"和"盲目"状态,因为组织的决策者无法了解到外部信息,或者外部信息过于杂乱使信息"爆炸",导致决策者无法获知有效信息。但组织通过组织结构疏导了信息的流入和流出,从而让决策者能够在一定程度上和一定范围内获得信息。不过,这些组织结构也限制或规定了行动者对信息收集的范围和程度。借此信息理论,苏杭重新审视了法官依法独立行使审判权

---

❶ 参见张瑞:《论法院党组在司法活动中的价值引领职能》,载《政治与法律》2022年第2期。

❷ 参见郭松:《司法文件的中国特色与实践考察》,载《环球法律评论》2018年第4期。

这一问题：法官的决策事实上无法独立作出，法院总是以"信息沟通"的方式限制了法官获取信息的范围和程度。❶

[四] 结 语

通过 CiteSpace 软件，本文对法律组织社会学在中国的发展过程进行如下总结：第一，法律组织社会学的发展经历了三个阶段。首先是酝酿阶段（1997—2008年），该阶段出现了将组织社会学作为学说资源的研究，也少量出现了将组织社会学作为分析框架的研究。其次是发展阶段（2009—2017年），在该阶段，各种组织学概念被运用，组织理论大量出现，中国法律组织社会学的研究主题逐渐得到明确。最后是兴盛阶段（2018—2023年），该阶段使用组织社会学的法学文献越来越多，将组织社会学直接作为主题的研究也逐渐涌现。第二，法律组织社会学的核心作者有吴元元、郭松、丁轶、张洪涛等人。学者们的研究展现了四条向法律组织社会学转变的渐进路线：从法社会学向法律组织社会学渐进；从法经济学向法律组织社会学渐进；从法律管理学向法律组织社会学渐进；从诉讼法学向法律组织社会学渐进。这四条路线既说明法律组织社会学的发展应立足于现有的学术理论，也说明法律组织社会学具有理论与实践相结合、关注组织与制度环境的关系、以制度为基本视角的理论特点。第三，法律组织社会学的主要研究机构有四川大学法学院、中南财经政法大学法学院、吉林大学法学院、中国人民大学法学院等。第四，从研究主题来看，法律组织社会学在实践上比较关注司法改革、社会治理、人民调解等问题。其中，司法研究领域是法律组织社会学最为关注的领域，这或许是因为中国司法实践所特有的组织性吸引了学者们在该领域开展大量法律组织社会学研究。法律组织社会学在理论上比较强调合法性、制度

---

❶ 参见苏杭：《法院管理与法官策略二重作用下的司法决策——以组织社会学为分析视角》，载《理论月刊》2019年第12期。

环境、功能等理论。其中,制度理论在法律组织社会学中得到了较多应用。第五,中国学者所使用的法律组织社会学理论包括新制度主义;历史制度主义;制度环境与技术环境;制度逻辑与制度矛盾;组织结构;组织趋同化;组织激励;信息、决策与组织控制;等等。

总之,法律组织社会学力图客观地展示"宏观的制度"—"中观的组织"—"微观的法律行动者"之间的纵向关系,为解释法律世界中极其丰富的组织现象提供一种新颖且富有创造力的视角。虽然相比法经济学、法人类学、法心理学等社科法学,法律组织社会学仍是一种小众理论,但法律组织社会学在中国已经出现勃兴的曙光。随着中国法学学者不断使用组织社会学方法并提炼出一些独有命题,法律组织社会学很可能成为未来社科法学的学术增长点,并可能被建构成一种新的学术流派。

法律的社会科学研究进展(2020—2023)

任 婷 童孟君*

摘 要：2020年以来,法律的社会科学有着较为丰富的研究成果和长足的进展。在研究内容上,传统议题与新兴领域不断开拓与深入,学科范式的反思与争辩逐渐形塑学科构造;在研究方法上,定性研究基于经验叙事不断续造理论认识;定量研究以新兴测量工具不断更新理论产出。整体上,以中国经验和材料为田野的本土的法律的社会科学研究逐步形成体系性的范式与架构。本文以"法律人类学在中国"为主题的学科年会(2023)暨第二期司法论文工作坊为主线,从法律的社会科学经验研究、部门法的社会科学研究、理论发展与反思三个部分,系统梳理近年来法律的社会科学关注的重要议题及相关代表性研究成果,以期呈现最新研究动态和学科进展。

关键词：法律的社会科学 法律经验研究 定量研究 部门法学 理论反思

引 言

目前,学界对法学与社会科学这一交叉学科的讨论尚未形成统一的概念术语,多使用"社科法学""法律和社会科学""法律与社会科学"等语词,但本质皆在阐释这一交叉学科的理论构造,本文以"法律的社会科学"(简称"法

---

* 任婷,云南大学法学院博士研究生;童孟君,中国人民大学法学院博士研究生。本文系教育部哲学社会科学研究重大课题攻关项目"百年中国政法体制演进的经验与模式研究"(项目批准号:22JZD014)的阶段性成果。

社科")为学术表达。❶ 2020年,关于法社科经验研究理论价值的讨论在第四届社科法学研习营中基本达成学科共识,❷2023年"法律和社会科学"年会暨第二期司法论文工作坊进一步推进认识,既是学科前沿进展的研究集合,也是同人对法社科经验研究与理论研究的最新总结与反思。故本文以其为主线脉络系统梳理近年来的研究成果,呈现最新的研究动态与学科发展。

法社科近年来的研究呈现出质的革新与发展,表现为:在经验研究中,与法学传统研究领域、热点议题形成讨论;同时,本土的田野开拓与新兴分析工具的应用延展至法学理论研究的多个重要领域,更新着学科内部的理论认识;在理论发展方面,理论研究与经典法学命题形成对话,更为突出的是,在经验分析的基础上,创造出中国自生的理论概念、命题与模型,建构着学科核心的理论架构,形塑本土的学科话语体系。现有成果表明,中国的法社科研究迈向更有生命力的发展进程。基于此,本文从成果类型的突出作用上,分为深化法社科研究进路的经验研究、延展部门法研究的社会科学探索、构筑学科体系的理论研究与反思三个部分进行呈现。

[一] 法社科的经验研究

一般认为,"经验研究"(empirical legal research)可涵盖定性研究和定量研究两种,不过做定性研究的学者更多使用"法律经验研究"用语,做定量研究的学者更多使用"法律实证研究"用语。❸ 本文延续这一分类,"经验

---

❶ 本文重点介绍法律的社会科学研究自2020年以来取得的进展,对概念术语的表达不作讨论。关于"法律的社会科学"的概念论述,参见侯猛:《法的社会科学研究在中国:一个学术史的考察》,载《社会科学》2023年第3期。

❷ "第四届社科法学研习营"以"法律经验研究的理论维度"为主题,凝聚了全国23名高校老师参与授课,遴选了国内外36名学生入营,该活动在促进学科对话、凝聚学科共识、促成"无形学院"建设中具有重要意义。

❸ 参见侯猛:《实证"包装"法学?——法律的实证研究在中国》,载《中国法律评论》2020年第4期。

研究"涵盖以(个案)经验为中心的定性研究和以统计数据为中心的定量研究两种。

(一)定性研究

定性的法律经验研究以理论阐释与建构为目标,田野和法律实践对于法律理论的有效性与实践性具有决定性意义。❶ 从学者们的研究中可以看出,法律的定性研究对于理解中国法律实践、提供立法和法律改革方向、发展法律理论而言具有重要作用。定性的法律经验研究致力于从法律实践中重新认识和理解西方的理论,并从中发展出基于中国语境和法律实践的理论。

在以往研究中,定性研究可被划分为内部视角与外部视角,前者是对立法、执法、司法和守法过程进行社会科学研究,后者关注法与社会的关系。❷ 而实质上,对立法、执法、司法和守法过程的研究也不完全是内部视角,因此其实这两种分类之间存在交叉。故本文不采取内部视角和外部视角的二分,而单以研究领域为基础将其分为"法律实践研究"和"法律与社会互动研究",前者是以社会科学方法、视角对立法、执法、司法、守法实践的研究,后者则主要关注法律与社会的互动。

1. 法律实践研究

定性研究兼具实践性与理论性。一方面,其对理解中国法律实践和法律改革方向具有重要意义;另一方面,其具有较强的理论关怀,对于发展法律理论,构建中国自主法学知识体系具有重要贡献。

(1)立法研究。侯猛指出,立法组织、立法行为、立法人员是经验研究的对象,规范性融入立法过程的经验;而以"制度—组织"视角切入,法律的规制性、规范性和文化—认知性要素都可以纳入经验考察的范围。由此拓展立

---

❶ 参见王启梁:《法学研究的"田野"——兼对法律理论有效性与实践性的反思》,载《法制与社会发展》2017年第2期。
❷ 参见侯猛:《知识结构的塑造——当代中国司法研究的学术史考察》,载《现代法学》2019年第4期。

法的社会科学研究。❶

(2)执法研究。陈柏峰长期关注执法问题,他在"国家能力"这一理论框架的基础上提出"执法能力"的概念,从国家及其机构的结构、国家与社会的关系两个维度理解执法领域的国家能力;在与第三世界国家的执法经验相对照的基础上,肯定了中国执法模式的先进性。❷ 于龙刚从法律与社会相互影响的视角切入,研究乡村社会生态对执法的影响。❸ 艾玉博从警务改革实践出发,从警民关系视角切入,指出过去作为贯彻群众路线表象的警民关系在当前警务改革的城乡二元实践中出现分化趋势。❹ 哈布日考察草原生态环境执法实践,发现草原执法中执法对象(牧民)具有双重身份——执法对象和执法协助型资源,忽视牧民在草原执法中的双重角色,是导致执法效果不佳的重要原因。❺

(3)司法研究。侯猛早年将司法研究分为组织、人事和司法改革三个方面,❻本文也延续这一框架。在组织研究方面,王子予基于程序与组织互动视角,展现了在知识产权审判中程序约束导致的组织结构膨胀,继而对程序产生的影响。❼对此,王嘎利指出,应当从司法工作的从属性中理解组织的行为动因。刘绚兮指出法院的审判权的"行政化"其实与政府的"'行政发包'

---

❶ 参见侯猛:《只讲科学性,不讲规范性?——立法的社会科学研究评述及追问》,载《中国法律评论》2021年第4期。

❷ 参见陈柏峰:《基层执法能力建设的中国经验——以第三世界国家为参照》,载《法学评论》2023年第2期。

❸ 参见于龙刚:《乡村基层执法的生态塑造及优化路径》,载《法商研究》2023年第4期。

❹ 参见艾玉博:《警民关系再造:新时期警务改革的实践机理》,司法论文工作坊(第2期),2023年11月于昆明。

❺ 参见哈布日:《被忽视的守护者:草原执法中的牧民》,司法论文工作坊(第2期),2023年11月于昆明。

❻ 参见侯猛:《知识结构的塑造——当代中国司法研究的学术史考察》,载《现代法学》2019年第4期。

❼ 参见王子予:《法律中程序对组织的影响——以知识产权审判为研究样本》,2023年"法律和社会科学"年会,2023年11月于昆明。

+'控制权分配'"的组织结构一脉相承,这种控制权与司法现代化、专业化理念之间有一定的张力。❶ 陈越瓯关注到最高人民法院确立"法律统一适用推动者"的组织身份与其所面临的制度环境之间的张力问题。❷ 刘忠关注到按照行政区划设立的人民法院和专门人民法院之外的特别类型法院,考察其设立的制度历史,总结当代中国人民法院的形式合法性来源。❸

在人事研究方面,贺欣指出,员额制改革增强了一线法官的自主权,但同时,现在对法官的管理和控制通过正式制度的实施达到了全景式的样态。❹ 还有一些研究关注法官行为,于龙刚关注法官的社会知识在纠纷调解中的运用❺,张海、陈爱武关注彩礼纠纷中法官对制定法与风俗习惯的平衡❻,乔慧慧关注法官在离婚纠纷调解中的策略❼,冯晶从法官与其他主体的互动过程中解读纠纷化解的规律性机制,进而探究诉源治理的有效路径。❽

值得一提的是,黄瑞的研究超越了这一分类,她从整体论视角研究司法生态,涵盖了人、法院组织、法院与外部单位的互动方式与关系,法院与社会

---

❶ 参见刘绚兮:《行政发包下控制权的分配与剩余——理解审判监督管理"行政化"的一个组织视角》,2023年"法律和社会科学"年会,2023年11月于昆明。

❷ 参见陈越瓯:《最高人民法院统一法律适用职能形成的制度逻辑——一个组织身份管理的视角》,司法论文工作坊(第2期),2023年11月于昆明。

❸ 参见刘忠:《我国特别类型法院设置制度史考察》,载《环球法律评论》2023年第6期。

❹ 参见贺欣:《我国法官管理方式的转变》,2023年"法律和社会科学"年会,2023年11月于昆明。

❺ 参见于龙刚:《法官社会知识在纠纷调解中的运用及优化》,2023年"法律和社会科学"年会,2023年11月于昆明。

❻ 参见张海、陈爱武:《法官如何平衡制定法与风俗习惯的冲突——以彩礼纠纷为中心的扎根理论研究》,载侯猛、王启梁主编:《法律和社会科学(第20卷第2辑)法律人类学在中国:田野》,法律出版社2023年版,第297—327页。

❼ 参见乔慧慧:《依势调解:离婚纠纷调解的一个解释框架》,载侯猛、王启梁主编:《法律和社会科学(第20卷第2辑)法律人类学在中国:田野》,法律出版社2023年版,第263—295页。

❽ 参见冯晶:《纠纷主体交互视角下的诉源治理研究》,2023年"法律和社会科学"年会,2023年11月于昆明。

之间的互动方式与关系。❶

(4)守法研究。守法研究呈现出理论模型建构与解释性认识两类成果。

其一,在理论模型的建构上,李娜指出,守法并非一个由法律规则自动生成的结果,而是一种社会行动的逻辑,守法社会的基本内核包含守法意识、守法能力、守法的条件和环境三个相互联系的方面,而这三个核心维度又分别包含认同、道德义务、知识、资源、法律体系、法律威慑、社会文化心理七个具体要素,由此形成了关于守法的全面认识。❷

其二,在守法解释性认识层面上,肖惠娜总结了守法的主要影响因素,包括威慑、认受性、同伴压力(或社会规范)、违法机会和法律的表达等,但在不同的规制和治理领域中,守法因素的影响力和组合不同,守法结构也不同。❸戴昕从经验中提炼出"守法作为借口"的概念,揭示出法律的表达功能在法律干预社会规范中所起到的作用,这与法律的威慑功能有一定的联系,但也有区别。❹李梦侠则通过解释"野味文化"的主观世界及其背后隐藏的身份与社会功能,来认识看似与法律相悖的"猎奇行为"。❺

2. 法律与社会互动研究

(1)法律意识研究。美国"法律与社会运动"于20世纪60年代兴起,在安赫斯特学派的推动下,20世纪80年代"法律与社会运动"发生了"文化转向",对法律与社会的研究不再集中于"差距研究",而是关注"日常生活中的

---

❶ 参见黄瑞:《整体论视角下司法生态的构成及其运作机制》,2023年"法律和社会科学"年会,2023年11月于昆明。

❷ 参见李娜:《守法社会的建设:内涵、机理与路径探讨》,载《法学家》2018年第5期。

❸ 参见肖惠娜:《人们为什么不守法?——守法理论研究述评》,载《中国法律评论》2022年第2期。

❹ 参见戴昕:《"守法作为借口":通过社会规范的法律干预》,载《法制与社会发展》2017年第6期。

❺ 参见李梦侠:《舌尖上的违法:野味饮食行为的动力机制研究》,2023年"法律和社会科学"年会,2023年11月于昆明。

法律",关注普通人的法律意识和纠纷解决。❶ 在国内没有明显的"文化转向",但也有相关的研究推进。贺欣、冯晶等人的研究表明,当事人对司法运作方式的陌生感,导致他们常常感知不到程序正义,主要通过实体正义评价司法。❷ 杨子潇关注当事人的诉讼体验,当事人主观认识的诉讼程序是在生活中所经历的关涉诉讼的全部生命体验,所涵盖的时空范围远远超出法定程序,因此,法院很难对当事人的主观程序体验进行回应。这也是主观程序正义理论的不足之处。❸

(2) 社会秩序中的多元主体与规范。陈寒非从湘北土地纠纷中的"祖业地权"现象切入,关注到"祖业地权"这一秩序的制度基础和新中国成立以来新制度对其的"层叠",从中观层面解释了土地制度变迁下"祖业地权"秩序保持稳定性的机制性原因。❹ 张雅东从保护老屋的田野经验切入,揭示了国家、社会组织等主体在文化遗产权保护和具体权利分配行动中的重要作用。❺ 琪若娜关注到草原边界纠纷中非正式规范与正式制度规范间的互动及秩序演化。❻ 任婷关注到,在乡村社会中基层司法与基层治理形成合力的

---

❶ 参见刘思达:《美国"法律与社会运动"的兴起与批判——兼议中国社科法学的未来走向》,载《交大法学》2016 年第 1 期;Patricia Ewick and Susan S. Silbey, *The Common Place of Law: Stories from Everyday Life*, The University of Chicago Press, 1998。

❷ 参见贺欣、冯晶、黄磊:《陌生感与程序正义:当事人对法院民事审判的态度》,载《中国政法大学学报》2023 年第 1 期。

❸ 参见杨子潇:《"打官司的日子"与主观程序正义的两难困境》,司法论文工作坊(第 2 期),2023 年 11 月于昆明。

❹ 参见陈寒非:《制度层叠与民间"祖业地权"秩序的形成》,2023 年"法律和社会科学"年会,2023 年 11 月于昆明。

❺ 参见张雅东:《拯救老屋:文化遗产权保护的田野叙事》,载侯猛、王启梁主编:《法律和社会科学(第 20 卷第 2 辑)法律人类学在中国:田野》,法律出版社 2023 年版,第 213—238 页。

❻ 参见琪若娜:《"边界化"与"去边界化":草原承包经营制度下围栏的兴起与转型》,载侯猛、王启梁主编:《法律和社会科学(第 20 卷第 2 辑)法律人类学在中国:田野》,法律出版社 2023 年版,第 151—174 页。

过程,其在强化基层组织治理主位的同时弱化了村民对司法过高的期待。❶

(3)法律与科技。邱遥堃视角独特,关注到强大的算法的"弱势"面向,通过剖析算法规避的主要策略、成因、实际后果与功能,揭示算法权力的运行边界,反思算法规制乃至法律对技术的一般规制。❷ 马欣佚注意到,在面对具有不确定性的规制对象时,把握规范落地的分寸是一种常见且有益的法律策略,但对策略的使用需要控制在一定程度之内,即规范落地的分寸需要规制者在一个较长时间段内进行持续性的调试。❸

(4)法律与地理。韩宝近年的研究一直致力于法律地理学的引进和拓展❹,在具体研究方面,早期的执法研究就注意到空间问题,比如,街头空间的开放性和复杂性对执法的阻碍❺、山林空间的广泛性对权力的稀释❻。近些年涌现出更多研究,比如朱晓阳以个案延伸的方法做了"空间—法律"经验研究的范式呈现。❼ 韩宝研究空间影响下的大国司法问题❽,某种程度

---

❶ 参见任婷:《法官靠乡:司法如何影响基层社会治理》,司法论文工作坊(第2期),2023年11月于昆明。

❷ 参见邱遥堃:《法社会学视角下的算法规避及其规制》,载《法学家》2023年第3期。

❸ 参见马欣佚:《规范落地的分寸:法律如何规制新技术》,2023年"法律和社会科学"年会,2023年11月于昆明。

❹ 参见韩宝:《理解法律地理学——关于法律的一种空间思考》,载《交大法学》2019年第1期;韩宝:《法律地理学的经验研究何以可能》,载侯猛、方乐主编:《法律和社会科学(第18卷第2辑)》,法律出版社2020年版,第67—95页。

❺ 参见陈柏峰:《城管执法冲突的社会情境——以〈城管来了〉为文本展开》,载《法学家》2013年第6期;刘磊:《街头政治的形成:城管执法困境之分析》,载《法学家》2015年第4期。

❻ 参见李梦侠:《半专业化群众组织与合作治理——以S镇林业管理工作为中心的考察》,载《湖北社会科学》2016年第8期。

❼ 朱晓阳:《基层社会空间的法:社会形态、兵法和地势》,载《原生态民族文化学刊》2021年第3期。

❽ 参见韩宝:《从河西走廊看大国司法的难题——一种法律地理学的视角》,载侯猛、程金华主编:《法律和社会科学(第19卷第1辑)》,法律出版社2021年版,第377—408页。

上,这与早年苏力关注空间、地理形态对宪制的影响有异曲同工之妙❶。岳林从"空间"理论发展出公共空间的五种形态及其相应的规制策略,并运用"空间—法律"的逻辑分析隐私关系及其规制方案。❷ 代伟则关注法院空间对司法权力的塑造。❸

(5)法律职业。彭雷从制度规范、律师的职业伦理选择、法律服务市场竞争、与政府的关系等多个维度分析律师参与法律援助的激励机制。❹ 童孟君从诉前调解外包视角出发分析法律服务所的兴起与基层社会调解供给方式的变化。❺ 金上钧分析在知识产权领域,法律咨询公司、公证处、律师等主体"制造"批量诉讼的过程及其负面影响。❻

(二)定量研究

定量方法是法社科经验研究的重要方法,主要指法律实证研究。根据张永健、程金华的界定,其既包括不应用社会科学范式,但运用资料对法进行实然分析的"实证法学",也包括应用社会科学范式,并运用资料对法进行实然分析的"实证社科法学"。❼ 不过,值得一提的是,张永健、程金华以是否应用社会科学范式来界定是否属于法社科研究,而在做定性研究的学者看来,应用数据、统计学本身就是一种应用社会科学的表现,因此定量研究都属于法

---

❶ 参见苏力:《大国宪制——历史中国的制度构成》,北京大学出版社2018年版。
❷ 参见岳林:《论公共空间的隐私》,载《思想战线》2020年第3期。
❸ 参见代伟:《法院的空间治理术——以批判理论为视角》,载侯猛、程金华主编:《法律和社会科学(第19卷第1辑)》,法律出版社2021年版,第311—344页。
❹ 参见彭雷:《因何参与法律援助?——律师参与法律援助的激励机制分析》,司法论文工作坊(第2期),2023年11月于昆明。
❺ 参见童孟君:《基层法律服务所的"复兴"——从调解功能视角出发》,司法论文工作坊(第2期),2023年11月于昆明。
❻ 参见金上钧:《被制造的批量诉讼——从小商户售假商标侵权案件切入》,司法论文工作坊(第2期),2023年11月于昆明。
❼ 参见张永健、程金华:《法律实证研究的方法坐标》,载《中国法律评论》2018年第6期。

社科研究。本文认为,与法教义学注重规范分析不同,法实证研究注重对法律的实然分析,不论其是否应用社会科学范式,都有较强的实践问题意识导向,对于法律实施效果具有较强的检测效果,对于明确立法和法律改革方向具有重要意义。

1. 多元分析工具的应用

相较于定性研究,定量研究将技术性的分析工具应用于具体研究的问题中,侧重对"影响"与"关系"的挖掘及测量评估。国内定量研究分析工具的使用除基本的描述性统计分析、卡方检验外,还有多元线性回归、Logistic 回归、双重差分法(DID)、降维分析(主成分分析、因子分析)、路径分析等。

司法领域的实证研究成果产出较为集中,但关注的议题相对分散。刘庄等人采取的双重差分方法是当前国内运用得相对成熟、用于因果分析的实证研究方法。❶ 唐应茂和刘庄通过设置庭审直播和庭审不直播的实验组和对照组,来研究司法公正是否会受到直播的影响。❷ 程金华通过翔实、全方位的数据比较、评估当前中国法院"案多人少"的状况。❸ 武佳研究"指导性案例"在司法实践中的援引情况,应用交叉表独立性检验来验证指导性案例的提交形式与法官对案例的回应态度之间的关联性和法官对指导性案例的回应情况与采纳情况之间的关联性。❹ 另有在守法研究中的应用。肖惠娜等人研究个人信息保护法的守法情况,通过对 80 个 APP 的实证研究,以描述

---

❶ 参见左卫民:《如何展开中国司法的实证研究:方法争鸣与理论贡献》,载《东方法学》2022 年第 5 期;Zhuang Liu, *Does Reason Writing Reduce Decision Bias? Experimental Evidence from Judges in China*, 47 The Journal of Legal Studies 83 (2018).

❷ 参见唐应茂、刘庄:《庭审直播是否影响公正审判?——基于西部某法院的实验研究》,载《清华法学》2021 年第 5 期。

❸ 参见程金华:《中国法院"案多人少"的实证评估与应对策略》,载《中国法学》2022 年第 6 期。

❹ 参见武佳:《"证据式"案例援引何去何从》,司法论文工作坊(第 2 期),2023 年 11 月于昆明。

性的统计和分类进行对比,直观地展现差异、揭示问题。❶

在部门法中,刑法领域建树居多。白建军在研究中国民众刑法偏好时采用了多元线性回归分析的方法。❷ 吴雨豪、刘庄应用了多层线性模型方法研究醉酒型危险驾驶罪中民意对量刑的影响。❸ 在最新的研究中,白建军在进行综合犯罪率测算时则采用了降维分析❹,他认为此前的测算方法带有较强的人为赋权主观性,因此采用主成分分析与因子分析方法,具有降维和不需要主观赋权的特点❺。

由此可见,定量研究所采取的分析工具在最初的描述性统计基础上,有一定的进展和更新,而采用的分析工具也往往因所研究的问题而异。上述提到的研究主要依托中国家庭追踪调查(CFPS)、中国裁判文书网等数据库进行,或是通过既有的调查统计数据、问卷调查等方式获取信息,而新近的一些定量研究通过大规模的对照实验等来获取数据、说明因果关系或相关关系。

2. 定量研究的争鸣与反思

近些年,学界中有一些对量化研究的批评,同时定量研究内部也形成了一定的反思。

苏力认为重要的不是方法,而是问题,所谓实证研究不是以方法或概念来界定,而是以真正的问题来界定。❻ 刘思达等人则指出,基于大数据的定量研究虽然在近些年很受欢迎,但是并不优于定性研究,而基于回归分析的

---

❶ 参见肖惠娜等:《个人信息保护法的守法研究——基于对 80 款 App 的实证调研分析》,载《数字法学》2023 年第 1 期。

❷ 参见白建军:《中国民众刑法偏好研究》,载《中国社会科学》2017 年第 1 期。

❸ 参见吴雨豪、刘庄:《民意如何影响量刑?——以醉酒型危险驾驶罪为切入》,载《中国法律评论》2023 年第 1 期。

❹ 参见白建军:《综合犯罪率测算方法与应用》,载《中国刑事法杂志》2022 年第 2 期。

❺ 参见俞立平、刘骏:《主成分分析与因子分析法适合科技评价吗?——以学术期刊评价为例》,载《现代情报》2018 年第 6 期。

❻ 参见苏力:《好的研究与实证研究》,载《法学》2013 年第 4 期。

定量方法还面临着计算数据分析和人工智能的挑战。❶ 刘思达进一步指出依赖数字/数据的定量研究,需要警惕三个方面的问题:其一,统计数据公开的不完全性;其二,依靠数据无法获知法律事实全貌和事件情境;其三,过度依赖数据会导致学术研究越来越依赖国家权力和资源,丧失独立性。❷

与此同时,定量研究内部也有一些自我批判和反思。左卫民指出,目前基于中国裁判文书网的大数据法律研究存在着技术手段不成熟、研究缺乏学术深度及创新性的问题;❸程金华则从技术角度深入地对法律实证研究的现状进行了批评、反思,他从研究选题、理论应用、量化数据、统计操作等方面全面地进行了批评,并指出通过"正当程序"来保障量化的"科学性"。❹

但其实定性研究和定量研究的分野并非绝对化的,现在越来越多的学者主张将定量研究和定性研究结合在一起。比如越来越为人所推崇的定性比较研究方法(Qualitative Comparative Analysis, QCA)❺。而起源于公共管理学的扎根理论,是一种将量化数据嵌入定性研究中的方法体系,刊载在"法律人类学在中国(田野)"专号上的张海等人的文章就是一篇应用扎根理论研究方法的文章。❻

---

❶ See Sida Liu and Sitao Li, *How to Do Empirical Legal Studies Without Numbers?* 53 Hong Kong Law Journal 1260 (2023).

❷ 参见刘思达:《破除数字迷信——论社科法学的"伪科学性"》,载侯猛、刘庄主编:《法律和社会科学(第21卷第1辑):法律数据科学》,北京大学出版社2024年版。

❸ 参见左卫民、王婵媛:《基于裁判文书网的大数据法律研究:反思与前瞻》,载《华东政法大学学报》2020年第2期。

❹ 参见程金华:《迈向科学的法律实证研究》,载《清华法学》2018年第4期。

❺ 参见〔比〕伯努瓦·里豪克斯、〔美〕查尔斯·C. 拉金编著:《QCA设计原理与应用:超越定性与定量研究的新方法》,杜运周、李永发等译,机械工业出版社2017年版。

❻ 参见张海、陈爱武:《法官如何平衡制定法与风俗习惯的冲突——以彩礼纠纷为中心的扎根理论研究》,载侯猛、王启梁主编:《法律和社会科学(第20卷第2辑)法律人类学在中国:田野》,法律出版社2023年版,第297—327页。

[二] 部门法的社会科学研究

部门法的社会科学研究是法律经验研究的焦点之一,❶同时也是法社科参与经典法学议题研究的重要表现,其不仅能从学科视角上滋养法学研究的经验与理论智识,还能在法教义学领域内形成对话意识,后者反映出法的交叉学科与传统法学的合作关系。近年来,研究成果从宪法、刑法、民商法、经济法、诉讼法领域以社会科学的视角来理解传统法学的研究对象,这些成果亦从法律实务中提炼机理进行解释,从而形成学科对话。

(一) 宪法领域

在宪法领域,常安从三重视角解读宪法性文本的不同功能,国家建设视角呈现出宪法性文本结构的三重内涵,社会主义视角呈现出宪制在文本中的具体表现,历史视角则呈现了宪法及宪制发展的清晰脉络。❷

(二) 刑法领域

在刑法领域,首先涉及刑法基本原理的讨论。桑本谦、王越从法经济学视角出发,剖析了罪责刑相适应原则在转化型抢劫犯量刑中的冲突,并对此提出量化评估取代要件评估的优化方案。❸ 其次涉及对影响刑罚的社会因素的探究。郭春镇与黄思晗通过社会心理学视角剖析民众当下存在的功利理性和道义理性的死刑观念❹;在关系视角下,吴雨豪、刘庄讨论了民意对量

---

❶ 参见侯猛:《法的社会科学研究在中国:一个学术史的考察》,载《社会科学》2023年第3期。

❷ 参见常安:《国家建设、社会主义与历史视野——理解现行宪法文本的三重视角》,载《社会科学》2022年第9期。

❸ 参见桑本谦、王越:《罪刑相适应的尺度和算法——基于〈刑法〉第269条的司法现状》,载《中外法学》2023年第5期。

❹ 参见郭春镇、黄思晗:《死刑观的认知基础》,载《交大法学》2020年第1期。

刑的建构性功能，以及二者与社会治理之间的互动关系❶。此外还有对规则逻辑的提炼与解释。陈瑞华通过个案延伸的方法，分析检察机关分案处理的逻辑内涵，在此基础上讨论有效治理单位犯罪的治理理念。❷

(三)民商法领域

在民商法领域，一是涉及对该领域法律制度及法律文本的分析。桑本谦从制度变迁视角分析了民间借贷法律制度，通过制度分化来保障避险功能延续及实现去暴力化的发展路径。❸ 侯学宾、曲颢从法经济学视角重新解读婚姻关系及忠诚协议在其中发挥的担保与定价功能及效力。❹ 在继承标的的属性分析中，张永健运用法经济学的视角和理论抽象出继承标的的一般理论。❺ 二是有关经验现象的理论提炼。侯学宾、潘国瑞通过对非婚同居司法实践的分析，提炼出法官对待此类案件的裁判逻辑，反映出其对同居类型的认知结构，提出构建指引性认定机制的方案构思。❻ 除此之外，还有对既有研究的研究。王伟臣对万安黎关于金融体制和市场的法律民族志作品进行分析，梳理作者关于"担保"的法人类学分析理论，并延伸讨论了以人类学视角赋予法律在认识论上的新的可能性。❼

---

❶ 参见吴雨豪、刘庄:《民意如何影响量刑？——以醉酒型危险驾驶罪为切入》，载《中国法律评论》2023 年第 1 期。

❷ 参见陈瑞华:《单位犯罪的有效治理》，载《社会科学文摘》2023 年第 1 期。

❸ 参见桑本谦:《民间借贷的风险控制——一个制度变迁的视角》，载《中外法学》2021 年第 6 期。

❹ 参见侯学宾、曲颢:《忠诚协议制度化的法经济学考察》，载《法治社会》2022 年第 4 期。

❺ 参见张永健:《继承标的之一般理论——〈民法典〉第 1122 条的法经济分析》，载《中外法商评论》2021 年第 1 期。

❻ 参见侯学宾、潘国瑞:《非婚同居中财产给付性质的裁判逻辑》，载《法律适用》2022 年第 10 期。

❼ 参见王伟臣:《现代金融法中的习惯法实践——评〈担保论〉》，载谢晖、陈金钊主编:《民间法》(第 30 卷)，研究出版社 2023 年版。

(四)经济法领域

在经济法领域,主要是陈颀关于产权及农地收益分配制度的研究。他运用场域理论剖析地方政府如何运用隐形机制将权力嵌入农民产权❶;再从历史社会学的视角,发现农地收益分配的赋权历程呈现的钟摆现象是由存量机制与增量机制导致的,进而指出,农地收益分配实质上反映了权力嵌入与社会产权的关系问题。❷

(五)诉讼法领域

在诉讼法领域,主要是关于诉讼逻辑的分析。耿思远、侯学宾通过机理分析,发现法院对行政规范性文件进行隐性审查实际是法院制度能力有限的现实需求,其存在的程序风险需要以行政诉讼释明和附带审查的制度衔接进行化解。❸ 陈亮、程金华指出道德通过法官"转译"进入司法实践的裁判风险,提出将"道德导入司法"基于法律议论的程序规范的制度设想作为改进方案。❹ 韩宝从"作为社会的法"的视角出发,分析网络社会下的民事诉讼受到互联网管控思维的影响,进而指出互联网络的特点及私法思维应当成为网络民事诉讼逻辑中的应有之义。❺

---

❶ 参见陈颀:《产权实践的场域分化———土地发展权研究的社会学视角拓展与启示》,载《社会学研究》2021年第1期。
❷ 参见陈颀:《制度钟摆及其演变机制——农地收益分配制度变革的历史社会学研究》,载《学术月刊》2023年第1期。
❸ 参见耿思远、侯学宾:《行政规范性文件隐性司法审查的生成逻辑与法理反思》,载《法治现代化研究》2021年第3期。
❹ 参见陈亮、程金华:《道德判断何以导入司法裁判》,载《探索与争鸣》2023年第8期。
❺ 参见韩宝:《互联网社会下民事诉讼发展的可能议题》,载《民事程序法研究》2020年第1期。

[三] 法社科的理论进展

法社科的理论动向包含两条脉络:其一,有关学科构造、功能与范式方面的发展,这一方面回应了法教义学近年来对法社科的评价,另一方面搭建起法社科的学科架构。其二,法社科的理论生产总体上形成了两种研究路径:一是对传统法学理论与经典社会理论的融合与阐释,二是深化对本土经验与西方理论的关系的认识,并依托本土的法律实践提炼出自生的理论概念、命题与模型。

(一) 学科建构

1. "有形学科"的结构深化

对关于法社科这门学科的整体认识与讨论,主要从研究进路、学科功能、研究范式这三个方面展开。

首先,在研究进路上,朱景文将法社会学研究分为四类:一为宏观理论阐述;二为评价法律实践的理论批评;三为法律文化的识别与提炼;四为解释与对话的经验法社会学。❶ 杨帆从功能上将法社会学划分为经验的法社会学与理论的法社会学:前者能够描述"差异制造事实"和"社会规范",后者能够建构"规范目标",其核心功能都在于为法律系统发掘正当性基础。❷ 另一种分类则以研究方法作为依据,分为侧重理论建构的理论法社会学、比较研究法社会学和比较法的社会学研究、数字化和数据化法律现象的"指标"评估三类。❸ 这三种分类的共性在于,均从理论面向与经验面向对法社科的

---

❶ 参见朱景文主编:《法社会学专题研究》,中国人民大学出版社 2010 年版,"序"。
❷ 参见杨帆:《法社会学能处理规范性问题吗?——以法社会学在中国法理学中的角色为视角》,载《法学家》2021 年第 6 期。
❸ 参见朱景文:《回顾与反思:法社会学研究的不同导向》,载《法治现代化研究》2020 年第 6 期。

研究进行了分类,本文认为,理论面向的法社科侧重对学科及问题认识上的理论贡献,经验面向的法社科侧重对问题认识及学科对话上的方法论贡献,二者构成了法社科研究的一体两面,同时又通过学科反思不断深化和发展学科内部结构及其外部关系。

其次,在学科功能的认识中,法教义学尽管对法社科的功能有所肯定,但仍然认为其作用有限,譬如经验法社会学在法教义学的应用中受限于其描述性特征,而囿于"事实"当中❶,这样看来,经验面向的法社科仍显理论薄弱。但贺欣指出,经验是认识的前提,提炼普遍意义的概念及可检验的命题才是法律和社会科学的目标❷,这也是经验法社会学所追寻的。此外,正如苏永钦所言,法律的社会科学是在事实与规范结合的基础上产出超越法教义学的知识❸,并非产出孤立的经验或理论,而处在社会发展中的事实与经验是变动的,势必超越法教义学所预设的事实与经验基础,这也是法社科能够通过交叉学科视角进行解释,赋予学科生命力的研究基础。再从与规范法学的关系上看,法社科对于"规范多元"的识别、解构及相互关系的考察,不仅能够从实在法理论层面供给理论解释,而且能从规范法理论层面展开深层次的对话。❹

最后,在研究范式上,除早期强调田野调查、历史档案外,近些年进一步凸显"叙事"方式和"民族志"应用的重要意义。刘思达比较了"数字叙事""制度叙事""人心叙事"三种叙事方式,指出"数字叙事"呈现出材料的形式特征;"制度叙事"则从法律实施中解释法律与社会之间的互动关系,是一项基本功;而"人心叙事"这种诸如民族志类型的叙事方式,在主观认知层面要求更高,是

---

❶ 参见雷磊:《法教义学之内的社会科学:意义与限度》,载《法律科学(西北政法大学学报)》2023年第4期。

❷ 参见贺欣:《法律与社会科学中的概念与命题》,载《中国法律评论》2020年第1期。

❸ 参见苏永钦:《法学怎样跟上时代的脚步》,载《北大法律评论》编辑委员会编:《北大法律评论》第21卷第2辑,北京大学出版社2021年版。

❹ 参见彭小龙:《规范多元的法治协同:基于构成性视角的观察》,载《中国法学》2021年第5期。

作为学科方法中不可忽略的叙事方式。❶ 大量的现有研究成果实际上集中在"数字叙事"与"制度叙事"中,"人心叙事"的成果产出较少。在 2023 年"法律和社会科学"年会中,刘思达、张剑源进一步强调"讲故事"的重要性,而"讲故事"对于法律和社会科学的研究十分重要,故事是否能讲清楚,决定研究的面貌及理论产出的深度和广度,因而应当强化此种叙事方式。对此,王伟臣也洞悉叙事程度更高的"民族志",通过对"田野调查"发展至"纠纷案例研究法"的法律人类学研究脉络进行梳理,强调"民族志"是契合法学研究的方法范式❷;同时,劳伦斯·M. 弗里德曼也探讨了如何对司法档案进行解读、分析的民族志方法。❸ 尤陈俊指出,法律民族志作品虽少,但是民族志、附录、田野日记均具有研究价值。这些具有法律民族志意义的材料可以作为研究素材。❹ 因此,将这些民族志意义的材料作为研究对象,反过来也能促进学习如何写作法律民族志,促进产出"人心叙事"的作品。

2. "无形学院"的轮廓雏形

在第五届社科法学研习营的开幕词中,侯猛提出要建立"无形的学院",传承费孝通先生等人在艰苦环境下深研本土社会科学研究的"魁阁精神"。❺ 回顾法社科的发展历程可以看到,从学者尝试运用社会科学视角分析法律问题伊始,到后来发展出"法律和社会科学"年会、工作坊、对话论

---

❶ 参见刘思达:《浅谈法律社会学的三种叙事方式——以新冠肺炎疫情为例》,载《中国法律评论》2021 年第 2 期。

❷ 参见王伟臣:《法律人类学研究范式的构建——以 20 世纪上半叶的著作为考察对象》,载《贵州民族研究》2023 年第 5 期;王伟臣:《人类学范式的比较法研究:特点与启示》,载《世界社会科学》2023 年第 3 期。

❸ 参见〔美〕劳伦斯·M. 弗里德曼:《关于民族志、历史及法律的几点思考》,王伟臣、吴婷译,载里赞、刘昕杰主编:《法律史评论(2021 年第 2 卷·总第 17 卷)》,社会科学文献出版社 2021 年版,第 181—186 页。

❹ 参见尤陈俊:《"民族志证据"在法学研究中的转用》,2023 年"法律和社会科学"年会,2023 年 11 月于昆明。

❺ 参见侯猛:《建立"无形的学院"》,载侯猛:《法社会科学:研究传统与知识体系》,北京大学出版社 2024 年版,第 383—384 页。

坛,再到出版《法律和社会科学》集刊,创建"法律人类学云端读书会",定期组织开展学术讨论会,产出越来越多的研究成果,逐步形成了有一定规模的学术圈子,"无形的学院"通过这些可视化活动不断具象化,其轮廓也渐为清晰。

梁利华在 2023 年"法律和社会科学"年会上指出,法社科研究的知识增量具有多元性和丰富性,对一些关键命题的探索,不仅深入刻画着这一交叉学科的内在结构,同样也反哺了社会科学的发展。这不仅反映在法教义学与法社科的对话中❶,也呈现于法教义学的研究中、社会科学视角和研究方法的使用中❷,与此同时,还表现在法社科学者受邀参加社会科学会议并进行报告❸,在社会科学类期刊上发表文章。❹ 会上,王启梁进一步强调,"无形的学院"已经形成,法社科当前的紧迫任务和挑战仍然是从中国的历史和现实中去认识、理解中国自身;从研究的角度来看,无论是从历史的维

---

❶ 参见《社科法学(法律和社会科学)历程大事记》,载微信公众号"法律和社会科学"2021 年 5 月 25 日,https://mp.weixin.qq.com/s/Y8tinK44VHzn-qCWdR0SCA。

❷ 如许德风:《道德与合同之间的信义义务——基于法教义学与社科法学的观察》,载《中国法律评论》2021 年第 5 期;赵军:《探索、检验与刑法教义学的"翻新"——从经验方法拓展到研究取向转变》,载《中国法律评论》2023 年第 3 期。

❸ 如张晓辉在中国人类学民族学 2019 年年会法律人类学专题会议作了题为"当代西方法律人类学研究对象的改变及其影响"的报告,参见《省社科院参与主办"新中国 70 年民族法治历程与法律人类学专题会议暨第九届法律人类学高级论坛"召开》,载微信公众号"贵州省社会科学云服务平台"2019 年 11 月 12 日,https://mp.weixin.qq.com/s/bozQq-zLRlM7P5ivSLDmEFg;王启梁在第六届建筑人类学学术研讨会(2023 年 4 月)作了题为"建筑、规范与秩序:法律人类学的观点"的主旨报告,参见《第六届(2022)建筑人类学学术研讨会圆满闭幕》,载微信公众号"昆明理工大学建筑学院"2023 年 4 月 10 日,https://mp.weixin.qq.com/s/ccPibIHX4vKgpdhE5zQPsw);王伟臣在《新文科教育研究》学术工作坊(人类学专场)作了题为"法律人类学的共同体建设"的报告,参见《预告|《新文科教育研究》学术工作坊【人类学专场】》,载微信公众号"新文科教育研究"2023 年 12 月 24 日,https://mp.weixin.qq.com/s/O9RX3MrJNhLA-LWAlfHtqA。

❹ 如苏力:《中国当代法律中的习惯——从司法个案透视》,载《中国社会科学》2000 年第 3 期;贺欣:《经验地研究法律:基于社会科学的外部视角》,载《学术月刊》2021 年第 3 期;刘顺峰:《法律人类学的前史:19 世纪欧美学界的原始法学思潮》,载《贵州民族研究》2023 年第 5 期。

度,还是从空间地理的维度、文化的维度,都需要在田野中进行深入细致的研究。

(二) 理论研究

狭义上理解,法社科的理论研究是纯粹关于学科理论与方法的讨论,但从学科贡献上看,基于经验的理论产出是这一交叉学科在法学研究中独树一帜的创造力表现。事实上,因其研究方法上的"规范与事实"的交织性,一些重要的理论产出与经验密不可分,从经验到规范形成理论创造的过程,是法社科的生命力,同样构成法社科理论研究的重要组成部分。因此,本文将法社科的理论研究分为对经典概念与理论的阐释和理论概念、命题与模型的建构两个部分,相较于经验研究的进展,本部分更侧重展示法社科的理论贡献。

1. 经典概念与理论的阐释

其一是对传统法学概念的理论释义。成凡运用脑科学的理论对效率原则、公平原则进行新的解读,并通过演化博弈论呈现出公平原则在法律认知原则中的主导地位。❶ 戴溪瀛从梅丽对"法律文化"这一概念的分析、认识及其关于法律和文化研究方法的讨论中,延伸讨论"法律移植"问题,他指出,通过法律文化多元的视野,理解转型中的法律和社会、法律和文化的关系,对这一概念的认识将更为立体。❷ 张鼎通过对草场不动产制度的分析,进一步延伸讨论法律移植问题,提出法律移植为制度的发展提供了想象力资源,外来的制度需要经受本土资源的检验,移植的法律需要容忍变通。❸

---

❶ 参见成凡:《法律认知和法律原则:情感、效率与公平》,载《交大法学》2020 年第 1 期。

❷ 参见戴溪瀛:《法律的文化力量——梅丽的夏威夷法律转型研究评述》,载侯猛、王伟臣主编:《法律和社会科学(第 20 卷第 1 辑)法律人类学在中国:学说》,法律出版社 2023 年版,第 247—288 页。

❸ 参见张鼎:《这里有了不动产:牧场围栏的形成及其影响》,2023 年"法律和社会科学"年会,2023 年 11 月于昆明。

刘顺峰在法律多元视域下考察"习惯"及其运行的一般理论与经验表达。❶李浩源从法律与科技的视角,先解读学者万安黎关于法律及其运作过程,再认识"现代技术"的法律意涵。❷

其二是对既有社会理论及其方法的阐释与发展。一是以地域为划分对该地法社科研究进行整体的介绍,如杨帆对法国法社会学理论范式、田野方法及问题意识的梳理。❸ 阿纳托利·科夫勒对俄罗斯法律人类学的研究进行了纵向的梳理。❹ 二是聚焦于对域外学者的研究成果的提炼。如王启梁、戴溪瀛从法律相对主义视角系统阐述梅丽的法律人类学思想,❺王伟臣提炼沙佩拉对习惯法的研究贡献。❻ 三是系统翻译、引介域外法社科经典著述。例如,侯猛、肖炜霖等人翻译了美国人类学家萨丽·摩尔选编的法律与人类学作品,❼谢美裕、尤陈俊翻译了美国历史学家苏成捷关于性犯罪问题的法律史研究的经典之作❽,田雷翻译了美国政治人类学家斯科特

---

❶ 参见刘顺峰:《习惯运行过程的人类学知识考察》,载侯猛、王伟臣主编:《法律和社会科学(第20卷第1辑)法律人类学在中国:学说》,法律出版社2023年版,第211—246页。

❷ 参见李浩源:《"STS"方案下法律的知识人类学研究:以万安黎为例》,载侯猛、王伟臣主编:《法律和社会科学(第20卷第1辑)法律人类学在中国:学说》,法律出版社2023年版,第289—320页。

❸ 参见杨帆:《法国法社会学的发展与转型——兼议中国语境下的法学研究范式之争》,载《法学家》2018年第1期。

❹ 参见〔俄〕阿纳托利·科夫勒:《俄罗斯的法律人类学:一个(几乎)无人知晓的学科的过去与现在》,王伟臣、孙瑞译,载《欧亚人文研究(中俄文)》2022年第1期。

❺ 参见王启梁、戴溪瀛:《文化相对论与法律的多样形态——梅丽的法人类学思想研究》,载《西北民族研究》2023年第3期。

❻ 参见王伟臣:《非洲习惯法学的开创者:评沙佩拉的法律人类学》,载谢晖、陈金钊主编:《民间法》(第28卷),研究出版社2022年版,第21—34页。

❼ 〔美〕萨丽·摩尔编:《法律与人类学手册》,侯猛、肖炜霖、柏宇洲、林叶、罗彧译,商务印书馆2022年版。

❽ 参见〔美〕苏成捷:《中华帝国晚期的性、法律与社会》,谢美裕、尤陈俊译,广西师范大学出版社2023年版。

从历史视角考察国家形态的著作❶,邱遥堃翻译了美国法社会学家弗里德曼关于法律与行为研究的重要成果❷。四是做比较研究,如杨帆在对规范的讨论上,区分了哈贝马斯"普遍性"的规范基础与福柯"情境性"的规范特征。❸

2. 理论概念、命题与模型的建构

学界呼吁对经验进行创造性的理论产出。苏力强调,避免用西方概念来批评中国经验,要更注重对中国历史传统的深入理解。❹ 事实上,西方概念与命题常常有其"经验性基础和意象"❺,因而,对理论的抽象应当从经验事实本身出发,聚焦"经验的代表性特征",即通过解释,描述经验现象背后的因果关系,阐释其事理与法理,❻从而提炼出可被检验的理论概念和命题。同时要重视理论反思,并在此基础上尝试建构"中国自主的法的社会科学知识体系",❼最终形成自生性的知识图谱。

在理论提炼的目标上,聚焦发现"原理"。贺欣阐述"比较"的解释,即从外部视角观察和阐释事实,通过比较抽象出事理❽;陈柏峰重视"实践"的

---

❶ 参见〔美〕詹姆斯·C.斯科特:《作茧自缚:人类早期国家的深层历史》,田雷译,中国政法大学出版社 2022 年版。

❷ 参见〔美〕劳伦斯·弗里德曼:《碰撞:法律如何影响人的行为》,邱遥堃译,中国民主法制出版社 2021 年版。

❸ 参见杨帆:《法之规范性的社会基础:法哲学视阈中的哈贝马斯与福柯之争》,载《学术月刊》2022 年第 12 期。

❹ 参见苏力:《在中国语境中理解中国司法》,2023 年"法律和社会科学"年会,2023 年 11 月于昆明。

❺ 陈柏峰:《当代中国法治的标识性概念和理论体系》,载《开放时代》2023 年第 1 期。

❻ 参见陈柏峰:《法律经验研究的微观过程与理论创造》,载《法制与社会发展》2021 年第 2 期。

❼ 参见侯猛:《法的社会科学研究在中国:一个学术史的考察》,载《社会科学》2023 年第 3 期。

❽ 参见贺欣:《经验地研究法律:基于社会科学的外部视角》,载《学术月刊》2021 年第 3 期。

解释,强调对实践的因果关系的机理分析,在此基础上进行理论提炼❶;周尚君描绘"线性"的解释,以过程的分析方法发现其中的作用机制❷;王启梁、张丽侧重"整体"的解释,即在规范与事实的反复中,运用多元的分析工具抽象出整体性认识❸;侯猛主张从"语境论"走向"整体论",尤其强调本体论上的整体论,要求打破中西、主客间的二元对立,注重法社科研究的自反性❹。

在理论概念与命题的提炼中,近年来的研究在新兴的田野中缔造语词并充实其内涵,如"算法素养"❺、"机器正义"❻、"数字正义论"❼,同时在其中识别规范与秩序,如"数字式关系秩序与模拟式法律秩序"❽,提炼"数据秩序"❾,发展制度构想❿。在理论模型的建构中,彭小龙指出以往的法治社会理论缺失了社会这一关键要素,应当在社会基础上构建中国法治话语体系⓫,提出协同多元规范的"构成性法治"模式⓬;陈柏峰在中国法治建设的背景中,提

---

❶ 参见陈柏峰:《法律经验研究的微观过程与理论创造》,载《法制与社会发展》2021年第2期。
❷ 参见周尚君:《从执法个案到一般理论:法学研究方法论反思》,载《政治与法律》2023年第1期。
❸ 参见王启梁、张丽:《理解环境司法的三重逻辑》,载《吉林大学社会科学学报》2020年第6期。
❹ 参见侯猛:《法的社会科学研究在中国:一个学术史的考察》,载《社会科学》2023年第3期。
❺ 罗昕:《计算宣传:人工智能时代的公共舆论新形态》,载《人民论坛·学术前沿》2020年第15期。
❻ 郑戈:《数字社会的法治构型》,载《浙江社会科学》2022年第1期。
❼ 周尚君、罗有成:《数字正义论:理论内涵与实践机制》,载《社会科学》2022年第6期。
❽ 季卫东:《元宇宙的互动关系与法律》,载《东方法学》2022年第4期。
❾ 胡凌:《两种数据秩序及其法律回应》,载《社会科学》2023年第4期。
❿ 参见程金华:《元宇宙治理的法治原则》,载《东方法学》2022年第2期。
⓫ 参见彭小龙:《法治社会的内涵及其构造》,载《中国人民大学学报》2023年第5期。
⓬ 参见彭小龙:《规范多元的法治协同:基于构成性视角的观察》,载《中国法学》2021年第5期。

炼出"规划—推进型模式";❶王启梁通过对法治政府建设的实践,提炼出党中央领导下的"回应—规划型"中国式法治建设路径;❷周尚君基于历史视角的梳理,指出党政结构的价值评价导向是地方政府的价值治理转变为"综合目标"治理的深层机理;❸张剑源在公共卫生治理实践的基础上总结出中国特色公共卫生治理法治路径的"三大法宝"。❹

(三) 知识反思

法社科学者们在学科辨识、理论提炼、范式探索的过程中形成了一系列知识反思。

一是对经验与理论关系的批评性认识。苏力强调,想"事"先行的重要性,而不是陷于"词"的框架中演绎。❺ 在"事"的层面上,刘思达批判认识数字化时代的法律与科技研究,过度依赖国家所掌控的数据,可能对学者的自主性和研究的可持续性产生威胁。他指出,今后的社科法学研究应该强化叙事、讲好故事、做有感情的研究。❻ 朱景文强调,中国法治的发展有其自身逻辑❼,应当回归马克思主义方法论,坚持以中国问题为

---

❶ 参见陈柏峰:《中国法治建设的规划—推进型模式》,2023年"法律和社会科学"年会,2023年11月于昆明。

❷ 参见王启梁:《中国式回应—规划型法治推进路径——法治政府建设的延伸个案考察》,载《法制与社会发展》2024年第1期。

❸ 参见周尚君:《地方政府的价值治理及其制度效能》,载《中国社会科学》2021年第5期。

❹ 张剑源提出,社会团结在"科学知识传播""民众责任伦理""法治"三个核心要素中不断被生产,成为中国疫情防控中的有效"亮剑"。参见张剑源:《迈向法治化:公共卫生治理转型与路径选择》,载周尚君主编:《法律和政治科学》2021年第2辑,社会科学文献出版社2021年版,第3—25页。

❺ 参见苏力:《想事,而不是想词——关于"法律语言"的片段思考》,载《东方法学》2023年第1期。

❻ 参见刘思达:《浅谈法律社会学的三种叙事方式——以新冠肺炎疫情为例》,载《中国法律评论》2021年第2期。

❼ 参见朱景文:《西方法治模式和中国法治道路》,载《人民论坛·学术前沿》2022年第2期。

中心。❶ 在"词"的层面上,梁治平认为,"弄清是谁、为何、如何使用这一概念以及因此而产生的结果,应当是对这一概念加以反思的第一步"❷。对此,陈柏峰进一步聚焦到对西方概念的使用上,应当在中国法治实践的基础上进行学术概念的再造,注重"是什么"和"为什么"的解释,就是对当代中国法治理论体系的建设。❸ 侯猛则更为整体地反思学科研究,在本体论上应当打破二分的立场,对法律与社会进行整体性研究,研究者的研究也构成法社科研究的对象。这要求重视对法社科的理论预设应当保持批评的视角。在认识论上,要有对话意识地进行理论反思与理论建构。❹ 张晓辉亦是系统性地提炼出学科研究的理论与方法的十点警醒:"掌握何种法律理论,如何掌握;从事何种选题,如何选题;开展什么样的田野调查;如何处理研究时间;如何面对研究语言的困难;如何筛选材料;如何进行比较研究;如何写作民族志;如何进行理论批判;如何与国外法律人类学对话。"❺ 可以看出,法律和社会科学的研究具备多重维度,内含多重结构,既要法律理论与社科理论的兼备,又要田野调查与分析工具的弥合,还要比较研究与理论对话的互动,这对当代学者提出了更高的要求。

二是对学科发展与学科教育的反思。方乐强调要进一步深化理论研究,加快形成自主的、自生的话语体系。❻ 尤陈俊提出要强化学科研究的主

---

❶ 参见朱景文:《回顾与反思:法社会学研究的不同导向》,载《法治现代化研究》2020年第6期。

❷ 梁治平:《"地方性知识":一个概念的传播和运用——从个人经验谈起》,载《开放时代》2023年第6期。

❸ 参见陈柏峰:《当代中国法治的标识性概念和理论体系》,载《开放时代》2023年第1期。

❹ 参见侯猛:《法的社会科学研究在中国:一个学术史的考察》,载《社会科学》2023年第3期。

❺ 张晓辉:《法律人类学研究的困境》,2023年"法律和社会科学"年会,2023年11月于昆明。

❻ 参见方乐:《培养造就更多高素质法治人才》,载《群众》2022年第4期。

体性意识,警惕被学科主流"牵着走"所带来的负面连锁影响。❶ 陈柏峰、侯猛、王启梁指出,要加强基于田野的法律经验研究,产出有理论效力和实践效力的理论认识与方案设想。总体来说,要加强对学科教学及学科基础的实践探索,促成学科知识共识、知识反思、学科体系的发展。❷

---

❶ 参见尤陈俊:《法学继受对法学研究及法学教育的连锁影响——以德国法教义学在我国台湾地区之继受为例的反思》,载《法学评论》2022年第3期。
❷ 参见陈柏峰、侯猛、王启梁:《社科法学学科建设与人才培养(笔谈)》,载杨灿明主编:《高等教育评论(2022年第2期 第10卷)》,社会科学文献出版社2022年版,第135—149页。

编辑手记

本辑的主题是"法律数据科学"。其中,我们收录了 11 篇使用定量方法研究法律问题的论文,另外有 1 篇对我国法律定量研究方法的评述,以及 1 篇对我国法律定量研究方法的批评。"法律数据科学"是我们起的名字,用以涵盖从基本的描述性统计,到因果关系推断,再到机器学习、人工智能等多种方法。实际上,叫什么名字并不重要——我们也可以称其为计算法学、数据法学、数字法学等——它们只是同一研究领域、同一研究方法的不同名称。离开数据,统计和算法无从成立。目前数据科学的前沿——人工智能,也只是一系列用以处理数据的算法的统称。不论我们如何称呼以上领域,其核心都只是使用数据和算法研究与法律相关的问题。

在我国,使用数据研究法律是晚近出现的一个现象。我们对其也存在不少误解,其中之一是,认为计算法学、数据法学、法律数据科学只是近年来兴起的学科,或者说,认为它们是全新学科,有着全新的方法和范式,因而,我们不需要太多学科积累,不必要细读太多过往文献。只要大干快上,就能开疆拓土,弯道超车,甚至开宗立派。之所以存在这种误解,很可能是由于不熟悉法律实证研究,特别是定量研究的学术脉络。从根本上说,这又是因为不熟悉统计学、数据科学和计算机科学间的关系,以及这些学科在社会科学中的渗透和应用。

社会科学的定量研究自 20 世纪 70 年代以来日益发展起来。以使用的方法划分,这些研究大体分为三类:第一类是使用基本统计学方法,如描述性统计、相关性分析、逻辑回归、线性回归等,探索社会现象间的相关性的研究。法律领域的定量研究,随着整个社会科学的定量化一起发展。在 20 世纪 80

年代,研究者就将美国联邦最高法院的判决进行了数据化,发现法官决策与其政党背景有着很强的相关性——民主党背景的法官在判决中更倾向作出支持堕胎合法化、种族平权、限制持枪自由、加强经济管制的判决;共和党背景的法官则恰好相反。❶近十几年来,波斯纳晚年把主要研究精力都放在了对法官和司法系统的这类定量实证研究上。❷

本辑中的大部分论文使用的也都是这类基本统计方法。其中一部分研究侧重描述。比如,高凯铭的《法官说理中的经济分析运用——以民商事裁判文书为研究样本》一文,统计和描述了法官在判决文书说理中运用经济分析方法的情况;李智伟的《行贿惩处为何"严而不厉":以 1995—2022 年裁判文书为研究样本》一文,统计和描述了行贿案件量刑的情况。另一部分研究更侧重相关关系的发现。比如,包康赟、卢圣华的《老有所诉:老年人如何参与诉讼》一文,使用裁判文书数据,分析了老年人诉讼参与的相关影响因素;张媛媛、张珺的《司法组织的扩散何以发生?——面向中级人民法院环保法庭的事件史研究》一文,研究了环保法庭设立的相关影响因素;张印的《网络开设赌场:罪量标准的实证检验与体系重构》一文,研究了网络开设赌场罪量刑的相关影响因素;刘庄的《陪审团制能促进司法信任吗?》一文,使用跨国比较数据,分析了一国采取陪审团制与该国老百姓对司法的信任程度间的相关关系。

当然,相关性不等于因果关系。错误地推断因果关系可能对实践产生严重后果。这是几乎所有统计学在第一课就会强调的问题。这也是从 20 世纪 90 年代开始兴起的第二类定量社会科学将关注点集中在发现因果性的原因。这一轮定量社会科学的发展主要由经济学家主导。在经济学中,被称为实证研究的"可信度革命"。所谓可信度革命,即数据分析不仅仅满足于发

---

❶ 〔美〕杰弗瑞·A. 西格尔、〔美〕哈罗德·J. 斯皮斯:《正义背后的意识形态——最高法院与态度度模型(修订版)》,刘哲玮译,北京大学出版社 2012 年版。

❷ Lee Epstein, William M. Landes and Richard A. Posner, *The Behavior of Federal Judges: A Theoretical and Empirical Study of Rational Choice*, Harvard University Press, 2013.

现现象间的相关关系,更要能确定因果关系。可信度革命的目的也很明确:避免错误的法律和公共政策危害社会。本辑中陈若凡、孙瑞佳的《规范性文件附带审查的实施效果——基于裁判文书数据的量化评估》一文,尝试采用断点回归的因果推断方法,研究新《行政诉讼法》的颁布与规范性文件附带审查的落实之间的因果关系。

21世纪以来,定量社会科学又有了新的发展。一方面,由于互联网的发展,以及数据抓取、自然语言处理等方法的普及,用于研究的数据规模、数据多样性、数据颗粒度都得到了很大提升。这为大规模数据分析提供了原料,比如,文本数据、社交网络数据、图像音频视频数据、动态实时高频的金融经济数据都得到了大规模采集和应用;另一方面,计算机存储能力和计算能力在十几年间呈指数增长("摩尔定律")。这为较为复杂算法("人工智能")的落地与应用提供了基础——各种各样的非线性算法,特别是神经网络等深度学习方法,得到广泛使用。由于以上两方面,数据科学特别是人工智能学科取得了重大进展。与此同时,应用这些数据和智能方法的第三类定量社会研究,即近年来所说的计算社会科学,开始逐步兴起。随着整个定量社会科学的发展,在法律研究中利用大规模数据的研究也日益发展起来;机器学习的方法被探索性地应用在了很多部门法领域。本辑也收录了几篇使用这一类最新方法的佳作。吴小平的《计算传播学与法律研究:以〈人民法院报〉为例》一文,采用了自然语言处理的方法,分析了《人民法院报》2010年至2022年共27505篇法院工作的宣传报道,探究了法院在司法职业化与司法大众化、企业利益与劳动者利益、刚性执行与柔性执行、修复感情与协助离婚、控制犯罪与人权保障这几组司法价值取向间的偏向及其历史变化;张雨侠的《如何精确测算中国裁判文书的公开率》一文综合使用了统计学("德国坦克法")、自然语言处理、机器学习等多种方法,巧妙测算了我国各级法院的裁判文书公开率。

2023年,随着ChatGPT等大语言模型面世,人工智能再次引起大众的热切关注和议论。文本是法律的表达方式,生成文本("写文件")是法律领域的核心工作。不少人感到,ChatGPT等生成式人工智能在法律领域将有广阔的应用前景。黄致韬在《反思法律生成式人工智能:技术与法律的双重进路》一文中,使用中文法律条文和裁判文书的文本数据,训练了一套法律大语言模型,并在此基础上,研究如何从技术角度监管大语言模型。特别是如何通过中心化的数据治理机制维护法律基础数据,如何通过技术手段控制和审核人工智能的生成内容。就我们的观察和阅读来看,这是中文世界第一篇兼从法律和技术角度研究法律大模型的论文。

总体来看,以上提及的三类法律定量实证研究,大体分别偏重相关性、因果性以及智能能力。实际上,从国际经验来看,这三类研究的研究者有很大的重合。最早利用相关性做研究的学者,后来也多开始采用准实验的方法。随着机器学习等算法的发展,他们也开始尝试使用更大规模的数据和较新的算法。这种重合很好理解——一个自20世纪90年代以来就擅长数据分析的研究者,很自然地会与时俱进,采用最新的研究方法。这些方法间也有明显的亲族关系:相关性分析是因果推断和准实验方法的基础;统计学家很早就发明的回归分析,到现在也是机器学习("人工智能")的重要方法之一。对于学习者而言,前两类研究也是第三类研究的基础,需要循序加以掌握。这也意味着,在这一领域,我们还需要补充许多知识:不仅要学习热门的、时尚的"人工智能",更要熟悉以往所有定量实证研究的主要方法和成果。柯玉璇的《法律实证研究的工具价值与理论意义:一个评述》一文,对我国定量研究的发展进行了综述。我们从中也不难看出类似的学术脉络和传承。

定量方法是众多社会科学方法中的一种,我们要特别注意它的局限。实际上,只有重视了它的能力边界,我们才能更好地选择它的应用场景,更充分地认识到它的作用深度。刘思达的《破除数字迷信——论社科法学的"伪科学性"》一文,既中肯又切中要害,值得所有使用实证方法的研究者仔细阅读和思考。"从来就没有什么救世主",社会科学的问题众多,情状复杂,从来就没有一劳永逸的研究方法。不对方法进行反思,就难以称得上真正掌握了方法。

编辑手记

在美国，法律定量研究的发展与法律经济学密不可分。这当然是因为法律经济学的母体——经济学本身，高度依赖定量方法。同时，从学科的理路上看，用数据来验证（证伪）理论，是经济学的标杆——以物理学为代表的自然科学的标准做法。为此，我们还专门收录了几位学者对张永健的新作《法经济分析：方法论20讲》一书的批评与张永健的回应。这会帮助我们进一步理解定量方法在整个法律社会科学体系中的定位和作用。

在编排上，我们将三篇使用自然语言处理、机器学习、大语言模型的研究文章放在前面，以更好地展现法律定量研究的前沿。

刘　庄